행정법대의

1905 제2·4권
보성전문학교 교과서번역사업 4
고려대학교 仁星기금 후원

행정법대의

장헌식 강술·신해영 교열
하명호 옮김

KOREA
UNIVERSITY
PRESS
고려대학교
출판문화원

인성기금

“인성기금은 유휘성 회장이
고려대학교에 기부하여 조성된 연구기금입니다”

차례

제3편 행정각부

行政法大意

行政法大意

張憲植 講述
申海永 校閱

第一編 行政

第一章 行政行爲

第一節 行政

大凡行政이란者는大權과밋法律의範圍以內에서國家의目的을達홈을稱홈이니憲法上의大權이라홈은皇帝께서親裁ᄒᆞ심에專屬ᄒᆞ고此를行政府職權에委任치아니ᄒᆞ며法律이라홈은官府와밋人民以上에在ᄒᆞᆫ一般의準則을指示ᄒᆞᆫ者ㅣ라行政府는此에依ᄒᆞ야此를行홈이可ᄒᆞᆯ지오此를存廢ᄒᆞ는事에在ᄒᆞ야는干與치못ᄒᆞᄂᆞ니是故로行政은大權과밋法律을施行ᄒᆞ며또法律勅令의委任을因ᄒᆞ야國權의維持와公共의安寧福利를保全ᄒᆞ는事로써職司를삼ᄂᆞ니라

行政은官府를由ᄒᆞ야此를行홈이오官府는主權者가此에一定職權을與ᄒᆞ야國務를辦理케ᄒᆞ는者ㅣ라萬一全能의君主가名實을共히ᄒᆞ야万般의政務를親裁

행정법대의

장헌식 강술

신해영 교열

제1편 행정

제1장 행정행위

제1절 행정

무릇 행정이라 함은 대권과 법률의 범위 내에서 국가의 목적을 달성하는 것을 말한다. 헌법상 대권이라 함은 황제께서 몸소 재결하시는 것에 전속하고, 이를 행정부의 권한으로 위임하지 않는 것이다. 법률이라 함은 관청과 인민 위에 있는 일반적인 준칙을 가리키는 것이다. 행정부는 이에 따라 행하여야 할 것이고, 이를 개폐하는 것에 대해서는 관여하지 못한다. 그러므로, 행정은 대권과 법률을 시행하고 법률·칙령의 위임으로 국권의 유지와 공공의 안녕복리를 보전하는 것을 직무로 한다.

행정은 관청을 통하여 행하고, 관청은 주권자로부터 일정한 권한을 받아 국무를 주관하여 처리하는 것이다. 만일 전능한 군주가 명실공히 모든 정무를 친재하여

處理ᄒᆞ고官府ᄅᆞᆯ設備치아니ᄒᆞᆯ진ᄃᆡ卽行政이無ᄒᆞᆯ지니行政이無ᄒᆞ다ᄒᆞᆷ은卽法理ᄅᆞᆯ解釋ᄒᆞᆷ에當ᄒᆞ야大權과行政을區別ᄒᆞ야써行政法理ᄅᆞᆯ構成ᄒᆞᆯ必要가無ᄒᆞ다ᄒᆞᆷ이니玆에所謂公法上의行政이라ᄒᆞᆷ은官府의職司ᄅᆞᆯ由ᄒᆞ야行ᄒᆞᄂᆞᆫ政務ᄅᆞᆯ指示ᄒᆞᆷ이니라

行政은官府ᄅᆞᆯ由ᄒᆞ야臣民의게對ᄒᆞ야發動ᄒᆞᄂᆞᆫ國權의行使ㅣ니다만君上의게意見을奉奏ᄒᆞ거나立法에協贊을與ᄒᆞ거나大政을補弼ᄒᆞᄂᆞᆫ種類도其官府의職司所關이나然이나行政範圍에屬ᄒᆞᆷ은아니라行政이라云ᄒᆞᆯ時ᄂᆞᆫ國權을外部에行使ᄒᆞᆷ을指稱ᄒᆞᆷ이니主權直接의行動은臣民의게對ᄒᆞᆫ者ㅣ로ᄃᆡ行政範圍에屬ᄒᆞᆷ은아니며官府職司에由ᄒᆞᆷ이라도其事ㅣ國權의行使에係屬ᄒᆞᆫ바ㅣ아니면行政行爲라稱ᄒᆞ지못ᄒᆞᆯ지니是以로行政의性質은多辯ᄒᆞᆷ을不要ᄒᆞ고可히瞭知ᄒᆞᆯ지니라

行政의實質은國家의目的을隨ᄒᆞ야變遷ᄒᆞᄂᆞ니或은祭祀及其馬로써國務의至重ᄒᆞᆷ을삼으며(古之國家)或은公安警察로써國權의限界ᄅᆞᆯ삼으며(中古之警察國)或은人民의福利로治國大本을삼ᄂᆞ니(近世之福利國)此皆國體와社會

처리하고 관청을 설치하지 않는다면 행정은 없을 것이다. 행정이 없다는 것은 법리의 해석에 있어서 대권과 행정을 구별하여 행정법리를 구성할 필요가 없다는 것이다. 따라서 이른바 공법상의 행정이라 함은 관청의 직무를 통하여 행하는 정무를 가리키는 것이다.

행정은 관청을 통하여 신민에게 발동하는 국권의 행사이다. 다만 군주에게 의견을 올리거나 입법에 협찬하거나 국정을 보필하는 것 등도 관청의 소관직무이나, 행정의 범위에 속하는 것은 아니다. 행정이라고 할 때에는 국권을 외부에 행사하는 것을 가리킨다. 주권의 직접적인 행사는 신민에 대한 것이지만, 행정의 범위에 속하는 것이 아니며, 관청의 직무로 인한 것이라고 하더라도 그것이 국권의 행사에 속한 것이 아니면 행정행위라고 부르지 못할 것이다. 이로써 행정의 성질을 길게 설명하지 않더라도 충분히 알 수 있을 것이다.

행정의 실질은 국가의 목적에 따라 변천한다. 제사 및 병마를 국무의 중점으로 삼거나(고대국가) 공안경찰을 국권의 한계로 삼거나(중세의 경찰국가) 인민의 복리를 치국의 근본으로 삼는다(근세의 복리국가). 이 모두가 국체와 사회의發達을隨ᄒᆞ야變遷ᄒᆞᆷ이오一體永遠ᄒᆞᆷ을可期치못ᄒᆞᆯ지라故로大權과밋法律은時勢의便宜ᄅᆞᆯ隨ᄒᆞ야行政에對ᄒᆞᆫ大政의方針을指示ᄒᆞᆫ즉行政은此ᄅᆞᆯ準據ᄒᆞ야自由의活動을得行ᄒᆞᄂᆞᆫ者ㅣ니現行行政의範圍ᄂᆞᆫ實質上에此ᄅᆞᆯ大別ᄒᆞ야左開五種으로摠括ᄒᆞᆷ을可得ᄒᆞᆯ지니라

第一　外交

第二　軍事

第三　財政

第四　內政

第五　司法

外交、財政及軍事ᄂᆞᆫ國權의獨立과維持ᄅᆞᆯ防衛ᄒᆞᆷ을專主ᄒᆞ며內政及司法은公共의安寧福利와個人의自由權利ᄅᆞᆯ保全ᄒᆞᆷ을專主ᄒᆞᄂᆞ니此五者가併行不悖ᄒᆞᆫ以後에國家의目的이遂達ᄒᆞᆯ지니라

第二節　行政行爲

行政의性質은國權이人民의게對ᄒᆞᄂᆞᆫ行爲라然ᄒᆞ나行政行爲의式形을點檢ᄒᆞᆯ

의 발달에 따라 변천하는 것이지 한결같이 영원한 것을 기대할 수 없다. 그러므로, 대권과 법률은 그 시기의 상황에 따라 행정에 대한 국정의 방침을 지시하는 것이다. 따라서, 행정은 이를 근거로 자유로운 활동을 할 수 있는 것이다. 현행 행정의 범위를 실질적으로 구별하면, 다음의 다섯 가지로 총괄할 수 있다.

1. 외교
2. 군사
3. 재정
4. 내정
5. 사법

외교, 재정 및 군사는 국권의 독립과 유지를 방위하는 것을 주로 하고, 내정 및 사법은 공공의 안녕복리와 개인의 자유권리를 보전하는 것을 주로 한다. 위와 같은 5개 항이 서로 조화를 이루어 행해져야 국가의 목적이 이루어지는 것이다.

제2절 행정행위

행정의 성질은 국권이 인민에 대한 행위이다. 그러나 행정행위의 형식을 검토해

진딕或은官府에訓示ᄒᆞ야其目的을達ᄒᆞ며或은直接으로臣民의게發令ᄒᆞ야其實効를擧ᄒᆞᄂᆞ니故로行政行爲를區分ᄒᆞ야一은其直接의効果ᄂᆞᆫ行政內部에止ᄒᆞᄂᆞᆫ者와一은外部에對ᄒᆞᆫ國法上의關係를生ᄒᆞᄂᆞᆫ者의二種으로써確別ᄒᆞᆷ을要ᄒᆞᆯ지니라

行政의行爲로써其直接의効果가行政內部에止ᄒᆞᄂᆞᆫ者ᄂᆞᆫ卽監督及訓令이니라

監督은行政을統一ᄒᆞ며職司의實行을全成케ᄒᆞᄂᆞᆫ者인즉上級官府가下級官府에對ᄒᆞ야行ᄒᆞᄂᆞᆫ所爲니監督權의配置와밋範圍ᄂᆞᆫ官制로써定ᄒᆞᄂᆞᆫ바인즉此ᄂᆞᆫ行政組織編에在ᄒᆞ야詳述코져ᄒᆞ노라

訓令은法令의解釋을指示ᄒᆞ며事務의規程을質定ᄒᆞᆷ으로써此를監督權의配付ᄒᆞ야恒常上官이下官의ᄂᆞᆫ命ᄒᆞᄂᆞᆫ바ㅣ라故로訓令의効力은行政內部에向ᄒᆞ야執務의準則을指示ᄒᆞᆷ에止ᄒᆞ며國法上臣民의自由와權利를伸縮치못ᄒᆞᆷ으로써本則을삼으나然ᄒᆞ나法令으로써自由와權利를保障키不能ᄒᆞᆯ範圍에在ᄒᆞ야ᄂᆞᆫ行政內部에對ᄒᆞᆫ訓令權의結果ᄂᆞᆫ間接으로民衆自由에干涉ᄒᆞᆷ을不免ᄒᆞᆯ지니라

行政의行爲로ᄒᆞ야곰外部에向ᄒᆞ야發表ᄒᆞ며臣民의게對ᄒᆞ야直接의効力을有

보면, 관청에 대하여 훈시하여 목적을 달성하거나 직접 신민에게 발령하여 실효를 거둔다. 그러므로 행정행위를 구분하면, 하나는 직접적인 효과가 행정의 내부에 그치는 것과 다른 하나는 외부에 대하여 국법상의 관계를 발생시키는 것, 두 가지로 구별할 수 있다.

행정행위로 직접적인 효과가 행정의 내부에 그치는 것은 감독 및 훈령이다. 감독은 행정을 통일하고 직무의 실행을 완성하게 하는 것이어서, 상급관청이 하급관청에게 행하는 행위이다. 감독권의 배치와 범위는 관제로 정하는데, 이는 행정조직편에서 상세하게 서술할 것이다.

훈령은 법령의 해석을 지시하고 사무규정을 정하는 것으로, 감독권에 속하여 항상 상관이 하관에게 명하는 것이다. 그러므로 훈령의 효력은 행정의 내부를 향하여 직무의 준칙을 지시하는 것에 불과하고, 국법상 신민의 자유와 권리를 넓히거나 좁힐 수 없는 것이 원칙이다. 그러나 법령으로 자유와 권리를 보장할 수 없는 범위에서 행정의 내부에 대한 훈령권의 결과가 간접적으로 민중의 자유에 개입하는 것을 피할 수 없다. 행정행위 중에서 외부를 향하여 발표되고 신민에게 직접적인 효력을 가

ᄒᆞᆫ者는規則과밋處分이니라

規則은一般이遵由ᄒᆞᆯ行爲의標準이니法規를設定ᄒᆞ는權能을命令權이라稱ᄒᆞ야行政官府는大權或은法律의委任을不由ᄒᆞ면法規를設定치못ᄒᆞᄂᆞ니라其委任은槪括ᄒᆞᆫ者와特別ᄒᆞᆫ者의二種이有ᄒᆞ니假令官制로써一般히命令權의範圍를定ᄒᆞᆷ과ᄯᅩ各種法令에在ᄒᆞ야特別히委任ᄒᆞᆷ과如ᄒᆞᆫ者ㅣ곳其例니라行政의法規는法律勅令을施行ᄒᆞ며ᄯᅩ公共의安寧과利益을享全ᄒᆞ기爲ᄒᆞ야設定ᄒᆞᆫ者인故로式에合ᄒᆞ며法에依ᄒᆞᆫ者는法律勅令과同等으로一般遵由의効力을保有ᄒᆞ니라

處分은特定ᄒᆞᆫ人에게對ᄒᆞᆫ特定의行爲니行政官府는法令의規定을執行ᄒᆞ야其職權을行使ᄒᆞᆷ에恒常個人의自由範圍를接觸ᄒᆞ기易ᄒᆞ니行政處分權은特히法律命令의明示ᄒᆞᆫ委任을不俟ᄒᆞ고行政官된性質을伴ᄒᆞ야存在ᄒᆞᆷ이로대다만法을違ᄒᆞ며權限을越ᄒᆞ기不得ᄒᆞᆷ은多辨을不要ᄒᆞᆯ바ㅣ니라

監督과訓令은行政의內部를規律ᄒᆞᆷ이오法規와處分은行政을實行ᄒᆞᆷ이니百般의行政行爲가此의簡單ᄒᆞᆫ形式範圍에不出ᄒᆞᆷ으로써此의分類를明確히ᄒᆞ는所

지는 것은 규칙과 처분이다.

규칙은 일반이 지켜야 할 행위의 표준이다. 법규를 제정하는 권능을 명령권이라고 하고, 행정관청은 대권 또는 법률의 위임에 의하지 않으면 법규를 제정하지 못한다. 그 위임은 개괄적인 것과 특별한 것 두 가지가 있다. 가령 관제 중에서 일반적으로 명령권의 범위를 정하는 것과 각종 법령에서 특별히 위임하는 것이 그 예이다. 행정법규는 법률·칙령을 시행하고 공공의 안녕과 복리를 누리기 위하여 제정하는 것이므로, 형식에 부합하고 법에 의한 것은 법률·칙령과 동등하게 일반적으로 준수되어야 하는 효력을 가진다.

처분은 특정한 사람에 대한 특정한 행위이다. 행정관청은 법령의 규정을 집행하여 권한을 행사함에 있어서 항상 개인의 자유의 한계와 접하기 쉽다. 행정처분은 특히 법령의 명시적인 위임과 관계없이 행정관으로서의 성질에 수반하여 존재하는 것이지만, 법률을 위반하고 권한을 유월할 수 없다는 것은 길게 설명할 필요가 없다.

감독과 훈령은 행정의 내부를 규율하는 것이고, 법규와 처분은 행정을 실행하는 것이다. 그런데, 모든 행정행위가 이렇게 간단한 형식·범위로부터 나오는 것은 아니다. 따라서 그 분류를 명확히 하는 이

以는各其形式을隨ᄒᆞ야法의効力을相異케ᄒᆞ며國家와個人間關係에重要ᄒᆞᆫ効果를生ᄒᆞᆷ이니라

第三節　行政規則

行政官府가發ᄒᆞ는法例를行政規則이라稱ᄒᆞᄂᆞ니大凡規則을發布ᄒᆞ는權은法律勅令의委任을由ᄒᆞ야生ᄒᆞᆷ으로官制로써此를定ᄒᆞᆷ이本則이오特別ᄒᆞᆫ委任과或은此를制限ᄒᆞᆷ은特히法令으로써明示ᄒᆞᄂᆞ니라

行政規則은法律勅令을變更ᄒᆞ기不得ᄒᆞ며또上級官府命令에牴觸ᄒᆞᆷ을不許ᄒᆞᄂᆞ니違法、越權과又는公益에反ᄒᆞ는命令은行政監督權으로ᄒᆞ여곰此를繳消ᄒᆞ야써行政의統一을全成케ᄒᆞ는바ㅣ니라

行政規則의實質과其効力이可及ᄒᆞᆯ範圍는此를發布ᄒᆞᆫ官府의職權으로ᄒᆞ야곰定ᄒᆞᄂᆞ니各其所管의事務와區域을依ᄒᆞ야此를發布ᄒᆞ야施行ᄒᆞ는者ㅣ라故로萬一官府의權限에在ᄒᆞ야爭議가有ᄒᆞᆯ時는上級監督廳이此를處決ᄒᆞᄂᆞ니內閣은行政各部에對ᄒᆞ야權限을裁決ᄒᆞ는最高의監督權을保有ᄒᆞᆫ바ㅣ니라

法令을執行ᄒᆞ기爲ᄒᆞ야制定ᄒᆞᆫ者를施行規則이라稱ᄒᆞ며公共의安寧秩序를保

유는 각각의 형식에 따라 법의 효력이 다르고 국가와 개인 사이의 관계에서 중요한 효과를 발생시키기 때문이다.

제3절 행정규칙

행정관청이 발하는 법례를 행정규칙이라 한다. 무릇 규칙을 공포하는 권한은 법률·칙령의 위임에 의하여 발생하는 것으로, 관제로 정하는 것이 원칙이고, 특별한 위임 또는 그 제한은 특별히 법령으로 명시한다.

행정규칙은 법률·칙령을 변경할 수 없고, 상급관청의 명령에 저촉할 수 없으며, 위법, 월권과 공익에 반하는 명령은 행정감독권으로 취소하여 행정의 통일을 이루게 한다.

행정규칙의 실질과 그 효력이 미칠 수 있는 범위는 공포하는 관청이 직권으로 정한다. 따라서 각각의 소관사무와 구역에 따라 공포하여 시행한다. 그런데, 만일 관청의 권한에 대하여 쟁의가 있을 때에는 상급감독청이 결정하는데, 내각은 행정각부에 대하여 권한을 재결하는 최고의 감독권을 가진다.

법령을 집행하기 위하여 제정하는 것을 시행규칙이라고 하고, 공공의 안녕·질서를 보

全ᄒᆞ기爲ᄒᆞ야制定ᄒᆞᆫ者ᄅᆞᆯ警察規則이라稱ᄒᆞ며各種營造物의維持使用을爲ᄒᆞ야制定ᄒᆞᆫ者ᄅᆞᆯ營造　規則이라稱ᄒᆞᄂᆞ니此ᄂᆞᆫ大略重要ᄒᆞᆫ者ㅣ라總히行政의目的을爲ᄒᆞ야發布ᄒᆞᄂᆞᆫ故로其規則의實質을豫先列擧ᄒᆞᆷ은不能ᄒᆞᆯ지니라

行政規則은此ᄅᆞᆯ發布ᄒᆞᄂᆞᆫ官府ᄅᆞᆯ依ᄒᆞ야名稱을分異ᄒᆞᆷ으로써格式을삼ᄂᆞ니假令議政府에서發ᄒᆞᆫ者ᄅᆞᆯ議政府令이라稱ᄒᆞ며各部大臣이發ᄒᆞᆫ者ᄅᆞᆯ部令이라稱ᄒᆞ며觀察使가發ᄒᆞᆫ者ᄅᆞᆯ觀察府令이라稱ᄒᆞᆷ이곳其例니此皆法力을表示ᄒᆞ야其所及의効果ᄅᆞᆯ明白케ᄒᆞ며또監督을行ᄒᆞᆷ에便利케ᄒᆞᄂᆞᆫ者ㅣ니라

大凡行政規則은一般遵由ᄒᆞᆯ法力이有ᄒᆞᆫ者ㅣ니行政監督權의作用을由ᄒᆞ기外에ᄂᆞᆫ臣民은此에對ᄒᆞ야違法、越權이란名義ᄅᆞᆯ主唱ᄒᆞ야規則된該件의廢止變更ᄒᆞᆷ을爭訟키不得ᄒᆞᆯ지며또裁判所ᄂᆞᆫ或其獨立이란解釋으로써此ᄅᆞᆯ違法이라ᄒᆞ야適用ᄒᆞᆷ을抗拒ᄒᆞᆯ境遇ᄂᆞᆫ可히有ᄒᆞᆯ지언정其廢止變更ᄒᆞ기ᄅᆞᆯ宣告ᄒᆞᆷ은不能ᄒᆞᆯ지니라

第四節　行政處分

國家ᄂᆞᆫ法則만發布ᄒᆞᆷ에止ᄒᆞ고다만垂手傍觀ᄒᆞᆯ지라도統治의目的을可히得達

전하기 위하여 제정하는 것을 경찰규칙이라고 하며, 각종 영조물의 유지와 사용을 위하여 제정하는 것을 영조물규칙이라 하는데, 이것들이 대략 중요한 것들이다. 모두 행정의 목적을 위하여 공포하는 것이므로 그 규칙의 실질을 미리 열거할 수는 없다.

행정규칙은 그것을 공포하는 관청에 따라 명칭을 나누고 그것을 형식으로 삼는다. 가령 의정부에서 발하는 것을 의정부령이라고 하고, 각부대신이 발하는 것을 부령이라 하며, 관찰사가 발하는 것을 관찰부령이라고 하는 것이 그 예이다. 그것들의 법적인 효력을 표시하여 그것들이 미치는 효과를 명백하게 하고, 감독을 하는데 편리하게 하는 것이다.

무릇 행정규칙은 일반적으로 준수되어야 하는 법적 효력이 있다. 행정감독권의 작용을 통하는 것 외에는, 신민은 이에 대하여 위법, 월권이라는 명목으로 규정된 해당 사항의 폐지·변경을 구하는 쟁송을 할 수 없고, 재판소가 혹시 독자적으로 해석하여 이를 위법이라고 하면서 적용을 거부하는 경우가 있을지라도 폐지·변경하도록 선고할 수는 없다.

제4절 행정처분

국가가 법규만 공포하고 수수방관한다면 결코 통치의 목적이 달성되지

ᄒᆞᆷ이아니라恒常스사로手를下ᄒᆞ야法을執行ᄒᆞ며또公安公益을保全ᄒᆞᆷ으로써職司를삼ᄂᆞ니此實行政機關의設備를主要로삼은바인즉規則을制定ᄒᆞᄂᆞᆫ外에尙且行政處分權을具有ᄒᆞᆫ所以니라

法規를執行ᄒᆞ며또此에矛盾치아니ᄒᆞᆯ限界에서公安公益을爲ᄒᆞ야特定ᄒᆞᆫ人의게對ᄒᆞᆫ特定ᄒᆞᆫ行爲를行ᄒᆞᆷ으로써此를行政處分이라ᄒᆞᄂᆞ니行政官府가法規를發布ᄒᆞᆷ은其性質上에法律勅令을補充ᄒᆞᄂᆞᆫ者ㅣ라故로法令의委任을因ᄒᆞ야此를行ᄒᆞᆷ으로本則을삼ᄂᆞ니處分權을行ᄒᆞᆷ은行政機關을設備ᄒᆞᆫ其自体의主要된作用이라故로임의一定ᄒᆞᆫ事項으로其職司를삼을時ᄂᆞᆫ明言ᄒᆞᆷ을不俟ᄒᆞ고其處分權을認許ᄒᆞᆫ者ㅣ니라

行政行分은法規에矛盾됨을不得ᄒᆞᄂᆞ니同一의行政官府가法規를設ᄒᆞᄂᆞᆫ權과處分權을并有ᄒᆞᆫ境遇에在ᄒᆞ야도其處分은法規를依遵치아니ᄒᆞ면不可ᄒᆞ니行政官警察處分이自己가發布ᄒᆞᆫ警察規則에拘束되야此를違反치못ᄒᆞᆷ과如ᄒᆞᆫ者ㅣ니라國家事變의境遇를臨ᄒᆞᆫ非常處分은憲法을依ᄒᆞᆫ大權直接의行動이오行政職權의行使ᄂᆞᆫ아인故로行政法理範圍外에存在ᄒᆞ니라

않을 것이므로, 항상 스스로 법을 집행하고 공안·공익을 보전하는 것이 직무로 삼아야 한다. 이는 실행할 행정기관의 설치를 주요사항으로 하는 규칙을 제정하는 것 외에도 나아가 행징처분권을 마련한 까닭이다.

법규를 집행하고 그것을 위반하지 않는 한계 내에서 공안·공익을 위하여 특정한 사람에 대한 특정한 행위를 행하는 것을 행정처분이라고 한다. 행정관청이 법규를 공포하는 것은 성질상 법률·칙령을 보충하는 것이다. 그러므로, 법령의 위임에 따라 행사하는 것이 원칙이다. 처분권의 행사는 행정기관을 설치한 그 자체의 목적이 되는 작용이다. 그러므로, 이미 일정한 사항을 그 직무로 삼은 때에는 당연히 그 처분권을 허용하는 것이다.

행정처분은 법규에 어긋날 수 없다. 같은 행정관청이 법규를 제정하는 권한과 처분권을 함께 가지는 경우에도 처분은 법규를 지키지 않으면 안 되는 것이다. 행정관의 경찰처분이 자기가 공포한 경찰규칙에 구속되어 위반하지 못하는 것과 같다. 국가사변의 경우에 대응한 비상처분은 헌법에 따른 대권의 직접적인 행사이고 행정권한의 행사는 아니므로, 행정법리의 범위 밖에 있다.

行政處分은個人에對ᄒᆞ야權能을與ᄒᆞ며擔負를命ᄒᆞ며行爲의自由를制限ᄒᆞᄂᆞ니法規를執行홈도有ᄒᆞ며職權에由ᄒᆞᆫ便宜의裁量도有ᄒᆞ니라

執行處分은定特ᄒᆞᆫ人의게對ᄒᆞ야法則을適用ᄒᆞᄂᆞᆫ行爲니個人의權能과및擔負와또自由를制限ᄒᆞᄂᆞᆫ程度를임의法則을依ᄒᆞ야定ᄒᆞᆫ境遇에在ᄒᆞ야ᄂᆞᆫ行政官은事에臨ᄒᆞ며人에對ᄒᆞ야法規를解釋ᄒᆞ며事實을認定ᄒᆞ야此를執行ᄒᆞᄂᆞᆫ外에職權으로써其本質을便宜裁量ᄒᆞᆯ餘地를不有ᄒᆞᆫ故로此를法則의適用이라稱ᄒᆞᄂᆞ니此境遇에在ᄒᆞ야ᄂᆞᆫ個人의自由範圍ᄂᆞᆫ行政處分權以外에셔已定ᄒᆞ고다만法則의解釋과事實의認定은行政職權에屬ᄒᆞ야 處分權의實用을作ᄒᆞᄂᆞᆫ者ㅣ니라

職權處分(便宜處分)은法令範圍內에셔職權을依ᄒᆞ야公安과公益을按察ᄒᆞ야行ᄒᆞᄂᆞᆫ바ㅣ라法令은行政官에게如何ᄒᆞᆫ政務의範圍를其職權에委任ᄒᆞ야미리此에將ᄒᆞᆫ個人의權利自由를障碍치아니ᄒᆞᆯ境遇에ᄂᆞᆫ行政官은事에臨ᄒᆞ며人에對ᄒᆞᆫ公安公益을爲ᄒᆞ야必要ᄒᆞᆫ限度를裁量ᄒᆞ야處分ᄒᆞᄂᆞ니此處分行爲의實質이其職權을由ᄒᆞ야定ᄒᆞᄂᆞᆫ者인故로其性質이有異ᄒᆞ니라

행정처분은 개인에게 권능을 부여하고 부담을 명하며 행위의 자유를 제한한다. 법규를 집행하는 것도 있고 직권에 의한 편의의 재량도 있다.

집행처분은 특정한 사람에게 법규를 적용하는 행위이다. 개인의 권능과 부담 및 자유를 제한하는 정도가 미리 법규에 의하여 정해진 경우에는, 행정관은 직무를 집행함에 있어서 법규를 해석하며 사실을 인정하여 집행하는 것 외에 직권으로 그 본질을 편의재량할 여지를 가지지 않는 것이므로, 이를 법규의 적용이라고 한다. 그 경우에는 개인의 자유의 범위가 행정처분권 밖에서 미리 정해지는 것이고, 법규의 해석과 사실의 인정만 행정의 권한에 속하여 처분권을 행사하게 하는 것이다.

직권처분(편의처분)은 법령의 범위 내에서 직권으로 공안과 공익을 면밀히 살펴서 행하는 것이다. 법령이 행정권에게 어떤 직무의 범위를 그 권한으로 미리 위임하여 이로써 개인의 권리·자유를 해하지 않을 경우에는, 행정관은 직무를 집행함에 있어서 공안·공익을 위하여 필요한 한도를 재량하여 처분한다. 처분행위의 실질이 직권에 의하여 정해지는 것이므로 성질이 다르다.

右二者를形容ᄒᆞ야云ᄒᆞᆫ대執行處分의境遇ᄂᆞᆫ官府와밋個人에게共通ᄒᆞᄂᆞᆫ法의制限이有ᄒᆞᆫ故로共히此에依遵ᄒᆞᆯ事를要ᄒᆞᄂᆞ니一方의違法行爲ᄂᆞᆫ對手者의權利를毁損ᄒᆞᄂᆞᆫ結果가必有ᄒᆞᆯ지라是以로執行處分은行政裁判制度를依ᄒᆞ야此를審判ᄒᆞᆷ이適當ᄒᆞ고職權處分의境遇ᄂᆞᆫ行政官府에職權範圍에對ᄒᆞ야法의制限이有ᄒᆞᆫ外에個人을爲ᄒᆞ야此에對較ᄒᆞ야可게侵害치못ᄒᆞᆯ權利를짐짓侵害ᄒᆞ지못ᄒᆞᆯ지라故로萬一職權便宜의處分이其職權을濫用ᄒᆞ야公益에違反ᄒᆞᆷ이有ᄒᆞᆷ진ᄃᆡ專히行政監督權을依ᄒᆞ야此를匡正ᄒᆞᄂᆞᆫ者ㅣ니라

行政處分의法力은其事件에當ᄒᆞ야其人의게對ᄒᆞᆷ에止ᄒᆞᆯᄲᅮᆫ이오一般遵由의準則을삼지아니ᄒᆞᄂᆞ니此이곳法規와相異ᄒᆞᆫ바ㅣ오司法裁判의判決은當事者가法律上의權利로써裁判行爲에參與ᄒᆞᄂᆞ니當事者의參與가無ᄒᆞᆯ時ᄂᆞᆫ判決이無ᄒᆞᆷ으로本則을삼으며行政處分은官府가職權으로써人民의게臨ᄒᆞᄂᆞᆫ故로當事者의參與로써條件을삼지아니ᄒᆞᄂᆞ니此ᄂᆞᆫ곳行政處分과司法裁判이其成立形式에在ᄒᆞ야互相不同ᄒᆞᆫ바ㅣ니라

行政處分의權은其性質이强行ᄒᆞᄂᆞᆫ權을含蓄ᄒᆞ얏ᄉᆞ니處分은國權의行使ㅣ라

위 두 개를 형용하면, 집행처분의 경우에는 관청과 개인에게 공통하는 법의 제한이 있으므로 함께 이를 지켜야 할 것인데, 일방의 위법행위는 상대방의 권리를 훼손하는 결과가 반드시 있게 된다. 그러므로 집행처분은 행정재판제도에 의하여 이를 심판하는 것이 적당하다. 직권처분의 경우에는 행정관청의 권한 범위에 대한 법의 제한이 있는 것은 물론이고, 침해할 수 없는 개인의 권리를 함부로 침해할 수 없는 것이다. 그러므로 만일 직권편의의 처분이 권한을 남용하여 공익에 위반하는 것이 있다면 오로지 행정감독권에 의하여 바로잡을 수 있을 뿐이다.

행정처분의 법적인 효력은 그 사건에서 그 사람에 대한 것에 그칠 뿐이고, 일반적으로 준수되어야 하는 준칙은 아닌데, 이것이 바로 법규와 다른 것이다. 사법재판의 판결은 당사자가 법률상의 권리로써 재판행위에 참여하므로, 당사자의 참여가 없는 때에는 판결이 없는 것이 원칙이고, 행정처분은 관청이 직권으로 인민을 대하는 것이므로, 당사자의 참여가 요건이 되지 않는다. 이렇게 행정처분과 사법재판은 성립형식이 서로 다르다.

행정처분권은 그 성질이 강행하는 권한을 함축하고 있으므로, 처분은 국권의 행사이다.

故로個人이私權을行使ᄒᆞᆷ과不同ᄒᆞ야權力을依ᄒᆞ야直接으로强行ᄒᆞᄂᆞᆫ者ㅣ니私權의行使ᄂᆞᆫ對手者가此ᄅᆞᆯ抗爭ᄒᆞᆯ時ᄂᆞᆫ裁判判決을依賴치아니ᄒᆞ면强制ᄒᆞᆷ을不得ᄒᆞ나行政處分은被治者의意思ᄅᆞᆯ不拘ᄒᆞ고其不服ᄒᆞᆷ이有ᄒᆞᆯ지라도此ᄅᆞᆯ抑制ᄒᆞᆷ으로其他强行ᄒᆞᄂᆞᆫ事에對ᄒᆞ야能히防止ᄒᆞᆯ理由ᄅᆞᆯ作成치못ᄒᆞᄂᆞ니國法은官府의職權行使ᄅᆞᆯ妨害ᄒᆞᄂᆞᆫ者ᄅᆞᆯ處罰ᄒᆞᄂᆞ니라

處分權은强行力을保有ᄒᆞ나然이나반다시處罰의權能을兼有ᄒᆞᆷ은아인즉法條의明文이無ᄒᆞᆫ者ᄂᆞᆫ此ᄅᆞᆯ處罰키不得ᄒᆞᆷ이라凡處罰은法規로써一般히豫定ᄒᆞᆷ이行政法理라故로行政官府ᄂᆞᆫ其處分을强行ᄒᆞᆷ으로써當然ᄒᆞᆫ職權을삼으나然이나處分에違反ᄒᆞᆫ者ᄅᆞᆯ處罰ᄒᆞᆷ은直接强行의範圍ᄅᆞᆯ超越ᄒᆞᄂᆞᆫ者인즉法則의明文을依準치아니ᄒᆞ면此ᄅᆞᆯ擅行키不得ᄒᆞᄂᆞ니罰則의目的은處分의强行을擔保ᄒᆞᆷ에在ᄒᆞᆫ境遇가甚多ᄒᆞ나然이나强行과處罰은此ᄅᆞᆯ混同ᄒᆞᆷ이不可ᄒᆞ니라

第五節　監督及訓令

監督은行政의統一을目的ᄒᆞ며行政內部ᄅᆞᆯ紀律ᄒᆞᄂᆞᆫ者ㅣ라君上은政府ᄅᆞᆯ監督ᄒᆞᄂᆞ니此ᄂᆞᆫ大權行使에係ᄒᆞ야行政法理로써論ᄒᆞᄂᆞᆫ外에在ᄒᆞ며行政法은專히

그러므로 개인이 사권을 행사하는 것과 달리 권력에 의하여 직접적으로 강행하는 것이다. 사권의 행사는 상대방이 다툴 때에는 재판의 판결에 의뢰하지 않으면 강제할 수 없으나, 행정처분은 피치자의 의사와 관계없이 불복이 있다고 하더라도 이를 억제하는 것이므로, 달리 강행하는 것을 막을 수 있는 근거가 없다. 국법은 관청의 권한 행사를 방해하는 것을 처벌한다.

처분권은 강제력을 가지지만 반드시 처벌의 권능을 함께 가지는 것은 아니므로, 법령에 명시되지 않은 것은 처벌할 수 없다. 무릇 처벌은 법규로 일반적으로 미리 정해져 있어야 하는 것이 행정법리이다. 그러므로 행정관청이 처분을 강제하는 것은 당연한 권한이 되나, 처분에 위반한 사람에 대한 처벌은 직접적인 강제의 범위를 넘는 것이어서, 법규의 명문에 근거하지 않으면 이를 단행할 수 없다. 벌칙의 목적은 처분의 강제를 보장하고자 하는 것에 있는 경우가 매우 많으나, 강제와 처벌을 혼동하여서는 안 된다.

제5절 감독 및 훈령

감독은 행정의 통일을 목적으로 행정 내부를 규율하는 것이다. 군주는 정부를 감독하는데, 이는 대권의 행사와 관련되어 행정법리로써 논하는 것 밖에 있고, 행정법은 전적으로

政府의內部에行ᄒᆞᄂᆞᆫ監督權의作用을明確케ᄒᆞᆯ事를要ᄒᆞᄂᆞ니監督의配置ᄂᆞᆫ官制를依ᄒᆞ야此를各別히說明ᄒᆞᆷ이便宜ᄒᆞᆫ故로此에ᄂᆞᆫ其性質과範圍의槩畧만陳述ᄒᆞ노라

行政機關은各各主權者直接의委托을受ᄒᆞ야獨立으로職權을專行ᄒᆞ고主權者의親裁ᄒᆞᆫ勅令外에機關互相間監督의權을承認치아니ᄒᆞᄂᆞᆫ制度가自古로其例不少ᄒᆞ나(封建分權制度)然이나現今의通制ᄂᆞᆫ行政各部에上下班次를定制ᄒᆞ고遞次監督케ᄒᆞ야此를中央主部가總理ᄒᆞᆷ으로써主義ᄒᆞ야大政이歸一ᄒᆞ며機務가敏速ᄒᆞᄂᆞ니라(中央集權)

監督權은官府의權限과行政行爲와事務成績과밋官吏身分에關ᄒᆞ야施行ᄒᆞᄂᆞᆫ바ㅣ니라

大凡官府의權限은其所營의政務를區畫ᄒᆞᆫ者인故로此에超越ᄒᆞᆯ事를不許ᄒᆞᄂᆞ니官府가發ᄒᆞᆫ命令과處分이其實質은法에合ᄒᆞ며ᄯᅩ便宜ᄒᆞᆯ지라도其權限을犯ᄒᆞᆯ時ᄂᆞᆫ形式上不法이며官府가各各自己의權限을解釋ᄒᆞᄂᆞᆫ自由가有ᄒᆞ나然이이나上級官府의官制를依ᄒᆞ야下級官府의權限을審檢ᄒᆞᄂᆞᆫ權이有ᄒᆞᆫ時ᄂᆞᆫ監督

정부 내부에서 행하는 감독권의 작용을 명확하게 하는 것이다. 감독의 배치는 관제에 따라 별도로 설명하는 것이 편하므로, 여기에서는 그 성질과 범위만 개략적으로 서술한다.

행정기관은 각각 주권자로부터 직접적인 위임을 받아 독립적으로 권한을 행사하고, 주권자가 친재한 칙령 외에는 기관 상호간의 감독권은 허용하지 않는 제도가 옛날부터 그 예가 적지 않았으나(봉건분권제도), 오늘날 통용되는 제도는 행정각부에서 상하로 서열을 정하고 순차적으로 감독하여 이를 중앙의 주무부서가 총괄하는 것이 원칙이고 이로써 국정이 하나로 통일되고 업무가 신속하게 처리된다(중앙집권).

감독권은 관청의 권한과 행정행위와 사무성적 및 관리의 신분에 관하여 시행한다.

무릇 관청의 권한은 그 소관 사무를 구획하는 것이므로, 이를 넘는 것은 허용되지 않는다. 관청이 발한 명령과 처분은 실질이 법률에 합치하고 적절하더라도 권한을 넘는 때에는 형식상 불법이고, 관청은 각각 자기의 권한을 해석할 자유가 있으나 상급관청의 관제에 따라 하급관청의 권한을 검사하는 권한이 있는 때에는 감독

權을依ᄒᆞ야此를匡正ᄒᆞᆷ도可得ᄒᆞᄂᆞ니라.

行政官府ᄂᆞᆫ其所管政務에關ᄒᆞ야命令을發ᄒᆞ며處分을行호ᄃᆡ法律勅令과或은上級行政官府命令에矛盾되거나또ᄂᆞᆫ公益에違反ᄒᆞᆯ事를不得ᄒᆞᄂᆞ니萬一此를違反ᄒᆞᆯ時ᄂᆞᆫ監督權의作用을依ᄒᆞ야此를停止ᄒᆞ거나又ᄂᆞᆫ繳消ᄒᆞᆷ을可得ᄒᆞᄂᆞ니라

監督權은消極的으로違法不正의行爲를排除ᄒᆞᆷ에止ᄒᆞᆯ뿐아니라職務의成効를勵行ᄒᆞᄂᆞ니下級官府ᄂᆞᆫ上級官府의監督權을依ᄒᆞ야事務成績의報告를要求ᄒᆞᆯ時ᄂᆞᆫ此를拒絶ᄒᆞ기不得ᄒᆞᆯ지니라

大凡官吏ᄂᆞᆫ臣民된職分으로國法에服從ᄒᆞᄂᆞᆫ外에更히其身分에隨伴ᄒᆞᆫ特別ᄒᆞᆫ紀律下에在ᄒᆞᆫ者ㅣ니官吏의服務紀律은行政訓令으로써此를定호ᄃᆡ此를維持ᄒᆞ며執行ᄒᆞᆷ은監督權作用을依ᄒᆞᆷ이니라

訓令은監督權과如히上級官府가下級官府에命ᄒᆞᄂᆞᆫ바ㅣ로ᄃᆡ監督은專히事後에不法을矯正ᄒᆞ며成効를審檢ᄒᆞ고訓令은미리法令의解釋을與ᄒᆞ며또行政의方針을指示ᄒᆞᄂᆞᆫ者ㅣ라職權을依ᄒᆞ며規式을具ᄒᆞᆫ上級官府의訓令은下級官府

권에 의하여 이를 바로잡을 수 있다.

행정관청은 소관 사무에 관하여 명령을 발하고 처분을 행하되, 법률·칙령과 상급행정관청의 명령에 어긋나거나 공익에 위반할 수 없다. 만일 이를 위반하는 때에는 감독권의 작용에 의하여 이를 정지하거나 취소할 수 있다.

감독권은 소극적으로 위법·부당한 행위를 배제하는 것뿐만 아니라 직무의 성과를 장려한다. 하급관청은 상급관청이 감독권에 의하여 사무성적의 보고를 요구하는 때에는 이를 거절할 수 없다.

무릇 관리는 신민이라는 지위 때문에 국법에 복종하는 것 외에도 그 신분에 따른 특별한 규율 아래에 있는 사람이다. 관리의 복무규율은 행정훈령으로 정하는데, 이를 유지하고 집행하는 것은 감독권의 작용에 의한다.

훈령은 감독권과 같이 상급관청이 하급관청에게 명하는 것인데, 감독은 단지 사후에 위법을 교정하고 성과를 조사하는 것이고, 훈령은 미리 법령의 해석을 부여하고 행정의 방침을 지시하는 것이다. 권한 내에서 형식을 갖춘 상급관청의 훈령은 하급관청가自己의主見으로써此를執行ᄒᆞᆷ을拒絶ᄒᆞ기不得ᄒᆞᄂᆞ니萬一行政官이各自獨立ᄒᆞ야法令의立案을定ᄒᆞ며또職權行使의方針을執ᄒᆞᆯ權을保有ᄒᆞ야上官의訓令을不法이나或은公益에違反ᄒᆞᆷ으로認定ᄒᆞ야此를執行ᄒᆞᆷ을得케ᄒᆞᆯ진대法令의解釋과行政의方針을定ᄒᆞᄂᆞᆫ權力은最下級執行官吏의게歸ᄒᆞᄂᆞᆫ結果ㅣ될지라故로此ᄂᆞᆫ現行行政法理의不許ᄒᆞᄂᆞᆫ바ㅣ니라

第二章　人格

第一節　公法上의人格

臣民은國家主權下에絶對無限的으로服從ᄒᆞᄂᆞᆫ者오國權의對抗ᄒᆞ기可得ᄒᆞᆯ私權力이無ᄒᆞᆫ者ㅣ니萬一此權力이有ᄒᆞ면此ᄂᆞᆫ卽臣民이아니니라國權全能의目的은國家와밋個人을保全ᄒᆞᆷ에在ᄒᆞᆫ故로國法이亦是國家目的에違背치아니ᄒᆞᆯ範圍에在ᄒᆞ야個人의自主權能을認定ᄒᆞ며此를保護ᄒᆞᄂᆞ니此를國法上에人格이라稱ᄒᆞᆷ이니라人類가生物界의一種이되야自主의存在ᄒᆞᆷ은或天賦의固有ㅣ라云ᄒᆞᆷ을可得ᄒᆞᆯ지라人이國家團体의分子가되야具有ᄒᆞᆫ바人格은國法이認知ᄒᆞ며保護ᄒᆞᆷ에基因ᄒᆞᆫ者ㅣ니國權에服從ᄒᆞᄂᆞᆫ結果오此에對抗ᄒᆞᄂᆞᆫ獨立의權力

이 자기의 주관에 따라 그 훈령의 집행을 거절할 수 없다. 만일 행정관이 각자 독자적으로 법령의 입안을 정하고 권한 행사의 방침을 가질 권한을 보유하여, 상관의 훈령을 위법하다거나 공익에 반한다고 인정하여 이를 집행히지 않을 수 있다면*, 법령의 해석과 행정의 방침을 정하는 권력은 최하급 집행관리에게 귀속하는 결과가 될 것이므로, 이는 오늘날 행정법리에서 허용되는 것이 아니다.

제2장 인격

제2절 공법상의 인격

신민은 국가의 주권 아래에서 절대 무제한적으로 복종하는 사람이고 국권에 대항할 수 있는 사적인 권력이 없는 사람이다. 만일 그러한 권력이 있다면 이는 신민이 아니다. 국권 전능의 목적은 국가와 개인을 보전하는 것에 있으므로, 국법도 국가의 목적에 위배되지 않은 범위에 있어야 하고 개인의 자주권능을 인정하여야 하며 이를 보호하여야 한다. 이를 국법상의 인격이라고 하는 것이다. 인류가 생물계의 일종으로서 자주적인 존재라는 것은 천부적으로 고유한 것이라고 할 수 있으나, 사람이 국가단체의 분자로서 가지고 있는 인격은 국법이 인지하고 보호하는 것에서 기인하는 것이어서, 국권에 복종한 결과이고 이에 대항하는 독자적인 권력

* 원문은 의미가 모순되므로 반대로 의역하였다.

아니니라

人格은自主의權能이니自主는自存의目的이오權能은此ᄅᆞᆯ實行ᄒᆞ는力이라人은國家主權에反抗ᄒᆞ는先天旣得의人格은無ᄒᆞ나然이니國權下에立ᄒᆞᆫ官府와밋人民互相間에는此ᄅᆞᆯ主唱ᄒᆞ기可得ᄒᆞᆯ지니라

某學者가行政法을解釋ᄒᆞ야云호대治者와被治者의關係ᄅᆞᆯ規定ᄒᆞᆫ法則이라ᄒᆞ니其定義가精確ᄒᆞᆷ에欠缺ᄒᆞᆫ慮가不無ᄒᆞ나行政法의本質은實로此에在ᄒᆞᆷ이라萬一行政은物件을處理ᄒᆞᆷ에止ᄒᆞ고人格을認知치아니ᄒᆞᆯ진대行政法은國家가官府이게其職司ᄅᆞᆯ訓示ᄒᆞ는規程됨에止ᄒᆞ고外部에對ᄒᆞ야는行政은다만事實의現表오法理의問題에는叅入치못ᄒᆞᆯ지라(專制政治)而今行政行爲가法理關係된所以는官府職權의行使가國法上히可에侵犯치못ᄒᆞᆯ人格에對ᄒᆞᆷ인所以니라(法治國)

人格의範圍는各其國法을依ᄒᆞ야定ᄒᆞᄂᆞ니國權外에超然獨存ᄒᆞᆫ者ㅣ아니오國法을依ᄒᆞ야伸縮ᄒᆞ는故로미리其限界ᄅᆞᆯ列序키果難ᄒᆞᆫ지라萬一前來學者의說明ᄒᆞᆷ과如히人은同等이니國權도侵犯키不能ᄒᆞᆫ一定自由의範圍가有ᄒᆞ다ᄒᆞᆯ진

이 아니다.

인격은 자주적인 권능이다. 자주는 자존의 목적이고, 권능은 이를 실행하는 힘이다. 사람은 국가주권에 반항할 수 있는 선천적으로 부여된 인격은 없으나, 국권 아래에 있는 관청과 인민 사이에서는 이를 주장할 수 있다.

어떤 학자가 행정법을 해석한다고 하면서, 치자와 피치자의 관계를 규정한 법규라고 하면 그 정의가 반드시 정확하다고 할 수는 없으나, 행정법의 본질은 실로 여기에 있는 것이다. 만일 행정이 물건을 처리하는 것에 그치고 인격을 인지하지 않는다면, 행정법은 국가가 관청에게 직무를 훈시하는 규정에 불과하고, 외부에 대해서는 행정이 단지 사실의 표현이고 법리의 문제에는 개입하지 못할 것이다(전제정치). 그러나 오늘날 행정행위가 법리관계인 이유는 관청의 권한 행사가 국법상 결코 침범하지 할 수 없는 인격을 상대로 한 것이기 때문이다(법치국).

인격의 범위는 각각의 국법에 따라 정해지는데, 국권을 초월하여 독자적으로 존재하는 것이 아니고, 국법에 의하여 신축되는 것이므로, 미리 그 한계를 열거하여 서술하기 곤란하다. 만일 전부터 내려오는 학자들의 설명과 같이 사람은 동등하여 국권도 침범할 수 없는 일정한 자유의 범위가 있다고 한다대行政法理의解釋은甚히容易홀지나然이나人格은國法을依ᄒᆞ야恒常變動ᄒᆞ며또差等을生ᄒᆞ기可得홀지라故로現行法理를依ᄒᆞ야此를解釋치아니ᄒᆞ면不可ᄒᆞ니此ᄂᆞᆫ即行政法의全体를說明ᄒᆞᆫ後가아니면人格의實質을認得키不能ᄒᆞᆫ所以니라

人格의範圍를單純히行爲의自由라論解홈은不可ᄒᆞ니自由라홈은國法이禁止치아니ᄒᆞᆫ消極的의狀况을指稱홈이오自由目的을爲ᄒᆞ야存在與否ᄂᆞᆫ此를不問홈이라人格을成ᄒᆞᄂᆞᆫ者ᄂᆞᆫ個人自由의目的을爲ᄒᆞ야存在ᄒᆞᆫ權能이니何者로人生自主의目的을삼ᄂᆞ뇨홈은法理의解釋으로써決홀바ㅣ아니나然이나國法은社會現狀을依ᄒᆞ야身體、財産、榮譽의權能으로써人格을成ᄒᆞᄂᆞᆫ重要ᄒᆞᆫ素質로看做ᄒᆞ야此를認許ᄒᆞ며此를保全ᄒᆞᄂᆞᆫ者ㅣ니라

行政行爲로써人格을毁損홈事를不許ᄒᆞᄂᆞ니此ㅣ行政法理를一貫ᄒᆞᄂᆞᆫ原則이라凡行政官府가職權을因ᄒᆞ야規則을發ᄒᆞ며處分을行홈에當ᄒᆞ야一方에在ᄒᆞ야ᄂᆞᆫ法令의條規를案察ᄒᆞ야此에無違홈을期必ᄒᆞ며一方에在ᄒᆞ야ᄂᆞᆫ國法이認知ᄒᆞ야保障ᄒᆞᆫ人格을愼重히ᄒᆞ야其範圍의侵害홀事를務避치아니ᄒᆞ면不可ᄒᆞ

면, 행정법리의 해석은 매우 쉬울 것이나, 인격은 국법에 따라 항상 변동하고 차등이 생길 수 있으므로, 현행법리에 의하여 해석하지 않으면 안 된다. 이는 행정법 전체를 설명한 후가 아니면 인격의 실질을 알 수 없는 이유이다.

인격의 범위를 단순히 행위의 자유라고 해석할 수는 없다. 자유라 함은 국법이 금지하지 않은 소극적인 상황을 가리키는 것이고, 자유의 목적을 위하여 존재하는지 여부를 묻지 않는다. 인격을 구성하는 것은 개인 자유의 목적을 위하여 존재하는 권능이다. 무엇을 인간 자주의 목적으로 삼을 것인지는 법리의 해석으로 결정되는 것은 아니다. 그러나 국법은 사회현상에 따라 신체, 재산, 영예의 권능을 인격을 구성하는 중요한 요소로 간주하여 인정하고 보전하는 것이다.

행정행위로써 인격을 훼손하는 것은 허용되지 않는다. 이것이 행정법리를 일관하는 원칙이다. 무릇 행정관청이 권한에 의하여 규칙을 발하고 처분을 행함에 있어서, 한편으로는 법령의 조항을 검토하여 반드시 이에 어긋나지 않게 하고, 다른 한편으로는 국법이 인지하여 보장하는 인격을 신중하게 하여 그 범위를 침해하는 것을 피하지 않으면 안 된니法에違ᄒᆞ거나或은人格을侵害ᄒᆞᄂᆞᆫ行政行爲ᄂᆞᆫ當事者의爭訟을許ᄒᆞ야監督或은裁判을依ᄒᆞ야此ᄅᆞᆯ排除케ᄒᆞᄂᆞᆫ制度가漸次啓發ᄒᆞᆷ에至ᄒᆞᆷ은立憲制度ᄅᆞᆯ模範ᄒᆞᆫ効果의一種善事ㅣ니라

第二節　公法上의權利

公法上의權利ᄂᆞᆫ法을依ᄒᆞ야意思로써人格을主唱ᄒᆞᆷ에基因ᄒᆞ야發動ᄒᆞᄂᆞᆫ바ㅣ니私法은專히權利의關係ᄅᆞᆯ規律ᄒᆞᆫ者ㅣ라故로權利의觀念을基礎ᄒᆞ야權利의歸屬ᄒᆞᄂᆞᆫ바(權利主體)ᄅᆞᆯ人格이라稱ᄒᆞ며公法은專히人格의關係ᄅᆞᆯ規律ᄒᆞᆫ者ㅣ라故로人格의觀思을基礎ᄒᆞ야人格의發動ᄒᆞᄂᆞᆫ바ᄅᆞᆯ權利라稱ᄒᆞᄂᆞ니라

公權은人格權이니人格과權利ᄅᆞᆯ同一物이라稱ᄒᆞᆷ은아니로대다만公法上權利의實質은人格保全ᄒᆞᆷ에在ᄒᆞᆫ意義니公權은人格을防衛ᄒᆞ며主唱ᄒᆞ기爲ᄒᆞ야存在ᄒᆞᆫ바ㅣ니라

國家가個人의人格을認護ᄒᆞᆷ에當ᄒᆞ야國權으로써其保全ᄒᆞᆷ을務行ᄒᆞᄂᆞᆫ外에私人의意思로써國法의保護ᄅᆞᆯ請求ᄒᆞᆷ을不許ᄒᆞᄂᆞᆫ事도有ᄒᆞ니此境遇에在ᄒᆞ야ᄂᆞᆫ人格의安全은有ᄒᆞᆯ지나아즉權利ᄂᆞᆫ未成ᄒᆞᆷ이라私人의意思ᄅᆞᆯ因ᄒᆞ야法의保護

다. 법을 위반하거나 인격을 침해하는 행정행위에 대한 당사자의 쟁송을 허용하여 감독 또는 재판에 의하여 이를 배제하게 하는 제도가 점차 발전하고 있는 것은 입헌제도를 모범으로 하는 효과의 하나로서 바람직하다.

제2절 공법상의 권리

공법상의 권리는 법에 의한 의사로써 인격의 주장에 기인하여 발동한다. 사법은 오로지 권리관계를 규율하는 것이므로, 권리의 관념을 기초로 권리가 귀속하는 것(권리주체)을 인격이라고 한다. 공법은 오로지 인격의 관계를 규율하는 것이므로, 인격의 관념을 기초로 인격이 발동하는 것을 권리라고 한다.

공권은 인격권이다. 인격과 권리를 같은 것이라고 할 수는 없지만, 공법상 권리의 실질은 인격의 보전에 의의가 있으니, 공권은 인격을 방위하고 주장하기 위하여 존재하는 것이다.

국가가 개인의 인격을 인정하고 보호함에 있어서 국권으로 보전하는 것 외에는 사인의 의사로 국법의 보호를 청구하는 것을 허용하지 않는 것도 있는데, 이 경우에는 인격의 안전은 있어도 아직 권리는 완성된 것이 아니다. 사인의 의사에 따라 법의 보호

를請求ᄒᆞ며人格을得全ᄒᆞᆯ境遇에至ᄒᆞ야此를權利로始認ᄒᆞᄂᆞᆫ故로公權은人格自衛의權이니라

單純ᄒᆞᆫ自由와安全은所謂法律의反對되ᄂᆞᆫ境遇가甚多ᄒᆞ니例如國家ᄂᆞᆫ單히行政官府의職權을限局ᄒᆞ며又ᄂᆞᆫ公益公安을警戒ᄒᆞᆷ으로其結果ᄂᆞᆫ人格의自由와밋安全을成ᄒᆞᄂᆞ니此ᄂᆞᆫ權利가아니라權利라稱ᄒᆞᆯ時ᄂᆞᆫ自主目的을爲ᄒᆞ야存在ᄒᆞ며ᄯᅩ國法에依賴ᄒᆞ야主唱ᄒᆞ기得ᄒᆞᆷ으로要素를삼ᄂᆞ니此二者를混同치아니ᄒᆞᆷ을要ᄒᆞᆯ지니라

人格은自主의權能이오自由와밋權利ᄂᆞᆫ自主權能의實行이라近世의行政은人格의自由를保護ᄒᆞᆷ인즉임의時代進步의著大ᄒᆞᆫ効果어니와此에更加ᄒᆞ야公法上의權利를公認ᄒᆞ야國權을濫用ᄒᆞᆷ에對ᄒᆞ야人格의獨立을自衛ᄒᆞᄂᆞᆫ道를啓發ᄒᆞ니此ᄂᆞᆫ即立憲行政의特色이되야所謂法治의理想에正合ᄒᆞᆫ者ㅣ니라

第三節　行政訴願

立憲政體의行政은國法으로써官府의權限과밋臣民의自由範圍를劃定ᄒᆞᄂᆞ니上에ᄂᆞᆫ可히違越치못ᄒᆞᆯ官府의權限이有ᄒᆞ며下에ᄂᆞᆫ可히主唱ᄒᆞᆷ을得ᄒᆞᆯ個人의

를 청구하고 인격을 보전할 수 있는 경우에 이르러야 권리라고 인정하는 것이므로, 공권은 인격의 자위권이다.

단순한 자유와 안전은 이른바 법률에 반대되는 경우가 매우 많다. 예를 들면 국가는 단지 행정관청의 권한에 한정하고 공익·공안을 경계하였는데, 결과적으로 인격의 자유와 안전을 이룬다면 이는 권리가 아니다. 권리라고 할 때에는 자주적인 목적을 위하여 존재하고 국법에 의뢰하여 주장할 수 있는 것을 요소로 삼는다. 위 두 경우를 혼동하여서는 안 된다.

인격은 자주의 권능이고 자유와 권리는 자주권능의 실행이다. 근세의 행정은 인격의 자유를 보호한다는 시대 진보의 현저한 결과이고 이에 덧붙여 공법상의 권리를 공인하여 국권의 남용에 대하여 인격의 독립을 자위하는 길을 발전시켰다. 이는 입헌행정의 특색으로서 이른바 법치의 이상에 정확하게 부합하는 것이다.

제3절 행정소원

입헌정체에서 행정은 국법으로 관청의 권한과 신민의 자유 범위를 획정한다. 위로는 당연히 위반하거나 유월하지 못할 관청의 권한이 있고 아래로는 마땅히 주장할 수 있는 개인의

人格이有ᄒᆞᆫ지라是以로行政法은監督의權으로써下級官廳의職權을警戒ᄒᆞ며ᄯᅩ行政處分에對ᄒᆞ야人格의權利自由ᄅᆞᆯ主唱ᄒᆞᆯ事ᄅᆞᆯ容許ᄒᆞᄂᆞ니此ᄂᆞᆫ即訴願과밋訴訟의法이併具ᄒᆞᆫ所以니라

行政廳의不當ᄒᆞᆫ處分을因ᄒᆞ야人格의自由ᄅᆞᆯ毀損된바ㅣ有ᄒᆞᆯ時ᄂᆞᆫ上級行政廳에訴願ᄒᆞ야裁決을請求ᄒᆞ기得ᄒᆞᄂᆞ니此ᄅᆞᆯ行政訴願이라稱ᄒᆞᆷ이라大權의行動과或은立法行爲에對ᄒᆞ야ᄂᆞᆫ請願ᄒᆞᆯ自由(日本憲法第三十條)ᄂᆞᆫ有호ᄃᆡ訴願ᄒᆞᆯ權은無ᄒᆞ니請願은法令의變更과施政의便否와一般公共의利益에關係ᄒᆞᆷ을得ᄒᆞᄂᆞᆫ者오訴願은行政處分에對ᄒᆞ야個人의利害ᄅᆞᆯ訴救ᄒᆞᄂᆞᆫ者ㅣ니라

訴願은行政處分에對ᄒᆞᆷ이라云ᄒᆞᆯ時ᄂᆞᆫ行政의法規ᄅᆞᆯ仰訴ᄒᆞᆷ은不許ᄒᆞᄂᆞ니即規則其物의廢止、變更ᄒᆞᆷ을要求ᄒᆞ기不得ᄒᆞ고規則의適用을受ᄒᆞᆫ時ᄂᆞᆫ其處分을仰訴ᄒᆞ기可得ᄒᆞ며不當ᄒᆞᆫ處分이라云ᄒᆞᆯ時違法、越權이나又ᄂᆞᆫ上官의訓令에反戾ᄒᆞ며公益의便宜에不合ᄒᆞᆫ境遇ᄅᆞᆯ總稱ᄒᆞᆷ이니라訴願은執行處分에對ᄒᆞᆯ뿐아니라職權處分에對ᄒᆞᆷ도得ᄒᆞᄂᆞ니此ㅣ行政訴訟과其範圍가相異ᄒᆞᆫ바ㅣ니라

人格의自由ᄂᆞᆫ國法이認許ᄒᆞᆫ行爲의自由니人格의自由ᄂᆞᆫ絶對的으로行政權에

인격이 있다. 따라서 행정법은 감독권으로 하급관청의 권한을 경계하고 행정처분에 대하여 인격의 권리·자유를 주장하는 것을 허용한다. 이는 소원법과 소송법이 함께 마련된 이유이다.

행정청의 부당한 처분으로 인하여 인격의 자유가 훼손된 것이 있는 때에는 상급행정청에 소원하여 재결을 청구할 수 있는데, 이를 행정소원이라 한다. 대권의 행사와 입법행위에 대해서는 청원할 자유(일본 헌법 제30조)는 있지만 소원할 권리는 없다. 청원은 법령의 변동과 정책 시행의 편의성 여부 및 일반공공의 이익에 관련될 수 있는 것이고, 소원은 행정처분에 대하여 개인의 이해를 소구하는 것이다.

소원을 행정처분에 대한 것이라고 할 때에 행정법규를 제소하는 것은 허용되지 않는다. 즉, 규칙 그 자체의 폐시, 변경을 요구할 수는 없고 규칙의 적용을 받은 경우에 그 처분을 제소할 수 있으며, 부당한 처분이라고 하는 때에는 위법·월권이나 상관의 훈령을 어기고 공익의 편의에 합치하지 않는 경우를 총칭한다. 소원은 집행처분 뿐만 아니라 직권처분에 대해서도 할 수 있다. 이는 행정소송과 그 범위가 다른 것이다.

인격의 자유는 국법이 허용하는 행위의 자유이어서, 인격의 자유는 절대적으로 행정권에

對ᄒᆞ야保障된者ㅣ아니오法을依ᄒᆞ거나或은公益을依ᄒᆞ야恒常行政處分의게制限됨을不免ᄒᆞᄂᆞ니라然이나不當ᄒᆞᆫ處分을因ᄒᆞ야制限된時ᄂᆞᆫ此ᄅᆞᆯ訴願ᄒᆞᆷ을容許ᄒᆞᄂᆞ니라

訴願은處分을行ᄒᆞᆫ行政廳에對ᄒᆞ야此ᄅᆞᆯ其上級行政廳에提起ᄒᆞ야셔裁决ᄒᆞᆷ을請ᄒᆞᄂᆞᆫ者ㅣ니爲先處分을行ᄒᆞᆫ其行政廳을經由ᄒᆞ야此ᄅᆞᆯ其直接上級行政廳에提起ᄒᆞᄃᆡ其裁决에尙且不服ᄒᆞᆯ時ᄂᆞᆫ更히其上級行政廳에上訴ᄒᆞᆯ事ᄅᆞᆯ得ᄒᆞᄂᆞ니遞次上進ᄒᆞ야各部大臣의裁决로ᄡᅥ終結을삼ᄂᆞ니라

訴願의範圍及節次ᄂᆞᆫ行政組織編에此ᄅᆞᆯ詳細說明ᄒᆞᆯ지니다만行政訴願은人格을主唱ᄒᆞ야行政權에對ᄒᆞᆫ形式의一種됨을示ᄒᆞᆷ에止ᄒᆞᆯᄲᅮᆫ이니라

第四節 行政訴訟

行政廳의違法處分을因ᄒᆞ야權利의毁損을當ᄒᆞᆫ者ᄂᆞᆫ此ᄅᆞᆯ裁判所에呈訴ᄒᆞ야其處分의廢止變更을請求키可得ᄒᆞᄂᆞ니此ᄅᆞᆯ行政訴訟이라稱ᄒᆞᆷ이라行政訴願은處分의不當ᄒᆞᆷ을行政廳上級의監督에呈訴ᄒᆞ야ᄡᅥ利益을保全ᄒᆞᄂᆞᆫ者오行政訴訟은處分의違法을獨立裁判所에呈訴ᄒᆞ야ᄡᅥ權利의侵害ᄅᆞᆯ排除ᄒᆞᄂᆞᆫ者ㅣ니此

대하여 보장된 것이 아니고 법에 의하거나 공익에 의하여 언제나 행정처분에 의한 제한을 면할 수 없다. 그러나 부당한 처분으로 인하여 제한된 때에는 소원이 허용된다.

소원은 처분을 행한 행정청을 상대로 상급행정청에 제기하여 재결을 구하는 것이다. 우선 처분을 행한 행정청을 경유하여 직접상급행정청에 제기하되, 그 재결에도 불복할 때에는 다시 그 상급행정청에 상소할 수 있는데, 순차적으로 위로 올라가 각부대신의 재결로 종결한다.

소원의 범위 및 절차는 행정조직편에서 상세하게 설명하겠지만, 행정소원은 행정권에 대하여 인격을 주장하는 형식의 일종임을 보여주는 것에 그칠 뿐이다.

제4절 행정소송

행정청의 위법한 처분으로 인하여 권리의 훼손을 당한 사람은 재판소에 제소하여 그 처분의 폐지·변경을 청구할 수 있는데, 이를 행정소송이라 한다. 행정소원은 처분의 부당을 상급행정청의 감독에 제소하여 이익을 보전하는 것이고, 행정소송은 처분의 위법을 독립적인 재판소에 제소하여 권리의 침해를 배제하는 것이다.

二者ᄂᆞᆫ共히行政權에對ᄒᆞ야人格을防衛ᄒᆞᄂᆞᆫ器具된者ㅣ니라

行政訴訟은行政處分에對ᄒᆞᄂᆞᆫ者오大權과밋法律에對홈은不得ᄒᆞ며또處分을抗訴ᄒᆞᄂᆞᆫ者오行政規則을對抗홈을不許홈은上項訴願의境遇에說明ᄒᆞᆫ바와無異ᄒᆞ니라

行政廳의職權을因ᄒᆞᆫ便宜處分은法規範圍內에在ᄒᆞ야公益을按察ᄒᆞ야執行ᄒᆞᄂᆞᆫ自由가有ᄒᆞᆫ故로法令規定에抵觸치아니ᄒᆞᆯ限度ᄭᆞ지ᄂᆞᆫ此에對ᄒᆞ야訴訟이無ᄒᆞ고其執行處分은直接으로法則의條規를個人의게執行홈인즉職權의裁量으로ᄡᅥ伸縮ᄒᆞᆯ餘地가無ᄒᆞᆫ故로行政官府ᄂᆞᆫ万一其準則을錯用ᄒᆞ야不法의處分을行ᄒᆞᄂᆞᆫ事가有ᄒᆞᆯ진ᄃᆡ個人은法規에依賴ᄒᆞ야其矯正을請求ᄒᆞᆯ事를可得ᄒᆞᄂᆞ니라

權利ᄂᆞᆫ人格의享有ᄒᆞᆫ바로國法이此를保證ᄒᆞᄂᆞ니個人互相間과밋行政官府에對ᄒᆞ야此를主唱ᄒᆞ기可得ᄒᆞ며國權은一般히其安固홈을保護ᄒᆞᆯᄲᅮᆫ아니라權利者가其侵害홈을國權에呈訴ᄒᆞ야國法의保護를請求ᄒᆞᆯ事를容許ᄒᆞᄂᆞ니此ㅣ私權과밋公權의訴訟이라其行政處分에對ᄒᆞᄂᆞᆫ者ᄂᆞᆫ此를行政訴訟이라ᄒᆞ야特히

양자는 모두 행정권에 상대로 인격을 방위하는 도구이다.

행정소송은 행정처분에 대한 것이고 대권과 법률을 대상으로 할 수 없으며, 처분에 대하여 항소하는 것이고 행정규칙에 대항할 수 없다는 것은, 앞에서 본 소원의 경우에 관하여 설명한 것과 다르지 않다.

행정청의 직권으로 말미암은 편의처분은 법규의 범위 내에서 공익을 살펴 집행할 자유가 있으므로, 법령의 규정에 저촉하지 않는 한도까지는 이에 대하여 소송을 제기할 수 없다. 그리고 집행처분은 직접적으로 법규의 조항을 개인에게 집행하는 것이어서 직권의 재량으로 신축할 여지가 없으므로, 행정관청은 만일 그 준칙을 잘못 적용하여 위법한 처분을 행한 것이 있다면 개인은 법규에 의하여 그 교정을 청구할 수 있다.

권리는 인격의 향유로서 국법이 보장한다. 개인 상호간 및 행정관청에 대하여 이를 주장할 수 있고, 국권은 일반적으로 그 확고함을 보호할 뿐만 아니라 권리자가 그 침해를 국권에 제소하여 국법의 보호를 청구하는 것을 허용한다. 이것이 사권과 공권의 소송이다. 그중 행정처분에 대한 것은 행정소송이라고 하여 특별히

行政裁判所를設ᄒᆞ고此를審判케ᄒᆞᄂᆞ니라 行政裁判所의構成及權限과行政訴訟의範圍及節次ᄂᆞᆫ行政組織編에此를詳細說明ᄒᆞᆯ지며訴訟審判의制度ᄂᆞᆫ現行法令의解釋問題인즉時宜를因ᄒᆞ야其意義가不一ᄒᆞ니다만行政處分에對ᄒᆞᄂᆞᆫ訴權을認許ᄒᆞ야人格으로權利를삼아主唱ᄒᆞᆯ事를容許ᄒᆞᆷ은近世立憲政体의啓發에關ᄒᆞᆫ바ㅣ며行政法主義의始分ᄒᆞᆫ바ㅣ라公法上에人格과權利를認許ᄒᆞᆫ結果로訴願과밋訴訟의權이有ᄒᆞᆫ者ᄂᆞᆫ行政의主義를相通ᄒᆞ야法理를全成ᄒᆞᄂᆞᆫ所以니此를立憲法治의制라稱ᄒᆞᄂᆞ니라

第二編　行政組織

第一章　總則

第一節　行政組織

全國을分劃ᄒᆞ야諸侯을藩封ᄒᆞ고各其自主의政務를行케ᄒᆞ며中央政府ᄂᆞᆫ此를統督ᄒᆞ니此ᄂᆞᆫ中古時代의封建制度오萬機細大를不問ᄒᆞ고悉皆中央으로브터從出ᄒᆞ야行政의機關은總히政府直接의官衙가되니此ᄂᆞᆫ近世中央劃一의制度ㅣ라最近에至ᄒᆞ야漸次로地方團体의自治를認許ᄒᆞ야此를中央行政에配付ᄒᆞ

행정재판소를 설치하여 재판하게 한다.

행정재판소의 구성 및 권한과 행정소송의 범위 및 절차는 행정조직편에서 상세하게 설명할 것이고, 소송·심판의 제도는 현행법령의 해석 문제로서, 때에 따라 그 의미가 같지 않지만, 행정처분에 대한 소권을 인정하여 인격을 권리로 삼아 주장하는 것을 허용하는 것은 근세 입헌정체의 발전과 관련된 것이며 행정법 원리의 시작점이다. 공법상 인격과 권리를 인정한 결과 소원과 소송을 할 권리가 있다는 것은 행정의 이론을 관통하는 법리를 완성하였기 때문인데, 이를 입헌법치제라고 부른다.

제2편 행정조직

제1장 총칙

제1절 행정조직

전국을 분할하여 제후를 책봉하고 각각 자주적인 정무를 행하게 하며, 중앙정부는 이를 통할하여 감독하는 것은 중고시대의 봉건제도이고, 세상의 온갖 정사가 크든 작든 간에 중앙으로부터 나와서 모든 행정기관이 정부의 직접적인 관청이 되는 것은 근세의 중앙획일제도이다. 최근에는 점차 지방단체의 자치를 인정하여 중앙행정을 나누어 주

고二者ㅣ相須ᄒᆞ야統法의作用을成ᄒᆞ니此ᄂᆞᆫ現行行政組織의主義니라

行政은國權의作用이니國家直接의官府를設備ᄒᆞ야此를施行ᄒᆞᆷ으로本則을삼으며施政은劃一케ᄒᆞ야機敏ᄒᆞᆷ을要ᄒᆞᄂᆞᆫ故로此를中央政府가統治ᄒᆞ나然ᄒᆞ나國은單純ᄒᆞᆫ個人의集合이아니오複雜ᄒᆞᆫ社會組織上에建設ᄒᆞ야歷史의變遷과又ᄂᆞᆫ經濟의必要를因ᄒᆞᆷ이니社會ᄂᆞᆫ或家族制度를依ᄒᆞ고或階級制度를依ᄒᆞ며又或地方團結制度를依ᄒᆞ야許多關係를重疊ᄒᆞ야構成된바ㅣ오且全体公共目的下에在ᄒᆞ야各其局部가直接의利害를有ᄒᆞᆫ者ㅣ라近世의國家ᄂᆞᆫ國權의歸一로主義를成ᄒᆞᆷ과ᄒᆞᆷ쎄社會各部의固有ᄒᆞᆫ機能을保存ᄒᆞ야其利害를全成케ᄒᆞ고져ᄒᆞᆷ을期望ᄒᆞᆷ이라於是乎地方自治의制度가有ᄒᆞ야國家目的의範圍內와國權監督下에在ᄒᆞ야地方團体의自治ᄒᆞᆷ을容許ᄒᆞᆷ은中央集權과地方分權의極端弊脉을避ᄒᆞ고其中和에處ᄒᆞ야時宜의合ᄒᆞᆫ政体를取ᄒᆞᆷ이니라

國을地方團體의合衆聯結이라解釋ᄒᆞᆷ은不可ᄒᆞ니國家ᄂᆞᆫ固有의生存目的을保有ᄒᆞᆷ이오地方團體의存亡을不拘ᄒᆞᆷ이며團體의自治라云ᄒᆞᆷ도亦是國權의作用이오國家에對峙ᄒᆞᄂᆞᆫ獨立의權力이有ᄒᆞᆷ은아니니라國家ᄂᆞᆫ中央官府를設備ᄒᆞ

고 양자가 함께 통치작용을 완성하는 것은 현행 행정조직의 이론이다.

행정은 국권의 작용이어서 국가가 직접 관청을 설치하여 시행하는 것을 원칙으로 하고, 시정은 획일적이고 기민할 것을 요하므로, 중앙정부가 통치한다. 그러나 국가는 단순한 개인의 집합이 아니고 복잡한 사회조직 위에 건설하는 역사의 변천 또는 경제의 필요로 말미암은 것이다. 사회는 가족제도에 의하거나 계급제도에 의하거나 지방단체제도에 의하여 수많은 관계가 중첩하여 구성된 것이고, 전체의 공공 목적 하에서 각각의 부분이 직접적인 이해관계를 가진다. 근세의 국가는 국권의 통일을 원칙으로 함과 아울러 사회 각 부분이 고유한 기능을 보존하여 그 이해를 이루게 하고자 한다. 이제 지방자치제도가 있어서 국가목적의 범위와 국권의 감독하에 지방단체의 자치를 허용하는 것은 중앙집권과 지방분권의 극단적인 폐해를 피하고 조화를 이루어 시의에 부합하는 정체를 취하는 것이다.

국가를 지방단체의 연합이라고 해석할 수 없다. 국가는 고유한 생존목적을 가지는 것이고, 지방단체의 존폐와 관계없으며, 단체의 자치라고 하더라도 국권의 작용이고, 국가에 대립하는 독자적인 권력이 있는 것이 아니다. 국가는 중앙관청을 설치하야行政事務에自當케ᄒᆞᄂᆞᆫ外에尙且法律로써地方團體ᄅᆞᆯ組織ᄒᆞ고此에委任ᄒᆞ야地方의行政을處理케ᄒᆞᄂᆞᆫ者ㅣ니共히國權의施行됨을不失홈이라團體가自治홈은其私權이아니오公職이됨으로國家에對ᄒᆞ야自治ᄒᆞᄂᆞᆫ責에任ᄒᆞᄂᆞ니此ᄅᆞᆯ懈怠ᄒᆞ며此을抛棄ᄒᆞᆯ事ᄅᆞᆯ不許ᄒᆞᆯ지라是以로行政權의主體ᄂᆞᆫ唯一의國家며中央官府와地方團體ᄂᆞᆫ共히其機關된事ᄅᆞᆯ可知ᄒᆞᆯ지니라

第二節　官府

行政을掌行케ᄒᆞ기爲ᄒᆞ야官府ᄅᆞᆯ設置ᄒᆞᄂᆞ니行政各部의官制ᄅᆞᆯ定홈은憲法上大權에屬ᄒᆞ며憲法에特例ᄅᆞᆯ揭載ᄒᆞᆫ外에ᄂᆞᆫ勅令으로써此ᄅᆞᆯ制定ᄒᆞᄂᆞ니라

官制ᄂᆞᆫ官府의織事ᄅᆞᆯ規定홈이니政務의分擔을職權이라稱ᄒᆞ며職權의主體ᄅᆞᆯ官府라稱홈이라官府ᄂᆞᆫ一定의政務ᄅᆞᆯ一定ᄒᆞᆫ區域內에執行ᄒᆞᄂᆞᆫ者오其擔任을各分ᄒᆞ야違犯치아니홈은此ᄅᆞᆯ職權이라稱ᄒᆞᄂᆞ니라

官制ᄂᆞᆫ一般히定ᄒᆞᆫ政務의分配라此ᄅᆞᆯ特定ᄒᆞᆫ人에게委任홈을任官이라稱ᄒᆞ며任官을由ᄒᆞ야官府의職權을行ᄒᆞᄂᆞᆫ者ᄅᆞᆯ官吏라稱ᄒᆞᄂᆞ니官吏ᄅᆞᆯ任命홈은官制權과홈씌大權에屬ᄒᆞᆫ바ㅣ오官府ᄂᆞᆫ職制와官吏로써構成ᄒᆞ야行政의機關된作

여 행정사무를 담당하게 하는 것 외에도 법률로 지방단체를 조직하고 이에 위임하여 지방의 행정을 처리하게 하는데, 모두 국권을 시행하기 위한 것이다. 단체가 자치하는 것은 사권이 아니고 공무이어서 국가에 대하여 자치하는 책임을 지는 것이므로, 이를 태만히 하고 방기하는 것은 허용되지 않는다. 따라서 행정권의 주체는 국가가 유일하고 중앙관청과 지방단체는 모두 그 기관이라는 것을 알아야 한다.

제2절 관청

행정을 관장하게 하기 위하여 관청을 설치한다. 행정각부의 관제를 정하는 것은 헌법상 대권에 속하고 헌법에 특례를 게재한 것 외에는 칙령으로 제정한다.

관제는 관청의 직무를 규정하는 것이다. 정무의 분담을 권한이라고 하고, 권한의 주체를 관청이라고 한다. 관청은 일정한 정무를 일정한 구역 내에서 집행하는 것이고 그 관할을 나누어 침범하지 않는 것을 권한이라 부른다.

관제는 일반적으로 정한 정무의 분배이다. 이를 특정한 사람에게 위임하는 것을 임관이라고 하고, 임관에 의하여 관청의 권한을 행하는 사람을 관리라고 한다. 관리를 임명하는 것은 관제권과 함께 대권에 속한다. 관청은 직제와 관리로 구성하여 행정기관의 작

用을行ᄒᆞᄂᆞᆫ者ㅣ라國權을代表ᄒᆞ야人民의게臨ᄒᆞ며其官府의名義로써命令을發ᄒᆞ며處分을行ᄒᆞᄂᆞᆫ職權이有ᄒᆞᆫ官府를特히行政官府라稱ᄒᆞᄂᆞ니命令又ᄂᆞᆫ處分의職權을不有ᄒᆞ고다만事務를補佐ᄒᆞ며또事實上의執行ᄒᆞᆷ으로써補佐官과執行官의區別이有ᄒᆞ니라

官府ᄂᆞᆫ一人或數人으로써組織ᄒᆞᄂᆞ니一人이專히職權을決行ᄒᆞ고他人은其事務를補佐ᄒᆞᆯ뿐에至ᄒᆞᄂᆞᆫ者를單獨制의官府라稱ᄒᆞ며數人이共同ᄒᆞ야其職에當ᄒᆞᄂᆞᆫ者를合議制의官府라稱ᄒᆞᄂᆞ니單獨制와合議制가官府된性質은同一ᄒᆞᆫ바ㅣ로대다만事務의性質을因ᄒᆞ야施行의機敏ᄒᆞᆷ으로써貴重ᄒᆞᆷ을삼ᄂᆞᆫ者ᄂᆞᆫ大槪單獨制를作ᄒᆞ며熟慮愼重ᄒᆞᆷ을要ᄒᆞᄂᆞᆫ者ᄂᆞᆫ大槪合議制를作ᄒᆞᄂᆞ니二者ㅣ各其得失이有ᄒᆞᆫ故로時宜를因ᄒᆞ야써制定ᄒᆞ야此를交用ᄒᆞᆯ바ㅣ니라

行政의諸官府ᄂᆞᆫ上下의階級을定ᄒᆞ고順序를依ᄒᆞ야此를中央이統一ᄒᆞᄂᆞ니人民의게直接ᄒᆞ야處分執行ᄒᆞᆷ으로써職司를삼ᄂᆞᆫ者도有ᄒᆞ며又ᄂᆞᆫ下級官府를監督ᄒᆞᄂᆞᆫ者도有ᄒᆞ야各其順次相臨ᄒᆞᄂᆞ니上下의等次ᄂᆞᆫ專히監督訓令權의配賦를因ᄒᆞ야定ᄒᆞᄂᆞᆫ바ㅣ라此階級制度를依ᄒᆞ야上官이下官의게對ᄒᆞᄂᆞᆫ權限의性

용을 행한다. 국권을 대표하여 인민을 상대하고 관청의 명의로 명령을 발하며 처분을 행하는 권한이 있는 관청을 특히 행정관청이라고 한다. 명령 또는 처분의 권한을 가지지 않고 단지 사무를 보좌하고 사실상 집행하는 사람을 보좌관과 집행관이라고 하여 구별한다.

관청은 일인 또는 수인으로 조직한다. 일인이 전적으로 권한을 행사하고 다른 사람은 그 사무를 보좌하는 것에 불과하는 것을 단독제 관청이라고 하고, 수인이 공동으로 직무를 담당하는 것을 합의제 관청이라고 한다. 단독제와 합의제는 관청이라는 성질은 같지만, 사무의 성질에 따라 시행의 신속을 중요하게 여기는 것은 대략 단독제로 만들고 숙려·신중을 요하는 것은 대략 합의제로 만든다. 양자는 각각 장단점이 있으므로 사정에 맞게 제정하여 사용할 것이다.

행정의 관청들은 상하의 계급을 정하고 순서에 따라 중앙이 통일한다. 인민에게 직접 처분을 집행하는 것이 직분인 것도 있고, 하급관청을 감독하는 것도 있어서, 각각 순차적으로 서로 임한다. 상하의 등급은 오로지 감독훈령권의 배분으로 정해진다. 계급제도에 따라 상관이 하관에 대한 권한의 성

質과밋範圍는官制各論章에至ᄒᆞ야詳說코져ᄒᆞ노라

官府는國政을施行ᄒᆞ기爲ᄒᆞ야設備ᄒᆞᆫ바ㅣ니人格을保有ᄒᆞᆫ者는아니오自存固有의目的을不有ᄒᆞᆫ바ㅣ며權利利益에歸屬ᄒᆞ는바는아니라官府自己의目的은無ᄒᆞ고國家의目的을爲ᄒᆞ야存在ᄒᆞ며官府自己의權利는無ᄒᆞ고此를經由ᄒᆞ야行使ᄒᆞ는國家의權力을職權이라稱ᄒᆞᆯᄲᅮᆫ이니官府는其職權을主唱ᄒᆞ며國法은其權限의侵犯을防衛ᄒᆞ는故로人格의有ᄒᆞᆫ權利와外觀이同一ᄒᆞᆫ바ㅣ有ᄒᆞ나然ᄒᆞ나國法이職權을保護ᄒᆞᆷ은官府의自存目的을認ᄒᆞᆷ이오其利益을爲ᄒᆞᆷ은아니오國權을主唱ᄒᆞ야此를防衛ᄒᆞ는者인즉權利의觀念을職權에延及ᄒᆞ야此를誤解치말지니라

第三節　官吏

官吏는官職을奉公ᄒᆞ는者ㅣ라特定ᄒᆞᆫ人의게特定ᄒᆞᆫ政務를委任ᄒᆞ야施行케ᄒᆞᆷ은大權의範圍에專屬ᄒᆞ고法律로써任用ᄒᆞᆷ을不得ᄒᆞ나니다만任官의資格과條件은法令으로써此를規定ᄒᆞᆷ이無防ᄒᆞ니라

個人은絕對的으로國權에服從ᄒᆞ며또國家의分子되야國事를擔負ᄒᆞ는責任이

질과 범위는 관제 각론의 장에서 자세히 설명하겠다.

관청은 국정을 시행하기 위하여 설치하는 것이다. 인격을 보유하는 것은 아니고, 자존의 고유한 목적을 가지는 것도 아니며, 권리이익이 귀속되는 것도 아니어서, 관청 자신의 목적은 없고 국가의 목적을 위하여 존재하며, 관청 자신의 권리는 없고 이를 경유하여 행사하는 국가의 권력을 권한이라 할 뿐이다. 관청은 권한을 주장하고 국법은 권한의 침범을 방위하므로 인격이 있는 권리와 외관이 같다. 그러나 국법이 권한을 보호하는 것은 관청 스스로의 존립 목적을 인정하거나 그 이익을 위한 것이 아니고, 국권을 주장하여 이를 방위하는 것이어서, 권리의 관념을 권한에 끌어들여 오해하면 안 될 것이다.

제3절 관리

관리는 관직을 맡은 사람이다. 특정한 사람에게 특정한 정무를 위임하여 시행하게 하는 것은 대권의 범위에 전속하고 법률로써 임용할 수 없다. 다만 임관의 자격과 조건은 법령으로 규정하여도 무방하다.

개인은 절대적으로 국권에 복종하고 국가의 요소로서 국사를 담당하는 책임이

有ᄒᆞᆫ지라故로法律은國務을爲ᄒᆞ야人을徵集ᄒᆞ야其事에供用ᄒᆞᆷ을可得ᄒᆞᄂᆞ니此ㅣ法律上의公役이라(兵役之類)然ᄒᆞ나國家ᄂᆞᆫ政務의性質을因ᄒᆞ며또社會의狀況을依ᄒᆞ야此ᄅᆞᆯ法律上의公役을삼아强制치아니ᄒᆞ고個人의自由意思ᄅᆞᆯ因ᄒᆞ야擔負ᄅᆞᆯ命ᄒᆞᄂᆞᆫ境遇도有ᄒᆞ니即官吏任命은此類에屬ᄒᆞᆷ이라任官은强制의公役이아니며또同時에何人이던지官吏될權利ᄅᆞᆯ保有ᄒᆞᆷ은아니오다만任官을辭ᄒᆞ며此ᄅᆞᆯ免ᄒᆞᄂᆞᆫ自由가有ᄒᆞᆯᄲᅮᆫ이니라然ᄒᆞ나此ᄅᆞᆯ依ᄒᆞ야官吏ᄂᆞᆫ其職을抛棄ᄒᆞᆷ을不得ᄒᆞᄂᆞ니官吏되ᄂᆞᆫ與否ᄂᆞᆫ(任官)自由의承諾을依ᄒᆞᆷ이나官吏가其職을奉行ᄒᆞᆷ은法律上의公役을極盡히ᄒᆞᆷ과無異ᄒᆞ고免職을請願ᄒᆞᄂᆞᆫ自由ᄂᆞᆫ有ᄒᆞ대此ᄅᆞᆯ聽許ᄒᆞᄂᆞᆫ與否ᄂᆞᆫ政府의自由意思에在ᄒᆞ니辭職의意思ᄅᆞᆯ表示ᄒᆞ고其公務에曠官ᄒᆞᄂᆞᆫ者ᄂᆞᆫ懈怠의責을不免ᄒᆞᆯ지며懲戒의處分을必受ᄒᆞᆯ지니라

官職은官吏의私權이아니라自已의利益을爲ᄒᆞ야此ᄅᆞᆯ主唱ᄒᆞᆯ事ᄅᆞᆯ不得ᄒᆞᄂᆞᆫ故로政府ᄂᆞᆫ何時던지理由ᄅᆞᆯ몬져示明치아니코此ᄅᆞᆯ免職에處ᄒᆞᄂᆞᆫ事ᄅᆞᆯ可得ᄒᆞᆷ으로本則을삼으며法令으로써特例ᄅᆞᆯ設ᄒᆞᆫ者ᄂᆞᆫ此限에不在ᄒᆞ니例如裁判官은法律로써定ᄒᆞᆫ懲戒處分을由ᄒᆞᄂᆞᆫ外에其意思에反ᄒᆞ야免官ᄒᆞᄂᆞᆫ事ㅣ無ᄒᆞ니라

있으므로 법률은 국무를 위하여 사람을 징집하여 그 일에 이바지하게 할 수 있는데, 이는 법률상의 공역이다(병역 등). 그러나 국가는 정무의 성질로 인하거나 사회의 상황에 따라 법률상 공역으로 강제하지 않고 개인의 자유의사에 따라 부담을 명하는 경우도 있다. 즉, 관리의 임명은 그 예에 속하는 것이다. 임관은 강제 공역이 아님과 동시에 누구든지 관리가 될 권리를 가지는 것이 아니다. 다만 임관을 거부하며 이를 면하는 자유가 있을 뿐이나 이에 의하여 관리는 그 직무를 포기할 수는 없다. 관리가 될 것인지 여부(임관)는 자유로운 승낙에 의하는 것이나, 관리가 직무를 수행하는 것은 법률상 공역을 극진히 수행하는 것과 다르지 않고, 면직을 청원하는 자유는 있지만 이를 허가할 것인지 여부는 정부의 자유의사에 있으므로, 사직의 의사를 표시하고 공무를 게을리하는 사람은 태만의 책임을 면치 못할 것이고 징계처분을 받을 것이다.

관직은 관리의 사권이 아니어서 자기의 이익을 위하여 주장할 수 없으므로, 정부는 언제든지 이유를 먼저 명시하지 않고도 면직에 처할 수 있는 것이 원칙이지만, 법령으로 특례를 설정한 것은 그렇지 않다. 예를 들면, 재판관은 법률로 정한 징계면직에 의하는 것 외에 의사에 반하여 면관할 수 없다.

官吏의게俸給을與ᄒᆞ야榮典을授홈은官吏된法理上性質에關ᄒᆞᆫ바ㅣ아니오此에養料를給ᄒᆞ야功勞를報酬ᄒᆞᄂᆞᆫ類ᄂᆞᆫ任官ᄒᆞᄂᆞᆫ外에特別ᄒᆞᆫ行爲니法律上의公役과任官을分ᄒᆞᆫ바ᄂᆞᆫ俸給存否에不在ᄒᆞ고政務의擔負가强制에因홈과自由意思에關홈에存在ᄒᆞᆫ者ㅣ니라

官吏ᄂᆞᆫ一般法令에服從ᄒᆞᄂᆞᆫ外에官吏된資格으로政府의特別ᄒᆞᆫ監督命令下에立ᄒᆞᄂᆞᆫ者ㅣ라故로職務에關ᄒᆞᆫ特別의自由制ᄂᆞᆫ一般의法令을依ᄒᆞ야臣民의權利自由를援用ᄒᆞ야此에對抗ᄒᆞᆯ事를不得ᄒᆞᆯ지니라政府ᄂᆞᆫ一般의服務規律을定ᄒᆞ야官吏의遵由ᄒᆞᆯ바를示ᄒᆞ며ᄯᅩ監督權을依ᄒᆞ야特別ᄒᆞᆫ訓令을發ᄒᆞᄂᆞ니服務規定에反ᄒᆞ며訓令을違ᄒᆞᄂᆞᆫ者ᄂᆞᆫ此를懲戒호대服務規律과懲戒處分은職務의性質을因ᄒᆞ야不同ᄒᆞ니行政官과司法官과武官이各其特別ᄒᆞᆫ規律이有홈과如ᄒᆞᆫ者ㅣ卽此例니라

第四節　地方團體

地方團體ᄂᆞᆫ一定ᄒᆞᆫ區域과住民으로써構成의要素를삼아地方共同의事務를自治ᄒᆞᄂᆞᆫ者ㅣ라國家ᄂᆞᆫ法律로써其組織을定ᄒᆞ고此에自治의權能을認許ᄒᆞ며且

관리에게 봉급을 주어 영전을 수여하는 것은 관리라는 법적 성질과 관련된 것이 아니다. 여기에서 생활비를 주어 공로를 보수하는 것은 임관하는 것과 별도의 특별한 행위이다. 법률상 공역과 임관을 나누는 것은 봉급의 존재 여부에 있지 않고, 정무의 담당이 강제적인 것인지, 자유의사에 관한 것인지에 달려 있다.

관리는 일반법령에 복종하는 것 외에 관리라는 자격으로 정부의 특별한 감독명령하에 있는 사람이다. 따라서 직무에 관한 특별한 자유의 제한은 일반법령에 의하여 신민의 권리·자유를 원용하여 대항할 수 없다. 정부는 일반적인 복무규율을 정하여 관리가 지켜야 할 사항을 제시하고 감독권에 의하여 특별한 훈령을 발한다. 복무규정에 반하고 훈령을 위반하는 사람은 징계하는데, 복무규율과 징계처분은 직무의 성질에 따라 다르다. 행정관과 사법관과 무관이 각각 특별한 규율이 있는 것들이 그 예이다.

제4절 지방단체

지방단체는 일정한 구역과 주민을 구성요소로 하여 지방공동의 사무를 자치하는 것이다. 국가는 법률로 그 조직을 정하고 여기에 자치의 권능을 인정하고

其自治의責에自任케ᄒᆞᄂᆞ니自治ᄂᆞᆫ團體存在의目的이라自己의目的을達ᄒᆞᄂᆞᆫ事로團體가國家에對ᄒᆞᆫ責任을삼ᄂᆞᆫ故로地方團體ᄂᆞᆫ一方에在ᄒᆞ야ᄂᆞᆫ自主의社團됨과同時에又一方에在ᄒᆞ야ᄂᆞᆫ國家의行政機關이되ᄂᆞ니此ᄂᆞᆫ即官府와밋私의社團의其性質이相異ᄒᆞᆫ바ㅣ니라

一定ᄒᆞᆫ疆土를保有ᄒᆞ야此로基礎를삼아成立ᄒᆞᆫ故로此를地方團體라稱ᄒᆞ야他의公의團體와區別ᄒᆞ며民衆이合同ᄒᆞ야社團의性質을保有ᄒᆞᆫ故로官廳의管轄區域을爲ᄒᆞ야行政區劃을定ᄒᆞᆷ과其成立을相異케ᄒᆞ니地方團體의區域은行政區畫과合一ᄒᆞᄂᆞᆫ事도有ᄒᆞ나然ᄒᆞ나此를混同ᄒᆞᆷ은不可ᄒᆞ니라

地方團體ᄂᆞᆫ人格을保有ᄒᆞᆫ者ㅣ니國法은團體의自存目的을因ᄒᆞ야團體의利益을爲ᄒᆞ야自治ᄒᆞᄂᆞᆫ事를認許ᄒᆞᄂᆞᆫ所以니라國家統治의全體로브터觀察ᄒᆞᆯ진대此의人格을因ᄒᆞ야自治케ᄒᆞᆷ은國家行政目的에孚合ᄒᆞ며此를施行ᄒᆞ야此를補充ᄒᆞᄂᆞᆫ作用을삼ᄂᆞᆫ者ㅣ라故로國家의目的과團體의目的이相合歸一ᄒᆞ야其人格權利의實行이即行政作用된者ㅣ니此이即地方團體ᄂᆞᆫ自主人格이되며行政機關이된特種의地位를保有ᄒᆞᆫ바ㅣ니라

자치의 책임을 지게 한다. 자치는 단체의 존재 목적이다. 단체가 자기의 목적을 달성하는 것이 국가에 대한 책임이 되므로, 지방단체는 한편으로는 자주적인 사단임과 아울러 다른 한편으로는 국가의 행정기관이 된다. 이러한 관청과 사적인 사단은 성질이 서로 다른 것이다.

일정한 지역을 가지고 이에 기초하여 성립하므로 이를 지방단체라 하여 다른 공공단체와 구별하고, 민중이 합동하여 사단의 성질을 가지기 때문에 관청의 관할구역을 위하여 행정구획을 정하는 것과 성립을 달리하므로, 지방단체의 구역은 행정구획과 합치하는 것도 있지만 이를 혼동하여서는 안 된다.

지방단체는 인격을 가진다. 국법은 단체 스스로의 존립 목적에 따라 단체의 이익을 위한 자치를 인정하기 때문이다. 국가통치를 전체적으로 관찰하면, 이러한 인격으로 자치하게 하는 것은 국가행정의 목적에 부합하고 이를 시행하여 보충하는 작용이 된다. 그러므로 국가의 목적과 단체의 목적이 서로 하나가 되어 그 인격권리의 실행이 행정작용이 되는 것이다. 즉, 지방단체는 자주적인 인격으로서 행정기관이 되는 특별한 지위를 가진다.

地方團體의目的과밋組織은法律로써此를定ᄒᆞᄂᆞᆫ故로法律이認許ᄒᆞᆫ目的外에團體의人格과밋權利를主唱키不得ᄒᆞᄂᆞ니此所謂法人이란者의普通原則이니라地方團體ᄂᆞᆫ組合員의自由意思를因ᄒᆞ야成立ᄒᆞᆫ團體가아니오法律로써此를組織ᄒᆞᆫ者인즉其區域에住居ᄒᆞᆫ人民이其團體에屬ᄒᆞᆷ은自由意思를因ᄒᆞᆷ이아니오法律强制의力을依ᄒᆞᆫ者ㅣ니라

各地方團體ᄂᆞᆫ孤立ᄒᆞ야獨存ᄒᆞᆫ者ㅣ아니오合衆聯結ᄒᆞ야更히團體를成ᄒᆞ야上下의階級을作ᄒᆞᆫ者ㅣ니數多村面이合ᄒᆞ야州郡을成ᄒᆞ며數多州郡이合ᄒᆞ야觀察府를成ᄒᆞᄃᆡ上級團體ᄂᆞᆫ下級團體를監督ᄒᆞ야其管轄區域에統一의秩序가自在ᄒᆞᆷ은官制와無異ᄒᆞ니此를詳細說明ᄒᆞ며또中央官府가地方團體에對ᄒᆞᄂᆞᆫ監督關係ᄂᆞᆫ併히地方團體論章에從後講解코져ᄒᆞ노라

第五節　中央行政

行政의機關을官府와밋地方團體의二者로分ᄒᆞᆫ結果로써中央行政과밋地方自治政의區別이有ᄒᆞ니自治制를認定치아니ᄒᆞᄂᆞᆫ行政組織에在ᄒᆞ야도全國에普ᄒᆞᄂᆞᆫ統一의行政과專히地方局部의利害에關ᄒᆞᄂᆞᆫ地方行政의區別이亦有ᄒᆞ

지방단체의 목적과 조직은 법률로 정하므로 법률이 인허한 목적 외에 단체의 인격과 권리를 주장할 수 없다. 이는 이른바 법인의 통상적인 원칙이다. 지방단체는 조합원의 자유의사로 성립하는 단체가 아니라 법률로 조직하는 것이어서, 그 구역에 거주하는 인민이 그 단체에 속하는 것은 자유의사로 인한 것이 아니고 법률의 강제력에 의하는 것이다.

각 지방단체는 홀로 독자적으로 존재하는 것이 아니고 합중연결하여 다시 단체를 구성하므로 상하의 계급이 있다. 수많은 촌면이 합쳐 주군을 구성하고 수많은 주군이 합쳐 관찰부를 구성한다. 상급단체는 하급단체를 감독하는 결과 그 관할구역에 통일적인 질서가 존재하는 것은 관제와 다르지 않다. 이를 상세하게 설명하고 중앙관청의 지방단체에 대한 감독관계는 별도로 지방단체론의 장에서 추후 설명하고자 한다.

제5절 중앙행정

행정기관을 관청과 지방단체 양자로 나눈 결과 중앙행정과 지방자치행정의 구별이 있다. 자치제도를 인정하지 않는 행정조직에서도 전국적으로 미치는 통일적인 행정과 오로지 지방에 한정하는 이해에 관한 지방행정의 구별도 있며또官府管轄區域의廣狹을依ᄒᆞ야中央政府와밋地方官의名稱이有ᄒᆞ나然ᄒᆞ나統括ᄒᆞ야論ᄒᆞᆯ진대中央政府의事務를配置ᄒᆞᆷ에不過ᄒᆞ니此를機關의性質과밋行政이國家에對ᄒᆞᆫ關係를相異케ᄒᆞᆷ을因ᄒᆞᆫ區別과同視ᄒᆞᆷ은不可ᄒᆞᆯ지니라中央行政은國家直接의行政이니國家가官府를設備ᄒᆞ고此에依ᄒᆞ야施政을自行ᄒᆞᄂᆞᆫ바ㅣ라官府의職權을行ᄒᆞᄂᆞᆫ管轄區域은或全國에及ᄒᆞ며或一地方에限ᄒᆞ나然ᄒᆞ나其施行ᄒᆞᄂᆞᆫ바ᄂᆞᆫ中央政府의行政이니法律이地方團體에委任ᄒᆞ야自治케ᄒᆞᄂᆞᆫ者와此를區別ᄒᆞᆯ지니라

中央政府의編制ᄂᆞᆫ各部大臣이行政의各部를分擔ᄒᆞ야써此를全國에施行ᄒᆞᄂᆞᆫ責에任ᄒᆞ며地方官은各部大臣의下級行政官이되야一定ᄒᆞᆫ行政區畫에在ᄒᆞ야此를施行ᄒᆞ고其各部行政을統一ᄒᆞᄂᆞᆫ者ᄂᆞᆫ議政府ㅣ니議政府ᄂᆞᆫ各部大臣으로써組織ᄒᆞ고議政大臣은此에首席이되야大政의方針을協議ᄒᆞ며行政各部를監督ᄒᆞᄂᆞ니中央官制ᄂᆞᆫ此를次章에說明코져ᄒᆞ노라

行政法의解釋으로ᄒᆞ야곰中央行政과地方自治行政의區別이其形式에在ᄒᆞᆷ은以上에陳述ᄒᆞᆫ바와如ᄒᆞ니中央行政事務의範圍를明示ᄒᆞᆷ은立法政策論에關涉

고, 관청의 관할구역의 크기에 따라 중앙정부와 지방관의 명칭이 있지만, 이를 총괄하면 중앙정부의 사무를 배치하는 것에 불과하여, 기관의 성질과 행정의 국가에 대한 관계의 차이에 따른 구별과 같다고 할 수 없다.

중앙행정은 국가의 직접적인 행정이니 국가가 관청을 설치하고 이에 의하여 시정을 행한다. 관청의 권한을 행사하는 관할구역은 전국에 미치기도 하고 하나의 지방에 한정하기도 하나, 그 시행은 중앙정부의 행정이니 법률이 지방단체에 위임하여 자치하게 하는 것과 구별하여야 한다.

중앙정부의 편제는 각부대신이 행정의 각부를 분담하여 전국에 시행할 책임이 있고, 지방관은 각부대신의 하급행정관으로서 일정한 행정구역에서 시행하고, 그 각부 행정을 통일하는 것은 의정부이다. 의정부는 각부대신으로 조직하고 의정대신은 그 수석으로서 국정의 방침을 협의하고 행정각부를 감독한다. 중앙관제는 다음 장에서 설명하도록 하겠다.

행정법의 원리에 의하면, 중앙행정과 지방자치행정의 구별이 그 형식에 있다는 것은 위에서 서술한 것과 같다. 중앙행정사무의 범위를 명시하는 것은 입법정책론과 관련

ᄒᆞᆷ으로써此를簡言키難ᄒᆞ나現今制度의主義는大槪國權을維持ᄒᆞᆷ으로써直接의目的을삼는政務와밋社會公共의安寧秩序에關ᄒᆞᆫ者는專히中央行政에屬ᄒᆞᆷ으로써主義를삼으며公共의福利를爲ᄒᆞ야文化、經濟、交通等의便利를全成ᄒᆞᆷ으로써目的을삼는行政은其一般을爲ᄒᆞ는者와밋一地方의利害를爲ᄒᆞ는者의其如何ᄒᆞᆷ을依ᄒᆞ야便宜를隨ᄒᆞ야此를中央及自治行政에分擔ᄒᆞᆫ바ㅣ니라

第六節　自治行政

自治行政은國家가地方團體에委任ᄒᆞ야自治케ᄒᆞ는行政이니團體의目的으로브터觀察ᄒᆞᆯ진대自治오國家의目的으로브터觀察ᄒᆞᆯ진대地方行政이라自治는團體의權利며또國法上의公職이니此ㅣ自治制의特質이되야單純ᄒᆞᆫ中央制와相分ᄒᆞᆫ바ㅣ라故로自治는國家間接의行動이니라

地方團體는法律을依ᄒᆞ야機關을具備ᄒᆞ야自治行政을施行ᄒᆞᄂᆞ니其機關은即中央政府의機關이아니오團體의機關이라國家는直接으로此機關을設備ᄒᆞ야此에行政을委任치아니코團體의게自治의權과責務를有케ᄒᆞᆷ으로團體는更히其機關을依ᄒᆞ야此를行ᄒᆞᄂᆞ니團體는權利와責務의主体된者ㅣ니라

된 것으로서 이를 간단하게 말하기 어려우나, 오늘날 제도의 의의는 대략 국권의 유지를 직접적인 목적으로 하는 정무와 사회공공의 안녕·질서에 관한 것은 전적으로 중앙행정에 속한다는 것이 원칙이고, 공공의 복리를 위하여 문화, 경제, 교통 등의 편리를 완성하는 것을 목적으로 하는 행정은 일반을 위하는 것과 지방의 이해를 위하는 것 여하에 따라 재량에 의하여 중앙 및 자치행정에 분담하게 하는 것이다.

제6절 자치행정

자치행정은 국가가 지방단체에게 위임하여 자치하게 하는 행정이다. 단체의 목적에서 살펴보면 자치이고, 국가의 목적에서 관찰하면 지방행정이다. 자치는 단체의 권리이고 국법상의 공무이다. 이러한 자치제도의 성실로부터 단순한 중앙집권제와 구별되는 것이다. 그러므로, 자치는 국가의 간접적인 행동이다.

지방단체는 법률에 의하여 기관을 갖추고 자치행정을 시행한다. 그 기관은 중앙정부의 기관이 아니고 단체의 기관이다. 국가가 직접 기관을 설치하여 거기에 행정을 위임하는 것이 아니고, 단체에게 자치권과 책무를 가지게 함으로써 단체가 다시 그 기관에 의하여 이를 행하는 것이므로, 단체는 권리와 책무의 주체가 되는 것이다.

團體의機關은議會와밋行政廳이니議會ᄂᆞᆫ其住民의公議를代表ᄒᆞ야財政과밋行政의重要ᄒᆞᆫ事件을議決ᄒᆞ고行政廳은議會의議決을執行ᄒᆞ며其他法令을依ᄒᆞ야一切의行政을管理ᄒᆞᄂᆞ니悉皆公選을由ᄒᆞ야組織ᄒᆞᄂᆞᆫ自治機關이라故로此를地方團體組織章에至ᄒᆞ야詳陳코져ᄒᆞ노라

以上數節의說明으로써中央과밋自治行政은其機關을各分ᄒᆞ야互相通用치못ᄒᆞ고獨立對峙ᄒᆞ며人民은此二種權力에服從ᄒᆞᄂᆞᆫ者ㅣ라解釋ᄒᆞᆷ은不可ᄒᆞ니二者의區別은國家組織內部의排列됨으로써統治作用形式에重要ᄒᆞᆫ類別이나然이나國家와個人間에在ᄒᆞ야ᄂᆞᆫ悉皆唯一ᄒᆞᆫ國權의行動이니是以로現今의行政組織은中央及自治를明白區畫ᄒᆞᆷ과ᄒᆞᆷ께二者가互相連絡ᄒᆞ야統治作用의器具가되야行政全體의歸一ᄒᆞᆷ을保全ᄒᆞᄂᆞᆫ制度를採用ᄒᆞᆫ者ㅣ니라

中央行政과地方團體의連絡ᄒᆞᄂᆞᆫ바ᄂᆞᆫ自治機關이特히法律의命ᄒᆞᆫ바를依ᄒᆞ야中央行政을執行ᄒᆞᆷ으로써互相貫通ᄒᆞᄂᆞᆫ者ㅣ니國家ᄂᆞᆫ團體의自主目的으로써自治ᄒᆞᆷ을爲ᄒᆞ야政務를委任ᄒᆞᄂᆞᆫ外에法律은尙且中央官府가其補助執行의機關을삼아團體自治의機關을利用ᄒᆞᆷ을容許ᄒᆞᆫ者ㅣ라法令을依ᄒᆞ야中央行政事

단체의 기관은 의회와 행정청이다. 의회는 주민의 공의를 대표하여 재정과 행정의 중요한 사항을 의결하고, 행정청은 의회의 의결을 집행하며 그밖의 법령에 의하여 일체의 행정을 관리한다. 모두 선거로 조직하는 자치기관이므로, 이를 지방단체조직의 장에서 자세히 서술하고자 한다.

이상 여러 절의 설명으로 중앙과 자치행정은 그 기관이 구분되어 서로 넘나들지 못하고 독립적으로 대치하며 인민은 위와 같은 두 권력에 복종하는 것이라고 해석할 수 없으므로, 양자의 구별은 국가조직 내부의 배열로서 통치작용형식으로서는 중요한 구분이나 국가와 개인 사이에서는 모두 단일한 국권의 행사이다. 따라서 오늘날의 행정조직은 중앙 및 자치를 명백하게 구획함과 함께 양자가 서로 연결되어 통치작용의 기구로서 행정 전체의 통일성을 유지하는 제도를 채택하고 있는 것이다.

중앙행정과 지방단체가 연락한다는 뜻은 자치기관이 특히 법률이 명한 대로 중앙행정을 집행함으로써 서로 관통한다는 것이다. 국가가 단체의 자주적인 목적으로 자치를 위하여 정무를 위임하는 것 외에, 법률은 중앙관청이 보조집행의 기관으로서 자치단체의 기관을 이용할 수 있는 것을 허용하고 있다. 법령에 의하여 중앙행정사

務를可히施行홈을命훈時는團體機關은中央行政의機關이되야上級官府의訓令下에在호야此를可히執行홀지니是以로實際에在호야團體機關이施行호는行政事務는甚히錯雜홈으로써此를官府와區別홀必要가無호다홈은觀念이不無홀지나然이나此ㅣ同一의機關이其資格을變異호야行動호는者ㅣ니行政監督과밋處分効果에在호야는重大훈差異를生호ᄂᆞ니라

第二章　中央官制

第一節　議政府

議政府는國務各大臣으로써組織훈者ㅣ니國務各大臣은憲法上의機關이라大權行使에對호야意見을奉奏호며皇上을輔弼홈으로써其職司를삼고兼호야行政長官된與否는憲法의規定은아니오官制의問題라現行制度에는國務大臣은輔弼의責에任호며또行政官府의職權을行使호는故로議政府에職制는其憲法上의職司를奉行호며行政各部에臨호야其統一을持保호는職權을併호야規定훈바ㅣ니라

議政府는國務大臣의合議호는官府ㅣ라議政大臣은其首班이되야事務를主宰

무를 시행하여야 할 것을 명한 때에는 단체기관은 중앙행정의 기관으로서 상급관청의 훈령 아래에서 집행하여야 할 것이다. 그러므로 실제로 단체의 기관이 시행하는 행정사무는 뒤섞여서 복잡하므로, 이를 관청과 구별할 필요가 없다는 관념이 없지는 않으나, 이는 동일한 기관이 자격을 달리하여 행동하는 것이어서 행정의 감독과 처분의 효과에서 중대한 차이가 생긴다.

제2장 중앙관제

제1절 의정부

의정부는 국무대신들로 조직한다. 국무대신들은 헌법상의 기관으로서 대권의 행사에 대하여 의견을 올리고 황제를 보필하는 것을 직무로 하고, 겸하여 행정장관이 되는지 여부는 헌법의 규정이 아니라 관제의 문제이다. 현행제도 하에서 국무대신은 보필을 책임지고 행정관청의 권한을 행사하므로, 의정부의 직제는 헌법상의 직무를 집행하고 행정각부에 대하여 통일성을 유지하는 권한을 모두 규정하고 있다.

의정부는 국무대신이 합의하는 관청이다. 의정대신은 그 수반으로서 직무를 주재

ᄒᆞ나然이나議政府의權限은議政大臣의權限이아니오다만議政府所屬의各種部局은議政大臣의事務所ㅣ니議政府의權限과議政大臣을單獨官府로삼은職權을混同ᄒᆞᆷ은不可ᄒᆞ니라

議政府의在ᄒᆞ야會議ᄒᆞᄂᆞᆫ政務ᄂᆞᆫ此ᄅᆞᆯ列擧ᄒᆞ야制限키難ᄒᆞᆫ者오다만官制ᄅᆞᆯ依ᄒᆞ야府議ᄅᆞᆯ必要ᄒᆞᆯ事件과各大臣이其主任事務에當ᄒᆞ야府議ᄅᆞᆯ要求ᄒᆞᆯ者와區別이有ᄒᆞᆯᄲᅮᆫ이니左의各件은府議ᄅᆞᆯ經由ᄒᆞᆷ에必要ᄒᆞᆫ者ㅣ니라 (日本內閣官制第五條도此와同ᄒᆞᆷ)

一、法律案及豫算決算案

二、外國條約及重要ᄒᆞᆫ國際條件

三、官制와ᄯᅩ規則及法律施行에關ᄒᆞᆫ勅令

四、各部間主管權限의爭議

五、皇上이下付ᄒᆞᆫ바와ᄯᅩᄂᆞᆫ帝國議會에서送交ᄒᆞᆫ人民의請願

六、豫算外에支出

七、勅任官及地方長官의任命及進退

한다. 그러나 의정부의 권한은 의정대신의 권한이 아니지만, 의정부 소속의 부국들은 의정대신의 사무소이다. 의정부의 권한과 의정대신이라는 단독관청의 권한을 혼동하여서는 안 된다.

의정부에서 회의하는 정무를 열거하여 한정하기 어렵지만, 관제에 따라 부의를 요하는 사건과 각 대신들이 자신의 주임사무에 대하여 부의를 요구하는 것에 구별이 있을 뿐이다. 아래의 각 사항은 부의를 경유하는 것이 필요한 것들이다(일본 내각관제 제5조도 이와 같음).

① 법률안 및 예산결산안
② 외국조약 및 중요한 국제조약
③ 관제와 규칙 및 법률의 시행에 관한 칙령
④ 각부 사이의 주관권한의 쟁의
⑤ 황제가 내린 사안과 제국의회에서 송부한 인민의 청원
⑥ 예산 외의 지출
⑦ 칙임관 및 지방장관의 임명 및 퇴진

八、高等行政에關ᄒᆞᆫ事体의稍重ᄒᆞᆫ者

其他의法令으로써特히議政府職權에屬ᄒᆞᆫ者는府議를要ᄒᆞ며또主任大臣은自己의所見을因ᄒᆞ야何等의件을不問ᄒᆞ고府議를要求키可得ᄒᆞᄂᆞᆫ故로前項에列記ᄒᆞᆷ은其中重要ᄒᆞᆫ者만揭載ᄒᆞᆷ에不過ᄒᆞ니라

議政大臣은各大臣의首班이되야機務를奏宣ᄒᆞ며聖旨를奉承ᄒᆞ야行政各部의統一을持保ᄒᆞᄂᆞ니其主管事務에當ᄒᆞ야命令을發ᄒᆞ며또重要ᄒᆞᆷ으로認ᄒᆞᆯ時ᄂᆞᆫ行政各部의處分又ᄂᆞᆫ命令을中止ᄒᆞ고勅裁을待ᄒᆞ기도可得ᄒᆞᄂᆞ니라（日本內閣官制第二條第三條도此와同ᄒᆞᆷ）

大凡萬般의施政은此를議政府에統合ᄒᆞ야歸一케ᄒᆞ며大權의行動은恒常議政府를經由ᄒᆞ야發表ᄒᆞᄂᆞ니多岐分裂의弊端을務避ᄒᆞᄂᆞᆫ事로써統治의原則을삼ᄂᆞᆫ바ㅣ니라

第二節　各部大臣

全國을區畫ᄒᆞ야各部大臣으로써ᄒᆞ여곰此를分轄케ᄒᆞ야各各君主를代表ᄒᆞ야一切統治의責에任ᄒᆞ니此ᄂᆞᆫ地方分權의行政組織이오政務를分類ᄒᆞ야中央政

⑧ 고등행정에 관한 중요한 사안

그 밖에 법령으로 특별히 의정부의 권한에 속하는 것은 부의를 요하고, 주임대신은 자기의 관점에서 어떠한 사안이든지 부의를 요구할 수 있으므로, 전항에서 열거한 것은 그중 중요한 것만 기재한 것에 불과하다.

의정대신은 각 대신의 수반으로서 중요한 사무를 올리고 황제의 뜻을 받들어 행정각부의 통일성을 유지한다. 그 주관사무에 대하여 명령을 발하고 중요하다고 인정하는 때에는 행정각부의 처분 또는 명령을 중지하고 황제의 재결을 기다릴 수 있다(일본 내각관제 제2조, 제3조도 이와 같음).

무릇 모든 정책의 시행은 의정부에서 통합하여 통일하고 대권의 행사는 항상 의정부를 경유하여 발표하여, 여러 가지로 분열되는 폐단을 피하는 것을 통치의 원칙으로 삼는다.

제2절 각부대신

전국을 구획하고 각부대신에게 분담시켜 각각 군주를 대표하여 일체의 통치를 책임지게 하는데, 이것이 지방분권의 행정조직이다. 반면에 정무를 분류하여 중앙정

府의部局을各大臣으로ᄒᆞ여곰此를分擔케ᄒᆞ야其責에任ᄒᆞ니即中央集權의行政組織된現行各部制度ㅣ니라

各部ᄂᆞᆫ行政事務의分配니此를擔任ᄒᆞ야責에當ᄒᆞᄂᆞᆫ者ᄂᆞᆫ各部大臣이오各部의行政範圍를定ᄒᆞᆷ은大權에屬ᄒᆞᆷ이니即官制의規定ᄒᆞᆫ바ㅣ라我國의現行官制ᄂᆞᆫ此를七部(內部、外部、度支部、軍部、法部、學部、農商工部)에分ᄒᆞ얏스니部ᄂᆞᆫ即行政의分類ㅣ라此로職權을삼아施行ᄒᆞᄂᆞᆫ者ᄂᆞᆫ各部大臣이니其各部로써職權의主體라解釋ᄒᆞᆷ은不可ᄒᆞ니라

各部大臣은單獨官府의長官이오其官制를依ᄒᆞ야設置ᄒᆞᆫ事務官은此를補佐ᄒᆞᄂᆞ니命令及處分은大臣이此를發ᄒᆞ며且其責任에居ᄒᆞ고事務官은大臣의訓示를遵ᄒᆞ야部務를處理ᄒᆞᆯ뿐이오獨立ᄒᆞ야法令을解釋ᄒᆞ거나施行ᄒᆞᄂᆞᆫ職權이無ᄒᆞ고또大臣과其責을分任ᄒᆞᄂᆞᆫ者ㅣ아니니라

各部大臣은法律勅令을依ᄒᆞ야其主管의行政을施行ᄒᆞᄂᆞ니職權의委任은官制를依ᄒᆞ며行政의範圍ᄂᆞᆫ法令을依ᄒᆞᆷ이라故로各部行政은法令을解釋ᄒᆞ야執行ᄒᆞ며또大權의監督訓示를依遵ᄒᆞ야法令의範圍內에셔國家의目的을達ᄒᆞᆯ事를

부의 부국을 각 대신에게 분담시켜 책임을 지게 하는데, 이것이 중앙집권의 행정조직으로서 현행 각부제도이다.

각부는 행정사무의 분배이다. 이를 담당하여 책임을 지는 사람은 각부대신이고 각부의 행정 범위를 정하는 것은 대권에 속하는 것이어서, 관제에서 규정한다. 우리나라의 현행 관제는 이를 7부(내부, 외부, 도지부*, 군부, 법부, 학부, 농상공부)로 나누고 있는데, 부는 행정의 분류이다. 이를 권한으로 삼아 시행하는 사람은 각부대신이고 각부를 권한의 주체라고 해석하여서는 안 된다.

각부대신은 단독관청의 장관이고 관제에 따라 설치하는 사무관은 이를 보좌한다. 명령 및 처분은 대신이 발하며 그 책임이 있고, 사무관은 대신의 훈시에 따라 사무를 처리할 뿐이고 독자적으로 법령을 해석하거나 시행할 권한이 없고 대신과 책임을 분담하는 것도 아니다.

각부대신은 법률·칙령에 의하여 그가 주관하는 행정을 시행한다. 권한의 위임은 관제에 의하고 행정의 범위는 법령에 의하는 것이므로, 각부의 행정은 법령을 해석하여 집행하고 대권의 감독과 훈시에 따라 법령의 범위 내에서 국가의 목적을 달성하도록

* 역자 주: 대한제국 때에 설치한, 국가 전반의 재정을 맡아 보던 중앙관청을 말한다. 1895년에 탁지아문을 고친 것으로, 1910년까지 존재하였다.

勉勵ᄒᆞᄂᆞᆫ者ㅣ니라

各部大臣은其委任을依ᄒᆞ야行政命令을發ᄒᆞᄂᆞᆫ權이有ᄒᆞ니此ᄅᆞᆯ部令이라稱ᄒᆞᄂᆞᆫ者ㅣ라部令은其主管行政에當ᄒᆞ야法令을施行키爲ᄒᆞ거나又ᄂᆞᆫ安寧秩序ᄅᆞᆯ維持ᄒᆞ기爲ᄒᆞ야發ᄒᆞᆷ이니法律、勅令과同一히一般遵由의効力이有호ᄃᆡ다만法律、勅令에牴觸ᄒᆞᆯ事ᄅᆞᆯ不得ᄒᆞ며또公益을侵害ᄒᆞ거나大政方針에違反ᄒᆞᆫ者ᄂᆞᆫ議政大臣의職權을由ᄒᆞ야此ᄅᆞᆯ停止케ᄒᆞᆷ도有ᄒᆞ니라

部令으로發ᄒᆞᆫ行政規則은當然히强行의性質을含有ᄒᆞ나然ᄒᆞ나部令權은當然히處罰權을包含치아니ᄒᆞᆫ故로勅令으로써各部大臣의게一定ᄒᆞᆫ限度內에在ᄒᆞ야罰則을設ᄒᆞᄂᆞᆫ權을委任ᄒᆞᄂᆞ니各部大臣은法律로써特定ᄒᆞᆫ外에部令으로써二十五圜以內의罰金이나又ᄂᆞᆫ二十五日以下의禁錮의罰則을附ᄒᆞ기得ᄒᆞ며此範圍內에在ᄒᆞ야特히罰則을附치아니ᄒᆞᆫ部令은一般刑法의制裁ᄅᆞᆯ依ᄒᆞ야犯則ᄒᆞᆫ者ᄅᆞᆯ處斷ᄒᆞᄂᆞ니라

各部大臣은其下級行政官府(地方長官)에對ᄒᆞ야訓令과밋監督의權이有ᄒᆞ니各部大臣은其主任事務에當ᄒᆞ야訓令을發ᄒᆞ며法令의解釋을一定ᄒᆞ야施政의

노력한다.

각부대신은 위임에 따라 행정명령을 발할 수 있는 권한이 있는데, 이를 부령이라고 한다. 부령은 주관하는 행정에 대하여 법령을 시행하거나 안녕·질서를 유지하기 위하여 발하는 것이다. 법률·칙령과 같이 일반이 지켜야 하는 효력이 있지만, 법률·칙령에 저촉할 수 없고, 공익을 해하거나 국정의 방침에 반하는 것은 의정대신의 권한으로 이를 정지하게 할 수도 있다.

부령으로 발한 행정규칙은 당연히 강행성을 가지고 있으나, 부령권에는 처벌권이 당연히 포함되지는 않는 것이므로, 칙령으로 각부대신에게 일정한 한도 내에서 벌칙을 정할 권한을 위임한다. 각부대신은 법률에서 특별히 정한 것 외에 부령으로 25환 이내의 벌금이나 25일 이내의 금고의 벌칙을 부과할 수 있고, 그 범위 내에서 특별히 벌칙을 부과하지 않은 부령에 관한 사항은 일반형법의 제재로 범칙한 사람을 처단한다.

각부대신은 하급행정관청(지방장관)에 대하여 훈령권과 감독권이 있다. 각부대신은 주관사무에 대하여 훈령을 발하고 법령의 해석을 통일하여 시정의

方針을示ᄒᆞ며또下級行政官府의處分이成規를違ᄒᆞ야公益을害ᄒᆞ거나或은權限을犯ᄒᆞᆫ者로認ᄒᆞᆯ時ᄂᆞᆫ此를停止ᄒᆞ며또ᄂᆞᆫ繳消ᄒᆞᆯ事를得ᄒᆞᄂᆞ니라

大凡中央行政은各部大臣으로써其集点의中心을삼ᄂᆞ니地方行政廳은自己의名義로써命令을發ᄒᆞ며處分을行ᄒᆞ나然ᄒᆞ나其實은各部行政의機關된事가其職務의重要ᄒᆞᆫ者ㅣ니라盖各部大臣이各其事務官을各地에分置ᄒᆞ야所管의施政을掌行케ᄒᆞᆷ은ᄒᆞᆫ갓無用의煩累를致ᄒᆞᆯ뿐아니라行政의重疊을招致ᄒᆞᆯ念慮ㅣ不尠ᄒᆞᆫ故로此를地方長官의게訓令ᄒᆞ야執行케ᄒᆞᆷ으로써通則을삼으며事務의性質을因ᄒᆞ야直接執行ᄒᆞᆷ으로써例外를삼ᄂᆞᆫ所以니라

第三節 觀察使

各道에觀察使를寘ᄒᆞ니各道ᄂᆞᆫ地方行政團體라觀察使가法律을依ᄒᆞ야團體行政機關의一部가되여各道를代表ᄒᆞᄂᆞᆫ職分은此를地方團體章에至ᄒᆞ야說明ᄒᆞᆯ지며中央官府가되여中央行政을代表ᄒᆞᄂᆞᆫ職責은本分의地位라故로官制에此를規定ᄒᆞᄂᆞᆫ바ㅣ니라

觀察使ᄂᆞᆫ各部大臣의訓令監督을承ᄒᆞ야法律命令을執行ᄒᆞ며內部의行政事務

방침을 제시하고 하급행정관청의 처분이 성문법규를 위반하여 공익을 해하거나 권한을 넘었다고 인정하는 때에는 이를 정지하고 취소할 수 있다.

무릇 중앙행정은 각부대신이 중심이 된다. 지방행정청은 자기명의로 명령을 발하고 처분을 행하나, 실은 각부의 행정기관으로서 행하는 사무가 중요한 직무이다. 대개 각부대신이 사무관을 각지에 배치하여 소관 사무를 수행하게 하는 것은 한갓 쓸데없이 번거로운 것일 뿐만 아니라 행정의 중복을 초래할 염려가 없지 않으므로, 이를 지방장관에게 훈령하여 집행하게 하는 것을 원칙으로 하고 사무의 성질에 따라 직접 집행하는 것을 예외로 삼는 이유이다.

제3절 관찰사

각 도에 관찰사를 둔다. 각 도는 지방행정단체이어서 관찰사가 법률에 따라 단체의 행정기관의 일부로서 각 도를 대표하는 직분에 대해서는 지방단체의 장에서 설명할 것이고, 중앙관청으로서 중앙행정을 대표하는 직책이 본분의 지위이므로, 관제에서 이를 규정하고 있는 것이다.

관찰사는 각부대신의 훈령·감독을 받아 법률과 명령을 집행하고, 내부의 행정사무를辨理ᄒᆞᄂᆞ니內部大臣은觀察使職務의全體를監督ᄒᆞ며各部大臣은自己主務에關ᄒᆞ야만訓令을示ᄒᆞ나然ᄒᆞ나觀察使ᄂᆞᆫ內部又ᄂᆞᆫ各部大臣이地方에派遣ᄒᆞᆫ補佐官이아니오各部大臣次班에在ᄒᆞᆫ中央行政의官府ㅣ라故로其管轄ᄒᆞᄂᆞᆫ行政區域內에在ᄒᆞ야ᄂᆞᆫ自己의名義로써施政에責에任ᄒᆞᄂᆞᆫ者ㅣ니其法令을執行ᄒᆞ며行政事務를辨理ᄒᆞᆷ은官制를依ᄒᆞᆫ觀察使의職權이오各部大臣의委任을依ᄒᆞ야此를代表ᄒᆞ야施行ᄒᆞᆷ은아니로되다만各部大臣의指揮監督에屬ᄒᆞ야其訓令을遵由ᄒᆞᆷ을要ᄒᆞᆷ은官制에明言ᄒᆞᆫ바ㅣ니蓋監督訓令은法令解釋을示ᄒᆞ야行政을通一ᄒᆞ며施政의方針을與ᄒᆞ야政治의主旨를完全히ᄒᆞᆷ에在ᄒᆞ니라

觀察使ᄂᆞᆫ官制를依ᄒᆞ야命令을發ᄒᆞᄂᆞ니此를觀察府令이라稱ᄒᆞ야其行政內部事務에當ᄒᆞ야法律、勅令範圍內에在ᄒᆞ야其管內에發ᄒᆞᄂᆞᆫ者ㅣ니라但此에附ᄒᆞᄂᆞᆫ罰則은罰金十圜이나又ᄂᆞᆫ拘留刑에超過ᄒᆞᆯ事를不許ᄒᆞᄂᆞ니라

觀察府令이公益을害ᄒᆞ거나成規에違ᄒᆞ거나又ᄂᆞᆫ權限을犯ᄒᆞᄂᆞᆫ者ㅣ有ᄒᆞᆷ으로認ᄒᆞᆯ時ᄂᆞᆫ內部大臣或은其他主務大臣이此를繳消ᄒᆞ거나又ᄂᆞᆫ中止케ᄒᆞᆷ도有ᄒᆞ니此ᄂᆞᆫ上級官府의行政監督職權을規定ᄒᆞᆫ者ㅣ오下級官府或은人民이府令을

를 처리한다. 내무대신은 관찰사의 직무 전체를 감독하고, 각부대신은 자기의 주무에 관해서만 훈령으로 지시하나, 관찰사는 내부 또는 각부대신이 지방에 파견한 보좌관이 아니고 각부대신의 다음 서열에 있는 중앙행정의 관청이므로, 관할하는 행정구역 내에서는 자기의 명의로 시정에 책임을 진다. 법령을 집행하고 행정사무를 처리하는 것은 관제에 의한 관찰사의 권한이고, 각부대신의 위임에 의하여 각부대신을 대리하여 시행하는 것은 아니다. 다만 각부대신의 지휘·감독에 속한 훈령을 지켜야 하는 것은 관제에 명시되어 있다. 대개 감독·훈령은 법령의 해석을 제시하여 행정을 통일하고 시정의 방침을 주어서 정치의 취지를 구현하는 것에 있다.

관찰사는 관제에 따라 명령을 발한다. 이를 관찰부령이라고 하고, 행정내부사무에 대하여 법률과 칙령의 범위 내에서 관내에 발하는 것이다. 다만 여기에서 부과할 수 있는 벌칙은 벌금 10환이나 구류형을 넘을 수 없다.

관찰부령은 공익을 해하거나 성문법규에 반하거나 권한을 넘는 것이라고 인정될 때에는 내무대신 또는 그 밖의 주무대신이 이를 취소하거나 중지할 수 있다. 이는 상급관청의 행정감독권을 규정한 것이고, 하급관청 또는 인민이 부령을

按察ᄒᆞ야違法越權으로認ᄒᆞᆯ時ᄂᆞᆫ執行或은服從ᄒᆞᆷ을拒絶ᄒᆞ거나又ᄂᆞᆫ此ᄅᆞᆯ呈訴ᄒᆞ야破毁ᄒᆞᆷ을申請ᄒᆞᄂᆞᆫ自由ᄅᆞᆯ許認치아니ᄒᆞᄂᆞᆫ事ᄂᆞᆫ論을不俟ᄒᆞᆯ바ㅣ니라

觀察使ᄂᆞᆫ非常急變의境遇ᄅᆞᆯ臨ᄒᆞ야兵力을要ᄒᆞ거나又ᄂᆞᆫ警護ᄒᆞᆷ을爲ᄒᆞ야兵備ᄅᆞᆯ要ᄒᆞᆯ時ᄂᆞᆫ軍隊에移牒ᄒᆞ야出兵ᄒᆞᆯ事ᄅᆞᆯ請得ᄒᆞᄂᆞ니要컨대治安警察을爲ᄒᆞ야兵力을援用ᄒᆞᆷ은行政法의不許ᄒᆞᄂᆞᆫ바ㅣ오萬一事變을際ᄒᆞ야行政警察權으로써秩序ᄅᆞᆯ維持ᄒᆞ기不能ᄒᆞᆯ時ᄂᆞᆫ行政警察權의全部或은一部ᄅᆞᆯ軍隊에委任ᄒᆞᄂᆞ니此ᄅᆞᆯ戒嚴令이라稱호대此ᄅᆞᆯ宣告ᄒᆞᆷ은大權에屬ᄒᆞᆷ이오行政權限에不在ᄒᆞᆫ바ㅣ니라蓋官制가此의臨機措處ᄒᆞᆷ을特認ᄒᆞᆫ者ᄂᆞᆫ急變을臨ᄒᆞ야中央政府의指揮ᄅᆞᆯ仰待ᄒᆞ기不遑ᄒᆞᄂᆞᆫ境遇ᄅᆞᆯ豫想ᄒᆞᆷ에不外ᄒᆞᆫ바ㅣ니라

觀察使ᄂᆞᆫ單獨官府ㅣ오地方官官制에定ᄒᆞᆫ바事務官은補佐官이니獨立의職權이無ᄒᆞ고觀察使의職務ᄅᆞᆯ補佐ᄒᆞᄂᆞᆫ者ㅣ라觀察使ᄂᆞᆫ此ᄅᆞᆯ指揮監督ᄒᆞ며또此ᄅᆞᆯ懲戒ᄒᆞᄂᆞ니但漢城府下의警察事務ᄂᆞᆫ警務使職權에屬ᄒᆞ야直接으로內部大臣의指揮監督을承ᄒᆞᄂᆞ니此ᄂᆞᆫ一例外니라

觀察使ᄂᆞᆫ其下級行政官府(郡守、牧使府尹)에對ᄒᆞ야訓令과밋監督의權을保

살펴 위법·월권이라고 인정하는 때에 집행 또는 복종을 거절하거나 이를 제소하여 파기를 신청할 자유가 허용되지 않는다는 것은 논할 필요가 없다.

관찰사는 비상급변의 경우에 병력이 필요하거나 경호를 위하여 군사적인 원조가 필요할 때에는 군대에 이첩하여 출병을 청할 수 있다. 요컨대, 치안경찰을 위한 병력의 이용은 행정법이 허용하지 않는 것이고, 만일 사변이 있는데 행정경찰권으로 질서를 유지할 수 없을 때에는 행정경찰권의 전부 또는 일부를 군대에 위임한다. 이를 계엄령이라고 하는데, 이를 선언하는 것은 대권에 속하고, 행정권한에 있지 않는 것이다. 대략 관제가 이러한 임시조치를 특별히 인정하는 것은 급변을 당하여 중앙정부의 지휘를 기다릴 겨를이 없는 경우를 예상하는 것 외에는 없다.

관찰사는 단독관청이고, 지방관 관제에 규정된 사무관은 보좌관이어서 독자적인 권한이 없고 관찰사의 직무를 보좌한다. 관찰사는 이를 지휘·감독하고 징계한다. 다만 한성부 아래의 경찰사무는 경무사의 권한에 속하여 직접 내무대신의 지휘·감독을 받는데, 이는 예외 중의 하나이다.

관찰사는 그 하급행정관청(군수, 목사, 부윤)에 대하여 훈령권과 감독권을 가

有ᄒᆞ니觀察使所管의行政事務를郡守、牧使、府尹의게委任ᄒᆞ야便宜施行케홈은官制의認定ᄒᆞᆫ바ㅣ나其下級行政官府의發ᄒᆞᄂᆞᆫ警察規則이公益을侵害ᄒᆞ거나成規에違反ᄒᆞ거나又ᄂᆞᆫ權限을犯ᄒᆞᆫ者ㅣ有홈으로認ᄒᆞᆯ時ᄂᆞᆫ此를繳消ᄒᆞ거나又ᄂᆞᆫ中止시기ᄂᆞᆫ權을保有ᄒᆞᄂᆞ니라

第四節　郡守

郡에郡守를置ᄒᆞ니郡守ᄂᆞᆫ觀察使次班에在ᄒᆞᆫ中央行政官府ㅣ라其郡團體의機關이되야法律을依ᄒᆞ야秉行ᄒᆞᄂᆞᆫ職司ᄂᆞᆫ自治制度章에至ᄒᆞ야此를說明ᄒᆞᆯ지니라(府에ᄂᆞᆫ府尹을置ᄒᆞ고各開港場에ᄂᆞᆫ監理를置ᄒᆞ니府尹은亦是觀察使次班에在ᄒᆞ야中央行政官府됨은郡守와無異ᄒᆞ며監理ᄂᆞᆫ專히通商貿易의關ᄒᆞᆫ事務를職司ᄒᆞ야直接으로外部大臣次班에在ᄒᆞᆫ亦一中央行政官府ㅣ니라

郡守ᄂᆞᆫ觀察使의指揮監督을承ᄒᆞ야法律과命令을部內에執行ᄒᆞ나然ᄒᆞ나觀察使의補助官이아니오官制를依ᄒᆞ야自己의名義로써中央行政을其管轄區域에施行ᄒᆞᄂᆞᆫ職權과責任을保有ᄒᆞᆫ者ㅣ니다만法律命令에特別의規定이有ᄒᆞᆫ境遇를除ᄒᆞᆫ外에ᄂᆞᆫ直接으로各部大臣의訓令을承치아니ᄒᆞ고直接上級官府된觀察

지고 관찰사 소관의 행정사무를 군수, 목사, 부윤에게 위임하여 시행하게 할 수 있는 것은 관제가 인정하는 것이나, 하급행정관청이 발하는 경찰규칙이 공익을 침해하거나 성문법규를 위반하거나 권한을 넘는 것이라고 인정하는 때에는 이를 취소하거나 중지시킬 권한을 가진다.

제4절 군수

군에 군수를 둔다. 군수는 관찰사의 다음 서열에 있는 중앙행정관청이다. 군이라는 단체의 기관으로서 법률에 따라 겸하여 수행하는 직무는 자치제도의 장에서 설명할 것이다(부에는 부윤을 두고 개항장에는 감리를 두는데, 부윤도 관찰사의 다음 서열에 있는 중앙행정관청이라는 것은 군수와 다르지 않고, 감리는 오로지 통상무역에 관한 사무를 직무로 하여 직접 외부대신의 다음 서열에 있는 중앙행정관청의 하나이다).

군수는 관찰사의 지휘·감독을 받아 법률과 명령을 관내에서 집행하지만, 관찰사의 보좌관이 아니고 관제에 따라 자기명의로 중앙행정을 관할구역에서 시행하는 권한과 책임이 있다. 다만 법률·명령에 특별한 규정이 있는 경우를 제외하고 직접 각부대신의 훈령을 받지 않고 직근상급관청인 관찰

使의指揮監督에屬ᄒᆞ며且其訓令을依ᄒᆞ야部內의行政事務를掌理ᄒᆞᄂᆞᆫ바ㅣ니라

觀察使ᄂᆞᆫ其所管의事項으로써便宜ᄒᆞᆷ을隨ᄒᆞ야郡守의게分任ᄒᆞᆯ事를得ᄒᆞᆷ은官制의容認ᄒᆞᆫ바ㅣ라此境遇에在ᄒᆞ야ᄂᆞᆫ郡守ᄂᆞᆫ觀察使의委任을承ᄒᆞ야此를施行ᄒᆞᄂᆞᆫ責이有ᄒᆞ되다만觀察使의事務를補助ᄒᆞᆷ은아니니라

郡守ᄂᆞᆫ法律命令或은觀察使가委任ᄒᆞᆫ事件에關ᄒᆞ야警察規則을設定ᄒᆞᆷ을得ᄒᆞ대現行制度의精神은大槪郡守의命令權을容認치아니ᄒᆞ며地方에在ᄒᆞᆫ行政命令은觀察使가此를發ᄒᆞᆷ으로써本則을삼고郡守ᄂᆞᆫ其部內의行政事項에關ᄒᆞ야一般히法律命令의範圍內에셔命令을發ᄒᆞᄂᆞᆫ權이無ᄒᆞ고다만特히法律命令或은觀察使의委任이有ᄒᆞᆫ事件에關ᄒᆞ야警察令을發ᄒᆞ기得ᄒᆞᆯ뿐이로대其郡의警察規則은上級行政官(觀察使、內部大臣、主務大臣)이公益에有害ᄒᆞ며成規에違反ᄒᆞ고權限에犯ᄒᆞᆫ者로認ᄒᆞᆯ時ᄂᆞᆫ此를繳消ᄒᆞ거나又ᄂᆞᆫ中止시기ᄂᆞᆫ事도有ᄒᆞ니라

郡守ᄂᆞᆫ單獨官府ㅣ라官制에事務官을置ᄒᆞ야此를補佐케ᄒᆞᄂᆞ니郡守가中央行

사의 지휘·감독에 속하고 그 훈령에 따라 관내의 행정사무를 관장하고 처리한다.

관찰사가 재량으로 군수에게 소관사항을 분임할 수 있는 것은 관제가 허용하는 것이다. 이 경우에 군수는 관찰사의 위임을 받아 시행할 책임이 있지만, 관찰사의 사무를 보조하는 것은 아니다.

군수는 법률·명령 또는 관찰사가 위임한 사항에 관하여 경찰규칙을 제정할 수 있다. 그런데, 현행제도의 정신은 대체로 군수의 명령권을 허용하지 않고, 지방에서 행정명령은 관찰사가 발하는 것을 원칙으로 하며, 군수는 관내의 행정사항에 관하여 일반적으로 법률·명령의 범위 내에서 명령을 발할 권한이 없고, 다만 특별히 법률·명령 혹은 관찰사의 위임이 있는 사항에 관하여 경찰령을 발할 수 있을 뿐이다. 그런데, 군의 경찰규칙은 상급행정관(관찰사, 내부대신, 주임대신)이 공익을 해하고 성문법규를 위반하며 권한을 넘는 것이라고 인정할 때에는 취소하거나 중지시킬 수도 있다.

군수는 단독관청이다. 관제에서는 사무관을 두어 보좌하게 한다. 군수는 중앙행

政事務에關ᄒᆞ야ᄂᆞᆫ其郡內面村의面長과村長(卽執綱、洞長)을指揮ᄒᆞ며且其自治公同事務에關ᄒᆞ야ᄂᆞᆫ此ᄅᆞᆯ監督ᄒᆞᄂᆞ니라

法律或은勅令으로ᄡᅥ特히指定ᄒᆞᆫ港口에監理ᄅᆞᆯ寘ᄒᆞᆫ時ᄂᆞᆫ其監理의地位와權限과職司ᄂᆞᆫ內地에在ᄒᆞᆫ郡守와無異ᄒᆞ나다만監理ᄂᆞᆫ專히外國과通商貿易에關ᄒᆞᆫ事務ᄅᆞᆯ管掌ᄒᆞᆷ으로直接으로外部大臣의管轄을受ᄒᆞ고觀察使의下級官府ᄂᆞᆫ아니니라

第三章　地方團體

第一節　邑市面村의構成(本節은專히日本制ᄅᆞᆯ引據ᄒᆞᆷ)

土地의耕作과밋沿海의漁獵으로ᄡᅥ産業을삼ᄂᆞᆫ我國經濟界의人民은各其小村落을成ᄒᆞ야到處散在ᄒᆞᆷ은自然의理勢오其貨物의製造와或은交通에中心된者ᄂᆞᆫ市街ᄅᆞᆯ成ᄒᆞ니其最大ᄒᆞᆫ者ᄂᆞᆫ自然히政治、經濟、文化의中心이되야狀況이各其不同ᄒᆞᆫ故로國法은此ᄅᆞᆯ邑市와面村에區分ᄒᆞ야其自治와밋監督의方法을相異케ᄒᆞᆫ者ㅣ나然이나邑市面村이共히最下級의地方團體ᄅᆞᆯ成ᄒᆞ야其自治制의基礎ᄅᆞᆯ作ᄒᆞᆫ点에在ᄒᆞ야ᄂᆞᆫ國法上의地位ᄅᆞᆯ同一히ᄒᆞᆫ者ㅣ니라

정사무에 관하여 그 군내 면·촌의 면장과 촌장(즉, 집강, 동장)을 지휘하고, 자치공동사무에 관해서는 이를 감독한다.

법률 또는 칙령으로 특별히 지정한 항구에 감리를 둔 때에는 감리의 지위와 권한 및 직무는 내지에 있는 군수와 다르지 않지만, 감리는 오로지 외국과의 통상무역에 관한 사무를 관장함으로써 직접 외부대신의 관할에 속하고 관찰사의 하급관청이 아니다.

제3장 지방단체

제1절 읍시면촌의 구성(본절은 전적으로 일본제도를 원용함)

토지의 경작과 연해의 어로를 산업으로 삼은 우리나라 경제계 사람들이 각각 작은 촌락을 이루어 곳곳에 흩어져 있는 것은 자연의 이치이고, 화물을 제조하거나 교통의 중심으로서 시가를 이루어 그중 큰 것은 자연스럽게 정치, 경제, 문화의 중심이 되므로 상황이 서로 같지 않다. 그러므로, 국법은 이를 읍·시와 면·촌으로 구분하여 자치와 감독의 방법을 다르게 하고 있다. 그러나 읍시면촌은 모두 가장 하급지방단체를 구성하여 자치제의 기초가 된다는 점에서 국법상의 지위가 같다.

地方團體ᄂᆞᆫ一定ᄒᆞᆫ區域과밋住民으로써基礎를삼아法律로써構成된自治團體로서行政의機關된者ㅣ니邑市面村은其最下級의團體라數面村이合ᄒᆞ야郡을成ᄒᆞ야其中級의團體가되며數府郡이合ᄒᆞ야觀察道를成ᄒᆞ니觀察府ᄂᆞᆫ其上級團體라邑市面村의組織은實로他의高等團體의基礎를作ᄒᆞᄂᆞᆫ者인즉自治制의根軸이니라

邑市面村의區域은其團體가自治의公職을行ᄒᆞᄂᆞᆫ範圍라盖自治의要務ᄂᆞᆫ社會自然의狀況을因ᄒᆞ야成ᄒᆞᆫ民衆의結合을保護ᄒᆞᆷ에在ᄒᆞᆫ故로法律의精神은經濟、文化、交通의便宜를因ᄒᆞ야成ᄒᆞᆫ團體의區域을紛更치아니ᄒᆞᆯ事로써主要를삼ᄂᆞ니萬一必要ᄒᆞᆫ境遇에邑市面村을廢置分合ᄒᆞ거나又ᄂᆞᆫ其境界를變更코져ᄒᆞᆯ時ᄂᆞᆫ上級團體ᄂᆞᆫ其關係가有ᄒᆞᆫ自治團體의意見을參實ᄒᆞ야此를議決ᄒᆞᄂᆞ니此를廢置分合ᄒᆞᆯ境遇에ᄂᆞᆫ特히中央監督官府(內部大臣)의許可를要ᄒᆞᆯ지니라(日本町村制第四條參考)

邑市面村의區域은中央行政의便宜를爲ᄒᆞ야設ᄒᆞᆷ은아니오自存目的을保有ᄒᆞᆫ團體自己의構成ᄒᆞᆫ元質이라故로其境界를侵犯ᄒᆞᆷ은團体自己權能의消長에關

지방단체는 일정한 구역과 주민을 기초로 법률로 구성된 자치단체로서 행정기관이다. 읍시면촌은 가장 하급단체로서, 몇 개의 면·촌이 합쳐 군을 이루어 중급단체가 되며, 몇 개의 부·군이 합쳐 관찰도를 이루는데, 관찰부는 상급단체이다. 읍시면촌의 조직은 실로 다른 고등단체의 기초가 되는 것이므로, 자치제의 근간이다.

읍시면촌의 구역은 그 단체가 자치사무를 행하는 범위이다. 또한 자치의 필요사무는 사회·자연의 상황에 따라 구성된 민중의 결합을 보호하는 것에 있으므로, 법률의 취지는 경제, 문화, 교통의 편의에 따라 이루어진 단체의 구역을 어수선하게 고치지 않는 것이 중요하다. 만일 필요한 경우에 읍시면촌을 폐치분합하거나 경계를 변경하고자 하는 때에는 상급단체는 관계가 있는 자치단체의 의견을 참작하여 이를 의결한다. 이를 폐치분합하는 경우에는 특히 중앙감독관청(내부대신)의 허가를 요한다(일본 정촌제 제4조 참조).

읍시면촌의 구역은 중앙행정의 편의를 위하여 설정하는 것이 아니고, 스스로의 존립 목적을 보유하는 단체가 자신을 구성하는 본질적인 요소이므로, 경계를 침범하는 것은 단체의 자기기능의 존속 여부와 관

係가有ᄒᆞᆫ바ㅣ니法律은此를保護ᄒᆞ기爲ᄒᆞ야團體가行政訴訟을提起ᄒᆞ야此를自衛ᄒᆞᆯ事를認許ᄒᆞ니라(日本町村制第五條叅考)

大凡邑市面村內에居住ᄒᆞᄂᆞᆫ者ᄂᆞᆫ總히其邑市面村의住民을삼ᄂᆞ니住民된資格은居住의伴ᄒᆞᆫ規定의結果ㅣ오意思自由에ᄂᆞᆫ不在ᄒᆞᆷ이라私의團體ᄂᆞᆫ當事者의自由意思를因ᄒᆞ야結合ᄒᆞᄂᆞ니此二者의素質이相異ᄒᆞᆷ은多辯을不要ᄒᆞ고可히確認ᄒᆞᆯ바ㅣ로다

住民은團體의分子ㅣ니公共의營造物과밋團體의財產을共用ᄒᆞᆯ權利를保有ᄒᆞ며또團體의負擔을分任ᄒᆞᆯ義務를保有ᄒᆞ니라

公權을保有ᄒᆞᆫ獨立의男子로서二年以來에(一)邑市面村의住民이되야(二)其邑市面村의負擔을分任ᄒᆞ며且(三)其邑市面村內에在ᄒᆞ야地租를供納ᄒᆞ거나或은直接國稅年額二圓以上을供納ᄒᆞᄂᆞᆫ者ᄂᆞᆫ其邑市面村의公民이라ᄒᆞᄂᆞ니라
(日本町村制第七條市製第七條叅考)

公民은邑市面村의選擧(邑市面村會會員選擧)에叅與ᄒᆞ며又ᄂᆞᆫ名譽職을擔任ᄒᆞᄂᆞ니라

계 되는 것이다. 법률은 이를 보호하기 위하여 단체가 행정소송을 제기하여 스스로 이를 지키는 것을 허용한다(일본 성촌제 제5조 참조).

무릇 읍시면촌 내에 거주하는 사람은 모두 그 읍시면촌의 주민이 된다. 주민의 자격은 거주에 따른 규정의 결과이고 의사의 자유에 달려 있지 않다. 반면에 사적인 단체는 당사자의 자유의사에 따라 결합한다. 양자의 성질이 서로 다른 것은 더 나아가 설명할 필요 없이 당연한 것이다.

주민은 단체의 요소이다. 공공영조물과 단체의 재산을 공용할 수 있는 권리를 가지고 단체의 부담을 나누어 질 의무를 가진다.

공권을 가진 독립적인 남자로서 2년 이래로 ① 읍시면촌의 주민으로서, ② 읍시면촌의 부담을 분담하고, ③ 읍시면촌 내에서 토지세를 공납하거나 직접세로서 국세를 연 2원 이상 공납하는 사람은 읍시면촌의 공민이라고 한다(일본 정촌제 제7조, 시제 제7조 참조).

공민은 읍시면촌의 선거(읍시면촌회 회원선거)에 참여하고 명예직을 맡는다.

第二節 邑市面村의機關(本節은專히日本制을引據홈)

地方自治團體는其自治의公職을行ᄒᆞ기爲ᄒᆞ야一定ᄒᆞᆫ機關을具備ᄒᆞᄂᆞ니地方自治機關은國家直接의官府ᄂᆞᆫ아니오其團體의自治權을行使ᄒᆞ기爲ᄒᆞ야存在ᄒᆞᆫ바ㅣ라故로國家ᄂᆞᆫ團體自己의自治權과責務를保有케ᄒᆞ며團體ᄂᆞᆫ更히其機關을由ᄒᆞ야此를行ᄒᆞᄂᆞᆫ者ㅣ니라

邑、市의機關은邑、市會와밋邑、市叅事會니라

(一)邑、市會ᄂᆞᆫ公選을依ᄒᆞ야成立ᄒᆞᆫ地方會議니邑、市政의重要ᄒᆞᆫ件을議決ᄒᆞ며議員은大概三十人以上六十人以下로定ᄒᆞᆷ이通例니法律의規定으로써人口의多寡를隨ᄒᆞ야其數를相異케ᄒᆞᄂᆞ니라

其組織은公選을依ᄒᆞᄂᆞ니邑、市公民은總히選擧權과밋被選權을保有ᄒᆞᄂᆞ니라選擧의方法은所謂三級法이니選擧人中에直接邑、市稅의納額이最多ᄒᆞᆫ者를合ᄒᆞ야選擧人總員이供納ᄒᆞᄂᆞᆫ總額의三分一에可當ᄒᆞᆫ者를一級이라ᄒᆞ며一級選擧人外에直接邑、市稅의納額의多ᄒᆞᆫ者를合ᄒᆞ야選擧人員의供納ᄒᆞᄂᆞᆫ總額의三分一에可當ᄒᆞᆫ者를二級이라ᄒᆞ며其餘選擧人을三級이라ᄒᆞ야選擧人每級

제2절 읍시면촌의 기관(본절은 전적으로 일본제도를 인용함)

지방자치단체는 자치사무를 행하기 위하여 일정한 기관을 설치한다. 지방자치단체는 국가의 직접적인 관청이 아니라 단체의 자치권을 행사하기 위하여 존재하는 것이다. 그러므로 국가는 단체 자신의 자치권과 책무를 보유하게 하고 단체는 다시 그 기관을 통하여 이를 행하는 것이다.

읍·시의 기관은 읍·시회와 읍·시참사회이다.

(1) 읍·시회는 선거에 의하여 성립하는 지방의회이다. 읍·시정의 중요한 사항을 의결하고 의원은 대개 30인 이상 60인 이하로 정하는 것이 통례인데, 법률의 규정으로 인구의 다과에 따라 그 수를 다르게 한다.

그 조식은 선기에 의한다. 읍·시 공민은 모두 선거권과 피선거권을 가진다. 선거방법은 이른바 삼급법이다. 선거인 중에서 직접세로서 읍·시세의 총액이 가장 많은 사람을 합쳐서 선거인 총원이 공납하는 총액의 3분의 1에 해당하는 사람을 1급이라고 하고, 1급 선거인을 제외하고 직접세로서 읍·시세의 납세액이 많은 사람을 합쳐서 선거인원이 공납하는 총액의 3분의 1에 해당하는 사람을 2급이라고 하며, 나머지 선거인을 3급이라고 하여, 선거인의 각 등급에各其議員의三分一을選擧ᄒᆞᄂᆞ니其被選擧人은同級內에在ᄒᆞᆫ者만限ᄒᆞᆷ은아니오三級을共通ᄒᆞ야選擧되기可得ᄒᆞᄂᆞᆫ者ㅣ니라（日本市制第十二條十三條十五條叅考）

其職權은邑、市政의重要ᄒᆞᆫ事件을議決ᄒᆞ며其執行을監視ᄒᆞᆷ에在ᄒᆞ니邑、市會ᄂᆞᆫ議決은行ᄒᆞ나施政은行치아니ᄒᆞᆷ인즉邑市를代表ᄒᆞ야其名義로써命令權을施行ᄒᆞᄂᆞᆫ機關은아니라邑、市會의議決을要ᄒᆞᄂᆞᆫ事項에槪自은（一）條例의發布（二）歲入歲出의預算及決筭（三）邑、市稅、規費、賦役、其他公課（四）基本財產과밋不動產의處分（五）營造物의管理니라（日本市制第三十一條叅考）

（二）邑、市叅事會ᄂᆞᆫ邑、市長、助役及名譽職叅事會員의三種吏員으로브터成ᄒᆞᆫ合議制의行政機關이니邑、市의施政을主管ᄒᆞᄂᆞ니라

邑、市長（一人）은邑、市會의推薦을依ᄒᆞ야上奏裁可를請ᄒᆞ야此를任命ᄒᆞ며助役（一人乃至三人）과밋名譽職叅事會員（六人乃至十二人）은邑、市會에서此를選擧ᄒᆞ대다만助役의選擧ᄂᆞᆫ觀察使의認可를要ᄒᆞᄂᆞ니라

邑、市叅事會ᄂᆞᆫ邑、市를代表ᄒᆞ야自己의名義로總히邑、市의行政을主管ᄒᆞᄂᆞ

에서 각각 의원의 3분의 1을 선출한다. 피선거인은 같은 등급 내에 있는 사람으로 한정되는 것은 아니고 3급을 공통하여 선출될 수 있다(일본 시제 제12조, 제13조, 제15조 참조).

그 권한은 읍·시정의 중요한 사항을 의결하고 집행을 감시하는 것에 있다. 읍·시회는 의결을 행하나 시정은 행하지 않으므로, 읍·시를 대표하여 그 명의로 명령권을 시행하는 기관은 아니다. 읍·시회의 의결을 요하는 사항 중 개략적인 항목은 ① 조례의 공포, ② 세입·세출의 예산 및 결산, ③ 읍·시세, 규비, 부역, 그 밖의 공과, ④ 기본재산과 부동산의 처분, ⑤ 영조물의 관리이다(일본 시제 제31조 참조).

(2) 읍·시참사회는 읍·시장, 조역 및 명예참사회원이라는 3종의 의원으로 이루어진 합의제의 행정기관인데, 읍·시의 시정을 주관한다.

읍·시장(1인)은 읍·시회의 추천에 의하여 황제에게 아뢰어 결제를 받아 임명하고, 조역(1인에서 3인) 및 명예참사회원(6인에서 12인)은 읍·시회에서 선출하되, 조역의 선출은 관찰사의 인가를 요한다.

읍·시참사회는 읍·시를 대표하여 자기 명의로 모든 읍·시의 행정을 주관한

니其職權의主要된者는邑、市會의決議를執行홈에在ᄒᆞ니라萬一邑、市會의決議가其權限에踰越ᄒᆞ거나法律命令에違反ᄒᆞ거나又公益을妨害홈으로認홀時는邑、市參事會는其議決의執行을停止ᄒᆞ고再議케ᄒᆞ대尙且其議決을變更치아니홀時는觀察府參事會의裁決를請ᄒᆞ기可得홀지오其違法越權에關ᄒᆞᆫ者는邑、市會에對ᄒᆞ야行政訴訟을提起ᄒᆞ기可得ᄒᆞᄂᆞ니라(日本市制第六十四條參考)

邑、市長은邑、市參事會의一員됨으로自治行政의機關된外에法律命令을依ᄒᆞ야中央行政或은觀察府行政이邑、市의區域에屬ᄒᆞᄂᆞᆫ件을管行ᄒᆞᄂᆞ니此는邑、市長이特히單獨官府됨으로中央行政或은觀察府行政의機關된者오邑、市參事會職權에歸屬치아니홈은多辨을不要홀지니라

面、村의機關은面、村會와밋面、村長、面長、執綱)이니라

(一)面、村會는公選을由ᄒᆞ야成立ᄒᆞᆫ地方會議로서面、村政의重要ᄒᆞᆫ件을議決ᄒᆞᄂᆞ니議員은八人以上三十人以下로定ᄒᆞ대法律의規定을依ᄒᆞ야人口多寡에比例로써其數ㅣ相異ᄒᆞ니라(日本町村制第十一條參考)

다. 그 권한으로 주요한 것은 읍·시회의 결의를 집행하는 것에 있다. 만일 읍·시회의 결의가 권한을 유월하거나 법률·명령에 위반하거나 공익을 방해한다고 인정하는 때에는 읍·시참사회는 그 의결의 집행을 정지하고 재의를 요구한다. 그런데, 그 의결을 변경하지 않는 때에는 관찰부참사회에 재결을 신청할 수 있고, 그중 위법·월권에 관한 것은 읍·시회에 대하여 행정소송을 제기할 수 있다(일본 시제 제64조 참조).

읍·시장은 읍·시의 참사회의 일원으로서 자치행정기관이라는 것 외에도 법률·명령에 따라 중앙행정 혹은 관찰부의 행정이 읍·시의 구역에 속하는 사안을 수행한다. 이는 읍·시장이 특히 단독관청으로서 중앙행정 혹은 관찰부의 행정의 기관인 것이고, 읍·시참사회의 권한에 귀속하지 않는다는 것은 더 설명할 필요가 없다.

(1) 면·촌회는 선거에 의하여 성립하는 지방의회로서 면·촌정의 중요한 사안을 의결한다. 의원은 8인 이상 30인 이하로 정하되 법률의 규정에 의하여 인구의 다과에 비례하여 그 수가 다르다(일본 정촌제 제11조 참조).

其組織은公選을依ᄒᆞᄂᆞ니面、村公民은總히選擧權과밋被選權을保有ᄒᆞ니라選擧의方法은所謂二級法이니選擧人中에直接面、村稅의納額이最多ᄒᆞᆫ者를合ᄒᆞ야選擧人全員이供納ᄒᆞᄂᆞᆫ總額의半에可當ᄒᆞᄂᆞᆫ者를一級이라ᄒᆞ며其餘의選擧人을二級이라ᄒᆞ야選擧人每級에各其議員의半數를選擧호대其被選人은반다시同級內에在ᄒᆞᆫ者로限치아니ᄒᆞ며兩級을通ᄒᆞ야選擧됨을可得ᄒᆞᄂᆞ니라

(日本町村制第十二條第十三條第十五條叅考)

其職權은面村政의重要ᄒᆞᆫ事件을議決ᄒᆞ야其執行을監視ᄒᆞᆷ에在ᄒᆞ며面村會ᄂᆞᆫ議決權을行호대施行權은不行ᄒᆞᄂᆞ니面村을代表ᄒᆞ야自己의名義로써命令權을施行ᄒᆞᄂᆞᆫ機關은아니니라面、村會의議決을要ᄒᆞᆯ事項의槪目은(一)條例의發布(二)歲入歲出의豫算及決算(三)面村稅、規費、其他의公課(四)基本財産及不動産의處分(五)營造物의管理니라(日本町村制第三十三條叅考)

(二)面村長은單獨制의行政機關이라其面村을總轄ᄒᆞ며其行政을統理ᄒᆞᄂᆞ니面村長의事務를補佐ᄒᆞ기爲ᄒᆞ야助役을置호대面村會에同意를得ᄒᆞ야助役으로ᄒᆞ여곰行政事務의一部를分掌케ᄒᆞᆯ事를可得ᄒᆞ며또助役은面村長이有故ᄒᆞᆯ

그 조직은 선거에 의한다. 면·촌 공민은 모두 선거권과 피선거권을 가진다. 선거방법은 이른바 이급제이다. 선거인 중에서 직접세로서 면·촌세의 납세액이 가장 많은 사람들을 합쳐서 선거인 전원이 공납하는 총액의 반에 해당하는 사람을 1급이라고 하고, 나머지 선거인을 2급이라고 하여, 선거인의 각 등급에서 각각 의원의 반수를 선출하는데, 그 선거인은 반드시 같은 등급 내에 있는 사람으로 한정하지 않고 양 등급을 통하여 선출될 수 있다(일본 정촌제 제12조, 제13조, 제15조 참조).

그 권한은 면·촌정의 중요한 사안을 의결하여 그 집행을 감시하는 것에 있고, 면·촌회는 의결권을 행사하지만 시행권은 행사하지 않으므로, 면·촌을 대표하여 자기명의로 명령권을 시행하는 기관은 아니다. 면·촌회의 의결을 요하는 사항으로서 개략적인 항목은 ① 조례의 공포, ② 세입·세출의 예산 및 결산, ③ 면·촌세, 규비, 부역, 그 밖의 공과, ④ 기본재산과 부동산의 처분, ⑤ 영조물의 관리이다(일본 면촌제 제33조 참조).

(2) 면·촌장은 단독제의 행정기관이다. 면·촌을 총괄하고 그 행정을 처리한다. 면·촌장의 사무를 보좌하기 위하여 조역을 둔다. 면·촌회에 동의를 얻어 조역에게 행정사무의 일부를 분장할 수 있고, 조역은 면·촌장의 유고

時에此를代理ᄒᆞᆯ事도有ᄒᆞ나然이나面村의行政은單獨制된面村長에屬ᄒᆞ고助役은此의補佐員된者ㅣ니라(日本町村制第六十八條第七十條叅考)

面村長과밋助役은面村會에서此를選擧ᄒᆞᄂᆞ니라(日本町村制五十三條叅考)

面村長은面村을代表ᄒᆞ야自己의名義로써面村에施政을統理ᄒᆞᄂᆞ니其職權의主要된者ᄂᆞᆫ面村會의決議를執行ᄒᆞᆷ에在호대萬一面村會의決議가其權限을踰越ᄒᆞ거나法律勅令에違反ᄒᆞ거나又ᄂᆞᆫ公益을妨害ᄒᆞᆷ으로認ᄒᆞᆯ時ᄂᆞᆫ面村長은其決議의執行을停止ᄒᆞ고再議케호대其議決을尙且不更ᄒᆞᆯ時ᄂᆞᆫ郡叅事會의裁決을請ᄒᆞ기可得ᄒᆞᄂᆞ니其違法越權에關ᄒᆞᆫ者ᄂᆞᆫ面村會에對ᄒᆞ야行政訴訟을提起ᄒᆞᆯ事를可得ᄒᆞᄂᆞ니라(日本町村制第六十八條叅考)

面村長은自治團體의行政機關된外에法律命令을依ᄒᆞ야中央行政或은府郡行政의面村區域에屬ᄒᆞᄂᆞᆫ件을管轄ᄒᆞᄂᆞ니此ᄂᆞᆫ面村長이高等行政의機關이되야直接의委任을依ᄒᆞ야職司를삼ᄂᆞᆫ바인즉自治行政範圍ᄂᆞᆫ歸屬치아니ᄒᆞᆷ이니라

第三節 邑市面村의財政

(日本町村制第六十九條叅考)

시에 대리할 수도 있다. 그러나 면·촌의 행정은 단독제인 면·촌장에 속하고 조역은 그 보좌원에 불과하다(일본 정촌제 제68조, 제70조 참조).

면·촌장과 조역은 면·촌회에서 선출한다(일본 정촌제 제53조 참조). 면·촌장은 면·촌을 대표하여 자기명의로 면·촌의 시정을 처리한다. 그 권한의 주요한 것은 면·촌회의 결의를 집행하는 것에 있다. 그런데, 만일 면·촌회의 결의가 권한을 유월하거나 법률·칙령에 위반하거나 공익을 방해한다고 인정하는 때에는 면·촌장은 그 결의의 집행을 정지하고 재의를 요구한다. 그런데, 그 의결도 적절하지 않은 때에는 군참사회의 재결을 청할 수 있는데, 그중 위법·월권에 관한 것은 면·촌회에 대하여 행정소송을 제기할 수 있다(일본 정촌제 제68조 참조).

면·촌장은 자치단체의 행정기관이라는 것 외에도 법률·칙령에 따라 중앙행정 혹은 부윤행정의 면촌구역에 속한 사안을 관할한다. 이는 면·촌장이 고등행정기관이 되어 직접적인 위임에 따른 직무이므로, 자치행정의 범위에 속하지 않는다(일본 정촌제 제69조 참조).

제3절 읍시면촌의 재정

地方自治團体는財產權能을保有ᄒᆞ며自己의資產으로ᄡᅥ獨立의經濟를營行ᄒᆞ는者ㅣ라邑市面村은法律上의其基本財產을維持ᄒᆞᆯ義務가有ᄒᆞ며且其財產은團体를爲ᄒᆞ야此를管理ᄒᆞ며又는共用ᄒᆞᆷ으로ᄡᅥ通則을삼ᄂᆞ니財產의管理方法과基本財產又不動產의處分은邑市面村의決議를經ᄒᆞ기要ᄒᆞ며邑市面村의會計는邑市面村會의議決을因ᄒᆞ야成立된豫筭을依ᄒᆞ야出納ᄒᆞᄂᆞ니라

邑市面村은其財產으로브터生ᄒᆞ는收入及其他의收入(使用費、規費類)으로ᄡᅥ其費用에充用ᄒᆞ는事로本則을삼되尙且不足ᄒᆞᆯ時는邑市面村稅와밋賦役과現用物品을賦課徵收ᄒᆞᆯ事를可得ᄒᆞᄂᆞ니라(日本市制第八十八條町村制第八十八條叅考)

邑市面村은其所有의土地物品或은營造物을使用ᄒᆞᆷ에對ᄒᆞ야셔나又는特히數個人을爲ᄒᆞ야行ᄒᆞ는事業에對ᄒᆞ야使用費又는規費를徵收키可得ᄒᆞᄂᆞ니라(日本市制第八十九條町村制八十九條叅考)

邑市面村稅라ᄒᆞ야賦課ᄒᆞ기可得ᄒᆞᆯ稅目은左와如ᄒᆞ니라

一、國稅、府稅의附加稅

지방자치단체는 재산 기능을 가지고 자기의 자산으로 독립적인 경제를 운영한다. 읍시면촌은 법률상 기본재산을 유지할 의무가 있고, 그 재산은 단체를 위하여 관리하며 공용하는 것이 원칙이다. 재산의 관리방법과 기본재산 및 부동산의 처분은 읍시면촌회의 결의를 거쳐야 하고, 읍시면촌의 회계는 읍시면촌회의 의결로 성립된 예산에 따라 출납한다.

읍시면촌은 그 재산으로부터 생기는 수입 및 그 밖의 수입(사용료, 규비 등)으로 비용에 충당하는 것을 원칙으로 하는데, 부족한 때에는 읍시면촌세와 부역과 현용물품을 부과·징수할 수 있다(일본 시제 제88조, 정촌제 제88조 참조).

읍시면촌은 그 소유의 토지·물품, 영조물의 사용 또는 특히 많은 사람을 위하여 행하는 사업에 대하여 사용비 또는 규비를 징수할 수 있다(일본 시제 제89조, 정촌제 제89조 참조).

읍시면촌세로 부과할 수 있는 세목은 아래와 같다.

① 국세, 부세의 부가세

二、直接、又間接特別稅

附加稅는直接의國稅又는觀察府稅에附加ᄒᆞ야均一ᄒᆞᆫ稅率로써邑市面村全部에徵收ᄒᆞᆷ으로常例를삼으며特別稅는附加稅外에邑市面村에만限ᄒᆞ고稅目을算出ᄒᆞ야課稅ᄒᆞᆯ事를要ᄒᆞᆯ時에賦課徵收ᄒᆞ는者ㅣ니라（日本市制第九十條町村制第九十條）

三個月以上邑市面村에滯在ᄒᆞᆫ者는其邑市面村稅를納ᄒᆞᆯ者로定ᄒᆞᄂᆞ니邑市面村內에居住所를搆置ᄒᆞᆫ바ㅣ無ᄒᆞ고又는三個月以上滯在ᄒᆞᆫ事ㅣ無ᄒᆞᆯ지라도邑市面村內에土地家屋을所有ᄒᆞ거나又는營業에從事ᄒᆞ는者（店鋪를不定ᄒᆞᆫ行商을除ᄒᆞᆷ）는其土地家屋營業或은其所得에對ᄒᆞ야賦課ᄒᆞ는面村稅를納ᄒᆞᄂᆞ니라

三個月以上邑市面村에滯在ᄒᆞᆫ者는其邑市面村稅를納ᄒᆞ는者ㅣ니邑市面村內住所를搆居치아니ᄒᆞ거나又는三個月以上滯在ᄒᆞᆫ事ㅣ無ᄒᆞᆯ지라도邑市面村에土地、家屋을所有ᄒᆞ거나營業을營行ᄒᆞ는者（一定ᄒᆞᆫ店鋪가無ᄒᆞᆫ行商以外）는其土地、家屋、營業或은其所得에對ᄒᆞ야賦課ᄒᆞ는面村稅를納ᄒᆞᄂᆞ니라（日本

② 직접 또는 간접 특별세

부가세는 직접세로서 국세 또는 관찰부세에 부가하여 균일한 세율로 읍시면촌 전부에 징수하는 것이 통례이며, 특별세는 부가세 외에 읍시면촌에만 세목을 산출하여 과세하는 것이 필요한 때에 부과·징수하는 것이다(일본 시제 제90조, 정촌제 제90조 참조).

3개월 이상 읍시면촌에 체재하는 사람은 읍시면촌세를 납부한다고 규정되어 있다. 읍시면촌 내에 거주소를 두지 않거나 3개월 이상 체재하지 않았더라도 읍시면촌 내에 토지·가옥을 소유하거나 영업에 종사하는 사람(점포를 정하지 않은 행상은 제외함)은 그 토지·가옥, 영업 혹은 그 소득에 대하여 부과하는 면촌세를 납부한다.

3개월 이상 읍시면촌에 체재한 사람은 읍시면촌세를 납부한다. 읍시면촌 내에 주소를 두지 않거나 3개월 이상 체재하지 않았더라도 읍시면촌 내에 토지·가옥을 소유하거나 영업을 영위하는 사람(일정한 점포가 없는 행상 제외)은 그 토지, 가옥, 영업 혹은 그 소득에 대하여 부과하는 면촌세를 납부한다(일본

市制第九十二條町村制第九十二條參考)

邑市面村公共의事業을起ᄒᆞ거나又ᄂᆞᆫ公共의安寧을維持ᄒᆞ기爲ᄒᆞ야賦役과밋現用物로써納稅者에게賦課ᄒᆞᆷ을得ᄒᆞ되다만學藝美術과밋手工에關ᄒᆞᆫ勞役을賦課ᄒᆞ기不得ᄒᆞᄂᆞ니賦役과現用物은急迫ᄒᆞᆫ境遇ᄅᆞᆯ除ᄒᆞᆫ外에面村直接稅ᄅᆞᆯ準ᄒᆞ야定率ᄒᆞ되또ᄒᆞᆫ此ᄅᆞᆯ金額으로算出ᄒᆞ야賦ᄒᆞᄂᆞ니라賦役은代人으로此에充用ᄒᆞᆷ을得ᄒᆞ며又ᄂᆞᆫ急迫ᄒᆞᆫ境遇ᄅᆞᆯ除ᄒᆞᆫ外에ᄂᆞᆫ金錢으로此ᄅᆞᆯ代納ᄒᆞᆯ事ᄅᆞᆯ得ᄒᆞᄂᆞ니라

邑市面村稅의賦課와밋邑市面村의營造物과밋財產의使用權에關ᄒᆞᆫ行政處分에對ᄒᆞ야ᄂᆞᆫ行政訴願과밋行政訴訟을提起ᄒᆞ기得ᄒᆞᄂᆞ니라(日本市制第百五條町村制第百五條參考)

邑市面村에셔公債ᄅᆞᆯ募集ᄒᆞᆷ은前來의公債元額을償還ᄒᆞ거나又ᄂᆞᆫ天災時變等의不得已ᄒᆞᆫ支出과或은邑市面村의永久利益이될만ᄒᆞᆫ支出을要ᄒᆞᆯ時에此에應用ᄒᆞᆷ을爲ᄒᆞ야萬一通常歲入을增加ᄒᆞᆯ진대其邑市面村住民이擔負에難堪ᄒᆞᆯ境遇에在ᄒᆞ야만此ᄅᆞᆯ募集ᄒᆞᄂᆞ니라(日本市制第百六條町村制第百六條參考)

시제 제92조, 정촌제 92조 참조).

읍시면촌의 공공사업을 일으키거나 공공의 안녕을 유지하기 위하여 부역과 현용물을 납세자에게 부과할 수 있다. 다만 학예·미술과 수공에 관한 노역을 부과할 수는 없다. 부역과 현용물은 급박한 경우를 제외하고 면·촌의 직접세에 준하여 정율로 하되, 금액으로 산출하여 부과한다. 부역은 다른 사람에게 대신하게 할 수 있고, 급박한 경우를 제외하고 금전으로도 대납할 수 있다.

읍시면촌세의 부과와 읍시면촌의 영조물 및 재산의 사용권에 관한 행정처분에 대해서는 행정소원과 행정소송을 제기할 수 있다(일본 시제 제105조, 정촌제 제105조 참조).

읍시면촌에서 공채를 모집하는 것은 이전의 공채 원본을 상환하거나 천재시변 등에서의 부득이한 지출 또는 읍시면촌의 영구적인 이익이 될 수 있는 것에 지출이 필요한 경우에 활용하기 위하여, 만일 통상적인 세입을 증가시키면 읍시면촌의 주민이 부담을 견디기 어려울 경우에만 모집한다(일본 시제 제106조, 정촌제 제106조 참조).

邑市面村의歲入歲出은豫筭으로써議定ᄒᆞ며決筭으로써報告ᄒᆞᄂᆞ니豫筭은會計의準則이며決筭은會計의終局이라邑市의叅事會나또面村長은每會計年度收入支出의可히豫知ᄒᆞᆯ金額을推測ᄒᆞ야其豫筭을邑市面村會에提出ᄒᆞ야其議決을依ᄒᆞ야豫筭이成立ᄒᆞᄃᆡ다만定額豫筭中에臨時支出을爲ᄒᆞ야豫備費를設置ᄒᆞᆷ을要ᄒᆞᆯ지니라

定額豫筭外의費用과又ᄂᆞᆫ豫算의不足이有ᄒᆞᆯ時ᄂᆞᆫ邑市面村에認定을得ᄒᆞ야此를支出ᄒᆞᆷ을要ᄒᆞᄃᆡ다만豫備費로써豫算外의費用又ᄂᆞᆫ豫算超過의費用에充用ᄒᆞᆯ境遇에ᄂᆞᆫ邑市面村會의認定을豫受키不要ᄒᆞ나然ᄒᆞ나此를邑市面村會의否決ᄒᆞᆫ費途에充用ᄒᆞᆯ事를不得ᄒᆞᆯ지니라(日本市制第百九條町村制第百九條)

決算은邑市叅事會나又ᄂᆞᆫ面村長이此를會計年度終結ᄒᆞᆫ後三個月以內에邑市面村會에提出ᄒᆞ야其認定ᄒᆞᆷ을要ᄒᆞᄂᆞ니라

第四節　邑市面村行政의監督

邑市面村의行政은第一次에郡守、判尹、府尹、牧使、監理가此를監督ᄒᆞ며第二次에觀察使가此를監督(判尹、監理의區域은此限에不在ᄒᆞᆷ)ᄒᆞ며第三次에內

읍시면촌의 세입·세출은 예산으로 의결하고 결산으로 보고한다. 예산은 회계의 준칙이고 결산은 회계의 종국이다. 읍·시의 참사회 또는 면·촌장은 매회계년도의 수입과 지출로서 예상되는 금액을 추측하여 예산을 읍시면촌회에 제출하고 의결에 따라 예산이 성립한다. 다만 정액예산 중에서 임시지출을 위하여 예비비를 마련하여야 한다.

정액예산 외의 비용 또는 예산의 부족이 있을 때에는 읍시면촌회로부터 인정받아 지출하여야 한다. 다만 예비비로 예산 외의 비용 또는 예산초과의 비용을 충당할 경우에는 읍시면촌회의 인정을 미리 받을 필요가 없으나, 이를 읍시면촌회가 부결한 용도에 사용할 수는 없다(일본 시제 제109조, 정촌제 제109조 참조).

제4절 읍시면촌 행정의 감독

읍시면촌의 행정은 1차적으로 군수, 판윤, 부윤, 목사, 감리가 감독하고, 2차적으로 관찰사가 감독(판윤, 감리의 구역은 그렇지 않음)하며, 3차적으로 내

部大臣이此를監督ᄒᆞᄂᆞ니다만法律로指定ᄒᆞᆫ境遇에郡參事會와밋觀察府參事會가參與홈은特別의例니라(日本市制第百十五條及町村制第百十九條參考)

監督權의作用은邑市面村의行政法令을遵據ᄒᆞ야事務通達홈을全成홈에在ᄒᆞᆫ故로監督官府ᄂᆞᆫ法令으로써特히監督의範圍와方式을示明치아니ᄒᆞᆫ境遇라도、一般히行政의成績에對ᄒᆞ야報告를徵收ᄒᆞ며審査ᄒᆞᆯ權을保有ᄒᆞ고또邑市面村의吏員을懲戒ᄒᆞᄂᆞ니其邑市會에對ᄒᆞ야ᄂᆞᆫ最高監督府된內部大臣이此를解散ᄒᆞᄂᆞᆫ權을保有ᄒᆞ니라

邑市又ᄂᆞᆫ面村에서法令을依ᄒᆞ야可히擔負ᄒᆞᆯ支出을豫算에謄載치아니ᄒᆞᆫ時ᄂᆞᆫ觀察使又ᄂᆞᆫ郡守가此를定額豫算表에添加케ᄒᆞ며邑市會又ᄂᆞᆫ面村會에서可히議決ᄒᆞᆯ事件을議決치아니ᄒᆞᆯ時ᄂᆞᆫ觀察府參事會又ᄂᆞᆫ郡參事會가此를代ᄒᆞ야議決ᄒᆞᆯ지니라

邑市面村의議決은監督廳의認可를必受ᄒᆞᆯ境遇가有ᄒᆞ니法律에特히其事項을列擧ᄒᆞ니라(日本市制第百二十一條乃至百二十三條町村制第百二十一條乃至百二十五條參考)

부대신이 감독한다. 다만 법률로 지정한 경우에 군참사회와 관찰부참사회가 개입하는 것은 특별한 예이다(일본 시제 제115조, 정촌제 제119조 참조). 감독권의 행사는 읍시면촌의 행정법령을 근거로 사무를 통달하는 것에 있으므로, 감독관청은 법령으로 특별히 감독의 범위와 방식을 명시하지 않은 경우라도 일반적으로 행정의 성과에 대하여 보고를 받고 심사하는 권한을 가지며 읍시면촌의 이원을 징계할 수 있다. 읍·시회에 대해서는 최고감독청인 내부대신이 해산할 권한을 갖는다.

읍·시 또는 면·촌에서 법령에 의하여 당연히 부담하여야 할 지출을 예산에 올리지 않은 때에는 관찰사 또는 군수가 이를 정액예산표에 추가하게 하고, 읍·시회 또는 면·촌회에서 당연히 의결하여야 할 사안을 의결하지 않은 때에는 관찰사참사회 또는 군참사회가 이를 대신하여 의결한다.

읍시면촌의 의결은 감독청의 인가를 요하는 경우가 있는데, 법률에서 특별히 그 사항을 열거하고 있다(일본 시제 제121조, 정촌제 제125조 참조).

此要點을案察ᄒᆞᆯ진대(一)稅를課ᄒᆞ거나負債를起ᄒᆞᄂᆞᆫ事項은內部大臣과밋度支大臣의認可를要ᄒᆞ며(二)條例의設定과밋貴重ᄒᆞᆫ物品의處分은內部大臣의認可를要ᄒᆞ며(三)營造物과밋財産의處分又ᄂᆞᆫ住民의게擔負를加ᄒᆞᆯ事項等은郡叅事會의認可를要ᄒᆞᄂᆞ니라

邑市又ᄂᆞᆫ面村行政에關ᄒᆞᆫ直接監督廳(觀察使、觀察府叅事會、郡長、郡叅事會)의處分에對ᄒᆞ야ᄂᆞᆫ行政訴願或은行政訴訟을提起ᄒᆞ기可得ᄒᆞᄂᆞ니其行政官府와밋行政裁判所가此를審判裁決홈은亦是中央行政이地方行政을監督ᄒᆞᄂᆞᆫ一形式이니라

第五節 郡의搆成

郡은行政의管轄區域이니其地方團体된性質을明白히ᄒᆞ야自治의權能을認定ᄒᆞᆫ者ㅣ니라

郡은數多面村을總合ᄒᆞ야搆成ᄒᆞᆫ中級의地方行政團体니郡團体를搆成ᄒᆞᄂᆞᆫ直接의分子ᄂᆞᆫ面村이며面村住民外에特히郡의住民이란者ᄂᆞᆫ無ᄒᆞ나然이나郡은單히面村의聯合ᄒᆞᆫ者ᄂᆞᆫ아니라萬一面村의聯合됨에만止ᄒᆞᆯ진대郡은面村固有

그 요점을 살피건대, ① 세금을 부과하거나 부채를 일으키는 사항은 내부대신과 도지부대신의 인가를 요하고, ② 조례의 제정과 중요한 물품의 처분은 내부대신의 인가를 요하며, ③ 영조물과 재산의 처분 또는 주민에게 부담을 가하는 사항 등은 군참사회의 인가를 요한다.

읍·시 또는 면·촌의 행정에 관한 직접적인 감독청(관찰사, 관찰부참사회, 군장, 군참사회)의 처분에 대해서는 행정소원 혹은 행정소송을 제기할 수 있다. 그 행정관청과 행정재판소가 심판·재결하는 것도 중앙행정이 지방행정을 감독하는 하나의 방식이다.

제5절 군의 구성

군은 행정의 관할구역이다. 지방단체라는 성질이 명백하여 자치권능이 인정되는 것이나.

군은 많은 면·촌을 모두 합쳐서 구성하는 중급의 지방행정단체이다. 군단체를 구성하는 직접적인 분자는 면·촌이고 면·촌의 주민 외에 특별히 군의 주민이 되는 사람은 없으나, 군은 단지 면·촌의 총합이 아니다. 만일 면·촌의 총합에 그친다면, 군은 면·촌 고유의權利를共通ᄒᆞ야行ᄒᆞᄂᆞᆫ外에獨立의權能을可히得有치못ᄒᆞᆯ지나法律은面村의自治權能以上에更히特有ᄒᆞᄂᆞᆫ自治의權能을認ᄒᆞᆫ바ㅣ니即此ㅣ郡은面村으로써基礎를삼아構成된獨立의團体로中級의地方自治体된所以니라

郡의境界ᄂᆞᆫ邑市面村의境界의變更을因ᄒᆞ야變更되ᄂᆞ니即此ᄂᆞᆫ郡이下級自治團体로써構成된中級團体인所以니라다만我國의慣習上現行制度로論ᄒᆞᆯ진대郡制ᄂᆞᆫ府制를布設ᄒᆞᆫ地方에ᄂᆞᆫ施行치아니ᄒᆞᄂᆞᆫ故로府ᄂᆞᆫ郡의區域(但自治區域)에不入ᄒᆞᄂᆞ니라

面村은郡有의財產과밋營造物을共用ᄒᆞ며郡의費用을分擔ᄒᆞ며또郡의機關을組織ᄒᆞᆷ에參與ᄒᆞᄂᆞ니其郡內의住民은其各面村의住民이되야此權利와擔負를間接으로保有ᄒᆞᆫ者ㅣ나다만現今列邦의制度ᄂᆞᆫ郡內에셔面村稅의賦課를受ᄒᆞᄂᆞᆫ所有地의地價總計一萬圓以上을有ᄒᆞᆫ者를大地主라ᄒᆞ야郡會議員을選擧ᄒᆞᆷ에關ᄒᆞ야特權을認ᄒᆞᄂᆞ니라

第六節　郡의機關

郡의機關은郡會와밋郡參事會니라

의 권리를 공통으로 행사하는 것을 제외하고 독자적인 권능을 전혀 가질 수 없을 것이나, 법률은 면·촌의 자치권능 이상의 특유한 자치권능을 인정하고 있다. 즉, 군은 면·촌을 기초로 구성된 독립단체로서 중급의 지방자치체이기 때문이다.

군의 경계는 읍시면촌의 경계변경에 따라 변경된다. 즉, 이는 군이 하급자치단체로 구성된 중급단체이기 때문이다. 다만 우리나라의 관습상 현행제도를 논한다면, 군제는 부제를 설치한 지방에서는 시행하지 않으므로, 부는 군의 구역에 들어가지 않는다(자치구역).

면·촌은 군유 재산과 영조물을 공용하고 군의 비용을 분담하며 군의 기관 조직에 참여한다. 군내의 주민은 각 면·촌의 주민으로서 권리와 부담을 간접적으로 가진다. 다만 오늘날 여러 나라의 제도는 군내에서 면촌세를 부과받는 소유지의 지가총계가 1만 환 이상 가진 사람을 대지주라고 하여 군회의원을 선출할 때 특권을 인정한다.

제6절 군의 기관

군의 기관은 군회와 군참사회이다.

(一)郡會는郡內面村에서選擧ᄒᆞᆫ議員과밋大地主가選擧ᄒᆞᆫ議員으로써此를組織ᄒᆞ야郡政의重要ᄒᆞᆫ事件을議決ᄒᆞᄂᆞ니라(日本郡制第四條參考)

其選擧方法은團体選擧ㅣ라郡內各面村과밋大地主團体는選擧權을得有ᄒᆞᄂᆞ니面村은各一名의郡會議員을選擧ᄒᆞ고大地主團体는面村에서可히選擧ᄒᆞᆯ議員定數外에其數의三分一을互選ᄒᆞᆷ으로써通則을삼ᄂᆞ니라(日本郡制第五條第六條第八條參考)

郡內面村公民이되야面村選擧에參加ᄒᆞ기可得ᄒᆞᆯ者와밋大地主中에스사로選擧ᄒᆞᆷ에參加ᄒᆞ기可得ᄒᆞᆯ者는總會의被選權을得有ᄒᆞᄂᆞ니라(日本郡制第十條參考)

其職權은專히郡의資產에關係가有ᄒᆞ니蓋郡에自治範圍는其資產으로써營造物을維持ᄒᆞᆷ에在ᄒᆞᆫ所以니라郡會의可히議決ᄒᆞᆯ事項은(一)歲入歲出의豫算及決算(二)其他義務의擔負와밋權利의棄却(三)不動產의處分及郡有財產의管理(四)營造物의維持니라(日本那制第二十六條參考)

郡會는每年一回의通常會를開ᄒᆞ며또臨時必要가有ᄒᆞᆫ時는臨時會를開ᄒᆞ기可

(1) 군회는 군내 면·촌에서 선출한 의원과 대지주가 선출한 의원으로 조직하여 군정의 중요한 사안을 의결한다(일본 군제 제4조 참조).

선거방법은 단체선거이다. 군내 각 면·촌과 대지주 단체는 선거권을 가진다. 면·촌은 각각 한 명의 군회의원을 선출하고 대지주 단체는 면·촌에서 선출하는 의원정수 외에 그 수의 3분의 1을 추가로 호선하는 것을 원칙으로 한다(일본 군제 제5조, 제6조, 제8조 참조).

군내 면·촌의 공민으로서 면촌선거에 참여할 수 있는 사람과 대지주 중에 스스로 선거에 참여할 수 있는 사람은 총회의 피선거권을 가진다(일본 군제 제10조 참조).

그 권한은 전적으로 군의 자산과 관계가 있다. 대략 군의 자치 범위는 그 자산으로 영조물을 유지하는 것에 있기 때문이다. 군회가 의결하여야 할 사항은 ① 세입·세출의 예산 및 결산, ② 그 밖의 의무의 부담과 권리의 제한, ③ 부동산의 처분 및 군유재산의 운영, ④ 영조물의 유지이다(일본 군제 제16조 참조).

군회는 매년 1회의 통상회를 열고 임시로 필요한 때에는 임시회를 열 수

得ᄒᆞᄂᆞ니郡會ᄂᆞᆫ郡守가此ᄅᆞᆯ招集호대萬一議員의三分一以上이臨時招集ᄒᆞᆷ을請ᄒᆞᆯ時ᄂᆞᆫ承認ᄒᆞᆷ이可ᄒᆞᄂᆞ니라(日本郡制第三十二條叅考)

(二)郡叅事會ᄂᆞᆫ合議制니郡守及名譽職叅事會員四人으로써此ᄅᆞᆯ組織ᄒᆞᆷ이라名譽職叅事會員三人은郡會에셔其職員中으로브터互選ᄒᆞ고一人은觀察使가郡會議員或은郡內面村의公民中으로브터選任ᄒᆞᄂᆞ니라(日本郡制四十六條叅考)

郡叅事會ᄂᆞᆫ郡行政에叅與ᄒᆞᄂᆞᆫ機關이니(一)郡會權限에屬ᄒᆞᄂᆞᆫ事件에關ᄒᆞ야其委任을受ᄒᆞ거나又ᄂᆞᆫ臨時急行ᄒᆞ기ᄅᆞᆯ要ᄒᆞᄂᆞᆫ者ᄂᆞᆫ郡會ᄅᆞᆯ代ᄒᆞ야此ᄅᆞᆯ議決ᄒᆞ며(二)郡會가議決ᄒᆞᆫ範圍內에在ᄒᆞ야郡行政의重要ᄒᆞᆫ事件을議決ᄒᆞ며(三)郡守와其他官廳의諮詢의對ᄒᆞ거나又ᄂᆞᆫ郡守가發ᄒᆞᄂᆞᆫ郡會議案에對ᄒᆞ야意見을陳述ᄒᆞ며(四)臨時必要가有ᄒᆞᆯ時ᄂᆞᆫ郡의會計出納을檢査ᄒᆞᄂᆞ니라(日本郡制第五十條叅考)

郡叅事會ᄂᆞᆫ郡守가此ᄅᆞᆯ招集ᄒᆞ며又ᄂᆞᆫ會員半數의請求가有ᄒᆞᆯ時ᄂᆞᆫ此ᄅᆞᆯ招集ᄒᆞ기得ᄒᆞᄂᆞ니라(日本郡制第五十一條叅考)

있다. 군회는 군수가 소집하는데, 만일 의원 3분의 1 이상이 임시소집을 요청하는 때에는 승인하여야 한다(일본 군제 제32조 참조).

(2) 군참사회는 합의제인데, 군수 및 명예직 참사회원 4인으로 조직한다. 명예직 참사회원 3인은 군회가 그 직원 중에서 호선하고, 1인은 관찰사가 군회의원 또는 군내 면·촌의 공민 중에서 선임한다(일본 군제 제46조 참조).

군참사회는 군행정에 참여하는 기관이다. ① 군회의 권한에 속하는 사안에 관하여 위임을 받거나 임시로 급속을 요하는 것은 군회를 대신하여 의결하고, ② 군회가 의결한 범위 내에서 군행정의 중요한 사안을 의결하며, ③ 군수와 그 밖의 관청의 자문에 응하거나 군수가 발하는 군회의안에 대하여 의견을 진술하고, ④ 임시로 필요한 때에는 군의 회계출납을 검사한다(일본 군제 제50조 참조).

군참사회는 군수가 소집하고 회원 반수의 청구가 있는 때에는 이를 소집할 수 있다(일본 군제 제51조 참조).

第七節　郡의財政

郡은財産權能을有ᄒᆞ며獨立의經濟를營務ᄒᆞᄂᆞᆫ者ㅣ니郡有財産及營造物管理의費用과其他行政의費用은郡이擔負ᄒᆞᆫ바ㅣ니라

郡은其財産으로브터生ᄒᆞᄂᆞᆫ收入과其他의雜收入으로써其費途에充用ᄒᆞᆷ으로써本則을삼으며倘且不足이有ᄒᆞᆯ時ᄂᆞᆫ此를郡內各面村에分賦ᄒᆞᄂᆞ니各面村分賦의限度ᄂᆞᆫ各面村前年度의直稅、國稅、府郡稅의徵收額을依據ᄒᆞ고各面村分賦의額은各面村에셔此를面村豫筭에編入ᄒᆞ야面村稅를삼아徵收ᄒᆞ야其總額을郡金庫에納入ᄒᆞᆯ義務가有ᄒᆞᆫ者ㅣ니라(日本郡制第六十二條叅考)

郡內一部分에對ᄒᆞ야特히利益이有ᄒᆞᆯ土木事業을經紀ᄒᆞᆯ時ᄂᆞᆫ郡의決議를依ᄒᆞ야該部分의面村에對ᄒᆞ야通常分賦額外에其利益의厚薄을依ᄒᆞ야特히賦役及現用品을增課ᄒᆞᆯ事를得ᄒᆞᄂᆞ니라(日本郡制第六十三條叅考)

郡에셔郡債를募集ᄒᆞᆷ은天焚事變의不得已ᄒᆞᆫ支出又ᄂᆞᆫ其郡의可히永久利益이될만ᄒᆞᆫ支出을要ᄒᆞᆷ에至ᄒᆞ야通常歲入을增加ᄒᆞᆯ時ᄂᆞᆫ郡內面村의擔負에難堪ᄒᆞᆯ境遇에만限ᄒᆞᄂᆞᆫ者ㅣ니라(日本郡制第六十四條叅考)

제7절 군의 재정

군은 재산권능을 가지고 독립적으로 경제를 운영하므로, 군유재산 및 영조물의 관리 비용과 그 밖의 행정 비용은 군이 부담한다.

군은 그 재산으로부터 생기는 수입과 그 밖의 잡수입으로 용도에 충당하는 것이 원칙이고, 부족한 것이 있을 때에는 군내 각 면·촌에 부과한다. 각 면·촌에 부과하는 한도는 각 면·촌의 전년도 직접세, 국세, 부군세의 징수액에 의거하고, 각 면·촌의 분담액은 각 면·촌이 면촌예산으로 편입하여 면촌세로 징수하여 그 총액을 군의 금고에 납입할 의무가 있다(일본 군제 제62조 참조).

군내의 한 부분에 특별히 이익이 있는 토목사업을 시행할 때에는 군의 결의에 의하여 해당 부분의 면·촌에 통상분의 부과액 외에 그 이익의 크기에 따라 특별히 부역 및 현용품을 증과할 수 있다(일본 군제 제63조 참조).

군에서 군채를 모집하는 것은 천재사변의 부득이한 지출 또는 군의 영구적인 이익이 될 수 있는 것에 지출이 필요하고, 통상적인 세입을 증가할 때에는 군내 면·촌의 감당하기 어려운 부담이 될 경우에만 한정되는 것이다(일본 군제 제64조 참조).

郡의歲入歲出은豫筭으로써議定ᄒᆞ고決筭을報告ᄒᆞᄂᆞ니豫筭은郡守가每年此ᄅᆞᆯ調製ᄒᆞ며郡參事會ᄂᆞᆫ此ᄅᆞᆯ審査ᄒᆞ며郡會ᄂᆞᆫ此ᄅᆞᆯ議定ᄒᆞᄂᆞ니라（日本郡制第六十五條參考）

歲入歲出豫筭中에ᄂᆞᆫ豫備費ᄅᆞᆯ必設ᄒᆞᆯ지니豫備費ᄂᆞᆫ郡守가郡參事會의議決을經ᄒᆞ야不得已ᄒᆞᆫ豫筭外의支出又ᄂᆞᆫ豫算超過의支出에充用ᄒᆞᆷ을得호ᄃᆡ다만郡會가否決ᄒᆞᆫ費途에充用ᄒᆞ기不得ᄒᆞᄂᆞ니라（日本郡制第六十七條參考）

決筭은郡守가此ᄅᆞᆯ郡參事會에付ᄒᆞ야檢査케ᄒᆞ고次回通常郡會에提出ᄒᆞ야其認定ᄒᆞᆷ을要ᄒᆞᄂᆞ니라

第八節　郡行政의監督

郡의行政은第一次에觀察使가此ᄅᆞᆯ監督ᄒᆞ며第二次에內部大臣이此ᄅᆞᆯ監督ᄒᆞᄂᆞ니라（日本郡制第七十二條參考）

監督官廳은郡行政이法律命令에違反與否와其事務의錯亂澁滯與否ᄅᆞᆯ監視ᄒᆞᄂᆞᆫ故로行政事務의報告ᄅᆞᆯ徵査ᄒᆞ며會計出納을檢閱ᄒᆞᄂᆞᆫ權을保有ᄒᆞᄂᆞ니라（日本郡制第七十四條參考）

군의 세입·세출은 예산으로 의결하고 결산을 보고한다. 예산은 군수가 매년 짜고 군참사회는 심사하며 군회가 의결한다(일본 군제 제65조 참조).

세입·세출의 예산 중에 예비비를 반드시 마련한다. 예비비는 군수가 군참사회의 의결을 거쳐 부득이한 예산 외의 비용 또는 예산초과의 지출에 충당할 수 있다. 다만 군회가 부결한 용도에 사용할 수 없다(일본 군제 제67조 참조).

결산은 군수가 군참사회에 올려 검사하게 하고 다음 회의 통상 군회에 제출하여 인정을 받아야 한다.

제8절 군행정의 감독

군의 행정은 1차적으로 관찰사가 감독하고 2차적으로 내부대신이 감독한다(일본 군제 제72조 참조).

감독관청은 군행정이 법률·명령에 대한 위반 여부와 사무의 혼선과 지체 여부를 감시하는 것이므로, 행정사무의 보고를 받아 조사하고 회계출납을 검열하는 권한을 갖는다(일본 군제 제74조 참조).

郡會又는郡參事會의議決이其權에越ᄒᆞ거나法律命令을違ᄒᆞ거나又는公益을害ᄒᆞᆷ으로認ᄒᆞᆯ時는郡守는自己의意見或은監督官廳의指揮를依ᄒᆞ야理由를示明ᄒᆞ고其決議의執行을停止ᄒᆞ야써此를再議케호ᄃᆡ尙且其議決을不更ᄒᆞᆯ時는直時觀察府參事會의裁決을請ᄒᆞᄂᆞ니라（日本郡制第七十五條參考）

郡會又는郡參事會에서可히議決ᄒᆞᆯ議案을議決치아니ᄒᆞᆯ境遇에在ᄒᆞ야其事項이緊急ᄒᆞᆷ을要ᄒᆞ는時나又는法令或慣行을依ᄒᆞ야郡의負擔에屬ᄒᆞ는行政上又는公益上에必要ᄒᆞᆫ費用을否決ᄒᆞᆫ時는郡守가觀察使에게報狀ᄒᆞ야其指揮를請ᄒᆞ야原案을執行ᄒᆞ기得ᄒᆞᄂᆞ니라（日本郡制第七十六條第七十八條參考）

郡會가招集ᄒᆞᆷ에不應ᄒᆞ거나又는成立치아니ᄒᆞᆯ時는郡守는觀察使의指揮를請ᄒᆞ야處分ᄒᆞᆷ을得호ᄃᆡ其處分을次回會議에報告ᄒᆞᆯ지니라（日本郡制第七十七條參考）

郡有不動產의處分과賦役과現用物品의賦課와밋數年間에關涉ᄒᆞᆯ繼續費에關ᄒᆞ는郡會의議決은觀察使의認可를受ᄒᆞ기要ᄒᆞᆯ지니라（日本郡制第八十二條參考）

군회 또는 군참사회의 의결이 권한을 넘거나 법률·명령을 위반하거나 공익을 해한다고 인정하는 때에는, 군수는 자기의 의견 또는 감독관청의 지휘에 따라 이유를 제시하고 그 의결의 집행을 정지하여 재의하게 하고, 그 의결이 적절하지 않은 때에는 즉시 관찰부참사회의 재결을 신청한다(일본 군제 제75조 참조).

군회 또는 군참사회에서 의결하여야 할 의안을 결의하지 않는 경우에 그 사안이 긴급을 요하는 때이거나 법령 혹은 관행에 따라 군의 부담에 속하는 행정상 또는 공익상에 필요한 비용을 부결한 때에는, 군수가 관찰사에게 보고하여 지휘를 받아 원안을 집행할 수 있다(일본 군제 제76조, 제78조 참조).

군회가 소집에 불응하거나 성립하지 않을 때에는 군수는 관찰사의 지휘를 받아 처분할 수 있는데, 그 처분을 차기 회의에 보고하여야 한다(일본 군제 제77조 참조).

군유 부동산의 처분과 부역 및 현용물품의 부과, 수년간에 걸쳐 관련되는 계속비에 관한 군회의 의결은 관찰사의 인가를 받아야 한다(일본 군제 제82조 참조).

郡債의募集과밋償還에關훈議决은內部大臣과밋度支大臣의認可를必受훌지니라(日本郡制第八十一條叅考)

內部大臣은郡會를解散시기는權을保有ᄒᆞᄂᆞ니라(日本郡制第八十條叅考)

郡行政에關훈直接監督廳의處分과밋裁決에對ᄒᆞ야는行政訴願或은行政訴訟을提起ᄒᆞ기得호ᄃᆡ特히郡制로指定훈境遇에在ᄒᆞ야行政裁判所에訴訟ᄒᆞ는外에는內部大臣의게訴願ᄒᆞᄂᆞ니라

第九節　道의構成

自來我國의地方制度는全國을八道에區分홈이러니光武初年에至ᄒᆞ야更히此를十三道에區分ᄒᆞ니道制를施行홈에至ᄒᆞ야道는慣習上地方自治團体된性質을具有훈바ㅣ니라

道는府郡을總合ᄒᆞ야構成훈上級의地方團体로써自治의權能을保有홈이라數面村을合ᄒᆞ야郡을成ᄒᆞ고各府郡을合ᄒᆞ야道를成훈故로上級團体라稱ᄒᆞᄂᆞ니單히各府郡의聯合이아니오獨立ᄒᆞ야自存ᄒᆞ는故로自治의權能이有ᄒᆞ다稱훌지니라

군채의 모집과 상환에 관한 의결은 내부대신과 도지부대신의 인가가 필요하다(일본 군제 제81조 참조).

내부대신은 군회를 해산시킬 수 있는 권한을 가진다(일본 군제 제80조 참조).

군행정에 관한 직접적인 감독청의 처분과 재결에 대해서는 행정소원 혹은 행정소송을 제기할 수 있는데, 특히 군제로 지정한 경우에는 행정재판소에 소송하는 것 외에는 대부대신에게 소원한다.

제9절 도의 구성

원래 우리나라의 지방제도는 전국을 8도로 구분하는 것이었는데, 광무 초년에 다시 13도로 나누었다. 도제를 시행함에 있어서 도는 관습상 지방자치단체라는 성질을 가지고 있다.

도는 부·군이 합쳐서 구성하는 상급의 지방단체로서 자치의 권능을 가지고 있다. 많은 면촌을 합쳐서 군을 이루고 부·군들을 합쳐서 도를 이루는 것이므로, 상급단체라고 부른다. 단순히 부윤들의 연합이 아니고 독립적으로 자존하므로, 자치의 권능이 있다고 하는 것이다.

道의廢置分合과及其境界의變更은法律로써此를定ᄒᆞᆫ대다만道의境界에在ᄒᆞᆫ郡市面村境界의變更이有ᄒᆞᆯ時는道의境界도亦自變更ᄒᆞ는者ㅣ니라(日本府縣制第一條叅考)

道內의府郡은其道의選擧에叅與ᄒᆞ나然이나道의費用은府郡이分配擔負ᄒᆞᆷ은아니오道內의邑市面村住民이直接으로擔負ᄒᆞ는바ㅣ니此ㅣ郡의面村에在ᄒᆞᆫ關係와其形式이有異ᄒᆞᆫ바ㅣ니라

第十節　道의機關

道의機關은道會와밋道叅事會니라

(一)道會는道內府郡에서選擧ᄒᆞᆫ議員으로써此를組織ᄒᆞ야專히道內財政의重要ᄒᆞᆫ事件을議決ᄒᆞᄂᆞ니라

其選擧의方法은團体選擧ㅣ니道內에各府郡은選擧權을保有ᄒᆞ니라(日本府縣制第二條第三條叅考)

道內邑市面村의公民으로서邑市面村會의被選權을保有ᄒᆞ고其道內에서一年以來直接國稅十圜以上을納ᄒᆞ는者는道會의被選權을保有ᄒᆞ니라(日本府縣

도의 폐치분합과 경계의 변경은 법률로 정한다. 다만 도의 경계에 있는 군시면촌의 경계변경이 있을 때에는 도의 경계도 저절로 변경되는 것이다(일본 부현제 제1조 참조).

도내의 부·군은 그 도의 선거에 참여하나 도의 비용은 부·군이 나누어 부담하는 것이 아니라 도내의 읍시면촌의 주민이 직접 부담하는 것이다. 이는 군의 면·촌에서의 관계와 그 형식이 다르다.

제10절 도의 기관

도의 기관은 도회와 도참사회이다.

(1) 도회는 도내의 부·군에서 선출한 의원으로 조직하여 전적으로 도내 재정의 중요한 사안을 의결한다.

선거방법은 단체선거이다. 도내의 각 부·군은 선거권을 가진다(일본 부현제 제2조, 제3조 참조).

도내의 읍시면촌의 공민으로 읍시면촌회의 피선거권을 가지고 그 도내에서 1년 이상 직접세인 국세를 10환 이상 내는 사람은 도회의 피선거권을 가진다(일본 부현

制第四條叅考)

其職權은專히道의財政에關ᄒᆞ니道會가可히議決ᄒᆯ事項은(一)歲入歲出의預筭決筭과(二)其他義務의擔負와밋權利棄却과(三)道稅의賦課와(四)不動産의處分과(五)財産의管理와밋營造物의維持니라(日本府縣制第十五條叅考)

道會ᄂᆞᆫ每年一回의通常會ᄅᆞᆯ開ᄒᆞ며또臨時必要가有ᄒᆯ時ᄂᆞᆫ臨時會ᄅᆞᆯ開ᄒᆞ기得ᄒᆞ대道會ᄂᆞᆫ道의觀察使가此ᄅᆞᆯ招集ᄒᆞᄂᆞ니라(日本府縣制第二十一條叅考)

(二)道叅事會ᄂᆞᆫ道의觀察使와高等官二人과밋名譽叅事會員으로써組織ᄒᆞᄂᆞ니라

道의名譽職叅事會員은八人으로定ᄒᆞ대郡에서選擧된道會議員中으로브터四人과邑市에서選擧된議員中으로브터四人을各其互選ᄒᆞ며道叅事會員된高等觀察府에奉職ᄒᆞᄂᆞᆫ高等官中으로內部大臣이此ᄅᆞᆯ命ᄒᆞᄂᆞ니라(日本府縣制第三十八條第三十九條叅考)

道의叅事會ᄂᆞᆫ道의自治機關이니其權限은(一)道會의權限에屬ᄒᆯ事件으로서

제 제4조 참조).

그 권한은 전적으로 도의 재정에 관한 것이다. 도회가 의결하여야 할 사항은 ① 세입·세출의 예산 및 결산, ② 그 밖의 의무의 부담과 권리의 제한, ③ 도세의 부과, ④ 부동산의 처분, ⑤ 재산의 관리 및 영조물의 유지이다(일본 부현제 제15조 참조).

도회는 매년 1회의 통상회를 열고 임시로 필요가 있을 때에는 임시회를 열 수 있는데, 도회는 도의 관찰사가 소집한다(일본 부현제 제21조 참조).

(2) 도참사회는 도의 관찰사와 고등관 2인 및 명예참사회원으로 조직한다.

도의 명예참사회원은 8인으로 정하는데, 군에서 선출된 도회의원 중에서 4인과 읍·시에서 선출된 의원 중에서 4인을 호선하고, 도참사회원이 되는 고등관은 고등관찰부에 봉직하는 고등관 중에서 내부대신이 임명한다(일본 부현제 제38조, 제39조 참조).

도의 참사회는 도의 자치기관이다. 그 권한은 ① 도회의 권한에 속하는 사항으로서

其委任을受ᄒᆞ거나又는臨時急施ᄒᆞ기를要ᄒᆞ는者는道會를代ᄒᆞ야此를議決ᄒᆞ며(一)道會가議決ᄒᆞᆫ範圍內에서道行政의重要ᄒᆞᆫ事件을議決ᄒᆞ며(二)道의觀察使와其他官廳諮詢에對ᄒᆞ며또道觀察使가發ᄒᆞᆫ道會議案에對ᄒᆞ야意見을陳述ᄒᆞ며(四)臨時必要ᄒᆞᆫ時는道에會計出納을檢査ᄒᆞᄂᆞ니라(日本府縣制第四十三條參考)

道參事會는道의觀察使가此를招集ᄒᆞ며또會員半數以上의請求가有ᄒᆞᆯ時는此를招集ᄒᆞᆷ을得ᄒᆞᄂᆞ니라

第十一節　道의財政

道는財産權能을保有ᄒᆞ며獨立의經濟를營務ᄒᆞ는者ㅣ라道所有의財産과營造物管理의費用과及其自治行政의費用과其他의特히法律命令으로써道가擔負ᄒᆞ기로定ᄒᆞᆫ事項의費用은道에서擔負ᄒᆞᄂᆞ니라(日本府縣制第五十四條及地方稅則第三條參考)

道의支出은道稅와其他의收入으로써此에充用ᄒᆞᄂᆞ니라

道稅는(一)地稅(二)營業稅及雜稅(三)家屋稅或戶數推歛이니라(日本府縣

위임을 받거나 임시로 급속한 시행을 요하는 것은 도회를 대신하여 의결하고, ② 도회가 의결한 범위 내에서 도의 행정의 중요한 사안을 의결하며, ③ 도의 관찰사와 그 밖의 관청의 지문에 응하고 도의 관찰사가 발한 도회 의안에 대하여 의견을 진술하고, ④ 임시로 필요한 때에는 도의 회계출납을 검사한다(일본 부현제 제43조 참조).

도참사회는 도의 관찰사가 소집하고 회원 반수 이상의 청구가 있을 때에도 소집할 수 있다.

제11절 도의 재정

도는 재산권능을 가지고 독자적인 경제를 영위한다. 도 소유의 재산과 영조물의 관리 비용과 자치행정의 비용 및 그 밖의 특히 법률·명령으로 정하여 도가 부담하는 사항의 비용은 도에서 부남한다(일본 부현제 제54조, 지방세칙 제3조 참조).

도의 지출은 도세와 그 밖의 수입으로 충당한다.

도세는 ① 토지세, ② 영업세 및 잡세, ③ 가옥세 또는 호수추렴*이다(일본 부현

* 역자 주: 호수추렴의 정확한 의미를 파악하기 어렵다. 다만 당시 일본의 부현제 제58조에서는 부현지사가 가옥세를 부과할 수 있는데, 가옥세를 부과하는 지역에서는 호수추렴을 부과할 수 없다는 취지로 규정하고 있었다. 위 규정의 취지로 볼 때, 호수추렴이란 가옥세를 갈음하여 호별로 각출하는 금원을 의미하는 것으로 추측된다.

制第五十七條及地方稅則第一條參考）

地稅는地租二分의一以內로制限ᄒᆞ야此를賦課ᄒᆞ며營業稅는國稅의賦課가無ᄒᆞᆫ商業及工業에課ᄒᆞ며雜種稅는特種의營業과밋物件에對ᄒᆞ야賦課ᄒᆞ며家屋或戶數推歛은家屋에對ᄒᆞ거나或은一戶를搆成ᄒᆞᆫ者의게對ᄒᆞ야賦課ᄒᆞ대다만家屋稅를賦課ᄒᆞ는地에는戶數推歛을賦課ᄒᆞ기不得ᄒᆞᄂᆞ니라（日本府縣制第五十七條第五十八條及地方稅規則參考）

道內에土地家屋을所有ᄒᆞ거나又는店鋪를定ᄒᆞ고營業ᄒᆞ는者는其土地、家屋、營業에對ᄒᆞ야賦課ᄒᆞ는道稅를納ᄒᆞᆯ지며又는道內에一戶를搆居ᄒᆞᆷ이三個月以上에及ᄒᆞᆫ者는其戶數에對ᄒᆞ야道稅를納ᄒᆞᄂᆞ니라（日本府縣制第五十九條參考）

道에셔道債를募起ᄒᆞᆷ은舊債元額을償還ᄒᆞ기爲ᄒᆞ거나又는天災事變을因ᄒᆞ야不得已ᄒᆞᆫ支出과又는道의永久利益될支出을要ᄒᆞᆯ境遇에至ᄒᆞ야萬一通常歲入을增加ᄒᆞᆯ진대道가其擔負에難堪ᄒᆞᆯ境遇에만限ᄒᆞᄂᆞ니라（日本府縣制第七十四條參考）

제 제57조, 지방세칙 제1조 참조).

토지세는 토지수익세의 2분의 1 이내로 제한하여 부과하고, 영업세는 국세의 부과가 없는 상업 및 공업에 과하며, 잡종세는 특종의 영업과 물건에 대하여 부과하고, 가옥세 또는 호수추렴은 가옥에 대하거나 일가를 구성하는 사람에 대하여 부과하지만 가옥세를 부과하는 토지에는 호수추렴을 부과할 수 없다(일본 부현제 제57조, 제58조 및 지방세칙 참조).

도내에 토지 또는 가옥을 소유하거나 점포를 정하고 영업하는 사람은 그 토지, 가옥, 영업에 대하여 부과하는 도세를 납부하여야 하고, 도내에 3개월 이상 일가를 구성한 사람은 그 호수에 대하여 도세를 납부한다(일본 부현제 제59조 참조).

도에서 도채를 모집하는 것은 구채무의 원본을 상환하기 위하거나 천재사변으로 인하여 무능이한 지출 또는 도의 영구적인 이익이 될 수 있는 것에 지출이 필요한 경우에 만일 통상적인 세입을 증가시키면 도가 부담하기 곤란한 때에 한정된다(일본 부현제 제74조 참조).

道의歲入歲出은豫筭으로써議定ᄒᆞ며決筭으로써報告ᄒᆞᄂᆞ니豫筭은觀察使가每年此를調製ᄒᆞ고道叅事會가此를審査ᄒᆞ며道會가此를議定ᄒᆞᄂᆞ니라(日本府縣制第七十五條叅考)

歲入歲出豫筭中에豫備費를設ᄒᆞ기要ᄒᆞᆯ지니豫備費ᄂᆞᆫ觀察使가道叅事會의決議를經ᄒᆞ야不得已ᄒᆞᆫ豫筭外支出又ᄂᆞᆫ豫筭外支出에充用ᄒᆞ기得ᄒᆞ되다만道會가否決ᄒᆞᆫ費途에充用ᄒᆞᆯ事를不得ᄒᆞᄂᆞ니라(日本府縣制第七十七條叅考)

決筭은觀察使가此를道叅事會에付ᄒᆞ야檢査케ᄒᆞ고次回通常會에提出ᄒᆞ야其認定을要ᄒᆞᄂᆞ니라(日本府縣制第八十條叅考)

第十二節　道行政의監督

道의行政은內部大臣이此를監督ᄒᆞᄂᆞ니라

內部大臣은道行政이法律命令에違背與否와其事務澁滯與否를監視ᄒᆞ며行政事務의報告를徵蒐ᄒᆞ며會計出納을檢査ᄒᆞᄂᆞᆫ權을保有ᄒᆞᄂᆞ니라

道會又ᄂᆞᆫ道叅事會의議決이其權限을超越ᄒᆞ거나又ᄂᆞᆫ法律命令에違背ᄒᆞᆷ으로認ᄒᆞᆯ時ᄂᆞᆫ觀察使ᄂᆞᆫ其議決을繳消ᄒᆞ며其議決이公益을侵害ᄒᆞᆷ으로認ᄒᆞᆯ時ᄂᆞᆫ其

도의 세입·세출은 예산으로 의결하고 결산으로 보고한다. 결산은 관찰사가 매년 작성하고 도참사회가 심사하며 도회가 의결한다(일본 부현제 제75조 참조).

세입·세출의 예산 중에 예비비를 설정하여야 하는데, 예비비는 관찰사가 도참사회의 결의를 거쳐 부득이한 예산외의 지출에 충당할 수 있다. 다만 도회가 부결한 용도와 비용에는 충당할 수 없다(일본 부현제 제77조 참조).

결산은 관찰사가 도참사회에 부쳐서 검사하게 하고 차기 통상회에 제출하여 인정을 받아야 한다(일본 부현제 제80조 참조).

제12절 도 행정의 감독

도의 행정은 내부대신이 감독한다.

내부대신은 도 행정의 법률·명령에 대한 위반 여부와 사무의 지체 여부를 감시하고, 행정사무의 보고를 받으며, 회계출납을 검사하는 권한을 가진다.

도회 또는 도참사회의 의결이 권한을 넘거나 법률·명령에 위반한다고 인정하는 때에는 관찰사는 그 의결을 취소하고, 의결이 공익을 침해한다고 인정하는 때에는 그

執行을停止ᄒᆞ고此ᄅᆞᆯ再議케ᄒᆞᄃᆡ尙且其議決을不改ᄒᆞᆯ時ᄂᆞᆫ此ᄅᆞᆯ內部大臣의게狀報ᄒᆞ야其處分을請ᄒᆞᄂᆞ니라(日本府縣制第八十四條參考)

道會又ᄂᆞᆫ道參事會에서可히其議決ᄒᆞᆯ議案을議決치아니ᄒᆞᆯ境遇에其事項이緊急ᄒᆞᆷ을要ᄒᆞᆯ時나又ᄂᆞᆫ法律命令或慣行을依ᄒᆞ야道의擔負에屬ᄒᆞᆯ行政上又ᄂᆞᆫ公益上의必要ᄒᆞᆫ費用을否決ᄒᆞᆯ時ᄂᆞᆫ道의觀察使ᄂᆞᆫ內部大臣의게狀報ᄒᆞ야其指揮ᄅᆞᆯ請ᄒᆞ야原案을執行ᄒᆞ기可得ᄒᆞᄂᆞ니라(日本府縣制第八十五條第八十七條參考)

道會ᄅᆞᆯ招集ᄒᆞᆷ에不應ᄒᆞ거나又ᄂᆞᆫ成立치아니ᄒᆞᆯ時ᄂᆞᆫ觀察使ᄂᆞᆫ內部大臣의指揮ᄅᆞᆯ請ᄒᆞ야處分ᄒᆞᆷ을可得ᄒᆞᄃᆡ다만其處分은次回會議에此ᄅᆞᆯ報告ᄒᆞᄂᆞ니라(日本府縣制第八十六條參考)

內部大臣은道의歲入歲出豫筭中에不當或不急ᄒᆞᆫ支出及收入이有ᄒᆞᆯ時ᄂᆞᆫ此ᄅᆞᆯ削除ᄒᆞ거나或은減殺ᄒᆞᆯ權을保有ᄒᆞᄂᆞ니라

道의所有不動產의處分과邑市及其他部內에均一치못ᄒᆞᆫ擔負의賦課와밋數年에關涉ᄒᆞᆯ繼續費에關ᄒᆞᆫ道會의議決은內部大臣의認可ᄅᆞᆯ受ᄒᆞ기要ᄒᆞᄂᆞ니라

집행을 정지하고 재의를 요구하되, 그래도 그 의결을 바꾸지 않을 때에는 내부대신에게 보고하여 처분을 요청한다(일본 부현제 제84조 참조).

도회 또는 도참사회에서 의결하여야 할 의안을 의결하지 않는 경우에 그 사항이 긴급을 요하거나 법률·명령 또는 관행에 의하여 도의 부담에 속하는 행정상 또는 공익상의 필요비용을 부결하는 때에는 도의 관찰사는 내부대신에게 보고하여 지휘를 받아 원안을 집행할 수 있다(일본 부현제 제85조, 제87조 참조).

도회가 소집에 불응하거나 성립하지 않을 때에는 관찰사는 내부대신의 지휘를 받아 처분할 수 있다. 다만 그 처분은 차기 회의에 보고한다(일본 부현제 제86조 참조).

내부대신은 도의 세입·세출의 예산 중에 부당하거나 불급한 지출 및 수입이 있을 때에는 이를 삭제하거나 삭감할 권한을 가진다.

도 소유 부동산의 처분과 읍·시 및 그 밖의 관내에서 균일하지 못한 부담의 부과와 수년간에 걸쳐 관련되는 계속비에 관한 도회의 의결은 내부대신의 인가를 받아야 한다.

道債의募集及償還의方法과밋地租四分의一을超過ᄒᆞᄂᆞᆫ地稅의賦課에關議ᄒᆞᆫ決은內部大臣과밋度支部大臣의認可ᄅᆞᆯ受ᄒᆞ기要ᄒᆞᄂᆞ니라

道會의解散은勅令으로ᄡᅥ此ᄅᆞᆯ命ᄒᆞᄂᆞ니라(日本府縣制第八十九條叅考)

道의行政에關ᄒᆞᆫ訴願은內部大臣의게此ᄅᆞᆯ提出ᄒᆞᄂᆞ니道制에特히指定ᄒᆞᆫ境遇에ᄂᆞᆫ行政訴訟을提起ᄒᆞ기得ᄒᆞᄂᆞ니라(日本府縣制第八十二條叅考)

第四章　行政裁判

第一節　訴願法

(範圍)行政訴願의範圍ᄅᆞᆯ區劃ᄒᆞᆷ에二法이有ᄒᆞ니(一)大凡行政廳의處分을因ᄒᆞ야利益의毁損을被ᄒᆞᆫ者ᄂᆞᆫ訴願을提起ᄒᆞ기可得ᄒᆞᄂᆞᆫ一般의原則을依ᄒᆞᄂᆞ니此ᄅᆞᆯ原則法이라稱ᄒᆞ며(二)各種行政法令에特히訴願을提起ᄒᆞ기可得ᄒᆞᄂᆞᆫ境遇ᄅᆞᆯ列擧ᄒᆞ고一般의原則을不依ᄒᆞᄂᆞ니此ᄅᆞᆯ列記法이라稱ᄒᆞᆷ이라大凡我國의現今慣行法과日本의現行法을準據ᄒᆞᆯ진ᄃᆡ一般히行政處分에對ᄒᆞ야訴願ᄒᆞᆷ을不許ᄒᆞ고并히其事項을制限ᄒᆞ며ᄯᅩ訴願을提起ᄒᆞᆯ境遇ᄅᆞᆯ指示ᄒᆞᆷ에原則法과列記法을并用ᄒᆞᄂᆞ니特히法律勅令을依準치아니ᄒᆞ면其詳細ᄒᆞᆷ을悉擧ᄒᆞ기不能

도채의 모집 및 상환방법과 지조의 4분의 1을 초과하는 토지세의 부과에 관한 의결은 내부대신과 도지부대신의 인가를 받아야 한다.

도회의 해산은 칙령으로 명한다(일본 부현제 제89조 참조).

도의 행정에 관한 소원은 내부대신에게 제출한다. 도제에서 특별히 정한 경우에는 행정소송을 제기할 수 있다(일본 부현제 제82조 참조).

제4장 행정재판

제1절 소원법

[범위] 행정소원의 범위를 획정하는 것에는 두가지 방법이 있다. ① 무릇 행정청의 처분으로 인하여 이익을 훼손당한 사람은 소원을 제기할 수 있다는 일반원칙에 의하는 것을 원칙법이라고 하고, ② 각종 행정법령에 특별히 소원을 제기할 수 있는 경우를 열거하고 일반원칙에 의하지 않는 것을 열기법이라 한다. 무릇 우리나라의 현재 관행법과 일본의 현행법에 의하면, 일반적으로 행정처분에 대한 소원을 불허함과 아울러 그 사항을 제한하고 소원을 제기할 수 있는 경우를 제시하고 있으므로, 원칙법과 열기법을 병용하고 있다. 특히 법률·칙령에 의거하지 않으면 상세하게 모두를 열거할 수

홈으로玆에其概要를示ᄒᆞ노니左의事項에關ᄒᆞ야ᄂᆞᆫ原則을依ᄒᆞ야訴願을提起ᄒᆞ기可得ᄒᆞᆯ者ㅣ니라(日本訴願法第一條參考)

一、租稅及規費의賦課

二、租稅滯納處分

三、營業免許의拒否와又其繳消

四、水利及土木

五、土地의官民有區別

六、地方警察

法律勅令에特히明文으로써訴願을許ᄒᆞᆫ境遇를列擧ᄒᆞᆫ者ᄂᆞᆫ各其特別의規定을依ᄒᆞᆷ이니例如地方自治制의諸法律에在ᄒᆞᆷ과如ᄒᆞ니라

(節次)列記法을依ᄒᆞᆫ訴願의節次ᄂᆞᆫ各其法令에特別의規定이有ᄒᆞ니玆에在ᄒᆞ야ᄂᆞᆫ蕁히普通訴願에關ᄒᆞᆫ節次의大要를揭ᄒᆞ노라

訴願은其目的된處分을行ᄒᆞᆫ行政廳을經由ᄒᆞ야直接上級行政廳에此를提起ᄒᆞ되其裁決에不服ᄒᆞᆯ時ᄂᆞᆫ更히其上級行政廳에訴願ᄒᆞᆯ事를得ᄒᆞᄂᆞ니다만各部大

없으므로, 여기에서는 개요만 제시한다. 아래의 사항에 관해서는 원칙적으로 소원을 제기할 수 있다(일본 소원법 제1조 참조).

① 조세 및 규비의 부과

② 조세체납처분

③ 영업면허의 거부와 그 취소

④ 수리 및 토목

⑤ 토지의 관유와 민유의 구별

⑥ 지방경찰

법률·칙령에 특별히 명문으로 소원을 허용하는 경우로 열거된 것은 각각의 특별한 규정에 의하는 것인데, 예를 들면, 지방자치제의 법률들에 있는 것과 같다.

[절차] 열기법에 의한 소원절차는 각각의 법령에 특별한 규정이 있다. 여기에서는 단지 통상적인 소원에 관한 절차의 대강을 서술하겠다.

소원은 대상처분을 행한 행정청을 경유하여 직근상급 행정청에 제기하되, 그 재결에 불복하는 때에는 다시 그 상급행정청에 소원할 수 있다. 다만 각부대

臣의裁決에對ᄒᆞ야ᄂᆞᆫ更히訴願ᄒᆞᆯ事ᄅᆞᆯ不得ᄒᆞᄂᆞ니라
訴願을提起ᄒᆞᆷ은處分後六十日以內며裁決에對ᄒᆞ야更히訴願ᄒᆞᆷ은裁決後三十日以內에可行ᄒᆞᆯ지나다만此期間은行政廳에서特히寬限ᄒᆞᆯ事도有ᄒᆞ니라
訴願은書狀으로써此ᄅᆞᆯ提起케ᄒᆞ되또ᄒᆞᆫ口頭審問을不行ᄒᆞ고此ᄅᆞᆯ裁決ᄒᆞᄂᆞ니다만行政廳에서必要ᄒᆞᆷ으로認ᄒᆞᆯ時ᄂᆞᆫ口頭審問을行ᄒᆞ기可得ᄒᆞᆯ지오裁決은文字로써ᄒᆞ고且其理由ᄅᆞᆯ記付ᄒᆞᄂᆞ니라
(効果)訴願의提起ᄂᆞᆫ其目的된行政處分의執行을停止ᄒᆞᆯ効力이無ᄒᆞᆷ으로써通則을삼ᄂᆞ니다만行政廳은其職權을依ᄒᆞ거나又ᄂᆞᆫ本人의訴願을依ᄒᆞ야必要ᄒᆞᆷ으로認ᄒᆞᆯ時ᄂᆞᆫ其執行ᄒᆞᆷ을停止ᄒᆞ기可得ᄒᆞᄂᆞ니라
上級行政廳이行ᄒᆞᆫ裁決은下級行政廳을羈束ᄒᆞᄂᆞ니下級行政廳은其裁決의旨ᄅᆞᆯ從ᄒᆞ야其處分을繳消ᄒᆞ거나又ᄂᆞᆫ變更ᄒᆞᆯ事ᄅᆞᆯ要ᄒᆞ나然이나裁決은其目的된處分에對ᄒᆞᄂᆞᆫ外에一般히準則된命令法規의効力이無ᄒᆞ니라

第二節 行政裁判所

行政裁判所ᄂᆞᆫ行政訴訟을審判ᄒᆞᆷ이라行政裁判의制度ᄅᆞᆯ案察ᄒᆞᆯ진ᄃᆡ立憲諸國

신의 재결에 대해서는 재차 소원할 수 없다.

소원은 처분 후 60일 이내에 제기하여야 하고 재결에 대하여 재차 소원하는 것은 재결 후 30일 이내에 할 수 있다. 다만 그 기간은 행정청*이 특별히 연장해줄 수도 있다.

소원은 서면으로 제기하되, 구두심문을 행하지 않고 재결한다. 다만 행정청에서 필요하다고 인정하는 때에는 구두심문을 할 수 있다. 재결은 문서로 하고 이유를 부기한다.

[효과] 소원의 제기는 대상처분의 집행을 정지하는 효력이 없는 것이 원칙이다. 다만 행정청은 직권에 의하거나 본인의 신청에 의하여 필요하다고 인정하는 때에는 그 집행을 정지할 수 있다.

상급행정청이 행한 재결은 하급행정청을 기속한다. 하급행정청은 재결의 취지에 따라 처분을 취소하거나 변경하여야 하나, 재결은 대상처분에 대한 것 외에는 일반적인 준칙으로서의 명령·법규의 효력이 없다.

제2절 행정재판소

행정재판소는 행정소송을 심판한다. 행정재판제도를 살피건대, 입헌국가들

* 역자 주: 여기에서는 재결청을 말하는 것이라고 생각된다.

은其制不一ᄒᆞ니或行政廳으로ᄒᆞ여곰行政裁判所의職權을兼行케ᄒᆞ며又或最高終審의法庭으로ᄒᆞ여곰特히行政裁判所를定置ᄒᆞ고其下級裁判所되는者는普通의行政廳으로ᄒᆞ여곰此에充當케ᄒᆞ는者도有ᄒᆞ니我國의現今慣行制度를案察ᄒᆞᆷ진ᄃᆡ平理院으로ᄒᆞ여곰最高終審의行政裁判所의職權을兼行케ᄒᆞ며其下級裁判所는普通地方行政廳으로ᄒᆞ여곰此에充當케ᄒᆞ고日本의現行法은唯一의行政裁判所를特設ᄒᆞ야此를行政廳과分離獨立케ᄒᆞ며又其下級裁判所를不置ᄒᆞ니大凡行政訴訟을始審삼음과ᄯᅩ同時에終審을삼아一般히審判ᄒᆞ는全國唯一의法庭인所以니라

行政裁判所는合議制로構成됨이니裁判은裁判官五人以上의合議를要ᄒᆞᆷ이라裁判官(長官及評定官)은高等行政官或은司法裁判官의職을奉行ᄒᆞᆫ者로任命ᄒᆞ고其進退懲戒에關ᄒᆞ야는大槩司法裁判官의地位와共히其職을無據褫奪ᄒᆞ는事ㅣ無ᄒᆞ니라

行政裁判所는法律勅令을依ᄒᆞ야行政裁判所에出訴ᄒᆞᆷ을許ᄒᆞᆫ事件을審判ᄒᆞᆷ이라(日本行政裁判法第十五條)其權限은行政事件에對ᄒᆞ야概括ᄒᆞ야行ᄒᆞᆷ이아

사이에서 그 제도가 통일되어 있지는 않는데, 행정청에게 행정재판소의 권한을 함께 행사하게 하기도 하고, 최고법원에 특별히 행정재판소를 설치하고 통상적인 행정청이 그 하급재판소로 충당되는 것도 있다. 우리나라의 현재 관행제도를 살피건대, 평리원으로 하여금 최고종심의 행정재판소의 권한을 함께 행사하게 하고 보통지방행정청을 그 하급재판소로 충당한다. 일본의 현행법은 유일한 행정재판소를 특별히 설치하여 이를 행정청과 분리독립하게 하고 하급재판소를 설치하지 않았는데, 무릇 행정소송을 시심이면서 동시에 종심이 되어 일반적으로 심판하는 전국에서 유일한 법정이기 때문이다.

행정재판소는 합의제로 구성된다. 재판은 재판관 5인 이상의 합의를 요한다. 재판관(장관 및 평정관)은 고등행정관 또는 사법재판관의 직을 봉직한 사람으로 임명하고, 그 진퇴·징계에 관해서는 대략 사법재판관의 지위와 같이 그 직을 근거 없이 박탈하지 못한다.

행정재판소는 법률·칙령에 따라 행정재판소에 출소가 허용되는 사건을 심판한다(일본 행정재판법 제15조). 그 권한은 행정사건을 개괄하여 행하는 것이 아니며特히法令이明文에有ᄒᆞᆫ境遇만限ᄒᆞ고又其權限範圍ᄂᆞᆫ獨히法律에만依ᄒᆞᆷ뿐아니라勅令으로써此ᄅᆞᆯ消長ᄒᆞᆷ을得ᄒᆞᄂᆞ니此二者ᄂᆞᆫ普通裁判所의權限과其性質이有異ᄒᆞᆫ바ㅣ니다

行政事件은(法令에特別規定이有ᄒᆞᆫ以外)爲先訴願의形式을由ᄒᆞ야此ᄅᆞᆯ提起ᄒᆞᄂᆞ니地方上級行政廳의裁決을經ᄒᆞᆫ後가아니면此ᄅᆞᆯ行政裁判所에서受理ᄒᆞ기不得ᄒᆞᄂᆞ니此ㅣ實際에在ᄒᆞ야ᄂᆞᆫ行政裁判은訴願으로爲始ᄒᆞ야訴訟으로爲終ᄒᆞᆷ과如히二者ㅣ相待ᄒᆞ야其作用을得行ᄒᆞᄂᆞᆫ者ㅣ니라

各部大臣又ᄂᆞᆫ議政府處分에對ᄒᆞ야ᄂᆞᆫ訴願을提起ᄒᆞ기不得ᄒᆞ고直接으로行政裁判所에出訴ᄒᆞ기可得ᄒᆞᆯ지며또各部大臣又ᄂᆞᆫ議政府에訴願을提呈ᄒᆞᆫ時ᄂᆞᆫ行政訴訟을提起ᄒᆞ기不得ᄒᆞᄂᆞ니(日本行政裁判法第十七條)盖各部大臣과밋議政府ᄂᆞᆫ行政監督의首班에在ᄒᆞᆷ으로써此例外의規定을設ᄒᆞᆫ바ㅣ니라

第三節 行政裁判法

(範圍)行政裁判의範圍ᄅᆞᆯ畫定ᄒᆞᆷ에原則을由ᄒᆞᆷ과列記ᄅᆞᆯ由ᄒᆞᄂᆞᆫ二法이有ᄒᆞᆷ은訴願을論ᄒᆞᆯ時에說明ᄒᆞᆷ과如ᄒᆞ니日本의現行法은此二法을并用ᄒᆞ야一般히行

니고, 특별히 법령에 명문이 있는 경우에 한하며, 권한의 범위는 법률뿐만 아니라 칙령으로도 넓히거나 좁힐 수 있다. 양자는 통상적인 재판소의 권한과 그 성질에 차이가 있다.

행정사건은 (법령에 특별한 규정이 있는 외에) 우선 소원의 형식으로 이를 제기한다. 지방상급행정청의 재결을 거친 후가 아니면 행정재판소에서 수리할 수 없다. 실제로 행정재판이 소원으로 시작하여 소송으로 끝나는 것처럼, 양자는 서로 맞물려 작용하는 것이다.

제3절 행정재판법

[범위] 행정재판의 범위를 획정하는 데 원칙에 의하는 것과 열기에 의하는 것 두 가지 방법이 있다는 것은 소원을 논할 때 설명한 것과 같다. 일본의 현행법은 양법을 병용하여 일반적으로 행

政訴訟을許ᄒᆞᄂᆞᆫ者ᄂᆞᆫ其事項을揭ᄒᆞ야此를示ᄒᆞ고又特種의法律勅令으로其境遇를限ᄒᆞ야出訴의權을列擧ᄒᆞ니라

左記事項에關ᄒᆞ야行政廳의違法處分을因ᄒᆞ야權利의毁損을當ᄒᆞᆫ者ᄂᆞᆫ行政訴訟을提起ᄒᆞ기可得ᄒᆞᄂᆞ니라

一、海關稅를除ᄒᆞᆫ外에租稅及規費의賦課

二、租稅滯納處分

三、營業免許의拒否와又其繳消

四、水利及土木

五、土地의官民有區分의査定

法律勅令에特히明文으로써訴訟을許ᄒᆞᆫ境遇를列擧ᄒᆞᆫ者ᄂᆞᆫ各其特別ᄒᆞᆫ規定을依ᄒᆞᄂᆞ니例如地方自治制의諸法律에在ᄒᆞᆷ과如ᄒᆞᆫ者ㅣ니라

（節次）列記法을依ᄒᆞᆫ行政訴訟으로서特別規定이有ᄒᆞᆫ外에普通行政訴訟에關ᄒᆞᆫ裁判節次의大要를示ᄒᆞᆷ이라

行政事件은其目的된處分에對ᄒᆞ야爲先訴願의形式으로써行政廳의裁決을經

정소송을 허용하는 사항을 게시하고, 특별한 법률·칙령으로 그 경우를 한정하여 출소권을 열거한다.

다음의 사항에 관하여 행정청의 위법한 처분으로 권리를 훼손당한 사람은 행정소송을 제기할 수 있다.

① 해관세를 제외한 조세 및 규비의 부과

② 조세체납처분

③ 영업면허의 거부와 그 취소

④ 수리 및 토목

⑤ 토지의 관유와 민유의 구분 사정

법률·칙령에 특별히 명문으로 소송을 허용하는 경우를 열거하는 것은 각각의 특별한 규정에 의한다. 예를 들면 지방자치제의 법률들에 있는 것과 같다.

[절차] 열기법에 의한 행정소송으로 특별규정이 있는 것 외에 통상의 행정소송에 관한 재판절차의 대강을 제시하겠다.

행정사건은 대상처분에 대하여 우선 소원의 형식으로 행정청의 재결을 경

由ᄒᆞ야此ᄅᆞᆯ行政訴訟을삼아提起ᄒᆞᆷ으로ᄡᅥ通則을삼ᄂᆞ니다만各部大臣又ᄂᆞᆫ議政府處分에對ᄒᆞ야ᄂᆞᆫ直行出訴ᄒᆞᆯ事ᄅᆞᆯ得ᄒᆞᄂᆞ니라

行政訴訟은行政廳에서處分或裁決을受ᄒᆞᆫ日로브터六十日以內에提起ᄒᆞᆯ지며此期間을過ᄒᆞᆯ時ᄂᆞᆫ訴權이消滅ᄒᆞᄂᆞ니다만此期間에關ᄒᆞ야ᄂᆞᆫ民事訴訟의規定을準用ᄒᆞᄂᆞ니라

訴訟은書狀으로ᄡᅥ此ᄅᆞᆯ提起ᄒᆞ야公開의法廷에서審判ᄒᆞᆷ으로ᄡᅥ法則을삼ᄂᆞ니다만當事者의請求ᄅᆞᆯ依ᄒᆞ야口頭審問을不行ᄒᆞ고書狀에就ᄒᆞ야直時判決ᄒᆞᆷ을得ᄒᆞ며又安寧秩序或은風俗을妨害ᄒᆞᆯ慮가有ᄒᆞᆯ時와又ᄂᆞᆫ行政廳의要求가有ᄒᆞᆯ時ᄂᆞᆫ行政裁判所ᄂᆞᆫ其決議로ᄡᅥ對審의公開ᄅᆞᆯ停止ᄒᆞᆯ事ᄅᆞᆯ得ᄒᆞ나然이나判決은반다시此ᄅᆞᆯ公開ᄒᆞᄂᆞ니라

行政裁判所ᄂᆞᆫ職權又ᄂᆞᆫ本人의請願을依ᄒᆞ야係爭事件의利害에關係가有ᄒᆞᆫ第三者로ᄒᆞ야곰訴訟에叅加케ᄒᆞᆷ을得ᄒᆞᄂᆞ니此境遇에在ᄒᆞ야ᄂᆞᆫ判決은第三者에對ᄒᆞ야도效力이有ᄒᆞ며又ᄂᆞᆫ主務大臣이必要ᄒᆞᆷ으로認ᄒᆞᆯ時ᄂᆞᆫ公益을辨護ᄒᆞ기爲ᄒᆞ야委員을命ᄒᆞ야審廷에派出ᄒᆞᆷ을得ᄒᆞᄂᆞ니라

유한 후 행정소송을 제기하는 것이 원칙이다. 다만 각부대신 또는 의정부의 처분에 대해서는 바로 출소할 수 있다.

행정소송은 행정청으로부터 처분 또는 재결을 받은 날로부터 60일 이내에 제기하여야 하고 그 기간을 도과한 때에는 소권이 소멸한다. 다만 그 기간에 관해서는 민사소송의 규정을 준용한다.

소송은 서면으로 제기하고 공개법정에서 심판하는 것이 원칙이다. 다만 당사자의 신청에 따라 구두심문을 하지 않고 서면을 취하여 즉시 판결을 선고할 수 있으며, 안녕과 질서 또는 풍속을 해할 우려가 있는 때와 행정청의 요구가 있는 때에는 행정재판소는 결의에 의하여 대심의 공개를 정지할 수 있다. 그러나 판결은 반드시 공개한다.

행정재판소는 직권 또는 본인의 신청에 의하여 계쟁사건과 이해관계가 있는 제3자로 하여금 소송에 참가하게 할 수 있다. 이 경우에 판결은 제3자에 대해서도 효력이 있고 주무대신이 필요하다고 인정하는 때에는 공익을 변호하기 위하여 위원을 임명하여 법정에 파견할 수 있다.

裁判宣告書에는理由를必付ᄒᆞ기要ᄒᆞᄂᆞ니라

(効果)行政訴訟의提起는其目的된行政處分이나或은判決의執行을停止ᄒᆞᆯ効力은無ᄒᆞ나다만行政廳又는行政裁判所는其職權을依ᄒᆞ거나又는原告의請願을依ᄒᆞ야必要ᄒᆞᆷ으로認ᄒᆞᆯ時는其處分又는裁判의執行을停止ᄒᆞ기可得ᄒᆞᄂᆞ니라

行政裁判所判決에對ᄒᆞ야는再審을請求ᄒᆞ기不得ᄒᆞ고其判決은其事件에對ᄒᆞ야關係된行政廳을羈束ᄒᆞᄂᆞ니盖行政裁判所는다만違法處分을繳消ᄒᆞᆯᄲᅮᆫ아니라更히其改正變更ᄒᆞᆷ을命ᄒᆞ기可得ᄒᆞ는故로行政은判決의旨를依ᄒᆞ야更히其處分을行ᄒᆞᆷ을要ᄒᆞᆷ이오判決은其事件에關ᄒᆞᆫ當事者에對ᄒᆞ야効力이有ᄒᆞᆫ外에行政의法規를作ᄒᆞ는者는아니니라

第四節　權限爭議

官府는法令을遵由ᄒᆞ야各其一定의職司를保有ᄒᆞ고互相侵犯ᄒᆞᆯ事를不得ᄒᆞᄂᆞ니此를權限이라稱ᄒᆞᆷ이라官府는各其權限을法에適合히主持ᄒᆞ야此를勿曠ᄒᆞ며또此를不越ᄒᆞᆷ으로ᄡᅥ統治機關의秩序와作用을全成ᄒᆞᆷ이니라

재판선고서에는 이유를 반드시 붙여야 한다.

[효과] 행정소송의 제기는 대상처분이나 판결의 집행을 정지하는 효력이 없다. 다만 행정청 또는 행정재판소는 직권으로 또는 원고의 신청에 의하여 필요하다고 인정하는 때에는 그 처분 또는 재판의 집행을 정지할 수 있다.

행정재판소의 판결에 대해서는 재심을 청구할 수 없고 판결은 그 사건에 대하여 관계된 행정청을 기속한다. 또한 행정재판소는 단지 위법한 처분을 취소할 뿐만 아니라 더 나아가 그 개정·변경을 명할 수 있으므로, 행정은 판결의 취지에 따라 다시 처분을 행하여야 하고, 판결은 그 사건에 관한 당사자에 대하여 효력이 있는 것을 제외하고 행정법규를 만드는 것은 아니다.

제4절 권한쟁의

관청은 법령을 준수하여 각각의 일정한 직무를 가지고 서로 침범할 수 없는데, 이를 권한이라 한다. 관청은 각각의 권한을 적법하게 집행하여 이를 헛되게 하여서는 안 되고 월권하지 않음으로써 통치기관의 질서와 작용을 완수한다.

官府와官府間에其權限에關ᄒᆞᆫ法令의解釋을相異케ᄒᆞᆯ時ᄂᆞᆫ即權限의爭議가有ᄒᆞᆷ이라權限爭議에關ᄒᆞ야ᄂᆞᆫ東洋諸國의法令이아즉具備치못ᄒᆞᆫ故로此에現今制度에在ᄒᆞᆫ其性質과概要만示ᄒᆞᆯ뿐이오其節次에ᄂᆞᆫ論及키不能ᄒᆞ노라

權限의爭議ᄂᆞᆫ其實質에在ᄒᆞ야積極과消極의二意가有ᄒᆞ니即他의權限에可屬ᄒᆞᆯ者ᄅᆞᆯ自己의權限이라主唱ᄒᆞ야相爭ᄒᆞᆷ은積極的의爭議오自己權限에可屬ᄒᆞᆯ者ᄅᆞᆯ他의權限이라相爭ᄒᆞᆷ은消極的의爭議니積極의爭議와消極의爭議가幷히其官府에在ᄒᆞ야各其權限의定見을相異케ᄒᆞᄂᆞᆫ爭議됨에在ᄒᆞ야ᄂᆞᆫ亦是同一ᄒᆞᆷ이로되此ᄅᆞᆯ分別ᄒᆞᄂᆞᆫ所以ᄂᆞᆫ爭議ᄅᆞᆯ提起ᄒᆞ야審判ᄒᆞᄂᆞᆫ節次에在ᄒᆞ야差異가有ᄒᆞᆷ인所以니라

權限의爭議ᄂᆞᆫ其官部의種類ᄅᆞᆯ依ᄒᆞ야此ᄅᆞᆯ區別ᄒᆞᄂᆞ니同一의監督權下에立ᄒᆞᆫ各官府間의爭議ᄂᆞᆫ其監督官府ᄅᆞᆯ依ᄒᆞ야裁斷ᄒᆞᆯ지라例如行政各官府間의爭議ᄂᆞᆫ其上級監督官府에서裁決ᄒᆞ며司法各裁判所間의爭議ᄂᆞᆫ其上級裁判所에셔裁決ᄒᆞᄂᆞ니卽議政府ᄂᆞᆫ行政各府에對ᄒᆞ며平理院은司法各裁判所에對ᄒᆞ야各其獨立ᄒᆞ야最高의監督權을保有ᄒᆞᆫ者ㅣ니라

관청과 관청 사이에 권한에 관한 법령의 해석이 서로 다른 때에는 권한쟁의가 있는 것이다. 관한쟁의에 관해서는 동양의 여러 나라의 법령이 아직 갖추지 못하고 있으므로, 오늘날의 제도에서의 성질과 개요만 보여주고, 절차에 대해서는 언급할 수 없다.

권한쟁의는 실질에 있어서 적극과 소극의 두 가지 뜻이 있다. 즉, 타의 권한에 속하여야 할 것을 자기의 권한이라 주장하여 다투는 것은 적극적인 쟁의이고, 자기 권한에 속하여야 할 것을 타의 권한이라고 다투는 것은 소극적인 쟁의이다. 적극적 쟁의와 소극적 쟁의 모두 그 관청에 있어서 각각의 권한에 대한 견해가 서로 다른 쟁의라는 점에서는 같은 것이지만, 이를 분별하는 이유는 쟁의를 제기하여 심판하는 절차에 차이가 있기 때문이다.

권한쟁의는 관청의 종류에 따라 구별한다. 동일한 감독권 아래에 있는 관청들 사이의 쟁의는 감독관청에 의하여 결정될 것이다. 예를 들면, 행정관청들 사이의 쟁의는 상급감독관청에서 재결하고 사법재판소들 사이의 쟁의는 상급재판소에서 재결한다. 즉, 의정부는 행정각부에 대하여 평리원은 각 재판소에 대하여 독자적으로 최고의 감독권을 가지는 것이다.

同一의監督下에不立ᄒᆞᆫ名官府間에起ᄒᆞᆫ爭議에對ᄒᆞ야ᄂᆞᆫ直接으로行政或은司法普通의監督權을依ᄒᆞ야此를製判키不能ᄒᆞᄂᆞᆫ故로特히權限裁判所의設置를要ᄒᆞᄂᆞ니例如司法裁判所와行政廳과或은行政裁判所間과又ᄂᆞᆫ行政裁判所와行政廳間에起ᄒᆞᆫ權限의爭議等事가卽此ㅣ니라

然而東洋諸國에ᄂᆞᆫ權限裁判法을制定ᄒᆞᆫ現例를不見ᄒᆞᆯ지라故로權限裁判所에組織과밋爭議의節次에關ᄒᆞ야ᄂᆞᆫ玆에說明ᄒᆞᆷ을不得ᄒᆞ노라

第三編　行政各部

第一章　外務

第一節　総說

外國과交涉ᄒᆞᄂᆞᆫ事項을綜理ᄒᆞᆷ을外務라稱ᄒᆞᄂᆞ니外交ᄂᆞᆫ皇上의憲法上大權에專屬ᄒᆞ야親裁決行ᄒᆞᆷ으로써通則을삼고此를行政機關의權限에委任치아니호대다만國法과밋國際慣例에大權의行使ᄂᆞᆫ一定ᄒᆞᆫ外交機關을經由ᄒᆞ야發表ᄒᆞᆷ으로法을合ᄂᆞᆫ故로大權을奉行ᄒᆞᄂᆞᆫ外務의官府의職司를明白히ᄒᆞᆯ事를要ᄒᆞᆷ이니라

동일한 감독하에 있지 않은 관청들 사이에 제기된 쟁의에 대해서는 직접적으로 행정 또는 사법의 통상적인 감독권에 의하여 판정할 수 없으므로, 특별히 권한재판소의 설치가 필요하다. 예를 들면, 사법재판소와 행정청 혹은 행정재판소 사이, 행정재판소와 행정청 사이에 제기된 권한쟁의 등이 바로 그것이다.

그런데, 동양제국에서 권한재판소법을 제정한 실례를 찾아볼 수 없으므로, 권한재판소의 조직과 쟁의절차에 관해서는 자세히 설명할 수 없다.

제3편 행정각부

제1장 외무

제1절 총설

외국과 교섭하는 사항을 처리하는 것을 외무라고 한다. 외교는 황제의 헌법상 대권에 전속하여 황제가 스스로 결정하여 실행하는 것이 원칙이고, 이를 행정기관의 권한에 위임하지 않는다. 다만 국법과 국제관례에서 대권의 행사는 일정한 외교기관을 거쳐 발표하는 것을 법으로 삼고 있으므로, 대권을 봉행하는 외무관청의 직무를 명백히 할 필요가 있다.

外國과交涉ᄒᆞᄂᆞᆫ事項은國家와國家의直接關係와各國人民의私의交通과分別ᄒᆞ기可得ᄒᆞᄂᆞ니政府ᄂᆞᆫ前者ᄅᆞᆯ維持ᄒᆞ며後者ᄅᆞᆯ保護ᄒᆞᄃᆡ外務機關은大權의訓示ᄅᆞᆯ依ᄒᆞ며法令及條約의規定을據ᄒᆞ야此의任務ᄅᆞᆯ全成ᄒᆞᆷ으로써職司ᄅᆞᆯ삼ᄂᆞᆫ者ㅣ니라

外務의機關은外部大臣과公使와밋領事ㅣ라外部大臣은大權의行使에參與ᄒᆞ며公使ᄂᆞᆫ締盟國에駐在ᄒᆞ야外交ᄅᆞᆯ維持ᄒᆞ며領事ᄂᆞᆫ外國에在留ᄒᆞᄂᆞᆫ本國臣民을保護ᄒᆞᄂᆞ니各其官制ᄅᆞᆯ依ᄒᆞ야玆에詳說코져ᄒᆞ노라

外務行政은法令을依ᄒᆞ야可히執行ᄒᆞᆯ事ᄂᆞᆫ他의行政範圍와無異ᄒᆞ니所謂國際法이라ᄒᆞᄂᆞᆫ者ᄂᆞᆫ近世의國際關係에在ᄒᆞᆫ慣例ᄅᆞᆯ示ᄒᆞᆫ者라故로直接으로外務行政에對ᄒᆞᆫ法令과同一ᄒᆞᆫ効力을不有ᄒᆞᄃᆡ다만法令及條約에直接或間接으로國際法을容認ᄒᆞ야此에遵據ᄒᆞᆯ意思ᄅᆞᆯ表示ᄒᆞᆫ時ᄂᆞᆫ亦是準則된効力이有ᄒᆞ니例如民法이習慣을容認ᄒᆞᆫ時ᄂᆞᆫ習慣도亦是權利의準則됨과如ᄒᆞᆫ者ㅣ니라

第二節　外部大臣

外部大臣은外國에關ᄒᆞᆫ政務ᄅᆞᆯ施行ᄒᆞ며밋外國에在ᄒᆞᆫ本國商事保護에關ᄒᆞᆫ事

외국과 교섭하는 사항은 국가와 국가의 직접적인 관계와 각국 인민의 사적인 교류로 나눌 수 있다. 정부는 전자를 유지하고 후자를 보호하되, 외무기관은 대권의 훈시에 따라 법령 및 조약의 규정에 의거하여 그 임무를 완성하는 것을 직무로 한다.

외무기관은 외부대신과 공사 및 영사이다. 외부대신은 대권의 행사에 참여하고, 공사는 외교관계를 맺은 나라에 주재하여 외교를 유지하며, 영사는 외국에 체류하는 본국의 신민을 보호한다. 각각 관제에 따라 이를 상세하게 설명하도록 하겠다.

외무행정은 법령에 따라 집행하여야 하는 것은 다른 행정의 범위와 다르지 않다. 이른바 국제법이라는 것은 근세의 국제관계에 있는 관례를 보여주는 것이므로, 직접적으로 외무행정에 대한 법령과 동일한 효력을 가지지는 않지만, 법령 및 조약에 직접 혹은 간접적으로 국제법을 용인하여 이를 지킬 의사를 표시한 때에는 역시 법규로서 효력이 있다. 예를 들면 민법이 관습을 용인한 때에는 관습도 권리의 법규가 되는 것과 같다.

제2절 외부대신

외부대신은 외국에 관한 정무를 시행하고 외국에 있는 본국 상사의 보호에 관한 사

務를管理ᄒᆞ며外交官과밋領事官을監督ᄒᆞᄂᆞ니라（外部官制第一條叅考光武九年二月二十六日勅令第十四號）

外交ᄂᆞᆫ大權에屬ᄒᆞ고外部大臣職權에不任ᄒᆞᄂᆞ니宣戰講和와밋條約을締結ᄒᆞ며又ᄂᆞᆫ使節을派遣ᄒᆞ거나或은此를接受ᄒᆞᄂᆞᆫ類ᄂᆞᆫ大權親裁를由ᄒᆞ고外部大臣은其政務를施行ᄒᆞᆷ으로써職司를삼ᄂᆞᆫ者ㅣ니라

大凡外交에關ᄒᆞᄂᆞᆫ大權의行動은外部大臣을經由ᄒᆞ야行ᄒᆞᆷ으로法則을삼ᄂᆞ니本國과外國의交涉과밋本國政府와在外本國公使間의往復은恒常外部大臣을經由ᄒᆞᄂᆞᆫ故로外部大臣은外交事務를綜理ᄒᆞ야政策을維持ᄒᆞᄂᆞᆫ任에在ᄒᆞ니라

各國人民은自由로交通ᄒᆞ야互相히文化經濟의利益을享有ᄒᆞᆷ은平時에在ᄒᆞᆫ國際의通誼라外部大臣은特히通商、航海、及移民等事項에關ᄒᆞᆫ本國의光榮과利益을主持ᄒᆞ며國民의保護를完全히ᄒᆞᄂᆞᆫ責任이有ᄒᆞ니라

外部大臣은公使及領事의게對ᄒᆞ야訓令을發ᄒᆞᄂᆞᆫ權이有ᄒᆞ며또報告를徵收ᄒᆞ기得ᄒᆞᄂᆞ니라

第三節　公使

무를 관리하고 외교관과 영사관을 감독한다(외부관제 제1조 참조, 광무9년 2월 26일 칙령 제14호).

외교는 대권에 속하고 외부대신의 권한에 있지 않다. 선전강화와 조약을 체결하고 사절을 파견하거나 접수하는 것들은 대권의 재결에서 기인하고, 외부대신은 그 정무를 시행하는 것을 직무로 한다.

무릇 외교에 관한 대권의 행사는 외부대신을 경유하여 행하는 것이 원칙이다. 본국과 외국 사이의 교섭 및 본국 정부와 재외 본국 공사 사이의 왕래는 항상 외부대신을 경유하는 것이므로, 외부대신은 외교사무를 처리하여 정책을 유지할 책임이 있다. 각국 인민이 자유롭게 교류하여 서로 문화경제의 이익을 향유하는 것은 국제적인 규범이다. 외부대신은 특히 통상, 항해 및 이민 등의 사항에 관하여 본국의 영광과 이익을 지키고 국민의 보호를 완수할 책임이 있다.

외부대신은 공사 및 영사에게 훈령을 발하는 권한이 있고, 보고를 받을 수 있다.

제3절 공사

公使ᄂᆞᆫ本國政府ᄅᆞᆯ代表ᄒᆞ야外國에駐在ᄒᆞᄂᆞᆫ國際交涉의機關이된者ㅣ라其駐在國에在ᄒᆞᆫ本國의光榮과利益을保全ᄒᆞ며且其國에居留ᄒᆞᄂᆞᆫ本國臣民을保護ᄒᆞᄂᆞᆫ事로任務ᄅᆞᆯ삼ᄂᆞ니라

公使ᄂᆞᆫ外部大臣監督下에在ᄒᆞ니凡百外交의措寘ᄂᆞᆫ外部大臣訓令의旨ᄅᆞᆯ依ᄒᆞ며且國際慣例ᄅᆞᆯ因ᄒᆞ야辦行ᄒᆞᆷ을要ᄒᆞ고獨立으로外交의政策을執ᄒᆞ며外部大臣의認知ᄅᆞᆯ不承ᄒᆞ고外國政府와交涉ᄒᆞᆷ을不得ᄒᆞᄂᆞᆫ故로事에臨ᄒᆞ야外部大臣의訓令을仰請ᄒᆞ며不得已ᄒᆞᆫ臨機의措處ᄂᆞᆫ此ᄅᆞᆯ報告ᄒᆞᄂᆞᆫ義務가有ᄒᆞ니라

公使의職權에關ᄒᆞ야ᄂᆞᆫ官制와밋訓令으로明確히規定치아니ᄒᆞ니大槪其理由ᄂᆞᆫ(一)外交事務性質로從出ᄒᆞᆷ이오(二)公使ᄂᆞᆫ專히外部大臣의訓令을依ᄒᆞ야其職務ᄅᆞᆯ行ᄒᆞᄂᆞᆫ者로써國際交涉의機關됨에止ᄒᆞ고獨立으로外交에關ᄒᆞᆫ權限을有ᄒᆞᆫ官府ᄂᆞᆫ아닌所以니라다만國際法의慣例가本國政府의法令及訓令의旨意에相戾치아니ᄒᆞᄂᆞᆫ者ᄂᆞᆫ此ᄅᆞᆯ可히遵由ᄒᆞᆯ事도大槪國法이認知ᄒᆞᄂᆞᆫ바ㅣ니라

公使ᄂᆞᆫ此ᄅᆞᆯ特命專權公使、辦理公使及代理公使、三級으로分ᄒᆞ니此ᄂᆞᆫ官制上

공사는 본국정부를 대표하여 외국에 주재하는 국제교섭기관이다. 주재국에서 본국의 영광과 이익을 보전하고, 그 국가에 거류하는 본국의 신민을 보호하는 것을 임무로 한다.

공사는 외부대신의 감독하에 있다. 모든 외교적인 조치는 외부대신의 훈령의 취지에 의하고, 국제관례에 따라 처리하여야 하며, 독자적으로 외교의 정책을 집행하거나 외부대신이 알지 못한 상태에서 외국 정부와 교섭할 수 없으므로, 사무를 행함에 있어서 외부대신에게 훈령을 청하여야 하고 부득이한 임시조치는 보고할 의무가 있다.

공사의 권한에 관해서는 관제와 훈령에 명확하게 규정되어 있지 않다. 대략 그 이유는 ① 외교사무의 성질에서 유래하는 것이고, ② 공사는 오로지 외부대신의 훈령에 의하여 직무를 집행하는 사람으로서 국제교섭기관에 불과하고 독자적으로 외교에 관한 권한을 가진 관청은 아니기 때문이다. 다만 국제법의 관례 중 본국 정부의 법령 및 훈령의 취지에 어긋나지 않는 것은 지켜야 한다는 것도 대략 국법이 인식하고 있다.

공사는 특명전권공사, 판리공사* 및 대리공사 등의 3급으로 나눈다. 이는 관제

* 역자 주: 조선 말기·대한제국시대에 외부대신의 감독 및 훈령을 받아 조약국에 머무르면서 외교사무를 관장하던 제2급의 외교관을 말한다. 1895년에 두었다가 1905년 한일협상조약이 체결되면서 외교권이 박탈됨에 따라 폐지되었다.

에班次를分홀뿐이오公使된職司의性質은幷同ᄒᆞ니라

第四節　領事

領事ᄂᆞᆫ外國에駐在ᄒᆞ야專히本國臣民의貿易交通及航海의利益을保護奬勵ᄒᆞ며又ᄂᆞᆫ居留臣民을保護監督ᄒᆞᄂᆞᆫ者ㅣ라公使ᄂᆞᆫ國際交涉의主務機關이오領事ᄂᆞᆫ本國臣民의私의交通을保護ᄒᆞᄂᆞᆫ主務機關이나此二者ᄂᆞᆫ外國에共駐ᄒᆞ야本國의光榮과利益을保全홈에在ᄒᆞ야ᄂᆞᆫ其志歸一ᄒᆞ나然이나其職司ᄂᆞᆫ各相不同ᄒᆞ니라

領事職務의範圍ᄂᆞᆫ各其本國의領事規則으로써制定ᄒᆞᄂᆞ니其職務를執行홈에關ᄒᆞ야ᄂᆞᆫ外部大臣이發ᄒᆞᆫ訓令을遵守홈을要홀지라其事務의性質을依ᄒᆞ야本國의他官廳과領事間에交涉홀必要가有홀境遇라도外部大臣을經由ᄒᆞ거나又ᄂᆞᆫ其承認을豫得홈을要ᄒᆞᄂᆞ니라

領事가諸般事務를執行홈에關ᄒᆞ야ᄂᆞᆫ本國의法律及命令을반다시準據호대다만特別의條約과又ᄂᆞᆫ慣例가有ᄒᆞᆫ國에駐在ᄒᆞᆫ外에ᄂᆞᆫ駐在國의法律及慣例에違反ᄒᆞ기不得ᄒᆞᄂᆞ니라

에서 서열을 나눌 뿐이고, 공사로서 직무의 성질은 모두 같다.

제4절 영사

영사는 외국에 주재하여 오직 본국 신민의 무역·교통 및 항해의 이익을 보호·장려하고, 거류 신민을 보호·감독하는 사람이다. 공사는 국제교섭의 주무기관이고 영사는 본국 신민의 사적인 교류를 보호하는 주무기관이나, 양자는 외국에 함께 주재하여 본국의 영광과 이익을 보전한다는 점에서 공통된다. 그러나 그 직무는 서로 같지 않다.

영사의 직무 범위는 본국의 영사규칙으로 제정한다. 직무집행에 관해서는 외부대신이 발한 훈령을 준수하여야 한다. 사무의 성질에 따라 본국의 다른 관청과 영사 사이에 교섭하여야 할 필요가 있는 경우일지라도 외부대신을 경유하거나 승인을 미리 얻어야 한다.

영사가 제반 사무를 집행하는 것에 관해서는 반드시 본국의 법률 및 명령에 의한다. 다만 특별한 조약 또는 관례가 있는 국가에 주재하는 것을 제외하고 주재국의 법률 및 관례에 위반할 수 없다.

領事職務의範圍ᄂᆞᆫ交通、貿易及航海를保護奬勵ᄒᆞ며條約의施行을視察ᄒᆞ며本國臣民及本國과友好의誼가有ᄒᆞᆫ外國의臣民이依賴ᄒᆞᄂᆞᆫ바ㅣ有ᄒᆞᆯ時ᄂᆞᆫ相當ᄒᆞᆫ勸告나或保護를與ᄒᆞᆷ에在ᄒᆞ니其諸般事務ᄂᆞᆫ此를領事規則에詳載ᄒᆞᆫ故로今에其要点만畧陳ᄒᆞ노라

領事規則을依ᄒᆞ야行ᄒᆞᄂᆞᆫ事務ᄂᆞᆫ(一)人事(二)警察(三)船舶及(四)裁判에關ᄒᆞᆫ事ㅣ니라

(一)領事ᄂᆞᆫ居留臣民의名簿를備置ᄒᆞ고居住와婚姻과出生과死亡을登錄ᄒᆞ며且以上事項에關ᄒᆞ야證明書를付與ᄒᆞᆯ事를得ᄒᆞ며救助를要ᄒᆞᄂᆞᆫ者의게ᄂᆞᆫ一時의救助를援給ᄒᆞ거나或은此를本國으로還送ᄒᆞ며死亡者의遺留財産의保護를要ᄒᆞᆯ時에此를保管ᄒᆞᆯ지니라

(二)領事ᄂᆞᆫ駐在國의法律規則及慣例의矛盾치아니ᄒᆞᆯ限度以內에ᄂᆞᆫ本國臣民及本國船舶에關ᄒᆞ야監督ᄒᆞᆯ事를得ᄒᆞ고領事ᄂᆞᆫ職務上必要가有ᄒᆞᆯ時ᄂᆞᆫ本國軍艦의게幇助를要求ᄒᆞ기得ᄒᆞᄂᆞ니라

(三)領事ᄂᆞᆫ本國海軍船艦과及其乘組員을補助ᄒᆞ며災厄을遭遇ᄒᆞᆫ本國船舶에

영사의 직무 범위는 교통, 무역 및 항해를 보호·장려하고, 조약의 시행을 살피며, 본국의 신민 및 본국과 우호관계에 있는 외국 신민의 의뢰가 있는 때에는 그에 알맞은 권고나 보호를 해주는 것에 있다. 제반 사무는 영사규칙에 상세히 게재되어 있으므로, 여기에서는 요점만 간략히 서술한다.

영사규칙에 따라 행하는 사무는 ① 인사, ② 경찰, ③ 선박, ④ 재판에 관한 것이다.

(1) 영사는 거류 신민의 명부를 비치하고 거주와 혼인 및 출생과 사망을 등록하고, 위와 같은 사항에 관하여 증명서를 발부할 수 있으며, 구조를 요하는 사람에게는 일시적인 구조를 해주거나 본국으로 송환하고, 사망자가 남긴 재산의 보호가 필요한 때에는 이를 보관한다.

(2) 영사는 주재국의 법률·규칙 및 관례와 어긋나지 않는 한도 내에서는 본국의 신민 및 본국의 선박에 관하여 감독할 수 있고, 영사는 직무상 필요가 있는 때에는 본국의 군함에게 원조를 요구할 수 있다.

(3) 영사는 본국 해군 선함과 그 승조원을 보조하고, 사고를 당한 본국의 선박에

對ᄒᆞ야必要ᄒᆞᆫ救助ᄅᆞᆯ與ᄒᆞ며船沈報告와밋船沈證書ᄅᆞᆯ證明ᄒᆞ고其他船長의疾病死亡과海員의逃脫等의事故가有ᄒᆞᆯ時ᄂᆞᆫ船舶을爲ᄒᆞ야必要ᄒᆞᆫ格式節次ᄅᆞᆯ經行키得ᄒᆞᄂᆞ니라

領事ᄂᆞᆫ本國船舶이出入ᄒᆞᄂᆞᆫ港口ᄅᆞᆯ報來케ᄒᆞ며其國旗ᄅᆞᆯ監視ᄒᆞ며其揭揚을認可ᄒᆞ며海員의雇用、雇解의契約과及其船舶의賣却과典當을公認ᄒᆞ며本國船舶과밋本國에航行ᄒᆞᄂᆞᆫ外國船舶에對ᄒᆞ야船舶安全證書ᄅᆞᆯ付與ᄒᆞ기得ᄒᆞᄂᆞ니라

(四)領事ᄂᆞᆫ本國臣民互相間或은本國臣民과外國臣民間에生ᄒᆞᆫ民事上爭論에關ᄒᆞ야解紛의依賴ᄅᆞᆯ受ᄒᆞᆫ時ᄂᆞᆫ此ᄅᆞᆯ受理ᄒᆞ기得ᄒᆞᄂᆞ니라

條約或慣例ᄅᆞᆯ依ᄒᆞ야領事裁判權을可行ᄒᆞᆯ國에駐在ᄒᆞᄂᆞᆫ領事ᄂᆞᆫ裁判權을行ᄒᆞᄂᆞ니라

領事ᄅᆞᆯ分ᄒᆞ야總領事와밋領事의二級으로定ᄒᆞᆷ은官制上班次에關ᄒᆞᆫ外에領事된職權에差異가無호대다만外交官을不置ᄒᆞᆫ地에在ᄒᆞᆫ領事가外交事務官을兼行ᄒᆞᄂᆞᆫ時ᄂᆞᆫ其外交官된職司ᄂᆞᆫ公使의職務ᄅᆞᆯ準行ᄒᆞᄂᆞ니라

대하여 필요한 구조를 하며, 선박의 침몰 보고와 선박의 침몰증서를 증명하고, 그밖에 선장의 질병·사망과 해원의 도주 등의 사고가 있는 때에는 선박을 위하여 필요한 형식과 절차를 행할 수 있다.

영사는 본국의 선박이 출입하는 항구를 보고하게 하고, 그 국기를 감시하며 게양을 인가하고, 해원의 고용과 해고의 계약과 그 선박의 매각과 전당을 공인하며, 본국의 선박과 본국으로 항행하는 외국의 선박에 대하여 선박안전증서를 부여할 수 있다.

(4) 영사는 본국의 신민 상호간 혹은 본국의 신민과 외국의 신민 사이에 생긴 민사상 분쟁에 관하여 해결을 의뢰받은 때에는 이를 수리할 수 있다.

영사를 나누어 총영사와 영사의 2급으로 정하는 것은 관제상 서열에 관한 것을 제외하고 영사로서의 권한에 차이가 없다. 다만 외교관을 두지 않은 지역에 있는 영사가 외교사무관을 겸직하는 때에는 외교관으로서의 직무를 공사의 직무에 준하여 행한다.

條約은本國과外國間에成立ᄒᆞᆫ合意約束이니條約의締結은皇上의大權에在ᄒᆞᆷ이라此를公布ᄒᆞ야可히一般遵由ᄒᆞᆯ事를命ᄒᆞᆫ時ᄂᆞᆫ行政行爲의準則됨은法令과無異ᄒᆞ니外務行政은條約의施行을掌ᄒᆞᆫ故로此에條約의効果를畧說ᄒᆞᆷ이오其締結、批准及公布의說明은大權의解說에屬ᄒᆞᆷ이니此解說은憲法에讓ᄒᆞ노라

條約이란者ᄂᆞᆫ法令이아니라國과國間에成立ᄒᆞᆫ合意로當事者兩方을約束ᄒᆞᄂᆞᆫ者ㅣ니法令은主權이國內에命令ᄒᆞᄂᆞᆫ바ㅣ며條約을公布ᄒᆞ야可히遵由ᄒᆞᆯ事를國內에命令ᄒᆞᆯ時ᄂᆞᆫ其條約의實質이官府와밋人民의可히遵由ᄒᆞᆯ法則을作成ᄒᆞᄂᆞᆫ者ㅣ라條約本來의性質과國內에在ᄒᆞᆫ間接의結果와混同ᄒᆞᆷ은不可ᄒᆞ니官府와밋人民은條約에服從ᄒᆞᆷ이아니오條約을可히遵由ᄒᆞ야命ᄒᆞᆫ主權의命令에服從ᄒᆞᄂᆞᆫ者ㅣ라故로公布치아니ᄒᆞᆫ外交秘密의條約은條約이되야當事者間에成立ᄒᆞᆯ지라도一般遵由의準則이되야行政의職權으로써强行ᄒᆞᆯ事를不得ᄒᆞᄂᆞ니라

條約의解釋은一一히本國政府의訓示를依ᄒᆞ고行政官은各其獨立ᄒᆞ야解釋權

제5절 조약

조약은 본국과 외국 사이에 성립하는 합의 또는 약속인데, 조약의 체결은 황제의 대권에 속한다. 이를 공포하여 일반적으로 준수되어야 할 것으로 명한 때에는 행정행위의 근거가 된다는 점은 법령과 다르지 않다. 외교행정은 조약의 시행을 관장하므로, 여기에서 조약의 효과를 개략적으로 설명하는 것이고, 그 체결, 비준 및 공포에 대한 설명은 대권의 해설에 속하는 것이어서 그 해설은 헌법에 미루기로 한다.

조약이라고 함은 법령이 아니라 국가와 국가 사이에 성립한 합의로서 당사자 쌍방을 구속한다. 법령은 주권이 국내에 명령하는 것인데, 조약을 공포하여 지켜야 할 것이라고 국내에 명령할 경우에는 조약의 실질이 관청과 인민이 지켜야 할 법규로 작성되는 것이다. 조약의 본래 성질과 국내에서의 간접적인 결과와 혼동하여서는 안 된다. 관청과 인민은 조약에 복종하는 것이 아니고 조약을 지키도록 명한 주권의 명령에 복종하는 것이다. 따라서 공포하지 않은 외교 비밀의 조약은 조약으로서 당사자 사이에 성립할지라도 일반적으로 준수되어야 하는 법규로서 행정의 권한으로 강행할 수 없다.

조약의 해석은 일일이 본국 정부의 훈시에 따르고, 행정관은 각각 독자적으로 해석권을不有ᄒᆞ니其監督官府의旨를依ᄒᆞ야此를施行홈은大畧法律命令의施行에在홈과無異ᄒᆞ고又其對手國에서異議가有ᄒᆞᆯ境遇에至ᄒᆞ야ᄂᆞᆫ外交大權에屬ᄒᆞᆯ問題오行政官職權으로써此에拘關ᄒᆞᆯ事를不要ᄒᆞᄂᆞ니라

條約으로써法律을變更치못ᄒᆞ며又法律로써條約을變更치못홈으로法理를推定ᄒᆞᆫ故로兩者中에其一로써他를變更ᄒᆞᆯ境遇에ᄂᆞᆫ別般意思의表示가有ᄒᆞᆯ事를要ᄒᆞᄂᆞ니條約과法律은各其規定ᄒᆞᆫ事物을相異홈이아니오其對手와効果가有異홈이라條約은外國에對ᄒᆞ야對外關係를約定ᄒᆞ며法律은國內에對ᄒᆞ야人民을檢束ᄒᆞᄂᆞ니万一行政官이條約의旨意를隨ᄒᆞ야處分을行ᄒᆞᆯ際에條約과法律間에其實質의牴觸됨이有홈으로思量ᄒᆞᆯ時ᄂᆞᆫ此를裁決ᄒᆞ야可히遵由ᄒᆞᆯ바를明示홈은中央行政監督權의作用이니라

條約으로써規定ᄒᆞᄂᆞᆫ事項은此를限定ᄒᆞ기不能ᄒᆞ니總히何等事項이던지其性質이國際通誼에在ᄒᆞ야約束ᄒᆞ기可得ᄒᆞᆯ事ᄂᆞᆫ條約의範圍內에入ᄒᆞ기可得ᄒᆞᄂᆞ니即和親、通商、航海、聯盟의類ㅣ니라且此에條約이라稱홈은總히國際의約束을汎稱홈이니國際慣例에在ᄒᆞ야條約이라稱ᄒᆞ며合議又ᄂᆞᆫ宣言이라稱ᄒᆞ며

을 가지지 않으니, 감독관청의 취지에 따라 시행하는 것은 대략 법률·명령의 시행에서와 다르지 않고, 상대국에서 이의가 있는 경우에는 외교의 대권에 속할 문제이고 행정관의 권한으로 관여할 일이 아니다.

조약으로 법률을 변경하지 못하고 법률로 조약을 변경하지 못하는 것이 법리라고 생각되므로, 양자 중에서 하나로 다른 것을 변경하는 경우에는 별도의 의사표시가 있어야 한다. 조약과 법률은 각기 규정하는 대상을 달리하는 것이 아니라 상대방과 효과가 다른 것이다. 조약은 외국에 대하여 대외관계를 약정하고, 법률은 국내에 대하여 인민을 기속한다. 만일 행정관이 조약의 취지에 따라 처분을 행할 경우에 조약과 법률이 실질적으로 저촉된다고 판단할 때에 이를 재결하여 준수되어야 하는지를 명시하는 것은 중앙행정감독권의 작용이다.

조약으로 규정하는 사항을 한정할 수 없다. 어떤 사항이든지 성질이 국제적인 규범에 있어서 약속할 수 있는 것은 조약의 범위 내에 속할 수 있다. 즉, 화친, 통상, 항해, 연맹과 같은 것이다. 또한 여기에서 조약이라고 하는 것은 모두 국제적인 약속을 아울러서 부르는 것이다. 국제관례에서 조약이라고 하기도 하고, 합의 또는 선언이라고 하기도 하며,

議書又ᄂᆞᆫ覺書라稱ᄒᆞᄂᆞᆫ種類ᄂᆞᆫ擧皆名稱을不拘ᄒᆞ고各具實質에對照ᄒᆞ야條約의法理로써此ᄅᆞᆯ可히解釋ᄒᆞᄂᆞ니라

第二章　軍事

第一節　總說

皇上은陸海軍을統帥ᄒᆞ며陸海軍의編制와밋常備兵額을定ᄒᆞᄂᆞ니兵馬의統一은大權이專握ᄒᆞᆷ에屬ᄒᆞ고國家의戰鬪力은帷幄의命令을由ᄒᆞ야動作ᄒᆞᄂᆞ니此ᄂᆞᆫ憲法에特히大權事項을삼아揭載ᄒᆞᆫ바오行政權限에在ᄒᆞᆷ은아니라統帥權은陸海軍을號令ᄒᆞᄂᆞᆫ大權이오編制權은軍隊艦隊의編成及國防의設備ᄅᆞᆯ定ᄒᆞᄂᆞᆫ大權이니統帥權을行使ᄒᆞᆷ에不過ᄒᆞᆷ으로써共히大權行動에屬ᄒᆞᆷ이오ᄯᅩ軍機兵畧等技術에關ᄒᆞᆫ者ᄂᆞᆫ行政法의範圍로玆에說明키不能ᄒᆞᆫ바ㅣ니라

大凡軍政을解說ᄒᆞᆷ에ᄂᆞᆫ爲先軍의統帥와軍의行政을明白히區別ᄒᆞᆷ을要ᄒᆞᆯ지니平時戰時ᄅᆞᆯ不問ᄒᆞ고軍隊艦隊ᄅᆞᆯ指揮ᄒᆞ며國防의設備ᄅᆞᆯ完全히ᄒᆞᆷ은統帥權에屬ᄒᆞ고軍의需用을供給ᄒᆞ며各種의營造物을維持ᄒᆞᆷ은專히行政權에屬ᄒᆞᆷ이니行政法은專히軍의行政이國民에對ᄒᆞᆫ關係ᄅᆞᆯ規定ᄒᆞᆫ者ㅣ니라

의서 또는 각서라고 하기도 하는 것들은 모두 명칭에 구애받지 말고 실질을 대조하여 조약의 법리로 해석하여야 한다.

제2장 군사

제1절 총설

황제는 육해군을 통수하고 육해군의 편제와 상비병의 규모를 정한다. 병마의 통일은 대권의 전권에 속하고 국가의 전투력은 본영의 명령에 따라 움직인다. 이는 헌법에 특별히 대권사항으로 기재된 것이고, 행정의 권한에 있는 것은 아니다. 통수권은 육해군을 호령하는 대권이고, 편제권은 군대와 함대의 편성 및 국방의 설비를 정하는 대권이다. 통수권을 행사하는 것에 불과하여 모두 대권의 행사에 속하고, 군사전략 등 기술에 관한 것은 행정법의 범위에서 설명할 수 없다.

무릇 군정을 해설하기 위해서는 미리 군의 통수와 군의 행정을 명백히 구별하는 것이 필요하다. 평시·전시를 불문하고 군대와 함대를 지휘하고 국방의 설비를 완전히 하는 것은 통수권에 속하고, 군의 수요를 공급하고 각종 영조물을 유지하는 것은 전적으로 행정권에 속한다. 행정법은 단지 군의 행정과 국민에 대한 관계를 규정하는 것이다.

軍의統帥權은帷幄의命令을由ᄒᆞ야行ᄒᆞᄂᆞᆫ바인즉大權의指揮ᄅᆞᆯ傳達ᄒᆞᄂᆞᆫ各種의機關이有ᄒᆞ니要컨ᄃᆡ軍事部內에號令ᄒᆞᄂᆞᆫ者ㅣ라專히國家戰鬪力의動作에關ᄒᆞ야機密ᄒᆞᆷ과敏速ᄒᆞᆷ을要ᄒᆞ며又ᄂᆞᆫ直接으로國民의權義에干涉치아니ᄒᆞᄂᆞᆫ故로반다시其命令訓示ᄅᆞᆯ公布ᄒᆞ지아니ᄒᆞ고軍事行政은一般行政과同一히行政機關을依行ᄒᆞ야直接으로人民의自由와擔負에關ᄒᆞᆫ故로法律命令으로써此ᄅᆞᆯ規定ᄒᆞ야一般히遵由ᄒᆞᆯ準則을示ᄒᆞᄂᆞ니蓋統帥權의行動은大權의裁量으로從出ᄒᆞᆷ인故로行政의法理로써解說ᄒᆞᆷ은不可ᄒᆞ나然이나軍事行政은行政法理의解說을要ᄒᆞᄂᆞᆫ所以니라

第二節　兵制

兵制에關ᄒᆞ야ᄂᆞᆫ各國의歷史上關係와時代變遷을因ᄒᆞ야其制度가不一ᄒᆞ니中古以來로브터我國의兵制ᄅᆞᆯ按察ᄒᆞᆯ진ᄃᆡ仁義文化로써治國의大本을삼고兵馬武威로써衛國의器具ᄅᆞᆯ作ᄒᆞᆫ所以로文武相分ᄒᆞ야自然히社會의階級을作ᄒᆞ니一國의政權은文班이悉皆掌握ᄒᆞ고武班은幾乎此의節制ᄅᆞᆯ受ᄒᆞᆷ에至ᄒᆞ더니光武初年에國政을更張ᄒᆞᆷ에至ᄒᆞ야文武의階級을打破ᄒᆞ고共히同等으로統治의

군의 통수권은 본영의 명령에 따라 행하는 것이므로, 대권의 지휘를 전달하는 각종 기관이 있다. 요컨대, 군사부 내에서 호령하는 것이다. 오로지 국가전투력의 동원에 관하여 기밀함과 신속함을 요하고 직접적으로 국민의 권리에 개입하지 않는 것이므로, 반드시 그 명령·훈시를 공포하지는 않는다. 군사행정은 일반행정과 마찬가지로 행정기관에 의하여 행하여 직접적으로 인민의 자유와 부담에 관한 것이므로, 법률·명령으로 이를 규정하여 일반적으로 지켜야 할 법규를 제시한다. 또한 통수권의 행사는 대권의 재량에서 나오는 것이므로 행정의 법리로 해설할 수 없으나, 군사행정은 행정법리의 해설을 요하기 때문이다.

제2절 병제

병제에 관해서는 각국의 역사적 상황과 시대의 변천에 따라 제도가 일치하지 않는다. 중세 이래 우리나라의 병제를 살피건대, 인의문화를 치국의 근본으로 삼고 병마무위를 나라를 지키는 도구로 만들었으므로 문무가 나뉘어 자연스럽게 사회의 계급이 만들어졌다.

일국의 정치권력은 문반이 모두 장악하고 무반은 거의 모두 그 통제를 받았는데, 광무 초년에 국정을 개혁하여 문무의 계급을 타파하고 모두 동등하게 통치의

機關이되며皇上씌셔ᄂᆞᆫ大元帥陛下의大權으로此를統帥ᄒᆞ시니라

兵力을募集養成ᄒᆞᄂᆞᆫ制度ᄂᆞᆫ亦其國家의狀態와時代를因ᄒᆞ야其規不一홈으로或은雇兵制度를用ᄒᆞ며或은國民兵制度를用ᄒᆞ며或은徵兵制度를用ᄒᆞᄂᆞ니我國前來의制度를按察ᄒᆞᆯ진ᄃᆡ雇兵制度와徵兵制度를幷用ᄒᆞ얏스나近日에至ᄒᆞ야ᄂᆞᆫ社會의狀態와時局의便宜를隨ᄒᆞ야專히徵兵制度를採用ᄒᆞᆯ必要가有홈으로써當局諸公이計畫中에方在ᄒᆞ나아즉實施홈에未至ᄒᆞᆫ故로玆에他列國現行의制度를畧陳ᄒᆞ야諸彦叅考에供ᄒᆞ노라

國民이滿十七歲以上滿四十歲以下의男子ᄂᆞᆫ總히兵籍에編入ᄒᆞ며國家의兵力은常備、後備、國民의三軍으로成ᄒᆞ니皇上은大元帥가되야三軍을統帥홈이라常備軍은平時練習홈으로써常備ᄒᆞᆫ바ㅣ며後備軍은常備兵으로써訓練을旣經ᄒᆞᆫ者를備置ᄒᆞ야一朝에有事ᄒᆞᆯ時ᄂᆞᆫ緊急히招集홈을要ᄒᆞ며國民軍은總히常備、後備의軍籍에不在ᄒᆞᆫ者로써成ᄒᆞᆫ바ㅣ니後備兵을召集ᄒᆞ고兵員을更要ᄒᆞᆯ時ᄂᆞᆫ此를召集ᄒᆞᄂᆞ니라

常備軍은現役兵과밋豫備兵으로分ᄒᆞᆫ바ㅣ니現役兵은滿二十歲에至ᄒᆞᆫ者ᄂᆞᆫ此

기관이 되었으며, 황제께서는 대원수 폐하의 대권으로 이를 통수하신다.

병력을 모집·양성하는 제도도 그 국가의 상태와 시대에 따라 규칙이 달라서, 용병제도를 채택하기도 하고 국민병제도를 채택하기도 하며 징병제도를 채택하기도 한다. 우리나라의 전래 제도를 살피건대, 용병제도와 징병제도를 병용하였으나, 최근에는 사회의 상태와 시국의 형편에 따라 전적으로 징병제도를 채용할 필요가 있어서, 당국의 여러사람들이 이제 막 계획 중에 있으나 아직 실시하지 못하고 있으므로, 여기에서는 다른 나라들의 현행제도를 약술하여 여러분들이 참고할 수 있게 하겠다.

국민 중에 만 17세 이상 만 40세 이하의 남자는 모두 병적에 편입하고, 국가의 병력은 상비, 후비, 국민의 3군으로 구성하는데, 황제는 대원수가 되어 3군을 통수한다. 상비군은 평시에 훈련함으로써 상비하는 것이고, 후비군은 상비병으로 훈련을 이미 마친 사람을 배치하여 만일의 유사시에 긴급히 소집하여야 하며, 국민군은 모두 상비, 후비의 군적에 있지 않는 사람으로써 구성하는데 후비병을 소집하고 병력이 더 필요할 때에 소집한다.

상비군은 현역병과 예비병으로 나뉜다. 현역병은 만 20세에 이른 사람이 이에服從ᄒᆞ며其每年現役에要ᄒᆞᆯ바로써兵員에超過ᄒᆞᄂᆞᆫ者ᄅᆞᆯ補充兵을삼아時時로訓鍊을與ᄒᆞ야現役缺員에補充ᄒᆞ며또有事ᄒᆞᆯ時에準備ᄅᆞᆯ作ᄒᆞ고豫備ᄂᆞᆫ定期의現役을終ᄒᆞᆫ後에常備兵籍에仍在ᄒᆞᆫ者ㅣ라現役은大槪陸軍이三年、海軍이四年이오豫備ᄂᆞᆫ陸軍이四年、海軍이三年이니常備의服役을通ᄒᆞ야七年、或은七年四個月에至ᄒᆞᄂᆞ니라

後備軍은常備兵役을終ᄒᆞᆫ者로組織ᄒᆞᆫ바ㅣ니服役은五年이오國民軍은兵籍에在ᄒᆞᆫ者로서常備、後備服役에現在치아니ᄒᆞᆫ者ᄅᆞᆯ總合ᄒᆞ야組織ᄒᆞᆷ이니라

現役은專히國民으로ᄒᆞ여곰兵事ᄅᆞᆯ敎育ᄒᆞᄂᆞᆫ所以며또平時에在ᄒᆞᆫ警戒라其動員出師ᄂᆞᆫ如一히大權의命令으로브터從出ᄒᆞᄂᆞ니戰時或事變을際ᄒᆞ야ᄂᆞᆫ爲先豫備兵과後備兵을招集ᄒᆞ고其次에國民兵에及ᄒᆞᆷ으로出師準備의大命이帷幄으로브터煥發ᄒᆞ거던二軍은直時大纛下에動ᄒᆞ야外寇ᄅᆞᆯ防禦ᄒᆞ며內亂을鎭壓ᄒᆞ야國權의自衛와社會의安寧을保全ᄒᆞ고因ᄒᆞ야國威ᄅᆞᆯ內外에宣揚ᄒᆞᄂᆞ니라

現今國家의戰鬪力을陸軍과海軍으로區分ᄒᆞᆷ은戰術上의制度ㅣ라此에從ᄒᆞᄂᆞᆫ軍隊、艦隊의編制와밋衛戍、城塞、海防、守港의制ᄂᆞᆫ統帥의大權을由ᄒᆞ야大纛

에 복종하고, 매년 현역에 필요한 병력을 초과하는 사람을 보충병으로 삼아 때때로 훈련을 시켜 현역에 결원이 생길 때 보충하며 유사시에 준비를 해두고, 예비는 정기의 현역을 마친 후에 상비병적에 아직 있는 사람이다. 현역은 대략 육군이 3년, 해군이 4년이고, 예비는 육군이 4년, 해군이 3년이므로, 상비의 복역은 통틀어 7년 또는 7년 4개월에 이른다.

후비군은 상비병역을 마친 사람으로 조직하는 것으로 복역은 5년이고, 국민군은 병적에 있는 사람으로서 상비·후비 복역에 현재 있지 않는 사람을 모두 합쳐서 조직한다.

현역은 단지 국민에게 군사교육을 하기 위하거나 평시의 경계라고 하더라도 그 병력의 출병은 오로지 대권의 명령에 따른다. 전시 혹은 사변이 있을 때에는 먼저 예비병과 후비병을 소집하고 그런 다음에 국민병에게 미치는 것으로, 출병 준비의 명령이 본영으로부터 발령되면 2군은 즉시 대독* 아래로 움직여서 외적을 방위하고 내란을 진압하여 국권의 자위와 사회의 안녕을 보전하여, 국위를 내외에 선양한다.

오늘날 국가의 전투력을 육군과 해군으로 구분하는 것은 전술상의 제도이다. 이에 속하는 군대·함대의 편제와 병력의 주둔, 요새의 축성, 바다의 방위, 항구의 수비 등의 제도는 통수의 대권에 따라 본영

* 역자 주: 군영에서 쓰던 큰 깃발을 말하고, 여기에서는 본영 또는 사령부를 비유적으로 표현한 것이라고 생각된다.

의下에計畫되는바ㅣ라故로戰機兵畧에關ᄒᆞ야는普通의法制를依ᄒᆞ야一律로說明키難ᄒᆞ니라

第二節 兵役

第一欵 兵役

兵役이라ᄒᆞᆷ은國家戰鬪力(陸軍、海軍、國民軍)을組織ᄒᆞᆷ에對ᄒᆞ야可히服役ᄒᆞᆯ法律上國民의義務ㅣ니라

兵役은國民의義務ㅣ라國民은國權의保護를受ᄒᆞᆷ에對ᄒᆞ야國家에防衛를可任ᄒᆞᆯ義務가有ᄒᆞᆫ者ㅣ니即國民一般普通의義務ㅣ라大凡兵役의制度는國民義務法과壯兵募集法의二種이有ᄒᆞ니個人志願을依ᄒᆞ야雇傭으로兵役에就케ᄒᆞ는者를所謂壯兵法이라稱ᄒᆞᆷ이라我國前來의兵制를按察ᄒᆞᆯ진ᄃᆡ此壯兵法을不用ᄒᆞ고兵役으로써國民의義務를삼되다만特種의任務或은情況을依ᄒᆞ야任命이나雇傭의形式으로써兵役에就케ᄒᆞᆷ도有ᄒᆞ니要컨ᄃᆡ國民義務의法과雇傭의法을并用ᄒᆞᆷ이니라

兵役은國家戰鬪力을組織ᄒᆞᆷ에編入ᄒᆞ야服役ᄒᆞ는義務오普通直接間接을不問

에서 계획되는 것이므로, 군사전략에 관해서는 통상적인 법리에 따라 일률적으로 설명하기 어렵다.

제2절 병역

제1관 병역

병역이라고 함은 국가전투력(육군, 해군, 국민군)의 조직에 복역하여야 할 법률상 국민의 의무이다.

병역은 국민의 의무이다. 국민은 국권의 보호를 받는 것에 대하여 국가를 방위할 의무가 있는 것이다. 즉, 국민의 일반적인 통상의 의무이다. 무릇 병역제도는 국민의 무법과 장병모집법의 두 가지가 있는데, 개인의 지원에 의하여 고용되어 병역을 받게 하는 것을 이른바 장병법이라고 부르는 것이다. 우리나라의 전래의 병제를 살피건대, 장병법을 채택하지 않고 병역을 국민의 의무로 삼되, 특정한 임무 또는 정황에 따라 임명이나 고용의 형식으로 병역을 받게 하는 것도 있다. 요컨대 국민의무법과 고용법을 병용하는 것이다.

병역은 국가전투력의 조직에 편입하여 복역하는 의무이고, 통상적으로 직접·간접을 불문

ᄒᆞ고國家軍事에關ᄒᆞᆫ勞務에從事ᄒᆞᄂᆞᆫ義務를總稱ᄒᆞᆷ은아니라軍事上國民의擔負ᄒᆞᄂᆞᆫ반다시法律上의兵役에만限ᄒᆞᆷ은아니오國民은兵役外에尙且身體와財産으로써國家를放衛ᄒᆞᆷ에可히補助ᄒᆞᆷ은特別히國民의軍事上擔負를삼아兵役과區別ᄒᆞᆷ이며또國家의事變을際ᄒᆞ야不得已ᄒᆞᆫ迫切의必要가有ᄒᆞᆯ時ᄂᆞᆫ法律의兵役義務를不拘ᄒᆞ고非常大令下에國民이擧皆武器를拚執ᄒᆞ야써國家를防衛ᄒᆞᆷ에抵當치아니ᄒᆞ면不可ᄒᆞᆯ境遇도不無ᄒᆞ니是亦國民普通兵役外에在ᄒᆞᆫ國民의任務니라

兵役은國民의義務ㅣ라法律은其義務의程度를裁量ᄒᆞ며또臣民一般의게其擔負를均一히分任케ᄒᆞᆷ을期望ᄒᆞᄂᆞ니列國憲法에도兵役의義務ᄂᆞᆫ國民의擔負된大義를特示ᄒᆞᆫ바ㅣ며幷히其擔負의分配ᄂᆞᆫ立法의節次를依ᄒᆞ야制定ᄒᆞᆯ事를明言ᄒᆞᆷ이라國民은法律規定을依遵ᄒᆞ야奉公의職責을不怠ᄒᆞᆷ으로써忠勇ᄒᆞᆫ臣民은國家의干城됨이오法律上義務ㅣ라云ᄒᆞᆯ時ᄂᆞᆫ其義務의種類와限度ᄂᆞᆫ임의法律에豫定ᄒᆞᆫ義意니라

兵役은國民光榮의擔負ㅣ라外國人은我國法에服從ᄒᆞᆷ을不拘ᄒᆞ고兵役의義務

하고 국가의 군사에 관한 노무에 종사하는 의무를 총칭하는 것이 아니다. 군사상 국민의 부담은 반드시 법률상 병역에만 한정하는 것은 아니고, 국민은 병역 외에도 신체와 재산으로 국가방위에 보조하여야 하는 것을 특별히 국민의 군사상 부담으로서 병역과 구별하는 것이며, 국가의 사변이 있어서 부득이 급박한 필요가 있을 때에는 법률상 병역의무에도 불구하고 비상명령 하에 국민이 거의 모두 무기를 들어 국가방위를 책임지지 않으면 안 되는 경우도 없지 않는데, 그것도 국민의 통상적인 병역 외에 있는 국민의 임무이다.

병역은 국민의 의무이다. 법률은 그 의무의 정도를 재량하고 신민 일반에게 그 부담을 균등하게 분담하게 할 것을 바란다. 다른 나라들의 헌법에서도 병역의무는 국민의 부담이라는 대의를 특별히 제시하고, 모두 그 부담의 분배는 입법절차에 의하여 제정할 것을 명시하고 있다. 국민이 법률의 규정을 준수하여 봉공의 책임을 게을리하지 않음으로써 충용한 신민으로 국가의 방패가 된다는 것이고, 법률상 의무라고 할 때 그 의무의 종류와 한도는 이미 법률에 예정되어 있다는 뜻이다.

병역은 국민의 영광스러운 부담이다. 외국인은 우리나라의 국법에 복종함에도 불구하고 병역의무를分擔ᄒᆞ기不得ᄒᆞᄂᆞ니我의軍事를爲ᄒᆞ야外國人을使用ᄒᆞᆯ境遇는或有ᄒᆞᆯ지나此境遇에도外國人은所謂兵役義務者ㅣ아님은論을不俟ᄒᆞᆯ지니라
兵役義務와服役을混同ᄒᆞᆷ은不可ᄒᆞ니法律上兵役義務의本質은法律上에可히就役ᄒᆞᆯ特別服役의狀況에在ᄒᆞᆫ바오服役은其召集ᄒᆞᆷ을應ᄒᆞ야陸海軍에入ᄒᆞ야其勞役에服從ᄒᆞᆷ을云ᄒᆞᆷ이라平時에는恒常兵役義務者의一部를召集ᄒᆞ야訓鍊ᄒᆞ다가其訓鍊을已經ᄒᆞ면豫備와後備를삼아備置ᄒᆞ얏다가一朝에有事ᄒᆞᆯ時는先即召集ᄒᆞᄂᆞ니其服役與否를不問ᄒᆞ고總히兵役義務者는兵籍에在ᄒᆞᆫ者ㅣ니라

第二欵 服役

兵事의服役은各其國民의体育及智育의程度如何를依ᄒᆞ야年限을定ᄒᆞᆷ으로써一定ᄒᆞᆫ準則을擧示ᄒᆞ기難ᄒᆞ나我國自來의慣例로써觀察ᄒᆞᆯ진ᄃᆡ大韓國民으로써滿十五歲로브터滿五十歲ᄭᆞ지의男子는總히兵役에服ᄒᆞᆯ義務가有ᄒᆞ며(日本은滿十七歲로브터滿四十歲ᄭᆞ지) 列國의通則을槪論ᄒᆞᆯ진ᄃᆡ兵役은常備兵役、後備兵役、補充兵役及國民兵役으로分別ᄒᆞᄂᆞ니라

를 분담할 수 없다. 우리의 군사를 위하여 외국인을 사용할 경우가 혹시 있을지라도 그 경우에도 외국인은 이른바 병역의무자가 아니라는 것은 더 나아가 논의할 필요가 없다.

병역의무와 복역을 혼동하면 안 된다. 법률상 병역의무의 본질은 법률상 취역하여야 할 특별한 복역의 상황에 있다는 것이고, 복역은 소집에 응하여 육해군에 들어가서 노역에 복종하는 것을 말하는 것이다. 평시에는 항상 병역의무자의 일부를 소집하여 훈련하다가 훈련을 마치면 예비와 후비로 배치하였다가 만일의 유사시에 즉시 소집한다. 복역 여부를 불문하고 병역의무자는 모두 병적에 있는 것이다.

제2관 복역

병무의 복역은 국민의 신체 및 지능의 정도에 따라 연한을 정하는 것이어서 일률적인 기준을 제시하기 어려우나, 우리나라에 내려오는 관례를 살피건대, 대한국민으로서 만 15세로부터 만 50세까지의 남자는 모두 병역에 복역할 의무가 있고(일본은 만 17세로부터 만 40세까지), 다른 나라들의 통칙을 개략적으로 살펴보면, 병역은 상비병역, 후비병역, 보충병역 및 국민병역으로 구별한다.

(一)常備兵役은現役及豫備役으로分定ᄒᆞ니現役은陸軍은三個年、海軍은四個年으로定ᄒᆞ야滿二十歲에至ᄒᆞᆫ者ㅣ此에服ᄒᆞ며豫備役은陸軍은四個年四個月、海軍은三個年으로定ᄒᆞ야現役을終ᄒᆞᆫ者ㅣ此에服ᄒᆞᄂᆞ니라

(二)後備兵役은五個年이니常備兵役을終ᄒᆞᆫ者ㅣ此에服ᄒᆞᄂᆞ니라

(三)補充兵役은其年限內에要ᄒᆞᆯ바現役員에超過ᄒᆞᄂᆞᆫ者ㅣ此에服ᄒᆞᄂᆞ니陸軍에在ᄒᆞ야ᄂᆞᆫ第一補充兵役、第二補充兵役으로分ᄒᆞ야第一補充兵役은七個年四個月이니其年所用의現役兵員에超過ᄒᆞᆫ者中으로所用의人員을此에服케ᄒᆞ며第二補充兵役은一個年四個月이니其年所用의第一補充兵員에超過ᄒᆞᆫ者ㅣ此에服ᄒᆞ고또海軍에在ᄒᆞ야ᄂᆞᆫ補充兵役이一個年이니其年所用現役兵員에超過ᄒᆞᆫ者ㅣ此에服ᄒᆞᄂᆞ니라

(四)國民兵役은大概兵籍에在ᄒᆞᆫ者로常備、後備又或補充兵役에不在ᄒᆞᆫ者ㅣ總히此에服ᄒᆞᄂᆞ니라

陸軍現役兵과밋補充兵은每年所用의人員을應ᄒᆞ야壯丁의身体、藝能、職業을依ᄒᆞ야步兵、騎兵、工兵、輜重兵、職工、雜兵으로區別ᄒᆞ야抽籤의法을依ᄒᆞ야

(1) 상비병역은 현역 및 예비역으로 나눈다. 현역은 육군이 3개년, 해군이 4개년으로 만 20세에 이른 사람이 복무하고, 예비역은 육군이 4개년 4개월, 해군이 3개년으로 현역을 마친 사람이 복무한다.

(2) 후비병역은 5개년이다. 상비병역을 마친 사람이 복무한다.

(3) 보충병역은 그 해에 필요한 현역병원을 초과하는 사람이 복무한다. 육군에서는 제1보충병역, 제2보충병역으로 나누어, 제1보충병역은 7개년 4개월로서 그 해에 필요한 현역병원을 초과하는 사람 중에서 필요한 인원을 복무하게 하고, 제2보충병역은 1개년 4개월로서 그 해에 필요한 현역병원을 초과하는 사람이 복무한다.

(4) 국민병역은 대개 병적에 있는 사람으로서 상비, 후비 또는 보충병역에 있지 않은 사람이 모두 복무한다.

육군현역병과 보충병은 매년 필요한 인원에 따라 장정의 신체, 예능, 직업에 의하여 보병, 기병, 공병, 병참병, 직공, 잡병으로 구별하여 추첨의 방법에 의하여

當籤ᄒᆞᆫ者로써此에充ᄒᆞ며海軍現役兵과밋補充兵은每年所用의人員을應ᄒᆞ야沿海在方과밋島嶼의壯丁을調査ᄒᆞ야海軍에適合ᄒᆞᆫ職業을依ᄒᆞ야水軍、火夫、職工及雜兵으로區別ᄒᆞ야抽籤法을依ᄒᆞ야當籤ᄒᆞᆫ者로써此에充用ᄒᆞᄂᆞ니라

現役은滿二十歲에至ᄒᆞᆫ壯丁으로써此에服케호ᄃᆡ다만二十歲에未至ᄒᆞᆫ者ㅣ라도滿十七歲以上된者ᄂᆞᆫ志願을依ᄒᆞ야現役에服ᄒᆞ기得ᄒᆞ며또滿十七歲以上滿二十八歲以下된者가高等ᄒᆞᆫ學校의卒業證書를所有ᄒᆞ거나或은陸海軍試驗에及第ᄒᆞᆫ者ᄂᆞᆫ志願을依ᄒᆞ야一個年間陸軍現役에服ᄒᆞ기得ᄒᆞ며또官立、公立小學校教職에在ᄒᆞᆫ者ᄂᆞᆫ六週間만陸軍現役에服케ᄒᆞᄂᆞ니此皆例外에屬ᄒᆞᆷ이니라(日本徵兵令參考)

兵役은斥除와免役과延期와寬限ᄒᆞᆷ도有ᄒᆞᄂᆞ니라

除役은兵役으로브터排斥ᄒᆞᆷ이니公權을剝奪ᄒᆞᆫ者ᄂᆞᆫ兵籍에編入ᄒᆞ기不得ᄒᆞᄂᆞ니라

免役은兵役을免ᄒᆞᆷ이니廢疾又ᄂᆞᆫ不完體等으로써兵役에不堪ᄒᆞᆯ者ᄂᆞᆫ其義務를免除ᄒᆞᄂᆞ니라

당첨된 사람으로 충원하고, 해군현역병과 보충병은 매년 필요한 인원에 따라 연해지역과 섬지역의 장정을 조사하여 해군에 적합한 직업에 따라 수병, 기관병, 직공 및 잡병으로 구별하여 추첨법에 의하여 당첨된 사람으로 충원한다.

현역은 만 20세에 이른 장정이 복무한다. 다만 20세에 이르지 않은 사람이라도 만 17세 이상인 사람은 지원에 의하여 현역에 복무할 수 있고, 만 17세 이상 만 28세 이하인 사람이 고등한 학교의 졸업증서를 가지고 있거나 육해군시험에 합격한 사람은 지원에 의하여 1개년간 육군의 현역에 복무할 수 있으며, 관립, 공립 소학교 교직에 있는 사람은 6개월만 육군의 현역에 복무하게 하는데, 이것도 예외에 속하는 것이다(일본 징병령 참조).

병역은 제역과 면역과 연기와 유예가 있다.

제역은 병역에서 배제하는 것이다. 공권을 박탈당한 사람은 병적에 편입할 수 없다.

면역은 병역을 면하는 것이다. 폐질 또는 불완전한 신체 등으로 병역을 감당할 수 없는 사람은 그 의무를 면제한다.

延期는徵集을延期ᄒᆞᆷ이니左에揭ᄒᆞᆫ者는徵集을延期ᄒᆞᄂᆞ니라

(一)身体가아즉定年에未滿ᄒᆞᆫ者와疾病을因ᄒᆞ야勞役에不堪ᄒᆞᆫ者

(二)公權의剝奪或은停止ᄒᆞᆷ을附加ᄒᆞᆯ重輕罪를因ᄒᆞ야訊問或은拘留中에在ᄒᆞᆫ者

(三)徵集에應ᄒᆞᆯ時는其家族이自動生活ᄒᆞ기不能ᄒᆞᆯ確證이有ᄒᆞᆫ者

寬限은一定ᄒᆞᆫ期間內에其徵集ᄒᆞᆷ을寬限ᄒᆞᆷ이니다만事故가止ᄒᆞᆫ時나又는期間을經過ᄒᆞᆫ時는抽籤法을不依ᄒᆞ고此를徵集ᄒᆞᄂᆞ니라此에關ᄒᆞᆫ日本의制度를觀察ᄒᆞᆯ진ᄃᆡ徵兵令第十三條에學校에在校ᄒᆞᆫ者는滿二十八歲ᄭᆞ지徵集ᄒᆞᆷ을寬限(卒業後一年志願될資格이有ᄒᆞᆫ者)ᄒᆞᆷ이라ᄒᆞ고또外國에在ᄒᆞᆫ者는滿三十二歲ᄭᆞ지徵集ᄒᆞᆷ을寬限ᄒᆞᆷ이라ᄒᆞ니라

兵役을免코져ᄒᆞ야逃竄又는潛匿ᄒᆞ거나或는身體를毀傷ᄒᆞ야疾病을作爲ᄒᆞ거나其他詐僞의所爲를用ᄒᆞᆫ者는一箇月以上一箇年以下의重禁錮에處ᄒᆞ며三圓以上三十圓以下의罰金을附加ᄒᆞᄂᆞ니라

第三款　徵兵

연기는 징집을 연기하는 것이다. 아래에 기재된 사람은 징집을 연기한다.

① 신체가 아직 정년에 도달하지 않은 사람과 폐질로 노역을 감당할 수 없는 사람
② 공권의 박탈 또는 정지가 부가된 중경죄로 신문 혹은 구류 중에 있는 사람
③ 징집에 응하면 가족이 자립생활을 할 수 없는 확증이 있는 사람

유예는 일정한 기간 내에 징집을 유예하는 것이지만 사고가 없어진 때에나 기간을 경과한 때에는 추첨법에 따르지 않고 징집한다. 이에 관한 일본의 제도를 살피건대, 징병령 제13조에서 학교에 재학한 사람은 만 28세까지 징집을 유예(졸업후 1년 지원될 자격이 있는 사람)한다고 하고, 외국에 있는 사람은 만 32세까지 징집을 유예한다고 한다.

병역을 면하려고 도주 또는 잠닉하거나 신체를 훼상하여 질병을 만들거나 그밖에 거짓을 행한 사람은 1개월 이상 1개년 이하의 중금고에 처하고, 3환 이상 30환 이하의 벌금을 부가한다.

제3관 징병

徵兵事務는行政事務에屬홈이라常備의兵額은大權의命令을依ᄒᆞ야此를定ᄒᆞ며兵役의義務는法律의規程을依ᄒᆞ야定ᄒᆞᄂᆞ니大權을依ᄒᆞ야定치아닌每年所用의兵員을法律의規定을依ᄒᆞ야徵募홈은行政處分에屬홈이니라

全國을徵兵區로分호ᄃᆡ徵兵區는軍隊의編制에基因ᄒᆞᆫ管區의制를依ᄒᆞᄂᆞ니師管과밋聯隊區나又는警備隊區의區域을依홈이라聯隊區와밋警備隊區는更히此를徵募區分ᄒᆞᄂᆞ니徵勢區는一郡又는一市로써一區로삼ᄂᆞ니라

徵兵事務를行ᄒᆞᆯ權限이有ᄒᆞᆫ者를徵兵官이라稱ᄒᆞ야各徵兵區에此를置ᄒᆞ니軍務官과普通行政官을並ᄒᆞ야此를組織ᄒᆞᄂᆞ니라

總理徵兵官은內部大臣과밋軍部大臣으로써此에充當케ᄒᆞ야全國徵兵事務를統轄케ᄒᆞ며師管徵兵官은師管內府郡마다師團長과밋觀察使로써此에充當케ᄒᆞ며聯隊區徵兵官은聯隊區內徵募區마다聯隊區司令官과밋郡守、府尹、牧使等으로써此에充當케ᄒᆞ며警備隊區徵兵官은警備隊司令官과밋郡守、府尹、牧使等으로써此에充當케ᄒᆞᄂᆞ니라

每年에可히徵集ᄒᆞᆯ現役兵과밋補充兵의員數는勅裁로써此를定호ᄃᆡ壯丁의總

징병사무는 행정사무에 속한다. 상비병의 규모는 대권의 명령에 따라 정하고, 병역의무는 법률의 규정에 따라 정한다. 대권에 의하여 정해지지 않은 매년 필요한 병력을 법률의 규정으로 징집하는 것은 행정처분에 속한다.

전국을 징병구로 나눈다. 징병구는 군대의 편제에 기인한 관구제에 따르는데, 사관과 연대구 또는 경비대구의 구역에 의한다. 연대구나 경비대구는 다시 징모구로 나누는데, 징모구는 하나의 군 또는 하나의 시를 하나의 구로 삼는다.

징병사무를 행할 권한이 있는 사람을 징병관이라고 부르는데, 각 징병구에 두고 군무관과 보통행정관을 합쳐서 조직한다.

총리징병관은 내부대신과 군부대신이 맡아 전국의 징병사무를 통할하고, 사관징병관은 사관내 부·군마다 사단장과 관찰사가 맡으며, 연대구징병관은 연대구내 징모구마다 연대구 사령관과 군수, 부윤, 목사 등이 맡고, 경비대구징병관은 경비대 사령관과 군수, 부윤, 목사 등이 맡는다.

매년 징집하여야 할 현역병과 보충병의 원수는 황제의 재결로 정하되, 장정의 총

數로써定率을삼아此例로各徵募區에配賦ᄒᆞᄂᆞ니라

每年一月로브터十二月ᄭᆞ지滿二十歲될者가該年該月一日로브터同月三十一日ᄭᆞ지徵集을寬限홈에當ᄒᆞᆫ者ᄂᆞᆫ其事由가止ᄒᆞᆫ日로브터十四日內에書式으로써本籍地邑、市、面、村長의게報呈ᄒᆞ면邑、市、面、村長은每年戶籍簿를依據ᄒᆞ야徵兵適齡者를調査ᄒᆞ야此를報呈書와對照ᄒᆞ야壯丁名簿를編制ᄒᆞ야此를聯隊區徵兵署나又ᄂᆞᆫ警備隊區徵兵署에提出ᄒᆞᄂᆞ니聯隊區司令官又ᄂᆞᆫ警備隊司令官은壯丁의身體檢査를行ᄒᆞ야兵役의適否를定ᄒᆞ며兵種을擇定호ᄃᆡ此를報呈치아니ᄒᆞᄂᆞᆫ者와밋正當ᄒᆞᆫ事故가업시身體의檢査를不受ᄒᆞᄂᆞᆫ者ᄂᆞᆫ三圓以上三十圓以下의罰金의處ᄒᆞᄂᆞ니라

身體檢査에合格ᄒᆞᆫ壯丁의徵集의次序를定ᄒᆞ기爲ᄒᆞ야徵募區마다体格의等位와밋兵種을分ᄒᆞ야抽籤을行ᄒᆞᄂᆞ니抽籤을終結ᄒᆞᆫ時ᄂᆞᆫ聯隊區司令官又ᄂᆞᆫ警備隊司令官은現役兵徵集과밋補充兵編入에處分을行ᄒᆞ고徵募事務를終結ᄒᆞᆫ時ᄂᆞᆫ聯隊區司令官又ᄂᆞᆫ警備隊司令官은師團長의게此를報告ᄒᆞ며師團長은軍部大臣의게此를報告ᄒᆞ면軍部大臣은全國의徵兵表를作ᄒᆞ야上奏ᄒᆞᄂᆞ니라

수를 정률로 비례하여 각 징모구에 배정한다.

매년 1월부터 12월까지 만 20세가 되는 사람이 해당 해와 해당 달 1일부터 같은 달 31일까지 징집을 유예받은 사람은 그 사유가 없어진 날로부터 14일 내에 서면으로 본적지 읍, 시, 면, 촌장에게 보고하면, 읍, 시, 면, 촌장은 매년 호적부에 의거하여 징병적령자를 조사하고 이를 보고서와 대조하여 장정명부를 편제하고 연대구징병서나 경비대구징병서에 제출한다. 연대구사령관 또는 경비대사령관은 장정의 신체검사를 행하여 병역의 적부를 정하고 병종을 선택하되, 이를 보고하지 않은 사람과 정당한 사유 없이 신체검사를 받지 않은 사람은 3환 이상 3천 환 이하의 벌금에 처한다.

신체검사에 합격한 장정의 징집순서를 정하기 위하여 징모구마다 체격의 등위와 병종을 나누어 추첨을 행한다. 추첨을 마친 때에는 연대구사령관 또는 경비대구사령관은 현역병의 징집과 보충병의 편입에 관한 처분을 행하고, 징집사무를 종결한 때에는 연대구사령관 또는 경비대사령관은 사단장에게 보고하며, 사단장은 군부대신에게 보고하면, 군부대신은 전국의 징병표를 만들어 황제에게 아뢴다.

大凡兵役은擧皆徵集에應ᄒᆞ야可히服役ᄒᆞᆯ義務가有ᄒᆞᆷ은이나오法律로一定ᄒᆞᆫ事由ᄅᆞᆯ示ᄒᆞ야免除、延期、寬限ᄒᆞᆯ事ᄅᆞᆯ規定ᄒᆞᆫ故로徵兵官은此等事項에對ᄒᆞ야ᄂᆞᆫ事實ᄅᆞᆯ審查ᄒᆞ며法律의規定을適用ᄒᆞ야判決ᄒᆞᄂᆞᆫ者오法律의範圍內에在ᄒᆞᆫ便宜自由의處分과其性質이相異ᄒᆞ니此ᄅᆞᆯ徵兵裁決이라稱ᄒᆞ야事實을審判ᄒᆞ며法을適用ᄒᆞᄂᆞᆫ行爲니라

裁決은假決과終決의二種으로分ᄒᆞᄂᆞ니假決은徵集延期及徵集寬限의事ᄅᆞᆯ裁決ᄒᆞᆷ이오終決은現役兵徵募、補充兵編入、要員超過、徵集免除及兵役免除의事ᄅᆞᆯ裁決ᄒᆞᆷ이니徵集延期、徵集寬限、徵集免除及兵役免除의裁決은聯隊區徵兵官又ᄂᆞᆫ警備隊區徵兵官이此ᄅᆞᆯ行ᄒᆞ며其他의裁決은聯隊區司令官又ᄂᆞᆫ警備隊司令官이此ᄅᆞᆯ行ᄒᆞᄂᆞ니라

徵集에應ᄒᆞᆯ時ᄂᆞᆫ其家族이自働生活ᄒᆞ기不能ᄒᆞᆫ境遇에對ᄒᆞ야ᄂᆞᆫ上級徵兵官의게訴願ᄒᆞᆯ事ᄅᆞᆯ得ᄒᆞ되遞次上訴ᄒᆞ야總理徵兵官의裁決로써終決ᄒᆞᄂᆞ니라（日本徵兵令第二十二條叅考）

徵兵官의裁決에對ᄒᆞ야ᄂᆞᆫ行政裁判所에提訴ᄒᆞᆯ事ᄅᆞᆯ不許ᄒᆞᄂᆞ니라

무릇 병역은 모두가 징집에 응하여 복역하여야 할 의무가 있는 것이 아니고, 법률에서 일정한 사유가 있으면 면제, 연기, 유예하는 것을 규정하고 있으므로, 징병관은 위와 같은 사항에 대하여 사실을 심사하고 법률의 규정을 적용하여 판결하는 사람이고, 법률의 범위 내에 있는 편의·자유의 처분과 그 성질이 다르다. 이를 징병재결이라 하고 사실을 심판하고 법을 적용하는 행위이다.

재결은 임시결정과 종국결정 두 가지로 나뉜다. 임시결정은 징집연기 및 징집유예의 사항을 재결하는 것이고, 종국결정은 현역병의 징집, 보충병의 편입, 요원초과, 징집면제 및 병역면제의 사항을 재결한다. 징집연기, 징집유예, 징집면제 및 병역면제의 재결은 연대구징병관 또는 경비대구징병관이 행하고, 그 밖의 재결은 연대구사령관 또는 경비대구사령관이 행한다.

징집에 응하면 가족이 자립생활을 할 수 없는 경우에 대해서는 상급징병관에게 소원할 수 있되, 순차적으로 상소하여 총리징병관의 재결로 종결한다(일본 징병령 제22조 참조).

징병관의 재결에 대해서는 행정재판소에 제소하는 것이 허용되지 않는다.

第四節　軍事擔負

第一欵　軍事擔負

軍事擔負ᄂᆞᆫ國衛에防備홀營造物과밋軍의需用을爲ᄒᆞ야財産의制限을受ᄒᆞ거나或은其給付를命ᄒᆞᄂᆞᆫ法律上의擔負ㅣ니라

軍事擔負ᄂᆞᆫ公의擔負ㅣ라私法上의權利關係와全然히成立基礎를相異케ᄒᆞᆫ바ㅣ니軍의需用은專히私法上의權利行爲를依ᄒᆞ야此에充홈이常例니陸海軍의供給契約이即此ㅣ라此ᄂᆞᆫ當事者의自由意思를依ᄒᆞ야成立ᄒᆞᄂᆞᆫ私權關係니私法의原則을依ᄒᆞ야可히論定홀지며軍事擔負ᄂᆞᆫ兵役과同一히法定ᄒᆞᆫ公의擔負ㅣ니國權의命令을依ᄒᆞᆫ强制의服從인故로特히公法의原則을依ᄒᆞ야審按홀事를要ᄒᆞᄂᆞ니라

軍事擔負ᄂᆞᆫ資産上의擔負ㅣ라此ᄂᆞᆫ兵役과其成立의形式이不同홈을不拘ᄒᆞ고其實質을相異케ᄒᆞᄂᆞᆫ所以니兵役은國民의義務ㅣ라國民이忠實奉公ᄒᆞᄂᆞᆫ精神에依賴ᄒᆞ야國家의戰鬪力을組織ᄒᆞᄂᆞᆫ所以며軍事擔負ᄂᆞᆫ單히財産을徵收ᄒᆞ야軍需에充用ᄒᆞᄂᆞᆫ者인故로內外人을不問ᄒᆞ고國內所在의財産에對홈이니라

제4절 군사부담

제1관 군사부담

군사부담은 국가의 위난에 방비할 영조물과 군의 수요를 위하여 재산의 제한을 받거나 급부를 명하는 법률상의 부담이다.

군사부담은 공적 부담이다. 사법상의 권리관계와 완전히 성립의 기초를 달리한다. 군의 수요는 오로지 사법상의 권리행위에 의하여 충당하는 것이 상례인데, 육해군의 공급계약이 그것이다. 이는 당사자의 자유의사에 의하여 성립하는 사권관계이므로, 사법의 원칙에 의하여 정하여야 할 것이다. 군사부담은 병역과 같이 법정된 공적 부담이다. 국권의 명령에 의한 강제적인 복종이므로, 특별히 공법의 원칙에 따라 살피는 것이 필요하다.

군사부담은 재산상의 부담이다. 이는 병역과 성립의 형식이 다른 것과 상관없이 실질을 다르게 하는 이유이다. 병역은 국민의 의무로서 국민이 충실봉공하는 정신에 입각하여 국가의 전투력을 조직하기 때문이고, 군사부담은 단지 재산을 징수하여 군수에 충당하는 것이므로, 국적을 불문하고 국내 소재의 재산에 대한 것이다.

軍事擔負는物件과勞力의本物을使用홈이오國庫의收入을爲ᄒᆞ는財力의徵收는아니니此는곳租稅와相似不同혼所以라大凡國家의軍用은莫大혼費額을要ᄒᆞᄂᆞ니此를分擔홈은國民의義務며軍事擔負는特定혼境遇에在혼特種의需用을充用ᄒᆞ는所以오一般財力의需用은아니니라

軍事擔負에는賠償이有홈으로通則을삼ᄂᆞ니兵役은一般均一히擔負케ᄒᆞ는故로賠償치아님으로써公平을維持홈이오且其任務의性質로金錢으로써評價홈은不可홈이라租稅는國庫의財力을增殖ᄒᆞ기爲ᄒᆞ야賦課ᄒᆞ는故로性質上에賠償이有홀理由가無ᄒᆞ고다만擔負를均一케홀事를計畵홀ᄲᅮᆫ이며軍事擔負는全國의利益을爲ᄒᆞ야偶然히特定혼地方의特別혼擔負를命ᄒᆞ는者인故로租稅로브터成혼바國庫의財力으로써此를賠償ᄒᆞ야間接으로는全國으로ᄒᆞ여곰其擔負를分當케ᄒᆞ는効果를期望홈이니此ㅣ特히軍事擔負에對ᄒᆞ야는賠償이有혼所以니라

軍事擔負는臨時補充홈을爲ᄒᆞ야設備홈이라軍의需用은軍行政의尋常方法으로恒常計畫ᄒᆞ야供給을不乏홈을務圖홀지니다만特定혼境遇에其需用이性質

군사부담은 물건과 노력 그 자체를 사용하는 것이고, 국고의 수입을 위한 재력의 징수는 아니다. 이는 조세와 다른 점이다. 무릇 국가의 군용은 막대한 비용을 요하는데, 이를 분담하는 것이 국민의 의무이다. 군사부담은 특정한 경우에 특별한 수요를 충당하는 것이기 때문에 일반적인 재력에 대한 수요가 아니다.

군사부담에는 배상이 있는 것을 원칙으로 한다. 병역은 일반적으로 균일하게 부담하는 것이므로 배상하지 않는 것이 공평을 유지하는 것이고, 임무의 성질상 금전으로 평가할 수도 없는 것이다. 조세는 국고의 재력을 증식하기 위하여 부과하는 것이므로, 성질상 배상할 이유가 없고, 다만 부담을 균일하게 할 것을 도모할 뿐이다. 군사부담은 전국의 이익을 위하여 우연히 특정한 지역에 특별한 부담을 명하는 것이므로, 조세로 이룬 국고의 재력으로 이를 배상하여 간접적으로 전국에서 그 부담을 분담하게 하는 효과를 기대하는 것이다. 이것이 특별히 군사부담에 대하여 배상하는 이유이다.

군사부담은 임시적인 보충을 위하여 준비하는 것이다. 군의 수요는 군행정의 통상적인 방법으로 항상 계획하여 공급을 부족하지 않게 하는 것을 도모하여야 할 것이지만, 특정한 경우에 그 수요가 성질

上又는分量上에尋常의行政行爲를依ᄒᆞ야此에應急ᄒᆞᆷ이不能ᄒᆞᆫ境遇에만限ᄒᆞ야軍事擔負의法을依ᄒᆞᆯ事를認許ᄒᆞᄂᆞᆫ者ㅣ니라

軍事擔負ᄂᆞᆫ臨時에徵發ᄒᆞᆷ과永久히所有權을制限ᄒᆞᆷ의二種이有ᄒᆞ니徵發은陸海軍이行動ᄒᆞᆯ際에軍需를地方에徵發ᄒᆞᄂᆞᆫ者오所有權의制限은國防을設備ᄒᆞᆫ營造物(城塞、軍港의類)의效用을宗全케ᄒᆞ기爲ᄒᆞ야此에圍繞ᄒᆞᆫ土地上의所有權을制限ᄒᆞᄂᆞᆫ者ㅣ니徵發法은特히徵發令으로ᄡᅥ此를制限ᄒᆞ며所有權制限은警察規則의形式으로ᄡᅥ行ᄒᆞ나然이나其性質은軍事上의財産의擔負로看做ᄒᆞ야槪論ᄒᆞᆷ을得ᄒᆞᆯ지니라

第二欵　徵發

徵發은陸軍或은海軍의全部或一部를動ᄒᆞᆯ際에其所用의軍需를地方人民의게賦課徵收ᄒᆞᄂᆞᆫ者ㅣ라徵發은平時徵發과戰時徵發의二種으로分ᄒᆞ야平時徵發은演習及行軍ᄒᆞᆯ際에施行ᄒᆞ며戰時徵發은戰時或事變을際ᄒᆞ야此를施行ᄒᆞᄂᆞ니라

平時及戰時를通ᄒᆞ야徵發ᄒᆞ기可得ᄒᆞᆯ者ᄂᆞᆫ左와如ᄒᆞ니라

상 또는 분량상 통상적인 행정행위로는 응급하여 감당할 수 없는 경우에만 군사부담의 방법에 의하는 것이 허용된다.

군사부담은 임시적으로 징발하는 것과 영구적으로 소유권을 제한하는 것 두 가지가 있다. 징발은 육해군이 행동할 때에 군수를 지역에서 징발하는 것이고, 소유권의 제한은 국방을 위하여 설치된 영조물(성새, 군항 등)의 효용을 완전하게 하기 위하여 그 주변 토지의 소유권을 제한하는 것이다. 징발법은 특별히 징발령으로 제한하고, 소유권의 제한은 경찰규칙의 형식으로 행하지만, 그 성질은 군사상의 재산부담으로 간주하여 설명할 수 있다.

제2관 징발

징발은 육군 혹은 해군의 전부 또는 일부를 동원할 때에 필요한 군수를 지역의 인민에게 부과·징수하는 것이다. 징발을 평시징발과 전시징발의 두 가지로 나누어, 평시징발은 훈련 및 행군할 때에 시행하고, 전시징발은 전시 또는 사변이 있을 때 시행한다.

평시 및 전시를 통틀어 징발할 수 있는 것은 아래와 같다.

一、米麥、蒭秣、醬、油、鹽、菜及薪、炭

二、乘馬、駄馬、駄牛、駕馬、車輛과其他運搬에供用ᄒᆞᄂᆞᆫ獸類及器具原用을他用에轉供키不得ᄒᆞ며又六十里以內에在ᄒᆞ야一日에六十里以內에使用호대다만戰時ᄂᆞᆫ此限에不在ᄒᆞ니라
皇族所用과外國公使館及領事館所用과郵便所用의車馬及乘馬와本分된職務에要用ᄒᆞᄂᆞᆫ馬匹과밋公認된種牛、種馬ᄂᆞᆫ徵發ᄒᆞᆷ을免除ᄒᆞᄂᆞ니라

三、役夫

四、宿舍、廐圍及倉庫
居住者의起臥及營業(旅店營業은除ᄒᆞᆷ)에必要ᄒᆞᆫ處所ᄂᆞᆫ徵用치아니호대다만合圍地境內에在ᄒᆞ야ᄂᆞᆫ此限에不在ᄒᆞ니라
宿舍、廐圍의徵發을課ᄒᆞᆫ바ㅣ된者ᄂᆞᆫ并히(三日以內)人馬의食飼를供給ᄒᆞᆷ을要ᄒᆞᄂᆞ니라

五、飮水、石炭

六、船舶

① 쌀과 보리, 사료, 장, 기름, 소금, 채소 및 땔감, 숯

② 승마, 운반용 말, 운반용 소, 가마, 차륜 및 그 밖의 운반에 공용하는 짐승 및 기구

원래 용도를 다른 용도로 전용할 수 없고, 60리 내에 있어서 하루에 60리 이내로 사용하지만, 전시에는 그렇지 않다.

③ 인부

④ 숙사, 마구간 및 창고

거주자의 일상생활 및 영업(숙박업의 운영은 제외함)에 필요한 처소는 징용하지 않지만, 주변 경내에서는 그렇지 않다.

숙사, 마구간의 징발이 부과된 사람은 아울러 (3일 이내) 인마의 식사와 사료를 공급하여야 한다.

⑤ 마실 물, 석탄

⑥ 선박

七、鐵道、滊車

船舶及鐵道滊車는平時에在ᄒᆞ야는其營業運轉에使用ᄒᆞ며戰時에在ᄒᆞ야는營業을停止ᄒᆞ고全部徵發ᄒᆯ事를得ᄒᆞᄂᆞ니라

八、演習에要ᄒᆞᆫ地所

九、演習에要ᄒᆞ는材料、器具

戰時에在ᄒᆞ야는以上諸項外에尙且左開諸項을徵發ᄒᆞ기可得ᄒᆞᄂᆞ니라

十、造船所、工作所及軍事工作에要ᄒᆞ는材料、器具

十一、工匠、礦夫、洗濯人等類

十二、被服、裝具、草鞋、兵器、彈藥、船具、寢具、藥劑、治療器械及繃帶具

十三、水輪搗春의類

十四、病院

第三欵 賦課及賠償

徵發은其必要ᄒᆞᆫ境遇에在ᄒᆞ야軍隊又는艦隊의司令官이此를得行ᄒᆞ되爲先徵發書를發ᄒᆞ야此를徵發區에賦課ᄒᆞ고其供給을受ᄒᆞᆫ時는領受証書를交付ᄒᆞᄂᆞ

⑦ 철도, 기차

선박 및 철도, 기차는 평시에는 영업·운수에 사용하고 전시에는 영업을 정지하고 모두 징발할 수 있다.

⑧ 훈련에 필요한 땅

⑨ 훈련에 필요한 재료, 기구

전시에는 위의 항목 외에도 아래의 항목들을 징발할 수 있다.

⑩ 조선소, 공작소 및 군사공작에 필요한 재료, 기구

⑪ 장인, 광부, 세탁하는 사람 등

⑫ 피복, 장구, 짚신, 병기, 탄약, 선원, 침원, 약제, 치료기계 및 붕대도구

⑬ 활력제 등

⑭ 병원

제3관 부과 및 배상

징발은 필요한 경우에 군대 또는 함대의 사령관이 행할 수 있다. 그런데, 우선 징발서를 발부하여 징발구에 부과하고, 공급을 받은 때에는 영수증서를 교부한

니라

徵發區는徵發物件을供給홀擔責이有흔團体니其徵發홀物件의種類를依ᄒᆞ야此를定ᄒᆞᄂᆞ니라

一、前欵第一號에揭載흔物件에對ᄒᆞ야ᄂᆞᆫ道內를其徵發區로定ᄒᆞᄂᆞ니라

二、前欵第二號第三号에揭載흔物件에對ᄒᆞ야ᄂᆞᆫ郡區를其徵發區로定ᄒᆞᄂᆞ니라

三、前欵第四号以下에揭載흔物件에對ᄒᆞ야ᄂᆞᆫ市、面、村을其徵發區로定ᄒᆞᄂᆞ니라

四、船舶會社所有의船舶과鉄道會社所有의滊車ᄂᆞᆫ其會社에對ᄒᆞ야徵發書를直發ᄒᆞᄂᆞ니라

大凡徵發物件은平時에各其徵發區에常存흔種類及數量의統計와及其賠償의標準이될價格을調查ᄒᆞ야此를軍部大臣의게報告ᄒᆞ야써臨時徵發홀際에豫先準備홈이니라

賠償에關ᄒᆞ야ᄂᆞᆫ徵發令과밋徵發事務條例에詳細흔節次의規則을定ᄒᆞᄂᆞᆫ故로

다.

징발구는 징발물건을 공급할 책무가 있는 단체인데, 징발할 물건의 종류에 의하여 정한다.

① 제2관 제1호에 게재한 물건에 대해서는 도내를 징발구로 정한다.

② 제2관 제2호, 제3호에 게재한 물건에 대해서는 군구를 징발구로 정한다.

③ 제2관 제4호 이하에 게재한 물건에 대해서는 시, 면, 촌을 징발구로 정한다.

④ 선박회사 소유의 선박과 철도회사 소유의 기차는 그 회사에 대하여 징발서를 직접 발부한다.

무릇 징발물건은 평시에 각각의 징발구에 상존하는 종류 및 수량의 통계와 배상의 표준이 될 가격을 조사하고, 이를 군부대신에게 보고하여 임시징발을 할 경우를 미리 준비한다.

배상에 관해서는 징발령과 징발사무조례에 상세한 절차규칙이 정해져 있으므로,

此에在ᄒᆞ야ᄂᆞᆫ徵發에對ᄒᆞᆫ賠償의性質에關ᄒᆞᆫ一般原則만記示ᄒᆞ노라

徵發은私法上의權利關係가아닌故로賣買、賃貸、雇傭又或地役等의原則으로써推論키ᄂᆞᆫ不可ᄒᆞ니其賠償金은卽代價、賃金、使用料等이아니니라

徵發은國權直接의行動으로써法律의施行이오私權關係에存ᄒᆞᆫ權利財産의侵害가아닌故로私法上不法行爲의原則으로써審按키不可ᄒᆞᆷ은尙矣勿論이니此ᄅᆞᆯ賠償ᄒᆞ나然이나不法行爲ᄅᆞᆯ依ᄒᆞᆫ損害賠償의法理ᄅᆞᆯ適用키不可ᄒᆞᆷ은亦是贅論ᄒᆞᆯ바ㅣ아니니라

徵發의賠償은所有者의게對ᄒᆞ야其損害ᄅᆞᆯ賠償ᄒᆞᄂᆞᆫ精神됨은明白ᄒᆞᆫ事ㅣ나然이나其性質인즉實際에受ᄒᆞᆫ損害ᄅᆞᆯ證明ᄒᆞ야此에對ᄒᆞᆫ賠償을請求ᄒᆞ기可得ᄒᆞᄂᆞᆫ者ᄂᆞᆫ아니오다만法律의規定ᄒᆞᆫ方法과限度에在ᄒᆞ야만其賠償을受ᄒᆞ기得ᄒᆞᆯᄲᅮᆫ이니라

損害ᄅᆞᆯ審査ᄒᆞ야賠償額을定ᄒᆞᆷ은行政職權에屬ᄒᆞ고民事裁判權限에ᄂᆞᆫ不在ᄒᆞ니此에對ᄒᆞ야ᄂᆞᆫ行政訴訟을提起ᄒᆞᆷ을不許ᄒᆞᄂᆞ니라

第三章　財政

여기에서는 징발에 대한 배상의 성질에 관한 일반원칙만 제시한다.

징발은 사법상의 권리관계가 아니므로, 매매, 임대, 고용 또는 지역 등의 원칙으로 논할 수 없는 것이므로, 그 배상금은 대금, 임료, 사용료 등이 아니다.

징발은 국권의 직접적인 행사로서 법률의 시행이고, 사법관계에 있는 권리·재산의 침해가 아니므로, 사법상 불법행위의 원칙으로 심사할 수 없다는 것은 말할 나위가 없다. 이를 배상하나 불법행위에 의한 손해배상의 법리를 적용할 수 없다는 것도 더 나아가 논할 필요가 없다.

징발의 배상은 소유권에 대하여 손해를 배상하는 취지인 것은 분명하나, 그 성질은 실제 받은 손해를 증명하여 이에 대한 배상을 청구할 수 있는 것이 아니고, 법률이 규정한 방법과 한도에서만 그 배상을 받을 수 있을 뿐이다.

손해를 심사하여 배상액을 정하는 것은 행정의 권한에 속하고 민사재판권에는 속하지 않는다. 이에 대해서는 행정소송을 제기할 수 없다.

제3장 재정

第一節 総說

財産은國家資産의管理와國費의徵取와及支辨으로써其任務를삼ᄂᆞ니國家ᄂᆞᆫ財産을有ᄒᆞᆯ지라도此로資本을삼아殖利ᄒᆞ거나資産을蓄積ᄒᆞᆯ事로써主義를삼음은아니라國政의費用은國民으로ᄒᆞ여곰分擔케ᄒᆞᆷ으로써通則을삼으며國家의經濟ᄂᆞᆫ國民分擔의經濟인故로國庫의盈虛ᄂᆞᆫ民力의消長을伴ᄒᆞᄂᆞ니民力은衰耗호ᄃᆡ國庫ᄂᆞᆫ充滿ᄒᆞᆷ은事實에不能ᄒᆞᆷ이라國家의財力은即個人의財力으로브터成ᄒᆞᆷ이오財力의能否ᄂᆞᆫ營利의巧拙에不在ᄒᆞᆷ이니專히民力을扶養ᄒᆞᆷ에存在ᄒᆞᆫ事를忘却ᄒᆞᆷ은不可ᄒᆞ니라

財務行政에專當ᄒᆞᄂᆞᆫ官府ᄂᆞᆫ度支部大臣이니라

度支部大臣은財務를總轄ᄒᆞᄂᆞ니國家의歲計를豫算ᄒᆞ야歲入歲出의平均을務圖ᄒᆞ여法令과밋豫筭을依ᄒᆞ야歲用을徵收ᄒᆞ며歲費를支出ᄒᆞ야써會計出納을明白케ᄒᆞᄂᆞᆫ財政의機關이니라（光武九年二月二十六日勅令第十九號度支部官制第一條第二條叅考）

現今列國의制度를叅考ᄒᆞᆯ진ᄃᆡ度支部大臣外에會計檢查院을獨立設置ᄒᆞ고專

제1절 총설

재정*은 국가자산의 관리와 국비의 징수 및 지출을 임무로 한다. 국가는 재산이 있을지라도 그것을 자본으로 증식시키거나 자산을 축적하는 것을 방침으로 삼는 것이 아니라 국정의 비용을 국민에게 분담시키는 것을 원칙으로 하고, 국가의 경제는 국민분담의 경제이어서 국고의 차고 비움은 민력의 성쇠에 달려 있다. 민력은 쇠약한데 국고는 충만한 것은 사실상 불가능하다. 국가의 재력은 개인의 재력으로 이루어진 것이고, 재력의 능부는 영리를 잘하고 못함에 있는 것이 아니라 오로지 민력을 부양하는 것에 있다는 것을 잊지 말아야 한다.

재무행정을 전담하는 관청은 도지부대신이다.

도지부대신은 재무를 총괄한다. 국가의 세계를 예산하여 세입·세출의 균형을 도모하고, 법령과 예산에 의하여 세비를 징수하고 세비를 지출하여 회계출납을 명백하게 하는 재정기관이다(광무 9년 2월 26일 칙령 제19호 도지부관제 제1조, 제2조 참조).

오늘날 여러 나라의 제도를 참고하면, 도지부대신 외에도 회계검사원을 독립적으로 설치하고, 전

* 역자 주: 재산은 재정의 오기로 보인다.

히國庫金의收入支出과官有物管理에關ᄒᆞᆫ計算을檢査ᄒᆞ며會計ᄅᆞᆯ監督케ᄒᆞ나我國에서ᄂᆞᆫ現今間此와如ᄒᆞᆫ制度의機關을設備ᄒᆞᆷ은不見ᄒᆞᄃᆡ本年에비로소度支部大臣管下에會計檢査局을設置ᄒᆞᆷ에至ᄒᆞ니라

國家의財政은民衆擔負에對ᄒᆞ야其利害關感이最切ᄒᆞᆫ故로特히愼重을加ᄒᆞ야公平ᄒᆞᆷ을期圖ᄒᆞᆯ지라是以로立憲列國에서ᄂᆞᆫ憲法上에特히國會의豫算議定權을認ᄒᆞ니라

總히國家의歲入歲出은政府에서每年에此ᄅᆞᆯ豫算ᄒᆞ야國會에提出ᄒᆞ면國會ᄂᆞᆫ憲法의規定을依ᄒᆞ야此ᄅᆞᆯ審査議定ᄒᆞᄂᆞ니政府ᄂᆞᆫ財政을管行ᄒᆞᆷ에關ᄒᆞ야다만法令에抵觸됨을務避ᄒᆞᆯᄲᅮᆫ아니라國會의議定을經ᄒᆞ며大權의裁可가下ᄒᆞᆫ歲計豫算을當然히準據ᄒᆞᄂᆞᆫ者ㅣ니라

財務會計에關ᄒᆞ야ᄂᆞᆫ至極히詳細ᄒᆞᆫ法令의規定을要ᄒᆞᆯ지니行政事務性質上에此ᄅᆞᆯ愼重히ᄒᆞᆷ은尙矣勿論이어니와其詳細ᄒᆞᆫ法令은大概政府內에在ᄒᆞᆫ行政監督을主目的으로認ᄒᆞᆷ으로ᄡᅥ行政事務規定範圍에屬ᄒᆞᆫ바ㅣ니此章에ᄂᆞᆫ專히其法規性質에屬ᄒᆞᆫ바重要ᄒᆞᆫ關係만畧說ᄒᆞ노라

적으로 국고금의 세입·지출과 관유물의 관리에 관한 계산을 검사하고 회계를 감독하게 하나, 우리나라에서는 현재 이와 같은 제도의 기관을 설치하지 않았는데, 올해에 비로소 도지부내신 관리하에 회계검사국을 설치하기에 이르렀다.

국가의 재산은 민중의 부담에 대하여 이해관계가 첨예하므로, 특히 신중하게 공평함을 추구하여야 한다. 그러므로 입헌국가들은 헌법에서 특별히 국회의 예산의결권을 인정한다.

모든 국가의 세입·세출은 정부에서 매년 예산하여 국회에 제출하면, 국회는 헌법의 규정에 의하여 심사·의결한다. 정부는 재정의 관리에 관하여 법령에 저촉되는 것을 피하여야 할 뿐만 아니라 국회의 의결을 거쳐 대권이 재가를 내린 세계예산을 당연히 따라야 하는 것이다.

재무회계에 관해서는 지극히 상세한 법령의 규정이 필요하다. 행정사무의 성질상 이를 신중히 하는 것은 말할 나위도 없을 뿐만 아니라 그 상세한 법령은 대부분 정부 내에서 행정감독을 주목적으로 하는 것이어서 행정사무 규정의 범위에 속한다. 이 장에서는 단지 그 법규의 성질에 관한 중요한 관계만 간략히 설명한다.

第二節 資產

第一款 資產

國家ᄂᆞᆫ財產權能의主體라國家의財政은國民의集合經濟가아니며國家의資產은國民의共有財產이아니니國家ᄂᆞᆫ獨立ᄒᆞ야自己財產을保有ᄒᆞ며自己의經濟를營行ᄒᆞᄂᆞᆫ者ㅣ로ᄃᆡ다만其經濟ᄂᆞᆫ營利로目的을삼지아니코其資產은强制徵集으로써合成ᄒᆞᆫ바ㅣ니라

國家의財產權能으로써所謂社團財團의法人格이란者와同視ᄒᆞᆷ은不可ᄒᆞ니私法上의人格은法律의作用을依ᄒᆞ며또法律行爲를依ᄒᆞ야國權의認許를得ᄒᆞ야써成立ᄒᆞᆷ이오國家의財產權能은國家固有에係ᄒᆞᆫ바ㅣ니即國家存在와隨伴ᄒᆞᄂᆞᆫ者ㅣ니라

國家資產의管理及處分은行政法理를依ᄒᆞ야可히論ᄒᆞᆯ지오民法의規程을適用ᄏᆡ不可ᄒᆞᆷ은贅言을不待ᄒᆞᆯ지나然이나國家도亦是私法을依ᄒᆞ야一私人과平等히私法關係를維持ᄒᆞᆷ은自由에屬ᄒᆞᆫ바ㅣ로ᄃᆡ다만民法에適用을受ᄒᆞᆷ은國家의意思가可히私法의法理를遵由ᄒᆞᆯ旨를特히明示ᄒᆞ거나又ᄂᆞᆫ其行爲形式上에表

제2절 자산

제1관 자산

국가는 재산권능의 주체다. 국가의 재정은 국민의 집합경제가 아니고 국가의 자산은 국민의 공유재산이 아니므로, 국가는 독자적으로 자기의 재산을 보유하고 자기의 경제를 영위하는 것이다. 다만 그 경제는 영리를 목적으로 하지 않고 그 자산은 강제로 징집하여 이룬 것이다.

국가의 재산권능을 이른바 사단·재단이라는 법인격과 같다고 할 수는 없다. 사법상의 인격은 법률의 작용에 의하고 법률행위에 의하여 국권의 허가를 받아 성립하는 것이고, 국가의 재산권능은 국가 자신의 고유한 것이다. 즉, 국가의 존재에 수반하는 것이다.

국가자산의 관리와 처분은 행정법리에 의하여 논하여야 할 것이고, 민법의 규정을 적용할 수 없다는 것은 더 말할 필요가 없다. 그러나 국가도 사법에 따라 일개 사인과 대등하게 사법관계를 유지할 자유가 있다. 다만 민법의 적용을 받는 것은 국가의 의사가 사법의 법리를 지킬 뜻을 특별히 명시되어 있거나 그 행위형식에 표

示된時만限ᄒᆞᆯ者ㅣ니라

國家의資產을搆成ᄒᆞᄂᆞᆫ種類ᄂᆞᆫ行政에供用ᄒᆞᄂᆞᆫ物과財政에備置ᄒᆞᄂᆞᆫ物을區別ᄒᆞᆷ을要ᄒᆞᆯ지니(或此ᄅᆞᆯ公產及私產이라稱ᄒᆞᆷ)物件이其形体되로公에供用될境遇에ᄂᆞᆫ卽直接으로行政의目的을爲ᄒᆞ야設備된者ㅣ니所謂營造物이是오物件이金錢上의價額으로써供用될境遇에ᄂᆞᆫ卽財政의目的에所備니所謂收入의財源이是라此二者ᄂᆞᆫ法理의適用을相異케ᄒᆞᄂᆞᆫ故로此ᄅᆞᆯ明瞭히ᄒᆞᆷ을要ᄒᆞᄂᆞ니例如公用의營造物은法律의特別保護ᄅᆞᆯ受ᄒᆞᆷ이是니라

國家ᄂᆞᆫ財政을調理ᄒᆞ기爲ᄒᆞ야各種營利의事業을務行ᄒᆞᆷ도無妨ᄒᆞ나然이나行政의目的은公益에在ᄒᆞ며財政의目的은行政의必要ᄒᆞᆫ費用을補充ᄒᆞᆷ에在ᄒᆞᆫ故로民業과競爭ᄒᆞ거나또國財ᄅᆞᆯ必要ᄒᆞᆫ限度以外에增殖ᄒᆞᆯ事ᄅᆞᆯ不期ᄒᆞᆷ이라現行의財政은專히公課의徵收로써整理ᄒᆞᄂᆞᆫ者ㅣ오收入을爲ᄒᆞ야私產을有ᄒᆞ거나又ᄂᆞᆫ官業을營務ᄒᆞ야利益을企圖ᄒᆞᆷ은例外에屬ᄒᆞᄂᆞ니但公益을爲ᄒᆞ야政府에서營務ᄒᆞᄂᆞᆫ事業이(交通運輸之類)重要ᄒᆞᆫ財源됨도有ᄒᆞ나其作業의目的이卽財政이아님을明瞭히區分ᄒᆞᆯ지어다

시된 때에만 그러한 것이다.

국가의 자산을 구성하는 것들은 행정에 공용하는 물건과 재정에 준비된 물건을 구별할 것을 요한다(이를 공산 및 사산이라고 하기도 함). 물건이 그 형체대로 공용에 제공되는 경우에는 직접 행정목적을 위하여 설치된 것인데, 이른바 영조물이 그것이다. 그리고 물건이 금전상 가액으로 공용될 경우에는 재정의 목적으로 마련된 것인데, 이른바 수입의 재원이 그것이다. 양자는 법리의 적용을 달리하므로, 이를 명료하게 하는 것이 필요하다. 예를 들면 공공영조물은 법률의 특별한 보호를 받는다.

국가는 재정을 관리하기 위하여 각종 영리사업을 행하는 것도 무방하나, 행정의 목적은 공익에 있고 재정의 목적은 행정의 필요한 비용을 보충하는 것에 있으므로, 민간부문과 경쟁하거나 국가재정이 필요한 한도 외에 증식하는 것을 바랄 수는 없다. 현재 재정은 오로지 공과의 징수라고 정리할 수 있고, 수입을 위하여 사적재산을 가지거나 영업을 영위하여 이익을 기도하는 것은 예외에 속한다. 다만 공익을 위하여 정부에서 운영하는 사업(교통, 운송 등)이 중요한 재원이 되기도 하지만, 사업목적이 재정이 아니라는 점에서 명백히 구분하여야 한다.

第二欵 財産

國家資産의管理及處分은一般히會計의法規를遵由ᄒᆞ며又豫算範圍內에서行ᄒᆞᆷ을要ᄒᆞᄂᆞ니會計及豫算의制度ᄂᆞᆫ他日에詳述ᄒᆞᆯ지오此에ᄂᆞᆫ特別規定의重要ᄒᆞᆫ者를略陳ᄒᆞ노라

政府가公法上의形式으로財産을獲得ᄒᆞ며管理又處分ᄒᆞᆷ은行政의特制인故로行政各部下에詳說ᄒᆞᆯ지니例如租稅、徵發、土地收用은財産을獲得ᄒᆞᄂᆞᆫ方法이오公의營造物을創設維持ᄒᆞ거나此를公衆使用에供ᄒᆞᆷ은財産을管理ᄒᆞᄂᆞᆫ行爲니凡此等의行爲ᄂᆞᆫ公法上權力行爲에屬ᄒᆞ고民法上權利行爲로論ᄒᆞᆷ은아니니라

民法의名義를依ᄒᆞᆫ權利行爲에對ᄒᆞ야尙且行政의法則으로써行政官府의權限을拘束ᄒᆞᄂᆞᆫ要件이有ᄒᆞ니라

政府와人民間에在ᄒᆞᆫ都給契約及物件의賣買、賃借ᄂᆞᆫ總히公告ᄒᆞ야競爭에付ᄒᆞᆷ으로써通則을삼으되다만左記의境遇에ᄂᆞᆫ公告競爭의方法을不依ᄒᆞᆷ을得ᄒᆞᄂᆞ니라

제2관 재산

국가자산의 관리 및 처분은 일반적으로 회계법규에 따르고, 예산의 범위 내에서 행하여야 한다. 회계 및 예산의 제도는 다음에 상세히 서술할 것이고, 여기에서는 특별규정 중에 중요한 것을 간략하게 서술한다.

정부가 공법상의 형식으로 재산을 획득하고 관리·처분하는 것은 행정의 특별한 제도이므로, 행정각부 하에서 상세하게 설명할 것이다. 예를 들면, 조세, 징발, 토지수용은 재산을 획득하는 방법이고 공공영조물을 창설·유지하거나 공중의 사용에 제공하는 것은 재산을 관리하는 행위이다. 무릇 이와 같은 행위는 공법상 권력행위에 속하고 민법상 권리행위로 논할 것은 아니다.

민법상 권원에 의한 권리행위이면서 행정법규로서 행정관청의 권한을 구속하는 요건이 있다.

정부와 인민 사이에서 도급계약 및 물건의 매매, 임차는 모두 공고하여 경쟁에 부치는 것이 원칙이지만, 아래의 경우에는 공고경쟁의 방법에 따르지 않을 수 있다.

一、政府의營爲를可히秘密케ᄒᆞᆯ境遇及非常急遽의際

二、特定人의專有物과特種의物質又는特別의技術家를必要ᄒᆞᆯ時

三、特定의位置、構造를要ᄒᆞᆯ境遇에在ᄒᆞᆫ土地家屋의買入、借入

四、金額五百圓에不過ᄒᆞᆯ工事又는物品의買入及假量價額二百圓에不過ᄒᆞᆯ動産의賣却

五、軍艦及軍馬의買入

六、其政府의設立ᄒᆞᆫ農工場과밋慈惠를爲ᄒᆞ야設立ᄒᆞᆫ救育所와囚徒의傭役과及其製作品에對ᄒᆞᆯ時와試驗ᄒᆞ기爲ᄒᆞ야製作ᄒᆞᆷ을命ᄒᆞ거나又는買入ᄒᆞᆯ時

工事都給又는物品供給競爭에加入ᄒᆞ기得ᄒᆞᆯ者는二年以來其營業ᄒᆞ던者에만限호ᄃᆡ다만各部大臣은工事又는物品의性質을依ᄒᆞ야部令으로써特히其資格을定ᄒᆞ기得ᄒᆞ며又工事或은物品賣買競爭에加入코져ᄒᆞ는者는一定ᄒᆞᆫ保証金을納ᄒᆞ기要ᄒᆞ느니라

競爭은總히投票의方法을依ᄒᆞ느니十五日以上을限ᄒᆞ야此를公告ᄒᆞ고各部大

① 정부의 행위를 비밀로 하여야 할 경우 및 비상시에 시급을 요하는 때
② 특정인의 전유물과 특종의 물질 또는 특별한 기술가를 필요로 하는 때
③ 특정한 위치, 구조가 필요한 경우에 토지·가옥의 매입, 차입
④ 금액 500환에 불과한 공사 또는 물품의 매입 및 추정가액 200환에 불과한 동산의 매각
⑤ 군함 및 군마의 매입
⑥ 정부가 설립한 농공장과 자선을 위하여 설립한 구육소와 수형인의 용역 및 제작품에 대한 경우와 시험을 위하여 제작을 명하거나 매입하는 경우

공사도급 또는 물품공급의 경쟁에 참가할 수 있는 사람은 2년 이상 영업하던 사람에게만 한정된다. 다만 각부대신은 공사 또는 물품의 성질에 따라 부령으로 특별히 자격을 정할 수 있고, 공사 또는 물품매매의 경쟁에 참가하고자 하는 사람은 일정한 보증금을 납부하여야 한다.

모든 경쟁은 입찰의 방법에 의한다. 50일 이상 공고하고, 각부대

匠은工事又ᄂᆞᆫ物件의價格을豫定密封ᄒᆞ야此를開票處所에藏置ᄒᆞᄂᆞ니此를豫定價格이라稱ᄒᆞᆷ이라開票ᄂᆞᆫ投票人面前에서行호ᄃᆡ萬一投票中에一票도其豫定價格에達ᄒᆞᆫ者ㅣ無ᄒᆞ면再次投票케호ᄃᆡ其他ᄂᆞᆫ普通競爭의例를依ᄒᆞᄂᆞ니라

官有財產(土地、森林、原野、營造物、家屋、船舶及其附屬物)은無償으로讓與ᄒᆞ기不得호ᄃᆡ다만府、郡、市、邑、面、村에對ᄒᆞ야公益을爲ᄒᆞ야此를讓與ᄒᆞ기可得ᄒᆞᄂᆞ니라

官有財產을貸與ᄒᆞᆷ은左의期限을超越ᄒᆞ기不得ᄒᆞᄂᆞ니라

一、樹木培養에供ᄒᆞᄂᆞᆫ土地ᄂᆞᆫ八十年以內

二、農工其他의營業及住居에供ᄒᆞᄂᆞᆫ土地ᄂᆞᆫ三十年以內

三、土地森林의使用權은十五年以內

四、右에未揭ᄒᆞᆫ物件은三年以內

官有財產의貸與期限中에政府에서國의使用에供ᄒᆞᆯ必要가有ᄒᆞᆯ時ᄂᆞᆫ其契約을解除ᄒᆞ고此를返還케호ᄃᆡ다만借受人은損失의賠償을請求ᄒᆞ기可得ᄒᆞᄂᆞ니라

以上은通則을說明ᄒᆞᆫ者ㅣ라特別히官有森林、原野及產物의特別處分의規則

신은 공사 또는 물건의 가격을 미리 정하고 밀봉하여 개표장소에 보관하는데, 이를 예정가격이라고 부른다. 개표는 투표인의 면전에서 행하되, 만일 투표중에 한 표라도 그 예정가격에 달한 사람이 없으면 다시 투표하게 하고, 그밖에는 보통경쟁의 예에 따른다. 관유재산(토지, 삼림, 원야, 영조물, 가옥, 선박 및 그 부속물)은 무상으로 양여할 수 없다. 다만 부, 군, 시, 읍, 면, 촌에 대해서는 공익을 위하여 이를 양여할 수 있다.

관유재산의 대여는 아래의 기한을 초과할 수 없다.

① 수림의 배양에 제공하는 토지는 80년 이내

② 농공 그 밖의 영업 및 주거에 제공하는 토지는 30년 이내

③ 토지·삼림의 사용권은 15년 이내

④ 위에 게재하지 않은 물건은 3년 이내

관유재산의 대여기간 중에 정부에서 국가의 사용에 제공할 필요가 있을 때에는 계약을 해제하고 반환하게 한다. 다만 임차인은 손실보상을 청구할 수 있다. 이상은 통칙을 설명한 것이다. 특별히 관유삼림, 원야 및 산물의 특별처분을 규칙

으로써農商工部大臣의게委任ᄒᆞ거나又ᄂᆞᆫ官有地特別處分으로써內部大臣의게委任ᄒᆞ야其特示ᄒᆞᆫ境遇에在ᄒᆞ야官有財產의貸與又賣與ᄅᆞᆯ競爭에不附ᄒᆞ고隨意契約을依行케ᄒᆞᄂᆞ니此境遇ᄂᆞᆫ例外變則에屬홈으로煩瑣홈을避ᄒᆞ야玆에列擧치아니ᄒᆞ노라

第三欵　國債

國家財產上의債務ᄂᆞᆫ行政上의債務와財政上의債務로區別홈을得ᄒᆞᆯ지니라

行政上의債務ᄂᆞᆫ行政을進行홈에在ᄒᆞ야其行政의目的을達ᄒᆞᆯ行爲ᄅᆞᆯ隨伴ᄒᆞ야發生ᄒᆞᄂᆞᆫ債務ㅣ니通常의歲入으로써此에充用ᄒᆞ고其會計年度內에辦償을終了홈으로써通則을삼ᄂᆞ니行政上의債務ᄂᆞᆫ國家私法上의行爲及行政處分又ᄂᆞᆫ法律의規定을依ᄒᆞ야生ᄒᆞᄂᆞᆫ者ㅣ라其大概ᄂᆞᆫ歲計豫筭에在ᄒᆞ야業已定見ᄒᆞᄂᆞᆫ바인故로其行政事項을主管ᄒᆞᄂᆞᆫ行政官府ᄂᆞᆫ國家의名義로써債務ᄅᆞᆯ有ᄒᆞ기可得ᄒᆞᄂᆞ니라

財政上의債務(公債)ᄂᆞᆫ國家의收入을增加ᄒᆞᆯ目的으로써募集홈인즉通常公債募集의方法으로行홈이니行政上의債務ᄂᆞᆫ直接行政의目的을達ᄒᆞ기爲ᄒᆞᄂᆞᆫ行

으로 농상공부대신에게 위임하거나 관유지에 대한 특별처분을 내부대신에게 위임한 것과 같은 특별한 경우에는 관유재산의 대여 또는 매도를 경쟁에 부치지 않고 수의계약에 따라 행한다. 이 경우에는 예외적인 변칙에 속하는데, 번거로움을 피하기 위하여 여기에서는 열거하지 않는다.

제3관 국채

국가재산상 채무는 행정상 채무와 재무상 채무로 구별할 수 있다. 행정상 채무는 행정을 진행함에 따라 행정목적을 달성하기 위한 행위에 수반하여 발생하는 채무이다. 통상의 세입으로 이에 충당하고 회계연도 내에 변상을 마치는 것을 원칙으로 한다. 행정상 채무는 국가의 사법상 행위 및 행정처분 또는 법률의 규정에 의하여 발생한다. 대부분은 세계예산에서 항목이 미리 정해져 있는 것이므로, 그 행정사항을 주관하는 행정관청은 국가 명의로 채무를 질 수 있다.

재정상 채무(공채)는 국가의 수입을 증가시킬 목적으로 모집하는 것이어서 통상 공채모집의 방법으로 행한다. 행정상 채무는 직접 행정목적을 달성하기 위한 행

爲를依ᄒᆞ야生ᄒᆞ며財政上의債務ᄂᆞᆫ其直接의目的이收入을臨時增額ᄒᆞᆷ에在ᄒᆞᆷ으로써此와區別ᄒᆞᆫ者ㅣ니라

公債를起ᄒᆞᆷ은國會의協賛을要ᄒᆞᄂᆞ니國家의名義로써債務를負ᄒᆞᄂᆞᆫ行爲ᄂᆞᆫ政府權限에屬ᄒᆞᆫ바ㅣ오國會가此에自擅ᄒᆞᆷ은아니로대다만公債를起ᄒᆞᆯ必要가有ᄒᆞᆯ時ᄂᆞᆫ政府가其案件을提出ᄒᆞ야國會의議定을經由ᄒᆞᆷ을要ᄒᆞᄂᆞᆫ故로各種公債에關ᄒᆞ야債務의規式을定ᄒᆞᆷ은政府權限에專屬ᄒᆞᄂᆞ니라

公債ᄂᆞᆫ政府와債權者의契約을依ᄒᆞ야當事者間에私法上關係를生호ᄃᆡ다만政府ᄂᆞᆫ公債條例로써債務의体様을規定ᄒᆞ며債權者ᄂᆞᆫ此條例를依ᄒᆞ야政府와契約ᄒᆞᄂᆞᆫ者ㅣ니公債條例의規定은間接으로當事者間에在ᄒᆞᆫ契約의欵項됨과同一의効力이有ᄒᆞ고債務의規式이라ᄒᆞᆷ은利子、辨償期、償還、方法等의類를指稱ᄒᆞᆷ이니此ᄂᆞᆫ各種公債에對ᄒᆞ야特定ᄒᆞᆫ性質이오一般의法則으로써概論ᄒᆞᆷ은不可ᄒᆞ니라

度支部證劵은政府會計의出納上一時便用을爲ᄒᆞ야此를發ᄒᆞᆷ이오收入을增加ᄒᆞᆷ은아닌故로財政上의公債와其目的을相異케ᄒᆞᆷ이나其債務의性質은公債와

위에 의하여 발생하고, 재정상 채무는 직접적인 목적이 수입을 임시로 증액하는 것이라는 점에서 구별된다.

공채를 일으키는 것은 국회의 협찬을 요한다. 국가 명의로 채무를 지는 행위는 정부의 권한에 속하는 것이고 국회가 이를 담당하는 것은 아니지만, 공채를 일으킬 필요가 있는 때에는 정부가 안건을 제출하여 국회의 의결을 거쳐야 하므로, 각종 공채에 관하여 채무의 형식을 정하는 것은 정부권한에 전속한다.

공채는 정부와 채무자의 계약에 의하여 당사자 사이에 사법상 관계를 발생시키지만, 정부는 공채조례로 채무의 태양을 규정하고 채권자는 이 조례에 의하여 정부와 계약을 체결하는 것이다. 공채조례의 규정은 간접적으로 당사자 사이에 계약의 조항과 같은 효력이 있고, 채무의 형식이라고 함은 이자, 변제기, 상환방법 등과 같은 것을 지칭한다. 이는 각종 공채에 대한 특정한 성질이므로, 일반적인 원칙으로 개략적으로 설명할 수 없다.

도지부 증권은 정부회계의 출납상 일시사용을 위하여 발행하는 것이고 수입을 증가시키는 것은 아니므로, 재정상 공채와 목적을 달리하나, 채무의 성질은 공채와

無異ᄒᆞ고政府의歲出은其年度의歲入으로써此에充用홈이會計法의通則이나然이나收入과支出은會計年度의終了가아니면全然히相乘相除홈은아닌故로其年度內에證券을發ᄒᆞ야一時收入支出의平均을持保홈이라度支部證券은無記名、付利子、定期出給인故로其發行ᄒᆞᆫ年度의收入으로써出給ᄒᆞᄂᆞᆫ者ㅣ오歲入을增加ᄒᆞᄂᆞᆫ作用됨은아니니라

行政上의目的을爲ᄒᆞ야債務를負홈은行政의法則과官府의權限과밋歲計豫筭에임의槪括ᄒᆞ야認許ᄒᆞᆫ바ㅣ니然이나豫算外에國庫의擔負될契約을締結홀時ᄂᆞᆫ國會의協賛을經由홈을要ᄒᆞᄂᆞ니例如補助、保證、雇傭과其他의契約으로셔數年에關涉ᄒᆞ야國庫의擔負될者ᄂᆞᆫ國會의協賛을要홈이라盖豫筭은其効力이一年度에만限ᄒᆞᆫ故로豫算外에關涉ᄒᆞᄂᆞᆫ者ᄂᆞᆫ特히認許를要ᄒᆞᄂᆞᆫ所以니라

第三節　收入

第一欵　收入

國家의收入은其權原의名義를依ᄒᆞ야區別홈인즉私法上의收入과公法上의收入을區別ᄒᆞ기可得홀지니私法上의收入을國有財産의果實과밋官業利得의類

다르지 않고, 정부의 세출은 당해 연도의 세입으로 충당하는 것이 회계법상의 원칙이나, 수입과 지출은 회계연도가 종료하지 않으면 전혀 계산할 수 없으므로, 그 연도 내에 증권을 발행하여 일시적으로 수입과 지출의 균형을 유지한다. 도지부 증권은 무기명, 이자부, 정기출납이므로 발행한 연도의 수입으로 출납하는 것이고, 세입을 증가시키는 작용은 아니다.

행정상 목적을 위하여 채무를 지는 것은 행정의 원칙과 관청의 권한 및 세계예산에서 미리 개괄적으로 허가한 것이다. 그러나 예산 외에 국고의 부담이 될 계약을 체결하는 때에는 국회의 협찬을 거쳐야 한다. 예를 들면, 보조, 보증, 고용과 그 밖의 계약으로 수년에 걸쳐 국고의 부담이 되는 것은 국회의 협찬을 요하는 것이다. 대개 예산은 효력이 일개 연도에만 미치므로, 예산 밖에서 관련되는 것은 특별한 허가를 요하기 때문이다.

제3절 수입

제1관 수입

국가의 수입은 권원의 명의에 의하여 구별된다. 즉, 사법상 수입과 공법상 수입을 구별할 수 있다. 사법상 수입은 국유재산의 과실과 관업의 이득 등과 같은 것이오公法上의收入은租稅와밋規費의類ㅣ라現行財政法에在ᄒᆞ야ᄂᆞᆫ반다시此의類別에拘關ᄒᆞᆷ은아니나然이나學理上에在ᄒᆞ야ᄂᆞᆫ國庫가一私人과同一ᄒᆞᆫ權能에基因ᄒᆞ야有ᄒᆞᆫ바權利關係ᄅᆞᆯ依ᄒᆞᆫ收入과國家가固有ᄒᆞᆫ權力關係ᄅᆞᆯ依ᄒᆞᆫ收入은法理上의名義ᄅᆞᆯ相異케ᄒᆞᆷ이로ᄃᆡ다만財產上에在ᄒᆞ야ᄂᆞᆫ此ᄅᆞᆯ不拘ᄒᆞ고均是國家의收入을삼아槪論ᄒᆞᆷ도無妨ᄒᆞ니라

國家ᄂᆞᆫ一個人이得有ᄒᆞᆯ權能을依ᄒᆞ야收入을獲取ᄒᆞᆷ도可得ᄒᆞᄂᆞ니卽資本의利用과農、工、商業의經紀等事ㅣ라然이나此法理關係에對ᄒᆞ야ᄂᆞᆫ特히行政法에在ᄒᆞ야說明키不要ᄒᆞᆯ지며又現行財政法에在ᄒᆞ야ᄂᆞᆫ此種類의收入이主要된部分을占據ᄒᆞᆷ은아니니라

國家의固有ᄒᆞᆫ權力行使에基因ᄒᆞ야收入을得ᄒᆞᆷ은現行財政의通則이니大凡國費ᄂᆞᆫ國民으로ᄒᆞ여곰分擔케ᄒᆞᆷ으로써本則을삼ᄂᆞ니라公課의方法은直接과間接의二種方法이有ᄒᆞ니此ᄅᆞᆯ賦課徵收ᄒᆞᄂᆞᆫ形式을依ᄒᆞ야租稅、規費、專業이라ᄒᆞᄂᆞᆫ等稱이有ᄒᆞ니라

國家가權力을藉ᄒᆞ야私人의資產을徵受ᄒᆞᆯ境遇에直接으로行政上의目的을行

고, 공법상의 수입은 조세와 규비 등과 같은 것이다. 현행 재정법에서는 반드시 이러한 구별에 구속되는 것은 아니나, 강학상 국고가 일개 사인과 같은 권능에 기인한 권리관계에 의한 수입과 국가가 고유한 권력관계에 의한 수입은 법리상 명의를 달리하는 것이지만, 재산상으로는 이와 관계없이 모두 국가의 수입이므로, 뭉뚱그려 대강 설명하는 것도 무방하다.

국가는 일개 사인이 가질 수 있는 권능에 의하여 수입을 획득할 수 있다. 즉, 자본의 이용과 농·공·상업의 경영 등과 같은 것이다. 그러나 이러한 법리관계에 대해서는 특별히 행정법에서 설명할 필요가 없고, 현행 재정법에서는 이러한 종류의 수입이 주요한 부분을 점하는 것도 아니다.

국가의 고유한 권력 행사에 기인하여 수입을 얻는 것은 현행 재정의 원칙이다. 무릇 국가의 비용은 국민이 분담하는 것이 원칙이다. 공과방법은 직접과 간접의 두 가지 방법이 있다. 이를 부과·징수하는 형식에 따라 조세, 규비, 전업 등이라고 한다.

국가가 권력을 빌어서 사인의 자산을 징수할 경우에 직접적으로 행정상 목적을 행

ᄒᆞᆷ과直接으로財政上의目的을行ᄒᆞᄂᆞᆫ者ᄅᆞᆯ混同ᄒᆞᆷ은不可ᄒᆞ니前者ᄂᆞᆫ物件이卽其形体ᄃᆡ로公用에必要ᄒᆞᆫ者ㅣ니土地收用과軍事又ᄂᆞᆫ警察徵發의類가卽此오後者ᄂᆞᆫ物件이其形体ᄃᆡ로公用됨이아니오其價額으로셔財政上必要ᄅᆞᆯ因ᄒᆞ야收入의目的을爲ᄒᆞᆷ이니金錢의公課와物品專買의類가卽此ㅣ라行政上의徵收ᄂᆞᆫ行政各部에在ᄒᆞ야ᄂᆞᆫ業已說明ᄒᆞᆫ바ㅣ오財政上의徵收ᄂᆞᆫ此章에在ᄒᆞ야論ᄒᆞᄂᆞᆫ바ㅣ니共히强制徵收된法理에在ᄒᆞ야ᄂᆞᆫ同一ᄒᆞᆫ者오但其徵收의目的이相異ᄒᆞᆯ뿐이니라

第二欵　租稅

租稅ᄂᆞᆫ財政의收入을爲ᄒᆞ야無償으로資産을强制徵收ᄒᆞᄂᆞᆫ者ㅣ니라

租稅ᄂᆞᆫ私産을强制徵收ᄒᆞᆷ으로써自由의貢獻과區別이有ᄒᆞ고又租稅ᄂᆞᆫ國庫收入을爲ᄒᆞᆷ으로써物件의公用徵收와相異ᄒᆞ야絕對的無償인故로報酬에屬ᄒᆞᄂᆞᆫ規費와區別이有ᄒᆞ니라

課稅의物体ᄂᆞᆫ資産과밋行爲오其外에分頭稅의法이有ᄒᆞ니物件或은行爲로基礎ᄅᆞᆯ作ᄒᆞ지아니코國費ᄅᆞᆯ直接으로各人의게分賦ᄒᆞ나然이나現行我國의制度

하는 것과 직접적으로 재정상 목적을 행하는 것을 혼동하여서는 안 된다. 전자는 물건이 그 형체대로 공용에 필요한 것인데, 토지수용과 군사 또는 경찰징발과 같은 것이고, 후자는 물건이 그 형체대로 공용되는 것이 아니라 가액으로 재정상 필요로 따라 수입을 목적으로 하는 것인데, 금전의 공과와 물품의 전매와 같은 것이다. 행정상 징수는 행정각부에서 이미 설명하였고, 재정상 징수는 이 장에서 논할 것이다. 모두 강제징수라는 법리에서는 같지만, 징수의 목적이 다를 뿐이다.

제2관 조세

조세는 재정의 수입을 위하여 무상으로 자산을 강제징수하는 것이다.

조세는 사유재산을 강제징수하는 것이어서 자유의 공헌과 구별되고, 조세는 국고수입을 위하는 것이어서 물건의 공용수용과 달리 절대적 무상이므로, 보수에 속하는 규비와 구별된다.

과세의 대상은 자산과 행위이다. 그밖에 분두세법이 있는데, 물건 혹은 행위를 기초로 하지 않고 국가의 비용을 직접 개인에게 부과하는 것이나, 현재 우리나라의 제도

로論홀진듸此의國稅法을依훈者는無ᄒᆞ니라
資產을物件에占有와밋所得으로써賦稅의物体를삼는者는租稅와밋所得稅의類오其外特定훈行爲로써賦課의物体를삼는境遇는(一)特定훈法律行爲(登錄印稅類)(二)物의產出、製作又는運輸(釀酒稅、關稅類)(三)營業(各種營業稅)等에對훈各種의稅니라

納稅의主体는各人及各種法人体니納稅의義務는法律을依ᄒᆞ야定ᄒᆞ며行政專權에委任치아니코且稅는國權下에在훈人과밋財產에對홈인故로國籍의內外를不問홈으로써原則을삼느니라

稅率은課稅ᄒᆞ는物體의件數와量數와밋價額等을比準ᄒᆞ야稅額을定홈이定則이니라

大凡稅額을定홈은分酌法과定量法의二種이有ᄒᆞ니一會計年度의要홀稅의總額을法律又는豫算으로써豫定ᄒᆞ야此를各府、郡、邑、市、面、材等團体에分賦ᄒᆞ면各地方團體는此를更히各人의게分課홈은分稅法이니此稅法의在ᄒᆞ야는各人의擔負는所用의總稅額과總納稅義務者의增減을依ᄒᆞ야恒常輕重이有ᄒᆞ

를 논한다면 이러한 국세법에 의한 것은 없다.

자산을 물건의 점유 및 소득으로서 과세의 대상으로 삼는 것은 조세 및 소득세 등이고, 그밖에 특정한 행위를 부과대상으로 삼는 경우는 ① 특정한 법률행위(등록인세 등), ② 물건의 산출, 제작 또는 운수(주세, 관세 등), ③ 영업(각종 영업세) 등에 대한 각종 세금이다.

납세의 주체는 개인 및 각종 법인체이다. 납세의무는 법률에 따라 정하고 행정에 전권을 위임하지 않고, 세금은 국권 하에 있는 사람 및 재산에 대한 것이므로, 국적의 내외를 불문하는 것을 원칙으로 한다.

무릇 세액을 정하는 것은 분작법과 정량법의 두 가지가 있다. 하나의 회계연도에 필요한 총세액을 법률 또는 예산으로 미리 정하여 각각의 부, 군, 읍, 시, 면, 촌 등의 단체에 나누어 부과하면, 각 지방단체는 다시 개인에게 나누어 부과하는 것을 분작법이라 하는데, 이러한 세법에서는 개인의 부담은 필요한 총세액과 총납세의무자의 증감에 따라 항상 경중이 있고法律로써稅의定率을規定ᄒᆞ야每年所用의總稅額을不拘ᄒᆞ고稅則施行의結果로徵收ᄒᆞᆷ은定量稅니此境遇에在ᄒᆞ야ᄂᆞᆫ各人의擔負ᄂᆞᆫ課稅의物体와稅率을依ᄒᆞ야定ᄒᆞᆫ者ㅣ니라

現行의國稅ᄂᆞᆫ所謂定量稅의制度ᄅᆞᆯ依ᄒᆞᆷ이니法律로써課稅物体의主體와밋稅率을規定ᄒᆞ고法律의施行을依ᄒᆞ야定量의擔負에委任ᄒᆞᆷ이오豫算을依ᄒᆞ야擔負의輕重을作ᄒᆞᆷ은아니니라

臣民의納稅義務ᄂᆞᆫ國의分子가되야國家生存의必要에應供ᄒᆞᄂᆞᆫ者ㅣ니兵役과ᄀᆞᆺ치國家에對ᄒᆞ야當然ᄒᆞᆫ擔負ㅣ라故로兵役과밋納稅의義務ᄂᆞᆫ特히憲法定條에揭載ᄒᆞ야此大義ᄅᆞᆯ表彰ᄒᆞᆫ바ㅣ니此二者ᄂᆞᆫ憲法下에在ᄒᆞᆫ臣民의擔負ㅣ라其擔負의分量程度ᄂᆞᆫ國費의所用과民力의貧富ᄅᆞᆯ斟酌ᄒᆞ야時宜ᄅᆞᆯ隨ᄒᆞ야法으로써此ᄅᆞᆯ定ᄒᆞᄂᆞ니라

納稅ᄂᆞᆫ民生의最重最貴ᄒᆞᆫ財産을徵收ᄒᆞᄂᆞᆫ바ㅣ라故로憲法은亦是兵役과均一히此로法律上義務ᄅᆞᆯ삼은바ㅣ오行政便宜에委任치아니ᄒᆞᆷ이니大凡稅ᄅᆞᆯ課ᄒᆞ며稅率을變更ᄒᆞᆷ은반다시國會의協贊을經ᄒᆞ야法律로써可行ᄒᆞᆯ지오勅令以下

다. 그리고 법률로 세금의 정률을 규정하여 매년 필요한 총세액과 관계없이 세칙 시행의 결과로 징수하는 것을 정량법이라 하는데, 이 경우에 개인의 부담은 과세대상과 세율에 의하여 정해지는 것이다.

현행 국세는 이른바 정량세 제도에 의한 것이다. 법률로 과세대상의 주체와 세율을 규정하고 법률의 시행에 정량의 부담을 위임하는 것이고, 예산에 따라 부담의 경중을 작출하는 것은 아니다.

신민의 납세의무는 국가의 요소로서 국가생존의 필요에 따라 제공하는 것이다. 병역과 같이 국가에 대한 당연한 부담이다. 따라서 병역과 납세의 의무는 특별히 헌법에 기재하여 그 취지를 나타내고 있다. 그러므로 양자는 헌법하에 있는 신민의 부담이다. 그 부담의 분량과 정도는 국가비용의 필요와 민력의 빈부를 참작하여 형편에 따라 법으로 정한다.

납세는 민생의 가장 귀중한 재산을 징수하는 것이다. 그러므로 헌법도 병역과 마찬가지로 이를 법률상 의무로 삼고, 행정의 재량에 위임하지 않는 것이니, 무릇 세금을 부과하고 세율을 변경하는 것은 반드시 국회의 협찬을 거쳐 법률로 행할 수 있는 것이고, 칙령 이하의

政府의命令權을依ᄒᆞ야課稅치아니ᄒᆞᆯ事를明言ᄒᆞᆷ으로써臣民은法律의明條에定ᄒᆞᆫ限度와밋方法을不依코擅恣히其資産을侵害ᄒᆞᆯ事가無ᄒᆞ니라

第三款 徵收

一、(徵收區)租稅의徵收ᄂᆞᆫ直接으로國庫가此를行ᄒᆞᆯ境遇와邑、市、面、村에國稅徵收의義務를命ᄒᆞᄂᆞᆫ境遇의區別이有ᄒᆞ니邑、市、面、村의徵收義務ᄂᆞᆫ法律又ᄂᆞᆫ勅令으로써命ᄒᆞ기可得ᄒᆞ되法律로써此를擔負케ᄒᆞᆫ境遇(地租)에ᄂᆞᆫ其徵收費用은其團體에擔負를삼으며勅令으로써特히此를命ᄒᆞᆫ時ᄂᆞᆫ其徵收金額의百分의四를邑、市、面、村에交付ᄒᆞᄂᆞ니邑、市、面、村은單히國庫의補助를與ᄒᆞᆷ이아니오此를徵收ᄒᆞ야國庫에貢納ᄒᆞᆯ獨立의責任을有ᄒᆞᆫ故로過失을因ᄒᆞ야徵收稅金을消費損失ᄒᆞᆫ時ᄂᆞᆫ辨償의責을自任ᄒᆞᆯ지니라

二、(徵受令書)納稅義務ᄂᆞᆫ法律의擔負ㅣ니其實質과形式은共히法律로規定ᄒᆞᄂᆞᆫ바오行政官府ᄂᆞᆫ法律을執行ᄒᆞᆷ에自當ᄒᆞᄂᆞᆫ者ㅣ라故로各人의納稅行爲ᄂᆞᆫ行政官의命令을依ᄒᆞ야行ᄒᆞᄂᆞ니徵稅令書ᄂᆞᆫ即納稅義務를履行케ᄒᆞᄂᆞᆫ催告狀이니라行政官(觀察使、郡守、府尹、牧使)은稅法을解釋ᄒᆞ며課稅의物體、主

정부의 명령권으로 세금을 부과하지 않는다는 것을 명백하게 함으로써, 신민은 법률이 명시한 조항에서 정한 한도와 방법에 의하지 않고 임의로 자산을 침해당하지 않는다.

제3관 징수

1. [징수구] 조세의 징수는 국고가 직접 행할 경우와 읍, 시, 면, 촌에 국세징수의 의무를 명하는 경우로 구별된다. 읍, 시, 면, 촌의 징수의무는 법률 또는 칙령으로 명할 수 있는데, 법률로 부담하게 하는 경우(지조)에 징수비용은 그 단체가 부담하고, 칙령으로 특별히 명한 때에는 징수금액의 100분의 4를 읍, 시, 면, 촌에 교부한다. 읍, 시, 면, 촌은 단순하게 국고를 보조하는 것이 아니라, 이를 징수하여 국고에 공납할 독자적인 책임을 지는 것이므로, 과실로 징수한 세금을 소비·손실한 때에는 변상책임을 진다.

2. [징세영서]* 납세의무는 법률상 부담이다. 실질과 형식을 모두 법률로 규정하고, 행정관청은 법률의 집행을 담당하는 것이므로, 개개인의 납세행위는 행정관의 명령에 따라 행한다. 징세영서는 납세의무를 이행하게 하는 최고장이다. 행정관(관찰사, 군수, 부윤, 목사)은 세법을 해석하고 과세의 대상, 주

* 역자 주: 원문에는 징수영서라고 기재되어 있으나 맥락상 징세영서의 오기라고 생각된다.

體、稅率、納稅期를審查ᄒᆞ며納稅人의擔負를認定ᄒᆞ야此를通告ᄒᆞᄂᆞᆫ者ㅣ니라邑、市、面、村에在ᄒᆞ야國稅義務가有ᄒᆞᆫ境境에ᄂᆞᆫ爲先邑、市、面、村에對ᄒᆞ야徵稅令書를發ᄒᆞ면邑、市、面、村長은徵稅令書를依ᄒᆞ야更히各項納稅人에對ᄒᆞ야徵稅傳令書를發ᄒᆞ고其他境遇에在ᄒᆞ야ᄂᆞᆫ直接으로徵稅令書를發ᄒᆞᄂᆞ니라

三、（納金）稅의納期ᄂᆞᆫ各種租稅에就ᄒᆞ야其規不一ᄒᆞ니各各特別히其稅則을規定ᄒᆞᆷ이라特別規定이無ᄒᆞᆫ臨時收入에關ᄒᆞᆫ者ᄂᆞᆫ其納稅期日을定ᄒᆞ야徵稅令書或은徵稅傳令書를發ᄒᆞ면各納稅人은稅金을邑、市、面、村의收入員或은政府金庫에呈納ᄒᆞ고其領收證을受ᄒᆞ야納稅義務를畢了ᄒᆞ며邑、市、面、村은其徵收ᄒᆞᆫ稅金을政府金庫에呈納ᄒᆞ고其領收證을受ᄒᆞ야其領收義務를畢了ᄒᆞᄂᆞᆫ者ㅣ니라

四、（滯納處分）納稅義務者가納稅期限을過ᄒᆞ거나稅金을完納ᄒᆞ지아니ᄒᆞᆯ時ᄂᆞᆫ國稅滯納處分法을依ᄒᆞ야强制徵收ᄒᆞᄂᆞ니强制徵收의方法은督促財産의執留及公賣니라

滯納者에對ᄒᆞ야收入官吏ᄂᆞᆫ爲先督促令狀을發ᄒᆞ고規費金三錢을徵收ᄒᆞ며督

체, 세율, 납세기한을 심사하며, 납세자의 부담을 인정하여 이를 통고한다. 읍, 시, 면, 촌에서 국세의무가 있는 경우에는 먼저 읍, 시, 면, 촌에 징세영서를 발부하면, 읍, 시, 면, 촌장은 징세영서에 의하여 다시 각각의 납세자에게 징세전영서를 발부한다. 그 밖의 경우에는 직접 징세영서를 발부한다.

3. [납금] 세금의 납기는 조세의 종류에 따라 같지 않으므로, 각각 특별히 세칙을 규정한다. 특별한 규정이 없는 임시수입에 관한 것은 납세기일을 정하여 징세영서 또는 징세전령서를 발부하면, 각 납세자는 세금을 읍, 시, 면, 촌의 수입원 또는 정부금고에 납부하고 영수증을 받아 납세의무를 완료하며, 읍, 시, 면, 촌은 징수한 세금을 정부금고에 납부하고 영수증을 받아 영수의무를 완료한다.

4. [체납처분] 납세의무자가 납세기한을 넘기거나 세금을 완납하지 않은 때에는 국세체납처분법에 따라 강제징수한다. 강제징수의 방법은 독촉재산의 압류 및 공매이다.

수입관리는 먼저 체납자에게 독촉영장을 발부하고, 규비 3전을 징수하며, 독

促令狀을受ᄒᆞᆫ日로브터五日以內에稅金을完納ᄒᆞ지아니ᄒᆞᆯ時ᄂᆞᆫ其所有財産을執留ᄒᆞᄂᆞ니執留命令書ᄂᆞᆫ地方長官이此ᄅᆞᆯ發ᄒᆞ며其執行은收入官吏가行ᄒᆞ되財産差押은滯納稅金及處分費에充ᄒᆞᆯ金額으로써目筭을삼아一定ᄒᆞᆫ順序位次ᄅᆞᆯ從ᄒᆞ야其財産을逐次執留ᄒᆞᆷ이나萬一其財産의價格이處分費ᄅᆞᆯ辨償ᄒᆞ고其剩餘ᄅᆞᆯ得ᄒᆞᆯ餘地가無ᄒᆞᆷ으로推測ᄒᆞᆯ時ᄂᆞᆫ執留ᄒᆞᆯ事ᄅᆞᆯ不得ᄒᆞᄂᆞ니此ㅣ卽滯納處分은違法行爲에對ᄒᆞᆫ處罰과其性質이相異ᄒᆞᆫ所以며또滯納者와及其同居家族의生活上可闕치못ᄒᆞᆯ物、實印、名譽의章票와祭祀、修學上의必要品、發明、著作의未發行者等類ᄂᆞᆫ此ᄅᆞᆯ執留ᄒᆞ기不許ᄒᆞ고其賣却은公示ᄒᆞ야投票或은競賣의方法으로써公賣ᄒᆞ되其代價로써稅金及處分費에充ᄒᆞ고尙且餘額이有ᄒᆞᆯ時ᄂᆞᆫ此ᄅᆞᆯ滯納者의게還付ᄒᆞᄂᆞ니라

五、(寬限及免除)稅의徵收ᄂᆞᆫ行政處分으로써此ᄅᆞᆯ寬限ᄒᆞ기不得ᄒᆞ되다만納稅人이非常ᄒᆞᆫ災變에罹ᄒᆞ야稅金을納ᄒᆞ기不能ᄒᆞᆷ으로認ᄒᆞᆯ時ᄂᆞᆫ度支部大臣은其情況을依ᄒᆞ야被害當時의未納稅金과밋被害後六個月以內의納期에關ᄒᆞᆫ稅金만其納期後十二個月로限度ᄅᆞᆯ삼아徵收ᄅᆞᆯ寬限ᄒᆞ기得ᄒᆞ며稅의免除ᄂᆞᆫ特別

촉영장을 받은 날로부터 50일 이내에 세금을 완납하지 않는 때에는 그 소유재산을 압류한다. 압류명령서는 지방장관이 발부하고 집행은 수입관리가 행하되, 재산의 차압은 체납세금 및 처분비에 충당할 금액을 목표로 일정한 순위에 따라 재산을 순차적으로 압류하는 것이나, 만일 그 재산의 가격이 처분비를 변상하고 잉여를 얻을 수 없는 것으로 추정되는 때에는 압류를 할 수 없다. 이러한 체납처분은 위법행위에 대한 처벌과 성질이 다르기 때문이고, 체납자와 동거가족의 생활에 필수적인 물건, 실인, 명예의 표창과 제사·수학상의 필수품, 미발행의 발명·저작물 등은 압류할 수 없고, 그 매각은 공시하여 입찰 또는 경매의 방법으로 공매하되, 그 대가로 세금 및 처분비에 충당하고 나머지가 있을 때에는 납세자에게 환부한다.

5. [유예 및 면제] 세금의 징수는 행정처분으로 유예할 수 없다. 다만, 납세자가 비상한 재변을 당하여 세금을 납부할 수 없다고 인정할 때에는 도지부대신은 그 정황에 따라 피해 당시의 미납세금과 피해 후 6개월 이내의 납기에 관한 세금만 납기 후 20개월을 한도로 징수를 유예할 수 있다. 세금의 면제는 특별

ᄒᆞᆫ法或은其法律의委任을依ᄒᆞ지아니ᄒᆞ면此를行홈을不許ᄒᆞ되다만徵稅令書或은徵稅傳令書를不發ᄒᆞ거나又ᄂᆞᆫ此를發ᄒᆞ얏슬지라도其徵收를不行ᄒᆞ고納期翌日로브터起筭ᄒᆞ야滿三個年을經過ᄒᆞᆫ時ᄂᆞᆫ(時効)納稅人은其義務를得免ᄒᆞᄂᆞᆫ者ㅣ니라

六、(訴訟)租稅의賦課徵收ᄂᆞᆫ私產을徵收ᄒᆞᄂᆞᆫ故로가장愼重홈을另加ᄒᆞᆯ지며又納稅擔負의量額과밋方法은法律에嚴密ᄒᆞᆫ規定이有ᄒᆞᆫ故로行政官은法律을解釋ᄒᆞ야事實대로判定ᄒᆞᄂᆞᆫ外에職權便宜의處分을行ᄒᆞᆯ餘地가無ᄒᆞᆯ지라是以로徵稅處分은行政裁判事項됨에適合ᄒᆞ니大凡租稅賦課徵收의行政處分이法에違ᄒᆞ야權利로損塲ᄒᆞᆯ境遇에在ᄒᆞ야ᄂᆞᆫ行政訴訟或은行政訴願의方法을依ᄒᆞ야監督官廳或은行政裁判所의審判을請ᄒᆞ기可得ᄒᆞᄂᆞ니라

七、(罰則)滯納處分에對ᄒᆞ야財產을藏匿脫漏ᄒᆞ거나又ᄂᆞᆫ虛僞의契約을結ᄒᆞᆫ者ᄂᆞᆫ一個月以上二個年以下의重禁錮에處ᄒᆞ고執留物件의保管者가其保管에關ᄒᆞᆫ物件을藏匿、脫漏、消費ᄒᆞ거나或은故意로써毁損ᄒᆞᆫ者도亦同ᄒᆞ며其內情을知ᄒᆞ고右의行爲를幇助ᄒᆞ거나又ᄂᆞᆫ虛僞의契約을承諾ᄒᆞᆫ者ᄂᆞᆫ各其本刑에一

법 또는 그 법률의 위임에 의하지 않으면, 이를 행할 수 없다. 다만 징세영서 또는 징세전령서를 발부하지 않거나 발부하였더라도 징수하지 않고 납기 다음 날부터 기산하여 만 30개월을 경과한 때에는(시효) 납세자는 그 의무를 면할 수 있다.

6. [소송] 제세의 부과·징수는 사유재산을 징수하는 것이므로 가장 신중하여야 할 것이고, 납세부담의 수액과 방법은 법률에 엄격한 규정이 있으므로, 행정관은 법률을 해석하여 사실대로 판정하는 것 외에 직권편의적인 처분을 행할 여지가 없다. 그러므로 징수처분은 행정재판사항으로 적합하다. 무릇 조세부과와 징수의 행정처분이 위법하여 권리를 손상할 경우에는 행정소송 또는 행정소원의 방법에 따라 감독관청 또는 행정재판소의 심판을 청구할 수 있다.

7. [벌칙] 체납처분에 대하여 재산을 은닉·탈루하거나 허위의 계약을 체결한 사람은 1개월 이상 2개년 이하의 중금고에 처하고, 압류물건의 보관자가 보관하고 있는 물건을 은닉, 탈루, 소비하거나 고의로 훼손한 경우도 같으며, 그러한 사정을 알고 위와 같은 행위를 방조하거나 허위의 계약을 승낙한 사람은 각각의 기본형에 한

等을減ᄒᆞᄂᆞ니라

本章에揭戴ᄒᆞᆫ規定은關稅徵收에ᄂᆞᆫ適用치아니ᄒᆞᄂᆞ니關稅ᄂᆞᆫ特別히關稅法을依ᄒᆞ야處分ᄒᆞᄂᆞ니라

第四欵 規費

規費ᄂᆞᆫ官府行爲에對ᄒᆞ거나又ᄂᆞᆫ公共의營造物使用에對ᄒᆞ야徵收ᄒᆞᄂᆞᆫ者ㅣ니라

當事者間의契約을因ᄒᆞ야給付의對價ᄅᆞᆯ삼아收納ᄒᆞᄂᆞᆫ者ᄂᆞᆫ公法上의所謂規費ᄂᆞᆫ아니라公法上의收入을삼ᄂᆞᆫ規費ᄂᆞᆫ法規의適用으로國權의作用을依ᄒᆞ야徵收ᄒᆞᄂᆞᆫ者ㅣ니其性質은租稅와相似ᄒᆞᆫ類오私法上의名義ᄅᆞᆯ由ᄒᆞᆫ規費或은使用料와ᄂᆞᆫ不同ᄒᆞ니라

官府行爲에對ᄒᆞᆷ이라稱ᄒᆞᆯ時ᄂᆞᆫ積極消極의行政行爲ᄅᆞᆯ包含ᄒᆞᆷ이니其行爲가對手者의게利益되ᄂᆞᆫ與否로要素ᄅᆞᆯ삼음은아니라規費ᄂᆞᆫ私法上觀念에在ᄒᆞᆫ對價或은賠償으로써論ᄒᆞᆷ은不可ᄒᆞ나行政處分의費用은大ᄒᆞ되其規費ᄂᆞᆫ小額되ᄂᆞᆫ者ㅣ有ᄒᆞᆯ지며規費ᄂᆞᆫ多額이로ᄃᆡ個人의受ᄒᆞᄂᆞᆫ利益은甚少ᄒᆞᆫ者도有ᄒᆞᆯ지나

등급을 감한다.

본장에 게재한 규정은 관세의 징수에는 적용하지 않는다. 관세는 관세법에 따라 처분한다.

제4관 규비

규비는 관청의 행위나 공공영조물의 사용에 대하여 징수하는 것이다.

당사자 사이의 계약으로 급부의 대가를 받는 것은 공법상 이른바 규비가 아니다. 공법상 수입인 규비는 법규의 적용으로 국권의 행사에 의하여 징수하는 것이어서, 그 성질은 조세와 다르고, 사법상 권원에 의한 규비 또는 사용료와도 다르다.

관청의 행위에 대한 것이라고 할 때에는 적극·소극의 행정행위를 포함하는데, 그 행위가 상대방에게 이익이 되는지 여부는 요건이 아니다. 규비는 사법상 관념으로 대가 또는 배상을 논할 수 없다. 행정처분의 비용은 크지만 그 규비는 소액이 될 수 있고, 규비는 다액이지만 개인이 받는 이익은 사소한 것도 있을 수 있다.

다만法理上에要素를삼ᄂᆞᆫ点은私人을爲ᄒᆞ야行ᄒᆞᄂᆞᆫ官府行爲에對ᄒᆞ야其當事者로브터徵收홈에在ᄒᆞ니此ㅣ租稅와相異홈으로써規費의名稱이有ᄒᆞᆫ所以니라租稅ᄂᆞᆫ絕對的으로賦課홈이오規費ᄂᆞᆫ關係的으로官府行爲를要ᄒᆞᄂᆞᆫ者로브터徵收ᄒᆞᄂᆞ니라

官府處分에對ᄒᆞ야徵收ᄒᆞᄂᆞᆫ規費ᄂᆞᆫ司法上行爲에對ᄒᆞᆫ者와行政上行爲에對ᄒᆞᆫ者의二個區別이有ᄒᆞ니此區別은憲法上規程에關ᄒᆞ야必要홈이라司法上에規費ᄂᆞᆫ法律로써規定ᄒᆞ며行政上의規費ᄂᆞᆫ國會의協賛을要ᄒᆞ지아니코勅令으로써此를規定키可得ᄒᆞᄂᆞ니司法上의規費ᄂᆞᆫ民事刑事의爭訟事件과밋非訟事件에關ᄒᆞ야收納ᄒᆞᄂᆞᆫ者를指稱홈이오行政上의規費ᄂᆞᆫ行政處分에對ᄒᆞ거나又ᄂᆞᆫ公의營造物使用에對ᄒᆞ야徵收ᄒᆞᄂᆞᆫ者를指稱홈이니行政處分에對ᄒᆞᄂᆞᆫ者ᄂᆞᆫ法律行爲의公認、公證、准許、特許等의規費種類오營造物使用에對ᄒᆞᄂᆞᆫ者ᄂᆞᆫ學校의授業料、公道水面의使用料等이니라다만官有營造物(例如鉄道)의使用이政府와私人의契約을依ᄒᆞᆫ境遇에在ᄒᆞ야ᄂᆞᆫ其使用料의收納은契約履行에屬홈이오純全ᄒᆞᆫ公法上의規費로看做홈은不可ᄒᆞ니其外形은二者가相異ᄒᆞᆫ바ㅣ

다만 법리상 요건이 되는 점은 사인을 위하여 행하는 관청의 행위에 대하여 그 당사자로부터 징수하는 것에 있다. 이는 조세와 달리 규비라는 명칭이 있는 까닭이다. 조세는 절대적으로 부과하는 것이고, 규비는 관계적으로 관청의 행위를 요하는 사람으로부터 징수한다.

관청의 처분에 대하여 징수하는 규비는 사법상 행위에 대한 것과 행정상 행위에 대한 것 두 개로 구별된다. 이러한 구별은 헌법상 규정과 관련하여 필요한 것이다. 사법상 규비는 법률로 규정하고, 행정상 규비는 국회의 협찬을 요하지 않고 칙령으로 규정할 수 있다. 사법상 규비는 민사·형사의 쟁송사건과 비송사건에 관하여 수납하는 것을 지칭하고, 행정상 규비는 행정처분이나 공공영조물의 사용에 대하여 징수하는 것을 지칭한다. 행정처분에 대한 것은 법률행위의 공인, 공증, 허가, 특허 등에 대한 규비와 같은 것이고, 영조물의 사용에 대한 것은 학교의 수업료, 공도·수면의 사용료 등이다. 다만 관유영조물(예를 들면, 철도의 사용)이 정부와 사인의 계약에 의한 경우에 그 사용료의 수납은 계약의 이행에 속하는 것이고 순수하게 공법상 규비로 간주할 수 없는데, 외형은 양자가 다르지

無ᄒᆞᆫ대다만徵收의名義가法規ᄅᆞᆯ直接ᄒᆞᆷ에依ᄒᆞᆫ者와合意의約款을삼아要約ᄒᆞᆫ
使用料ᄅᆞᆯ收納ᄒᆞᄂᆞᆫ者의差異가有ᄒᆞ니라
公法上規費의賦課徵收ᄂᆞᆫ租稅와ᄀᆞᆺ치行政訴願과밋行政訴訟의提起로써違法處分에對抗ᄒᆞᆯ事ᄅᆞᆯ可得ᄒᆞ나然이나此로民事訴訟을삼아司法裁判所의審判을請求키不許ᄒᆞ며私法上의規費ᄂᆞᆫ規費의名稱이有ᄒᆞᆫ境遇라도即普通의債務ㅣ라故로民事裁判所權限에屬ᄒᆞᄂᆞ니라

第五欵 專業

國家의財用을爲ᄒᆞ야某種事業을一般히禁止ᄒᆞ고政府에셔獨專히此ᄅᆞᆯ營行ᄒᆞ야其利得으로써收入의增加ᄅᆞᆯ圖ᄒᆞᆷ을專業이라稱ᄒᆞᄂᆞ니라
政府가一個人과均一ᄒᆞᆫ權能으로官業을營行ᄒᆞ야收利ᄅᆞᆯ삼음은私法上行爲에屬ᄒᆞ고其國庫의財源되ᄂᆞᆫ與否ᄂᆞᆫ不問ᄒᆞᄂᆞ니特히公法上의法理로써論ᄒᆞ기不要ᄒᆞᆫ故로官業은반다시所謂專業됨은아니니라
政府ᄂᆞᆫ警察、衛生、敎育、交通、軍事其他의公益을爲ᄒᆞ야某種事業으로써官의專業을삼고此ᄅᆞᆯ一私人의게不許ᄒᆞᆷ도有ᄒᆞ니此境遇에ᄂᆞᆫ專業일지라도國家의

않지만, 징수의 권원이 법규를 직접 근거한 것과 합의의 약관으로 약정한 사용료를 수납하는 것이라는 차이가 있다.

공법상 규비의 부과·징수는 조세와 같이 행정소원과 행정소송의 제기로 위법처분에 대항할 수 있으나, 이를 민사소송으로 사법재판소에 심판을 청구할 수 없다. 민사상의 규비는 규비라는 명칭이 있는 경우라도 보통의 채무이므로, 민사재판소의 관할에 속한다.

제5관 전업

국가재정의 필요를 위하여 어떠한 사업을 일반적으로 금지하고 정부에서 독점적으로 영위하여 그 이득으로 수입의 증가를 도모하는 것을 전업이라고 부른다.

정부가 일개 개인과 동일한 권능으로 관업을 영위하여 수익을 얻는 것은 사법상 행위에 속하고 국고의 재원이 되는지 여부는 불문한다. 특별히 공법상 법리로 논할 필요는 없으므로, 관업이 반드시 이른바 전업이 되는 것은 아니다.

정부는 경찰, 위생, 교육, 교통, 군사 그밖에 공익을 위하여 어떠한 사업을 관의 전업으로 삼고 사인에게 허용하지 않는 것도 있는데, 이 경우에는 전업이라고 하더라도 국가의

收入을增加ᄒᆞ는直接의目的을삼음은아닌즉財政上의專業이라稱홈은不可ᄒᆞ니라

財政上의專業이同時에公益上에專業됨도無妨ᄒᆞ니同一의事業이公益及財用의兩個目的을得達홈은차라리行政의適宜홈을得ᄒᆞᆫ者ㅣ라稱ᄒᆞᆯ지나然이나公益으로써專主ᄒᆞᆯ진ᄃᆡ收利의著大홈을不得ᄒᆞᆯ지며收入으로써專主ᄒᆞᆯ진대往往公益의不便홈을難免ᄒᆞ는故로不得已ᄒᆞᆫ境遇에在ᄒᆞ야는政府는財用만目的ᄒᆞ야專業을營行ᄒᆞᄂᆞ니라

專業은租稅와或은規費와如히賦課徵收의一種이아니오政府歲入財源의名稱이라다만其事業의經營이私法上自由權能에基因치아니코權力强制를依ᄒᆞ야其目的을達ᄒᆞ는故로特히此로公法上의財源을삼아揭載홈이니라

專業이란者가直接으로收入을增加홈이아니오專業의結果로써生ᄒᆞ는利得이財用의資産이라其利益을收納ᄒᆞ는形式은規費의徵收며普通의賣買오또間接稅의性質을保有ᄒᆞᆫ事도不無ᄒᆞᆫ故로專業이란者는公法上의財源이로대專業을因ᄒᆞ야生ᄒᆞ는利益을受納ᄒᆞ는方法은私法上의名義된事도有ᄒᆞ며또公法上의

수입 증가를 직접적인 목적으로 하는 것이 아니어서, 재정상의 전업이라고 부를 수 없다.

재정상의 전업이 동시에 공익상의 전업이어도 무방하다. 하나의 사업이 공익 및 재정의 필요라는 두 가지 목적을 달성한다면 오히려 적절한 행정이라고 할 수 있다. 그러나 공익에 중점을 두면 수익이 현저히 클 수 없고, 수입에 중점을 두면 종종 공익의 불편을 면하기 어려우므로, 부득이한 경우에만 정부는 재정의 필요를 목적으로 전업을 운영한다.

전업은 조세 또는 규비와 같이 부과징수의 일종이 아니고, 정부의 세입 재원의 명칭이다. 다만 사업의 경영이 사법상 자유권능에 기인하지 않고 권력강제에 의하여 목적을 달성하는 것이어서, 특별히 이것을 공법상의 재원으로 기재한 것이다.

전업이라는 것이 직접적으로 수입을 증가하는 것이 아니고, 전업의 결과로 생기는 이득이 재정에 필요한 자산이다. 그 이익을 수납하는 형식은 규비의 징수이자 보통의 매매이며 간접세의 성질을 가지는 것도 없지 않으므로, 전업이라는 것은 공법상의 재원이지만 전업으로 인하여 생기는 수익을 수납하는 방법은 사법상 권원인 것도 있고 공법상의

性質이有ᄒᆞᆫ事를忘却ᄒᆞᆷ은不可ᄒᆞ니라

例如郵便、電信、電話等의事業으로政府의專業을삼음은公益의目的과財用의目的을幷達ᄒᆞᆷ이오官蔘、虎皮、(比如日本之煙艸專賣)專賣等은專히財用으로만目的을삼ᄂᆞᆫ專業이니郵便、電信의利益은規費의形式으로收納ᄒᆞ고官蔘、虎皮의專賣ᄂᆞᆫ賣買의代價로收利를삼음과如ᄒᆞᆫ者ㅣ니라

第四節　會計

第一欵　總則

政府의會計年度ᄂᆞᆫ十二個月로써一年度를삼ᄂᆞ니每年正月一日에始ᄒᆞ야其年十二月末日에終호대會計年度에屬ᄒᆞᄂᆞᆫ歲入歲出의出納에關ᄒᆞᄂᆞᆫ事務ᄂᆞᆫ翌年八月末日을限ᄒᆞ야悉皆完結ᄒᆞᆷ이可ᄒᆞᆷ이라國庫의出納은各年度로써一期를삼아總括計筭ᄒᆞᄂᆞ니一會計年度에屬ᄒᆞᄂᆞᆫ一切의收納을歲入이라ᄒᆞ며一切의經費를歲出이라ᄒᆞ야其年度의歲入으로써其歲出에充用ᄒᆞᄂᆞ니五百四年三月三十日法律第二号會計法第一章第五條를參考ᄒᆞᆯ지니라

大凡歲入及歲出은年度마다豫計ᄒᆞ야歲計豫筭을調製ᄒᆞᄂᆞ니總豫筭은歲入歲

성질도 있다는 것을 잊어서는 안 된다.

예를 들면, 우편, 전신, 전화 등의 사업을 정부의 전업으로 삼는 것은 공익의 목적과 재정의 목적을 함께 이루고자 하는 것이고, 인삼, 호피의 전업(이와 유사한 일본에서의 담배 전매) 등은 오로지 재정의 필요만 목적으로 삼는 전업이다. 우편, 전신의 이익은 규비의 형식으로 수납하고 인삼, 호피의 전매는 매매의 대가로 수익을 얻는 것과 같은 것이다.

제4절 회계

제1관 총칙

정부의 회계연도는 12개월로 1년도를 삼는다. 매년 1월 1일에 시작하여 그해 12월 31일에 마친다. 회계연도에 속한 세입·세출의 출납에 관한 사무는 다음 해 8월 31일까지 모두 완결하여야 한다. 국고의 출납은 각 연도를 1기로 삼아 총괄하여 계산한다. 1회계연도에 속한 일체의 수납을 세입이라 하고, 일체의 경비를 세출이라고 하며, 그 해의 세입으로 세출을 충당한다. 504년 3월 30일 법률 제2호 회계법 제1장 제5조를 참조할 것이다.

무릇 세입 및 세출은 연도마다 미리 계산하여 세계예산을 짠다. 총예산은 세입·세

出을各各此를經常、臨時의二部로大別ᄒᆞ대各部中에此를款項으로區分ᄒᆞᄂᆞ니會計法第二章第九條第十條第十一條를叅考ᄒᆞᆷ이可ᄒᆞ니라

豫筭은度支部大臣이爲先歲入의情況을調査ᄒᆞ며各部의預定經費要求書에基因ᄒᆞ야歲入歲出總豫筭을調製ᄒᆞ야此를議政府에提出ᄒᆞ면議政府ᄂᆞᆫ此를審議決定ᄒᆞ야裁可를經ᄒᆞ야公布ᄒᆞᆷ으로써成立ᄒᆞᄂᆞ니豫筭이成立치못ᄒᆞᆯ時ᄂᆞᆫ前年度의預筭을準行ᄒᆞ기可得ᄒᆞᄂᆞ니라（會計法第九條第十條）

大凡收入은法律命令을依ᄒᆞ야此를徵收ᄒᆞ야國庫에納入ᄒᆞ며支出은法律命令을依ᄒᆞ야豫筭에定ᄒᆞᆫ目的과밋定額範圍內에서此를行ᄒᆞᆷ으로豫筭各款項의金額은彼此挪用ᄒᆞᆷ을不得ᄒᆞᄂᆞ니同款中各項의金額을挪用（異款中金額은挪用ᄒᆞᆷ을不得ᄒᆞᆷ）ᄒᆞᆯ時ᄂᆞᆫ度支部大臣의承認을必經ᄒᆞᆯ지니라（會計法第十二條）

國務各大臣은其所管定額을使用ᄒᆞ기爲ᄒᆞ야國庫에向ᄒᆞ야出給命令을發ᄒᆞ기得ᄒᆞᄂᆞ니라（會計法第四章第二十條第二十一條）

各年度에在ᄒᆞᆫ收入支出의現計를決筭이라ᄒᆞᄂᆞ니歲入歲出의總決筭은豫筭과同一ᄒᆞᆫ節次로써度支部大臣이此를調製ᄒᆞ야議政府의承認을要ᄒᆞᆯ지니라（列

출을 각각 경상, 임시의 2부로 크게 나누고, 각 부를 관항으로 구분한다. 회계법 제2장 제9조, 제10조, 제11조를 참조하여야 한다.

예산은 도지부대신이 우선 세입의 상황을 조사하고 각 부의 예정경비요구서에 기인하여 세입·세출의 총예산을 짜서 의정부에 제출하면, 의정부는 이를 심의·결정하여 재가를 거쳐 공포함으로써 성립한다. 예산이 성립하지 못할 때에는 전년도의 예산을 준하여 행할 수 있다(회계법 제9조, 제10조).

무릇 수입은 법률·명령에 의하여 징수하여 국고에 납입하고, 지출은 법률·명령에 의하여 예산에서 정한 목적과 금액 범위 내에서 행하는 것이므로, 예산상의 각 항목의 금액은 서로 전용할 수 없다. 같은 관 아래의 각 항의 금액을 전용(다른 관 아래의 금액은 전용할 수 없음)할 때에는 도지부대신의 승인을 거쳐야 한다(회계법 제12조).

각 연도에서의 수입·지출의 계산을 결산이라고 한다. 세입·세출의 총결산은 예산과 같은 절차로 도지부대신이 짜서 의정부의 승인을 받아야 한다(다른

國은此次에會計檢查院의審査確定홈을要ᄒᆞ야政府가此를國會에報告[illegible]會計法第五章第二十三條第二十四條에決算의次序를揭載ᄒᆞᆫ바ㅣ有ᄒᆞ나我國自來의慣行法과其他諸般財務行政機關이具備치못홈으로써此等節次에關ᄒᆞ야完備홈을自誇키難ᄒᆞᆫ遺憾이不無ᄒᆞ도다

第二款　豫筭

國家의歲計豫算은一會計年度에對ᄒᆞᆫ歲入及歲出의豫測計算이라財政을監督ᄒᆞ기爲ᄒᆞ야設備ᄒᆞᆫ者ㅣ니會計法第二章第九條以下各條를叅考홈이可ᄒᆞ니라豫筭制度ᄂᆞᆫ諸國이其法理를各異케ᄒᆞᄂᆞᆫ故로此를槪論키難ᄒᆞ나다만一個要點은豫筭과會計法을混同ᄒᆞᆫ制度와豫算과會計法을分離ᄒᆞᆫ制度에關ᄒᆞ야可히注意ᄒᆞᆯ지라前者의制度를採用ᄒᆞᄂᆞᆫ歐洲諸國에在ᄒᆞ야ᄂᆞᆫ每年議定ᄒᆞᄂᆞᆫ豫算이即會計法이니豫筭은即財政法律이라稱ᄒᆞᄂᆞᆫ法理가或行홈이오後者의制度를採用ᄒᆞᄂᆞᆫ我國及日本의國法에在ᄒᆞ야ᄂᆞᆫ財務를規律ᄒᆞᆫ法規ᄂᆞᆫ會計法이니永久의法律이며豫算은受入支出의豫計라一年度에對ᄒᆞ야만其效用이有ᄒᆞ니豫筭이國家財政에在ᄒᆞᆫ效力은會計法에規定ᄒᆞᆫ바ㅣ오每年의豫算表가直接으로法律

나라들은 이어서 회계검사원이 심사·확정하여 정부가 국회에 보고함). 회계법 제5장 제23조, 제24조에서 결산의 순서를 기재하고 있으나, 우리나라 전래의 관행법과 그 밖의 제반 재무행정기관이 구비되어 있지 않아서, 이와 같은 절차가 완비되었다고 하기 어렵다는 점은 유감이라고 하지 않을 수 없다.

제2관 예산

국가의 세계예산은 1회계연도에 대한 세입 및 세출의 예측계산으로서, 재정을 감독하기 위하여 마련된 것이다. 회계법 제2장 제9조 이하 각 조를 참조하여야 할 것이다. 예산제도는 나라마다 법리가 다르므로, 이를 개략적으로도 설명하기 어렵지만, 하나의 요점은 예산과 회계법을 혼동하는 제도와 예산과 회계법을 분리하는 제도에 관하여 주의하여야 한다. 전자의 제도를 채택하는 유럽의 나라들에서는 매년 의결하는 예산이 회계법이어서 예산은 재정법률이라고 하는 법리가 행해지기도 하고, 후자의 제도를 채택하는 우리나라 및 일본의 국법에서는 재무를 규율하는 법규는 회계법으로서 영구적인 법률이며 예산은 수입·지출의 추계로서 1년도에 대해서만 효력이 있다. 예산이 국가재정에 미치는 효력은 회계법에 규정된 것이고 매해의 예산표가 직접 법적인의効力을生ᄒᆞᆷ은아님으로其効力인즉一般特別의法律로써定ᄒᆞᆫ바ㅣ라此ᄅᆞᆯ簡易히論ᄒᆞ면豫算은法力이無ᄒᆞ고豫算의法力은即會計의法力이니豫算은會計法의附錄이되야每年更新ᄒᆞᄂᆞᆫ豫見表니라

又此ᄅᆞᆯ案察ᄒᆞ건ᄃᆡ國民의私財ᄅᆞᆯ徵收ᄒᆞ야政府經費에充用ᄒᆞᆷ은特히國民自由의承諾을要ᄒᆞᆫ다稱ᄒᆞᄂᆞᆫ國家와及其時代에在ᄒᆞ야ᄂᆞᆫ豫算議定의重點은歲出에不在ᄒᆞ고即歲入에在ᄒᆞ니歲出의豫算은歲入을要求ᄒᆞᄂᆞᆫ必要가有ᄒᆞᆫ바ᄅᆞᆯ指示ᄒᆞᆷ인故로豫算이否決될時ᄂᆞᆫ政府가經費ᄅᆞᆯ支出ᄒᆞᆯ權能이無ᄒᆞ다稱ᄒᆞᆷ이아니라政府가歲出에可히充用ᄒᆞᆯ歲入을徵收키不得ᄒᆞᆷ이오又或國家의資產은國民共有에屬ᄒᆞ며政府ᄂᆞᆫ其管理者ㅣ라故로此ᄅᆞᆯ處分ᄒᆞᆷ은國民의自由意思로써特히其權限을與ᄒᆞᆫ者ㅣ라稱ᄒᆞᄂᆞᆫ法理ᄅᆞᆯ採用ᄒᆞᄂᆞᆫ國에在ᄒᆞ야ᄂᆞᆫ豫算議定의重點은經費의支途에在ᄒᆞᆫ故로豫算이否決될時ᄂᆞᆫ政府ᄂᆞᆫ法律을依ᄒᆞ야租稅ᄂᆞᆫ徵收ᄒᆞ기得ᄒᆞ나國庫金은使用ᄒᆞᆯ權限이無ᄒᆞ니此等의制度法理ᄂᆞᆫ歐洲如何ᄒᆞᆫ時代如何ᄒᆞᆫ國에서施行ᄒᆞᆫ바ㅣ나然이나此皆特異ᄒᆞᆫ制度ㅣ니此制度로ᄒᆞ여곰現今我國法理上이나其他東洋諸國法理上에推論ᄒᆞ기不得ᄒᆞᆯ지니라

효력을 발생시키지 않으므로, 통상 특별법으로 정한다. 이를 간략히 설명하면, 예산은 법적 효력이 없고 예산의 법적 효력은 회계의 법적 효력이다. 예산은 회계법의 부록으로서 매년 갱신하는 예견표이다.

더 나아가 살피건대, 국민의 사유재산을 징수하여 정부 경비에 충당하는 것에 특별히 국민의 자유의 승낙이 필요하다고 하는 국가와 시대에서는 예산의결의 중점은 세출에 있지 않고 세입에 있다. 세출예산은 세입을 요구하는 필요를 가리키는 것이므로, 예산이 부결된 때에는 정부가 경비를 지출할 권능이 없다는 것이 아니라 정부가 세출에 충당하여야 할 세입을 징수할 수 없다는 것이다. 또한 국가의 자산은 국민의 공유에 속하고 정부는 그 관리자이므로, 이를 처분하는 것은 국민의 자유의사로 특별히 그 권한을 준 것이라고 하는 법리를 채택하는 국가에서는, 예산의결의 중점은 경비의 용도에 있으므로, 예산이 부결된 때에는 정부가 법률에 따라 조세를 징수할 수는 있으나 국고금은 사용할 권한이 없다. 위와 같은 제도의 법리는 유럽의 어떤 시대 어떤 나라에서 시행한 것이나 모두 특이한 제도이어서, 이 제도로 현재 우리나라의 법리나 그 밖에 동양제국의 법리를 추론할 수 없다.

豫筭의議定은租稅徵收의承諾이아니오處分權限의委任도아니라財政의整理監督이니私財의徵收와밋政費支辨의權限은共히法令을依ᄒᆞ야定ᄒᆞᆷ이오豫算의否決로써此ᄅᆞᆯ褫奪ᄒᆞᆷ을不得ᄒᆞᆯ지나다만國家財政을整調ᄒᆞ야安固케ᄒᆞᆯ事ᄅᆞᆯ明白케ᄒᆞ며又濫費ᄅᆞᆯ防杜ᄒᆞ야國民의擔負ᄅᆞᆯ必要ᄒᆞᆫ限度에止케ᄒᆞ고져ᄒᆞᄂᆞᆫ故로歲入歲出을豫算ᄒᆞ야政費의必要ᄅᆞᆯ認ᄒᆞ며又此에充用ᄒᆞᆯ財源이有ᄒᆞᆫ事ᄅᆞᆯ明白케ᄒᆞᄂᆞᆫ者ㅣ니라

豫算은其年度에對ᄒᆞ야만効果가有ᄒᆞᆫ故로每年此ᄅᆞᆯ更新ᄒᆞᆷ을要ᄒᆞ되다만豫算이成立되지아니ᄒᆞᆯ時ᄂᆞᆫ憲法의規定을依ᄒᆞ야政府ᄂᆞᆫ前年度의豫算을施行ᄒᆞ기得ᄒᆞᄂᆞᆫ바ㅣ니라

豫算은收入과支出金額의豫測이라收入의財源과밋經費ᄅᆞᆯ要ᄒᆞᄂᆞᆫ事項은法令으로써規定ᄒᆞᆷ을可得ᄒᆞ나然이나其收入支出의金額은實際上事實인즉其性質이法令으로써豫定키可得ᄒᆞᆯ者ᄂᆞᆫ아니라故로財政을整理ᄒᆞ기爲ᄒᆞ야一年度에在ᄒᆞᆫ將來의事實을推測ᄒᆞ야豫算ᄒᆞᄂᆞ니라

豫算은事實의推測이오直接으로行爲의法規됨은아니라此ᄅᆞᆯ公布ᄒᆞ야官府로

예산의 의결은 조세징수의 승낙이 아니고 처분권한의 위임도 아니라 재정의 정리·감독이어서, 사유재산의 징수와 정부의 비용을 처리하는 권한은 모두 법령에 따라 정해지는 것이고, 예산의 부결로 박탈될 수 없는 것이다. 다만 국가재정을 조절하여 안정시키는 것을 명백하게 하고 낭비를 방지하여 국민의 부담을 필요한 한도로 그치게 하고자 하는 것이므로, 세입·세출을 예산하여 정부경비의 필요를 승인하고 여기에 충당할 재원이 있는 것을 명백하게 하는 것이다.

예산은 그해에만 효과가 있으므로, 매년 갱신할 것을 요한다. 다만 성립되지 않은 때에는 헌법의 규정에 의하여 정부는 전년도의 예산을 시행할 수 있다.

예산은 수입과 지출금액의 예측이다. 수입의 재원과 경비를 요하는 사항은 법령으로 규정할 수 있으나, 그 수입·지출의 금액은 실제 사실로서 성질상 법령으로 예정할 수 있는 것이 아니므로, 재정을 정리하기 위하여 한 해에 있을 장래의 사실을 추측하여 예산한다.

예산은 사실의 추측이고 직접적인 행위의 법규가 아니다. 이를 공포하여 관청으로

ᄒᆞ여곰此를準據ᄒᆞ야可히會計를整理ᄒᆞᆷ을訓令ᄒᆞᆫ時ᄂᆞᆫ豫算이一個準則됨과如ᄒᆞ나然이나豫算該件이法規를成ᄒᆞᆷ은아니오行政官은豫算範圍內에셔收入支出ᄒᆞᆷ이可ᄒᆞ다ᄒᆞᄂᆞᆫ會計法一般의規定을遵由ᄒᆞᄂᆞᆫ者ㅣ니豫算은法律이아니라故로法律의効力을褫奪키不得ᄒᆞᆯ지니政府ᄂᆞᆫ豫筭이無ᄒᆞᆷ을藉口ᄒᆞ야其法律上의義務를免ᄒᆞ기不得ᄒᆞᆯ지며人民은豫算의否決을藉口ᄒᆞ야其法律上의擔負를拒絶키不得ᄒᆞᆯ지니라

第二欵　豫算의効力

豫筭의効力은會計法을依ᄒᆞ야定ᄒᆞᆷ이오豫算이即法律될効力을有ᄒᆞᆷ은아니니此에ᄂᆞᆫ會計法을依ᄒᆞᆫ豫算이財務行政에對ᄒᆞᄂᆞᆫ効力의大畧을說明ᄒᆞ노라

豫算은財政을監督ᄒᆞ기爲ᄒᆞ야設備ᄒᆞᆫ者ㅣ라故로一般에對ᄒᆞᄂᆞᆫ法令과其性質이有異ᄒᆞ니歲入歲出의名義ᄂᆞᆫ法令을依ᄒᆞ야生ᄒᆞ며政府의會計出納은豫算을依ᄒᆞ야整理ᄒᆞᆷ이니라豫算은法規가아니오行政官府에對ᄒᆞ야訓令된効力이有ᄒᆞ니然則國家와個人의權利義務ᄂᆞᆫ豫算을依ᄒᆞ야消長ᄒᆞᆯ바ㅣ無ᄒᆞ니라

歲入에對ᄒᆞᆫ豫算의効用은單히事實을豫見ᄒᆞᆷ에不過ᄒᆞ니租稅ᄂᆞᆫ獨立의稅法을

하여금 이를 근거로 회계 정리를 훈령한 때에는 예산이 하나의 준칙이 되는 것과 마찬가지이지만 예산 그 자체가 법규를 이루는 것은 아니고, 행정관이 예산 범위 내에서 수입·지출을 할 수 있다는 회계법의 일반규정을 지키는 것이다. 예산은 법률이 아니어서 법률의 효력을 박탈할 수 없다 할 것이다. 정부는 예산이 없다는 핑계로 법률상의 의무를 면할 수 없고 인민은 예산의 부결을 핑계로 법률상의 부담을 거절할 수 없다.

제3관 예산의 효력

예산의 효력은 회계법에 의하여 정해지는 것이고 예산이 법률로서 효력을 가지는 것은 아니다. 여기에서는 회계법에 의하여 예산이 재무행정에 대한 효력을 대략적으로 설명하겠다.

예산은 재정을 감독하기 위하여 마련되는 것이어서 일반에 대한 법령과 성질이 다르다. 세입·세출의 권원은 법령에 의하여 발생하는 것이고 정부의 회계출납은 예산에 의하여 정리하는 것이다. 예산은 법규가 아니라 행정관청에 대한 훈령으로서의 효력이 있다. 그러므로 국가와 개인의 권리·의무는 예산에 의하여 좌우되는 것이 아니다.

세입에 대한 예산의 효력은 단지 사실을 예견하는 것에 불과하다. 조세는 독자적인 세법에

依ᄒᆞ야徵收ᄒᆞᆷ이오豫筭에不拘ᄒᆞᆷ이라某國의制度ᄅᆞᆯ據ᄒᆞ건ᄃᆡ稅法은公課의準率을定ᄒᆞᆯᄲᅮᆫ이오當然히執行力을不有ᄒᆞᆫ바ㅣ니歲入豫筭의認許ᄅᆞᆯ依ᄒᆞ야政府가其年度에對ᄒᆞᆫ稅法을執行ᄒᆞᄂᆞᆫ委任權限을始得ᄒᆞᆷ으로定ᄒᆞᆫ制度도有ᄒᆞ며又所謂分配稅의法을採用ᄒᆞᄂᆞᆫ國에在ᄒᆞ야ᄂᆞᆫ歲入豫筭의議定은單히事實의豫見될ᄲᅮᆫ아니라其年度에可히賦課ᄒᆞᆯ金額을確定ᄒᆞᆷ도有ᄒᆞ니此等의制度ᄂᆞᆫ我國財政法에ᄂᆞᆫ不取ᄒᆞᄂᆞᆫ바ㅣ니라

歲出에對ᄒᆞᆫ豫筭의効用은經費의豫測이니其性質을槪括ᄒᆞᆯ진ᄃᆡ歲入에對ᄒᆞᆷ과如히事實의豫見됨에不過ᄒᆞ나然이나歲出은歲入에超過케ᄒᆞᆷ을不許ᄒᆞ야二者가互相平均ᄒᆞᆷ을維持ᄒᆞᆯ必要가有ᄒᆞᆷ으로ᄡᅥ歲出豫筭은特히行政官의自由處分을檢束ᄒᆞᄂᆞᆫ効力을保有케ᄒᆞᄂᆞ니라

歲出豫筭에在ᄒᆞ야支出의目的과金額을定ᄒᆞᆷ은(欵項)其目的을爲ᄒᆞ야其金額으로最高標準을삼아緊要ᄒᆞᆷ을應ᄒᆞ야經費ᄅᆞᆯ支辦ᄒᆞᆯ事ᄅᆞᆯ認許ᄒᆞᆫ者ㅣ니此ᄅᆞᆯ其所定ᄒᆞᆫ目的外에引用ᄒᆞ거나又ᄂᆞᆫ其費額을超過ᄒᆞ거나或은豫筭의欵項을彼此挪用ᄒᆞ기不得ᄒᆞᄂᆞ니此ᄂᆞᆫ即會計法第二章第十二條에其精神을明示ᄒᆞᆫ바ㅣ니

의하여 징수하는 것이고 예산과 관계없다. 다른 나라의 제도를 거론하면, 세법은 공과의 기준을 정할 뿐이고, 집행력을 당연히 가지지 않는다. 세입예산의 승인에 의하여 정부가 그 연도에 세법을 집행하는 위임권한을 받는 것이라고 정하는 제도도 있고, 이른바 분배세법을 채택한 국가에서는 세입예산의 의결은 단지 사실의 예견일 뿐만 아니라 그 연도에 부과하여야 할 금액을 확정하는 것이기도 한다. 위와 같은 제도는 우리나라의 재정법에서는 채택하지 않는 것이다.

세출에 대한 예산의 효용은 경비의 예측이다. 그 성질을 개괄하면 세입에서와 같이 사실의 예견에 불과하나 세출은 세입을 초과할 수 없어서, 양자가 균형을 유지할 필요가 있으므로, 세출예산은 행정관의 자유처분을 엄정하게 단속하는 효력을 가진다.

세출예산에서 지출의 목적과 금액을 정하는 것은(항목) 그 목적을 위하여 그 금액 중 가장 높은 것을 기준으로 긴요함에 따라 경비를 지출할 것을 승인하는 것이다. 이를 다른 목적에 끌어다 쓰거나 그 비용을 초과하거나 예산의 항목을 전용할 수 없다. 회계법 제2장 제12조에서 그 취지를 명시하고 있

라

然이나豫筭은法律이아니오事實의豫定이라豫筭에拘碍ᄒᆞ야法令의執行을惰怠키不得ᄒᆞᄂᆞ니是故로政府ᄂᆞᆫ不得己ᄒᆞᆫ須要가有ᄒᆞᆯ時ᄂᆞᆫ豫算에超過ᄒᆞ며又ᄂᆞᆫ豫筭外의支出ᄒᆞᆯ事를可得ᄒᆞᄂᆞ니歲出豫算에ᄂᆞᆫ豫備費를必設ᄒᆞ기要ᄒᆞᄂᆞᆫ所以로대다만豫筭外나或은豫筭欵項에超過ᄒᆞ야支出ᄒᆞᆷ은各行政官權限에不在ᄒᆞ고政府最高監督權을依ᄒᆞ야其必要ᄒᆞᆷ을認定ᄒᆞ야裁可를經ᄒᆞᆫ後에准行호ᄃᆡ立憲國은會議의承諾을請求ᄒᆞᄂᆞ니此ᄂᆞᆫ會計法第二章第十三條에記示ᄒᆞᆫ바ㅣ니라

第四欵　會計檢査

我國에ᄂᆞᆫ前來로브터完全無缺히獨立ᄒᆞᆫ會計檢査의機關이無ᄒᆞ고다만慣例上에度支部大臣이此를監督ᄒᆞ더니本年(光武十年四月)에至ᄒᆞ야度支部管下에會計檢査局을設置ᄒᆞ야政府의財用을監督ᄒᆞ고宮內府에ᄂᆞᆫ帝室會計審査局을設置ᄒᆞ야宮內府所管一切財用을審査判決케ᄒᆞ얏스나該兩局官制를頒布ᄒᆞᆷ의至ᄒᆞᆯ뿐이오實施ᄒᆞᆷ에未至ᄒᆞᆫ故로此를引用ᄒᆞ야會計檢査의制度를講釋키甚難

다.

그러나 예산은 법률이 아니고 사실의 예정이다. 예산에 구애되어 법령의 집행을 게을리 할 수 없다. 그러므로 정부는 부득이한 필요가 있을 때에는 예산을 초과하거나 예산 외의 지출을 할 수 있다. 세출예산에는 예비비를 반드시 마련하여야 할 필요가 있는 이유이다. 다만 예산 외나 예산항목을 초과하여 지출하는 것은 각 행정관의 권한에 있지 않고 정부의 최고감독권이 필요하다고 인정하여 재가한 후에 진행하되, 입헌국가에서는 의회의 승낙을 청구한다. 이는 회계법 제2장 제13조에 규정된 것이다.

제4관 회계검사

우리나라에서는 진래부터 완전무결하게 독립적인 회계검사기관이 없고 다만 관례상 도지부대신이 이를 감독하였는데, 올해(광무10년 4월) 도지부 관하에 회계검사국을 설치하여 정부의 재정지출을 감독하고, 궁내부에는 제실회계검사국을 설치하여 궁내부 소관의 일체의 재정지출을 심사·판결하게 하였으나, 해당하는 양국 관제를 공포하였을 뿐이고 아직 실시하지는 않고 있으므로, 이를 인용하여 회계검사제도를 설명하기 곤란

ᄒᆞ니此에關ᄒᆞ야ᄂᆞᆫ僉彥의게帝室會計審查規則과밋政府會計檢查規則을叅考ᄒᆞ기委望ᄒᆞ고以下에ᄂᆞᆫ此에關ᄒᆞᆫ現行日本의制度를據ᄒᆞ야叅考에供述코져ᄒᆞ노라

歲入歲出의現計ᄂᆞᆫ年度마다決算ᄒᆞ야會計檢查院의檢查를經ᄒᆞᆫ後國會에報告ᄒᆞᄂᆞ니라

會計檢查院은主權이直隷ᄒᆞ며國務大臣의게對ᄒᆞ야獨立의地位를保有ᄒᆞ니(會計檢查院法第一條)盖會計檢查의職權은內閣行政監督權外에在ᄒᆞ야其訓令을不受ᄒᆞ며會計檢查院의成績은國務大臣을不經ᄒᆞ고直行上奏ᄒᆞᆷ을指稱ᄒᆞᆷ이니라

會計檢查院은官金의收入支出과官有物及國債에關ᄒᆞᆫ計算을檢查確定ᄒᆞ야會計를監督ᄒᆞᄂᆞ니(會計檢查院法第十二條)其檢查ᄂᆞᆫ總히政府歲入歲出의決算과官立財團의收入支出과官有物에關ᄒᆞᆫ決算과밋政府에셔補助金又은特約保証을與ᄒᆞᆫ公私間社團、財團의收入支出에關ᄒᆞᆫ決算에延及ᄒᆞ되다만政府機密費에關ᄒᆞᆫ計算은此限에不在ᄒᆞ니라

하다. 이에 관해서는 여러분이 제실회계심사규칙과 정부회계검사규칙을 참고하기 바라고, 이하에서는 이에 관한 현행 일본의 제도를 가지고 참고로 서술하고자 한다.

세입·세출의 계산은 연도마다 결산하여 회계검사원의 검사를 거친 후 국회에 보고한다.

회계검사원은 주권에 직속하고 국무대신에 대하여 독립적인 지위를 가진다(회계검사원법 제1조). 모든 회계검사의 권한은 내각의 행정감독권 밖에 있어서 그 훈령을 받지 않고, 회계검사원의 성과는 국무대신을 경유하지 않고 직접 상주하는 것이다.

회계검사원은 국고금의 수입·지출과 관유물 및 국채에 관한 계산을 검사·확정하여 회계를 감독한다(회계검사원법 제12조). 그 검사는 모두 정부의 세입·세출의 결산과 관립재단의 수입·지출과 관유물에 관한 결산 및 정부가 보조금 또는 특약보증을 준 공사의 사단 및 재단의 수입·지출에 관한 결산에 미친다. 다만 정부의 기밀비에 관한 계산은 그렇지 않다.

檢査의目的은計算上과行政上과밋豫算上監督에在ᄒᆞ니라

會計檢査院은其所受의諸決算報告가其計算上正確與否와收入支出의現計가其報告와符合與否를審査ᄒᆞᆷ이니라

會計檢査는計算의正確與否에止ᄒᆯ뿐아니라政府의財政이法令에遵據ᄒᆞᄂᆞᆫ與否에延及ᄒᆞᄂᆞ니歲入의賦課徵收와經費의支出과官有財產의取得과及其管理와利用과處分等事가法律命令規定에違反與否를審査ᄒᆞ기可得ᄒᆞᄂᆞ니라

會計檢査는政府의會計出納이豫筭에準據與否를審査ᄒᆞᄂᆞ니收納에關ᄒᆞ야ᄂᆞᆫ現計와豫算의差違를審明ᄒᆞ며支出에關ᄒᆞ야ᄂᆞᆫ經費의支辨이豫筭에規定ᄒᆞᆫ目的과定額의範圍에存在與否을査定ᄒᆞ며豫筭의超過又ᄂᆞᆫ豫算外의支出이有ᄒᆯ時ᄂᆞᆫ國會의承諾을得ᄒᆞᆫ與否를審案ᄒᆞᆷ이니라

會計檢査院은出納官吏의計算書와밋憑證書類를檢査ᄒᆞ야正當ᄒᆞᆷ으로判決ᄒᆯ時ᄂᆞᆫ該官의게對ᄒᆞ야認可狀을付與ᄒᆞ고其責任을解除호대萬一此를質問ᄒᆯ必要가有ᄒᆞᆫ境遇에ᄂᆞᆫ此를推問ᄒᆞ야辨明又ᄂᆞᆫ正誤케ᄒᆞ며又或此를正當치못ᄒᆞᆷ으로判決ᄒᆯ時ᄂᆞᆫ本屬長官의게移牒ᄒᆞ야處分케호대會計檢査院判決을因ᄒᆞ야辨

검사의 목적은 계산상과 행정상 및 예산상의 감독에 있다.

회계검사원은 받은 결산보고들이 계산상 정확한지 여부와 수입·지출의 계산이 보고와 부합한지 여부를 심사하는 것이다.

회계검사는 계산의 정확 여부에 그칠 뿐만 아니라 정부의 재정이 법령을 준수하였는지 여부에도 미친다. 세입의 부과·징수와 경비의 지출, 관유재산의 취득 및 관리와 이용과 처분 등이 법률·명령의 규정에 위반되는지 여부를 심사할 수 있다.

회계검사는 정부의 회계출납이 예산을 준거하였는지 여부를 심사한다. 수납에 관해서는 현계와 예산의 차이를 심사하고, 지출에 관해서는 경비의 지출이 예산에 규정한 목적과 금액의 범위에 있는지 여부를 사정하며, 예산의 초과 또는 예산 외의 지출이 있을 때에는 국회의 승낙을 얻었는지 여부를 심사하는 것이다.

회계검사원은 출납관리의 계산서와 증빙서류를 검사하여 정당하다고 판결할 때에는 해당 관리에게 인가장을 부여하고 그 책임을 해제한다. 그런데 만일 이를 질문할 필요가 있을 경우에는 추문하여 변명하게 하거나 바로잡게 한다. 그런데, 회계검사원의 판결로 인하여 변

償의責을負ᄒᆞᆫ者ᄂᆞᆫ主權의恩赦가有ᄒᆞᆫ外에本屬長官이此ᄅᆞᆯ赦免키不得ᄒᆞᄂᆞ니라

會計檢查院의認可狀은行政內部에在ᄒᆞ야會計法上의責任을解除ᄒᆞᄂᆞᆫ効果가有ᄒᆞ니盖一般民事及刑事上의責任은此와相關이無ᄒᆞ니라

會計檢查院은決筭을審查確定ᄒᆞᆫ後에其權限에屬ᄒᆞᆫ審查事項의報告書ᄅᆞᆯ作ᄒᆞ야써其成績을上奏ᄒᆞᄂᆞ니라(會計檢查院法及會計法第五章第九章)

第四章 內政

第一節 總說

內政은公共의安寧秩序ᄅᆞᆯ持保ᄒᆞ며臣民의福利ᄅᆞᆯ增進케ᄒᆞᆷ으로써目的을삼ᄂᆞ니大凡諸般의行政은悉皆公安公益을完全케ᄒᆞᆷ에不過ᄒᆞ나然이나外交ᄅᆞᆯ處理ᄒᆞ며兵力을養成ᄒᆞ며財用을整理ᄒᆞᆷ은國權을維持ᄒᆞᆷ으로써其直接의目的을삼음이오司法과內政은私權의安固와社會의安全幸福으로써其直接의目的을삼ᄂᆞ니此ㅣ行政各科의分界가有ᄒᆞᆫ所以며亦以此로內政의目的과範圍ᄅᆞᆯ明白히ᄒᆞᄂᆞᆫ바ㅣ니라

상책임을 지는 사람은 주권의 은사가 있지 않고는 소속 장관이 사면할 수 없다.

회계검사원의 인가장은 행정 내부에서 회계법상의 책임을 해제하는 효과가 있다. 대략 일반적인 민사 및 형사상의 책임과는 관계가 없다.

회계검사원은 결산을 심사·확정한 후에 그 권한에 속한 심사사항의 보고서를 만들어 성과를 상주한다(회계검사원법 및 회계법 제5장, 제9장).

제4장 내정

제1절 총설

내정은 공공의 안정질서를 유지하고 신민의 복리를 증진시키는 것을 목적으로 한다. 무릇 제반 행정은 모두 공안·공익을 완전하게 하는 것에 불과하다. 외교를 처리하고 병력을 양성하며 재정의 필요를 처리하는 것은 국권의 유지를 직접적인 목적으로 하는 것이지만, 사법과 내정은 사권의 안정과 사회의 안전과 행복을 직접적인 목적으로 하는 것이다. 이는 행정 각 분야의 경계를 나누는 까닭이고, 이로써 내정의 목적과 범위를 명백히 하는 것이다.

司法은私權을保護홈과밋刑罰을判斷ᄒᆞ야써安寧을保全홈으로目的을삼으나其職司ᄂᆞᆫ法을正用홈에在ᄒᆞ고法을施行홈에不在ᄒᆞ며公正을主持ᄒᆞ야平衡의權을執홈에在ᄒᆞ고公安公益을綜理홈에不在홈으로써內政의職司와此를可히區別홀者ㅣ니라

內政의範圍ᄂᆞᆫ國權의消長과社會의變遷을依ᄒᆞ야不同ᄒᆞ니如何ᄒᆞᆫ國如何ᄒᆞᆫ時代에在ᄒᆞ야ᄂᆞᆫ國家의權限은安寧秩序를持保홈에止ᄒᆞ고國民의福利에干涉치아니홈으로써內政은即警察行政이라解釋ᄒᆞ더니近世文明諸國은消極的으로社會의危害를防止홀ᄲᅮᆫ아니라一步를更進ᄒᆞ야積極的으로人民의福利를啓發홀事로써其責務를삼아警察行政外에尙且公益行政으로써內政範圍를定ᄒᆞ니라盖各人私益을保全홈은個人自由權限에放任홈이通則이나然이나國家의任務ᄂᆞᆫ다만此를警護홈에不止ᄒᆞ고社會에共通ᄒᆞᆫ福利ᄂᆞᆫ一步를更進ᄒᆞ야此를公平히營理홈을要ᄒᆞᄂᆞ니라

個人自主의權能과國權干涉의分界程度ᄂᆞᆫ社會의情況을依ᄒᆞ야立法政策으로決定ᄒᆞᄂᆞᆫ바오行政法理의問題ᄂᆞᆫ아니라內政은法令範圍內에在ᄒᆞ야公共의安

사법은 사권을 보호하는 것과 형벌을 판단하여 안녕을 보전하는 것을 목적으로 하나, 그 직무는 법을 정확하게 적용하는 것에 있고 법을 시행하는 것에 있지 않으며, 공정을 유지하여 형평의 권한을 가지는 것에 있고 공안·공익을 추구하는 것에 있지 않으므로, 내정의 직무와 구별하여야 할 것이다.

내정의 범위는 국권의 성쇠와 사회의 변천에 따라 다르다. 어떤 국가 어떤 시대에서는 국가의 권한이 안녕·질서를 유지하는 것에 그치고, 국민의 복리에 개입하지 않음으로써 내정을 바로 경찰행정이라고 해석하였다. 그런데, 근세문명국가들은 소극적으로 사회의 위해를 방지할 뿐만 아니라 한걸음 더 나아가 적극적으로 인민의 복리를 계발하는 것을 책무로 삼아 경찰행정에서 더 나아가 공익행정을 내정의 범위로 정한다. 대개 개인의 사익을 보전하는 것은 개인의 자유권한에 맡기는 것이 원칙이나, 국가의 임무는 이를 경호하는 것에만 그치지 않고 사회에 공통하는 복리를 한 걸음 더 나아가 공평하게 경영할 것을 요한다.

개인의 자주적인 권능과 국권개입의 경계선은 사회의 정황에 따라 입법정책으로 결정하는 것이고 행정법리의 문제는 아니다. 내정은 법령의 범위 내에서 공공의 안

寧과人民의福利를保護增進홈인즉內政의項目은現行의法制를依ᄒᆞ는外에一般히推理總括ᄒᆞ야列序ᄒᆞ기不能홀지니라
內政의事項은現行의法制를依准홀진대大概左와如히五項에分屬ᄒᆞ기可得홀지니라

一、人事
二、警保
三、衛生
四、經濟
五、敎化

人事行政은專히身分、權能、屬籍에關ᄒᆞ며警保行政은治安、秩序及各人의生命、身体、財産의安全을防護ᄒᆞ며衛生行政은特히人身의健康을保全ᄒᆞ며經濟行政은國民의生計와交通에在ᄒᆞᆫ公同의利益을經理ᄒᆞ며敎化行政은專히敎育、宗敎、美術等國民의精神上化育을啓導홈이니總히安寧의持保와福利의增進으로써目的을삼음에不過홈이라然而其內政은個人自主의權能을褫奪홈도아

녕과 인민의 복리를 보호·증진하는 것이다. 따라서, 내정의 항목은 현행의 법제에 의하는 것 외에는 일반적으로 미루어 보아 총괄하여 열거할 수 없다.

내성의 사항은 현행 법제를 기준으로 하면, 대략 아래와 같이 5개항으로 나눌 수 있다.

① 인사

② 경보

③ 위생

④ 경제

⑤ 교화

인사행정은 단순히 신분, 권능, 호적에 관한 것이고, 경보행정은 치안, 질서 및 개인의 생명, 신체, 재산의 안전을 방호하는 것이며, 위생행정은 특별히 인신의 건강을 보전하는 것이고, 경제행정은 국민의 생계와 교통에 있는 공농의 이익을 경리하는 것이며, 교화행정은 전적으로 교육, 종교, 미술 등 국민 정신상의 육성을 계도하는 것이다. 모두 안녕의 유지과 복리의 증진을 목적으로 하는 것에 불과한 것이다. 따라서 내정은 개인의 자주적인 권능을 박탈하는 것도 아니며又個人을代表ᄒᆞ야私人을看護ᄒᆞᆷ도아니니各人은自由의權能을依ᄒᆞ야其安全을防衛ᄒᆞ며其利益을進取ᄒᆞ고國家ᄂᆞᆫ亦是公力으로써此ᄅᆞᆯ保護ᄒᆞ며此ᄅᆞᆯ助成ᄒᆞ야個人과社會의安全幸福을相待完全케ᄒᆞᆷ을期圖ᄒᆞᆷ이니라

第二節　人事

第一款　分限

盖人의法律上의地位ᄅᆞᆯ其人의分限이라稱ᄒᆞᄂᆞ니人의權能享有差等에關ᄒᆞ야此ᄅᆞᆯ明白케ᄒᆞᆷ은人事行政의目的된바ㅣ라人의法律上의地位ᄂᆞᆫ人事自然의關係ᄅᆞᆯ因ᄒᆞ거나又ᄂᆞᆫ法律行爲ᄅᆞᆯ因ᄒᆞ거나又ᄂᆞᆫ行政處分을因ᄒᆞ야定ᄒᆞᄂᆞᆫ바ㅣ니法律의結果ᄅᆞᆯ因ᄒᆞ야自然히定ᄒᆞ거나又ᄂᆞᆫ個人의法律行爲ᄅᆞᆯ因ᄒᆞ야定ᄒᆞᄂᆞᆫ者ᄂᆞᆫ此ᄅᆞᆯ公認登錄ᄒᆞ며行政處分을因ᄒᆞ야定ᄒᆞᄂᆞᆫ者ᄂᆞᆫ此ᄅᆞᆯ認許ᄒᆞ야써人事分限을證明ᄒᆞᄂᆞ니라

人의私法上地位ᄂᆞᆫ專히私權享有에關ᄒᆞ며人의公法上地位ᄂᆞᆫ專히各人이國家와地方團体等權力團體에附屬ᄒᆞᄂᆞᆫ關係ᄅᆞᆯ基因ᄒᆞ야定ᄒᆞ나니人의公私의分限은法律을依ᄒᆞ야定ᄒᆞ나然이나法令은一定ᄒᆞᆫ事實을隨伴ᄒᆞ야一定ᄒᆞᆫ法律上의

니고 개인을 대표하여 사인을 후견하는 것도 아니다. 개인은 자유의 권능으로 스스로 안전을 방위하고 이익을 추구하며, 국가도 공권력으로 이를 보호하고 조성하여, 개인과 사회의 안전행복을 서로 완전하게 하도록 도모하는 것이다.

제2절 인사

제1관 분한

모든 사람의 법률상의 지위를 사람의 분한이라고 한다. 사람의 권능 향유의 차등을 명백하게 하는 것이 인사행정의 목적이다. 사람의 법률상 지위는 인사의 자연적인 관계로 인하거나 법률행위로 인하거나 행정처분으로 인하여 정해지는 것이다. 법률의 결과로 인하여 자연스럽게 정해지거나 개인의 법률행위로 인하여 정해지는 것을 공인·등록하고 행정처분으로 인하여 정해지는 것을 승인하여 인사의 분한을 증명한다.

사람의 사법상 지위는 전적으로 사권의 향유에 관한 것이고, 사람의 공법상 지위는 전적으로 개인이 국가와 지방단체 등 권력단체에 부속하는 관계에서 기인하여 정해지는 것이므로, 사람의 공사분한은 법률에 의하여 정해지나, 법령은 일정한 사실에 수반하여 일정한 법률상의

効果가生ᄒᆞᆷ을依例槪定ᄒᆞᆫ者인즉各其境遇에對ᄒᆞ야此ᄅᆞᆯ公認ᄒᆞ며此ᄅᆞᆯ認許ᄒᆞᆷ은行政職司에屬ᄒᆞᆷ이니라

盖出生、死亡、婚姻等은人의權能의得喪과밋變動의原由ᄅᆞᆯ作ᄒᆞ며親族關係와此에隨伴ᄒᆞ야家制ᄂᆞᆫ人의公私分限에關ᄒᆞᆫ바ㅣ니此ᄅᆞᆯ公認登錄ᄒᆞᆷ은即戶籍法이라戶籍事務가內政의要項된事ᄂᆞᆫ古今의通規로我國前來國政의重要ᄒᆞᆫ바오又社團財團이法人이되야獨立의權能을享有ᄒᆞᆷ은其事項이公益에關ᄒᆞᆫ바ㅣ라故로法律의規定ᄒᆞᆫ바ᄅᆞᆯ依ᄒᆞ야各人의法律行爲로成立ᄒᆞᄂᆞᆫ者ᄂᆞᆫ此ᄅᆞᆯ登錄ᄒᆞ야써公認ᄒᆞ며其事業의目的이公益에關ᄒᆞᄂᆞᆫ者ᄂᆞᆫ特히其成立을認許ᄒᆞᆫ以上에監督을另加ᄒᆞᄂᆞ니即此ㅣ法律上獨立權能의主体된點에在ᄒᆞ야ᄂᆞᆫ亦是各人의分限에比類ᄒᆞ야行政의項目된者ㅣ니라

人이地方自治團体에從ᄒᆞᆷ은專히居住의事實을依ᄒᆞᆫ法律의結果로從出ᄒᆞᆷ이오特別히行政行爲ᄅᆞᆯ因ᄒᆞ야得喪ᄒᆞᆷ은아니나然이나法律은如何ᄒᆞᆯ境遇에在ᄒᆞ야ᄂᆞᆫ戶籍所在地로써人의屬籍을分ᄒᆞ야行政의便宜ᄅᆞᆯ삼으며또某種公法上의權은本籍으로써其行使의要件을作ᄒᆞᆷ도有ᄒᆞᆫ故로人의本籍을明白히ᄒᆞ야其異動

효과가 발생한다는 것을 전례에 따라 개략적으로 정한 것이어서, 각각의 경우를 공인하고 승인하는 것은 행정의 직무에 속한다.

또한 출생, 사망, 혼인 등은 사람의 권능의 득실과 변동의 원인이 되고, 친족관계와 함께 가제는 사람의 공사분한에 관한 것인데, 이를 공인·등록하는 것이 호적법이다. 호적사무가 내정사항이라는 것은 고금의 통칙으로서 우리나라에서 전래되는 중요한 국정이고, 사단·재단이 법인으로서 독자적인 권능을 향유한다는 것은 그 사항 자체가 공익과 관련된다. 그러므로 법률의 규정에 따라 개인의 법률행위로 성립하는 것은 등록하여 공인하되, 사업의 목적이 공익에 관하는 것은 특별히 그 성립을 인가한 다음에 감독을 별도로 더한다. 즉, 이렇게 법률상 독자적인 권능의 주체라는 점에서도 개인의 분한과 유사하여 행정사항이 되는 것이다.

사람이 지방자치단체에 속하는 것은 단순히 거주사실에 따른 법률의 결과로 나타나는 것이고, 특별히 행정행위로 인하여 득실하는 것은 아니다. 그러나 법률은 어떤 경우에는 호적소재지로 사람의 속적을 나누어 행정의 편의로 삼고, 어떤 공법상 권리는 본적을 행사의 요건으로 하는 것도 있으므로, 사람의 본적을 명백히 하여 그 변동

을認ᄒᆞᆷ은亦是行政의行爲를要ᄒᆞᆷ이니라

臣民된分限은公私의權能을完全히享有ᄒᆞᆷ에最重ᄒᆞᆫ要件이며ᄯᅩ外國人과區別ᄒᆞ야百般制度上에重大ᄒᆞᆫ關係가有ᄒᆞ니此ㅣ國籍을明白히ᄒᆞᆷ은人事行政의要項된所以니라

人事身分等事의大部分은民法에規定ᄒᆞ고其現行의戶籍法은戶籍管理의節次를規定ᄒᆞᆷ에不過ᄒᆞ니萬一行政의職司가人民任意의請求를依ᄒᆞ야單히其申請ᄒᆞ는事實만登錄ᄒᆞᆷ에止ᄒᆞᆯ진대行政法의所關은登錄節次에만限ᄒᆞᆯᄲᅮᆫ이오分限을規定ᄒᆞᆫ實體法에는不及ᄒᆞᆯ지나然이나人事分限은公益에關ᄒᆞᆫ故로登錄의報來는此를强制ᄒᆞ대行政은其報來의形式ᄲᅮᆫ아니라其實質을檢定ᄒᆞ야民法及其他法令에違反ᄒᆞ는者는此를可히拒絕ᄒᆞᆯ職權과밋責務를保有ᄒᆞᆷ이라故로民法中에人事親族篇은特히司法의準則됨과同時에ᄯᅩᄒᆞᆫ行政의法則을作ᄒᆞᆫ바ㅣ니此所謂戶籍法의實体法으로서人事行政法의一部分을作ᄒᆞᆫ者ㅣ라다만此는學說分科慣例로ᄒᆞ여곰特히民法範圍에在ᄒᆞ야詳說ᄒᆞᆷ으로써玆에는其大要만揭載ᄒᆞ야其互相關聯된바를示ᄒᆞᆷ에止ᄒᆞ노라

을 승인하는 것에도 행정행위를 필요로 한다.

신민이라는 분한은 공사의 권능을 완전하게 향유할 수 있는 중요한 요건이고, 외국인과 구별하는 모든 제도와 중대한 관계가 있다. 이렇게 국적을 명백히 하는 것은 인사행정의 중요한 사항이 되는 것이다.

인사신분 등의 대부분은 민법에 규정되어 있고 현행 호적법은 호적관리의 절차를 규정한 것에 불과하다. 행정의 직무는 인민이 임의로 한 청구에 따라 신청한 사실만 등록하는 것에 그치는 것이어서, 행정법의 소관은 등록절차에만 한정될 뿐이고 지위를 규정하는 실체법에는 미치지 않는다. 그러나 인사상 분한은 공익에 관한 것이어서 등록신청을 강제하고, 행정은 신청의 형식 뿐만 아니라 실질을 검정하여 민법 및 그 밖의 법령에 위반한 사람에게 이를 거절할 수 있는 권한과 책무를 가진다. 그러므로 민법 중에 인사친족편은 특별히 사법의 준칙임과 동시에 행정의 원칙을 이루는 것이다. 이러한 이른바 호적법은 실체법으로서 인사행정법의 일부분을 이루지만, 학설 분야의 관례에 따라 특별히 민법 영역에서 상세히 설명하고 있으므로, 여기에서는 대강만 기재하여 서로 관련된 것만 제시하겠다.

第二欵　親族制

盖親族關係ᄂᆞᆫ人事分限의基礎를作ᄒᆞᆫ者ㅣ라親族關係의實体ᄂᆞᆫ人生自然에根基ᄒᆞᆫ바ㅣ니國法은此를公認ᄒᆞ야保護ᄒᆞᄂᆞᆫ바ㅣ라法을方正히ᄒᆞ야此를判明ᄒᆞᆷ은專히司法職司에屬ᄒᆞᆫ바오內政은共公의秩序를持保ᄒᆞ기爲ᄒᆞ야戶籍制度를依ᄒᆞ야親族關係를明白케ᄒᆞᆷ이니라

親族이라ᄒᆞᆷ은同始祖下에分岐와血緣相通ᄒᆞᆫ者를指稱ᄒᆞᆷ이라故로親族은其氏姓을同一케ᄒᆞ야此를表ᄒᆞᆷ은我國自來의通則이나然이나現今列邦의制度를參考ᄒᆞᆯ진ᄃᆡ家制의變遷과其他婚姻養子의制度를因ᄒᆞ야氏姓을均一케ᄒᆞ야親族關係를保明키難ᄒᆞ니卽同血統의族屬이라도世代相遠ᄒᆞᆫ者ᄂᆞᆫ或親族이라不稱ᄒᆞᆷ도有ᄒᆞ며또婚姻及其他養子의制度를因ᄒᆞ야血族아닌者ㅣ라도亦是親族됨도有ᄒᆞ니大凡親族關係에至ᄒᆞ야ᄂᆞᆫ各其國家의制度가不同ᄒᆞ며慣習이相異ᄒᆞ야一定ᄒᆞᆫ法理로써據論키ᄂᆞᆫ不能ᄒᆞ나其一例를擧示ᄒᆞᆯ진대現行日本新民法에親族으로公認ᄒᆞᆫ者ᄂᆞᆫ左와如ᄒᆞ니라

一、六親等內의血族

제2관 친족제

모든 친족관계는 인사분한의 기초가 된다. 친족관계의 실체는 인생자연에 기반하는 것인데, 국법은 이를 공인하여 보호하는 것이다. 법을 반듯하게 하여 이를 판명하는 것은 오로지 사법직무에 속하는 것이고, 내정은 공공의 질서를 유지하기 위하여 호적제도에 따라 친족관계를 명백하게 하는 것이다.

친족이라 함은 같은 시조 아래에서 분기되어 혈연이 상통하는 사람을 부르는 것이므로, 친족이 성씨를 같이하는 것은 우리나라에서 내려오는 원칙이다. 그러나 현재 다른 나라의 제도를 참고하면, 가제의 변천과 그밖의 혼인·양자의 제도로 인하여 성씨가 같다는 것으로 친족관계를 규명하기 어렵다. 즉, 같은 혈통의 족속이라고 하더라도 세대가 먼 사람은 친족이라고 부를 수 없는 것도 있고, 혼인 및 그 밖의 양자제도로 인하여 혈족이 아닌 사람이라도 친족일 수 있다. 무릇 친족관계에서 각 나라의 제도가 같지 않고 관습이 달라 일정한 법리로 논할 수 없으나, 하나의 예를 거시한다면, 현행 일본의 가족법에서 친족으로 공인하는 사람은 아래와 같다.

① 육촌 내의 혈족

二、配偶者

三、三親等內의姻族

養子와養父母、及其血族間에는實子關係에準ᄒᆞ며妻나或入夫와夫家或은妻家의直系尊屬間에는血族에準호ᄃᆡ다만此親族關係는離緣或은離婚을因ᄒᆞ야解止ᄒᆞ며또婚姻을基因ᄒᆞᆫ姻族關係도亦是此를隨ᄒᆞ야解止ᄒᆞᆷ이니라

婚姻은一般히自由에屬ᄒᆞᆫ바ㅣ라官廳의許可를得ᄒᆞ기不要ᄒᆞ나華族의婚姻은宮內府에提願ᄒᆞ며軍人의結婚은上官의認許를要ᄒᆞᄂᆞᆫ類는特種階級에對ᄒᆞᆫ特種監督權作用에屬ᄒᆞᆷ이오普通法規定에對ᄒᆞᆫ除外例는아니로ᄃᆡ다만法律은公共의秩序를爲ᄒᆞ야婚姻成立의要件을示ᄒᆞ며一定ᄒᆞᆫ制度를依케ᄒᆞᆷ이니其制限은(一)年齡(二)重婚再婚(三)親族婚(四)戶主、父母의承諾等事ㅣ니라

一、男子는滿十七歲女子는滿十五歲에未達ᄒᆞ면婚姻ᄒᆞᆷ을不得ᄒᆞᄂᆞ니라

二、重婚을禁ᄒᆞᄂᆞ니姦通을因ᄒᆞ야離婚의宣言을受ᄒᆞ거나又는處刑된妻는其姦夫와婚姻ᄒᆞᆯ事를不得ᄒᆞ며또女는前婚의解消나或繳消ᄒᆞᆫ後六個月內에再婚ᄒᆞᆯ事를不得호ᄃᆡ다만前婚中에懷胎ᄒᆞ야此期間內에分娩ᄒᆞᆫ時는此限에不

② 배우자

③ 삼촌 이내의 인척

양자와 양부모 및 그 혈족 사이에는 실자관계에 준하고, 처 또는 남편과 부가 혹은 처가의 직계존속 사이에는 혈족에 준한다. 다만 그 친족관계는 파양 혹은 이혼으로 인하여 해지되고 혼인으로 인한 인척관계도 이에 따라 해지된다.

혼인은 일반의 자유에 속하는 것이다. 관청의 허가를 얻을 필요가 없으나, 화족의 혼인은 궁내부에 신청하고 군인의 결혼은 상관의 승인을 요하는 것 등은 특정한 계급에 대한 특권감독권의 작용에 속하고, 보통법 규정을 배제하는 예는 아니다. 다만 법률은 공공의 질서를 위하여 혼인성립의 요건을 제시하고 일정한 제도에 따르게 하고 있다. 그 제한은 ① 연령, ② 중혼·재혼, ③ 친족혼, ④ 호주, 부모의 승낙 등이다.

① 남자는 만 17세, 여자는 만 15세에 달하지 않으면 혼인할 수 없다.

② 중혼을 금지하므로, 간통으로 이혼의 선언을 받거나 형을 받은 처는 그 간부와 혼인할 수 없고, 여자는 전혼이 해소되거나 취소된 후 6개월 내에 재혼할 수 없다. 다만 전혼 중에 임신하여 그 기간 내에 분만한 때에는 그렇지

在ᄒᆞ니라

三、直系의親族婚을禁ᄒᆞᄂᆞ니離婚、離緣을因ᄒᆞ야觀族關係가解止ᄒᆞᆫ時라도ᄯᅩᄒᆞᆫ此를準用ᄒᆞᄂᆞ니라

傍系三親等內의血族婚을禁호대다만養子와養親의親族間에ᄂᆞᆫ此限에不在ᄒᆞ니라

四、婚姻은戶主와밋其家에在ᄒᆞᆫ父母의承諾을得ᄒᆞᆷ을要ᄒᆞᄂᆞ니라

婚姻은行政廳에呈報ᄒᆞᆷ을依ᄒᆞ야其效力이生ᄒᆞᄂᆞᆫ故로行政官은此를審査ᄒᆞ야法에違反ᄒᆞᆫ者ᄂᆞᆫ此를拒絕ᄒᆞ고其呈報를受理치아니ᄒᆞ며戶籍에登錄ᄒᆞᄂᆞ니라

離婚은協議上의離婚과裁判上의離婚을區分ᄒᆞᄂᆞ니協議上의離婚은夫婦兩方의自由意思를依ᄒᆞᆫ者ㅣ라法律로此를不禁호대다만滿二十五歲에未達ᄒᆞᆫ者ᄂᆞᆫ父母의承諾을得ᄒᆞᆷ으로ᄡᅥ法律上의要件을삼으며裁判上의離婚은夫婦中一方의呈訴를依ᄒᆞ야裁判宣言ᄒᆞᄂᆞᆫ者ㅣ라法律은一定ᄒᆞᆫ事由를列擧ᄒᆞ야其法定의原因을不由ᄒᆞ면離婚ᄒᆞᆷ을不許ᄒᆞᄂᆞ니離婚의呈訴를依ᄒᆞ야法定原因의存否를審判ᄒᆞ며此를認許ᄒᆞᄂᆞᆫ與否ᄂᆞᆫ裁判所의管轄이오行政官의職權에不在ᄒᆞᆷ이니

않다.

③ 직계의 친족혼을 금지한다. 이혼·파양으로 인하여 친족관계가 해지된 때에도 이를 준용한다.

방계 3촌 이내의 혈족혼을 금지하되, 다만 양자와 양친의 친족 사이에는 그렇지 않다.

④ 혼인은 호주와 그 가에 있는 부모의 승낙을 얻어야 한다.

혼인은 행정청에 대한 신고에 의하여 효력이 발생하므로, 행정관은 이를 심사하여 법에 위반한 것을 거절하여 신고를 수리하지 않으며, 호적에 등록한다.

이혼은 협의상의 이혼과 재판상의 이혼으로 구분한다. 협의상의 이혼은 부부 양쪽의 자유의사에 의한 것이다. 법률로 이를 금지하지 않는데, 다만 만 25세에 달하지 않는 사람은 부모의 승낙을 얻을 것을 법률상의 요건으로 하고, 재판상의 이혼은 부부중 한쪽의 제소에 의하여 판결로 선고하는 것이다. 법률은 일정한 사유를 열거하여 법정된 원인에 의하지 않으면 이혼을 허용하지 않는다. 이혼의 제소에 의하여 법정 원인의 존부를 심판하고 이를 인허하는지 여부는 재판소의 관할이고 행정관의 권한에 있지 않

라

養子結緣도亦是一般自由에屬ᄒᆞ고官廳의許可를不要ᄒᆞᄂᆞᆫ바ㅣ나다만法律로一定ᄒᆞᆫ要件을示ᄒᆞ야此에違反ᄒᆞᆷ을不許ᄒᆞᆯ뿐이니未成年者ᄂᆞᆫ養子ᄒᆞ기不得ᄒᆞ며推定家督相續人이有ᄒᆞᆫ者ᄂᆞᆫ男子를養子ᄒᆞ기不得호대다만率壻養子ᄒᆞᆷ은此限에不在ᄒᆞ고何人이던지其尊屬親이나或은自己보다年長者를養子ᄒᆞ기不得ᄒᆞᆯ지니養子ᄂᆞᆫ養親의嫡出子된身分을取得ᄒᆞ야養親家에入ᄒᆞᆷ이니라

離緣은協議上의離緣과裁判上의離緣을區分ᄒᆞᄂᆞ니協議上의離緣은當事者兩方의自由意思를由ᄒᆞᆷ이오裁判上의離緣은當事者一方의呈訴를依ᄒᆞ야裁判宣言ᄒᆞᆫ者ㅣ라法律은一定ᄒᆞᆫ事由를列擧ᄒᆞ야其法定ᄒᆞᆫ原因을不由ᄒᆞ면離緣ᄒᆞᆷ을不許ᄒᆞᄂᆞ니此를判定ᄒᆞᆷ은民事裁判所管轄에屬ᄒᆞᆷ이니라

以上은諸彥의叅考ᄒᆞᆷ을爲ᄒᆞ야日本의現行親族制度를畧陳ᄒᆞᆫ바ㅣ니其詳細ᄒᆞᆫ點에至ᄒᆞ야ᄂᆞᆫ暇日을隨ᄒᆞ야日本民法親族篇을翫索ᄒᆞᆷ이妥當타ᄒᆞ노라

大凡親族制度에至ᄒᆞ야ᄂᆞᆫ自古로各其國法의制定과血屬系統의倫紀와化行俗美의慣習을因ᄒᆞ야各自不同ᄒᆞ니此制度에關ᄒᆞ야ᄂᆞᆫ一定原則으로列邦의制度

다. 양자결연도 일반의 자유에 속하고 관청의 허가를 요하지 않는 것이다. 다만 법률로 일정한 요건을 제시하여 이에 위반하는 것을 허용하지 않을 뿐이다. 미성년자는 양자를 들일 수 없고, 추정가독상속인*은 남자를 양자로 들일 수 없다. 다만 솔서**양자를 들이는 것은 그렇지 않고, 누구라도 직계존속이나 자기보다 연장자를 양자로 들일 수 없다. 양자는 양친의 서출자인 신분을 취득하여 양친가에 들이는 것이다.

파양은 협의상의 파양과 재판상의 파양으로 구분한다. 협의상의 파양은 당사자 양쪽의 자유의사에 의하는 것이고, 재판상의 파양은 당사자 한쪽의 제소에 의하여 판결로 선고하는 것이다. 법률은 일정한 사유를 열거하여 법정된 원인에 의하지 않으면, 파양을 허용하지 않는다. 이를 판정하는 것은 민사재판소의 관할에 속한다.

이상은 여러분들이 참고하도록 하기 위하여 일본의 현행 친족제도를 약술한 것이다. 그 상세한 점에 대해서는 시간이 날 때 일본 민법의 친족편을 찾아보는 것이 타당할 것이다.

무릇 친족제도에서는 자고로 각각의 국법의 제정과 혈연계통의 윤리 및 기강과 미풍양속의 관습에 따라 각자 다르다. 이러한 제도에 관해서는 일정한 원칙으로 여러 나라의 제도

---

* 역자 주: 그 당시 일본의 가독상속이라 함은 재산상속과 별도로 호주의 사망 또는 그 밖의 사유로 호주권이 상실된 경우 호주의 법률상 지위를 이어받는 신분상의 상속을 말한다. 그 순위는 피상속인의 가족으로서 직계비속 중에서 민법에 의하여 정해지는데, 장남이 단독으로 상속하는 것이 원칙이었다. 한편, 추정가독상속인은 장차 가독상속인이 될 수 있는 사람을 말하는데, 당시 일본의 구민법에서는 남자인 양자를 들이기 위해서는 법정상속인이 없을 것을 요건으로 하고 있었다. 따라서 본문과 같이 추정가독상속인은 남자를 양자로 들일 수 없다는 결론이 된다.

** 역자 주: 노동력만 빌리기 위하여 들이는 데릴사위를 말한다.

를同日에論홈도不可ᄒᆞ며또先進國에制度라ᄒᆞ야直受引用홈도不可ᄒᆞ니盖我國의此制度에關ᄒᆞ야ᄂᆞᆫ生理上으로論究ᄒᆞ던지倫理上으로觀察ᄒᆞ던지國家의秩序上으로講究ᄒᆞ던지勿論文明의制度오善良의成俗이라世界에對ᄒᆞ야誇張ᄒᆞ야도可히不愧홈으로自信ᄒᆞ노니第一國民全体血統의順序整正과第二人倫昭穆의秩序明白은四千載以來로到底不變ᄒᆞᆫ바ㅣ라同始祖下에氏姓을同一히ᄒᆞᆫ者ᄂᆞᆫ其世數遠近을不問ᄒᆞ고親族됨은論을不俟ᄒᆞᆯ바ㅣ나慣例上에世數가漠遠ᄒᆞᆫ者ᄂᆞᆫ此를親族이라不稱ᄒᆞ고此를同宗이라只稱ᄒᆞ며親等을較計키可得ᄒᆞᄂᆞᆫ者로브터親族이라始稱ᄒᆞ나然이나我國固有의禮文과其他法典을依據ᄒᆞ야論ᄒᆞᆯ진대特히親族으로認홈은大概左와如ᄒᆞ니라

一、八親等內의血族

二、配偶者

三、二親等內의姻戚

養子ᄂᆞᆫ同血族中으로昭穆의行列을準ᄒᆞ야姪行에當ᄒᆞᆫ者에限ᄒᆞ고他血族과率壻養子의制度ᄂᆞᆫ慣例上에容認치아니ᄒᆞ면養子、養父母及其血族間에ᄂᆞᆫ實子

를 동일선상에서 논할 수 없고, 선진국의 제도라고 하더라도 직접적으로 인용할 수 없다. 또한 우리나라의 제도에 관해서는 생리적으로 논하던지, 윤리적으로 관찰하던지, 국가질시싱으로 연구하던지, 당연히 문명제도이고 선량한 풍속이어서, 세계에 내놓더라도 부끄럽지 않다고 자신한다. 첫째, 국민 전체의 혈통의 순서를 바르게 하고, 둘째, 인륜소목*의 질서를 명백하게 하는 것은 4,000재** 이래 도저히 변할 수 없는 것이다. 같은 시조 하에서 성씨를 같이 하는 사람은 세수의 원근을 불문하고 친족이 된다는 것은 더 나아가 논할 필요가 없다. 그러나 관례상 세수가 너무 먼 사람은 친족이라고 부르지 않고 이를 동종이라고 부를 뿐이고, 촌수를 비교하여 계산할 수 없는 사람도 친족이라고 부르기도 하나, 우리나라 고유의 예문과 그 밖의 법전에 따라 논한다면, 특별히 친족이라고 인정하는 것은 대략 다음과 같다.

① 8촌 이내의 혈족

② 배우자

③ 2촌 이내의 인척

양자는 같은 혈족 중에서 소목의 항렬에 준하여 조카의 항렬에 해당하는 사람에 한하고, 다른 혈족과 솔서양자의 제도는 관례가 없으면 양자, 양부모 및 그 혈족 사이에는 실자

---

* 역자 주: 종묘나 사당에 조상의 신주를 모시는 차례를 말한다. 왼쪽 줄을 소(昭)라 하고, 오른쪽 줄을 목(穆)이라 하여 1세를 가운데에 모시고 2세, 4세, 6세는 소에 모시고, 3세, 5세, 7세는 목에 모신다.

** 역자 주: 십진법 단위의 하나로서 정(正)의 만 배가 되는 수, 즉 10의 44승을 말한다.

關係ᄅᆞᆯ準ᄒᆞᄃᆡ離緣或離婚을因ᄒᆞ야親族과姻戚關係ᄂᆞᆫ解止ᄒᆞᄂᆞ니라
養子ᄂᆞᆫ此ᄅᆞᆯ官廳에呈報ᄒᆞ야認許ᄅᆞᆯ得ᄏᆡ要ᄒᆞ며婚姻은一般히自由로ᄃᆡ國風의
秩序ᄅᆞᆯ維持ᄒᆞ기爲ᄒᆞ야婚姻成立의要件을指示ᄒᆞ야一定ᄒᆞᆫ限度ᄅᆞᆯ依케ᄒᆞ니(一)年齡(二)重婚(三)再婚(四)親族及血族婚姻(五)戶主及父母의認許等事에關ᄒᆞᆫ者ㅣ나此等制限에關ᄒᆞ야ᄂᆞᆫ一一히詳細枚擧ᄒᆞᆷ에不遑ᄒᆞᆯ지라故로玆에省畧ᄒᆞ고其大要만擧ᄒᆞ노니禮文、法典其他由來成俗上에叅考ᄒᆞᆷ은此ᄅᆞᆯ諸彥의게一任ᄒᆞ노라

第三欵 家制

家ᄂᆞᆫ親族團体니家長權으로써此ᄅᆞᆯ統治ᄒᆞᄂᆞᆫ者ㅣ라大槪內外國을不問ᄒᆞ고由來의家制組織은時代ᄅᆞᆯ隨ᄒᆞ야變遷ᄒᆞ나然이나習俗과法制가共히家制로써民生의基礎ᄅᆞᆯ삼음은古今의通義며子孫이父祖와同居ᄒᆞ야其權力에服從ᄒᆞᆷ은家制의本源이오同始祖의直系子孫으로서世數最近ᄒᆞᆫ年長者가祖先을代表ᄒᆞ야家長位에居ᄒᆞᆷ은家制의主旨라現今의制度ᄂᆞᆫ社會의變遷을隨ᄒᆞ야古俗의純一ᄒᆞᆷ을持保ᄏᆡ不能ᄒᆞ나然이나家制의本旨ᄂᆞᆫ玆에尙存ᄒᆞ며其戶籍은即家族關係

관계에 준하되, 파양 또는 이혼으로 친족과 인척관계는 해지된다.

양자는 관청에 신고하여 승인을 얻어야 하고, 혼인은 일반의 자유지만 국풍의 질서를 유지하기 위하여 혼인성립의 요건이 제시되고 일정한 한계가 있다. ① 연령, ② 중혼, ③ 재혼, ④ 친족 및 혈족혼인, ⑤ 호주 및 부모의 인허 등에 관한 것이나, 이와 같은 제한에 관해서는 일일이 상세하게 열거할 겨를이 없으므로, 여기에서는 이를 생략하고 대강만 거론한다. 예문, 법전 그밖에 내려오는 풍속을 참고하는 것은 여러분들에게 맡긴다.

제3관 가제

가는 친족단체인데, 가장권으로 통치한다. 어떤 나라라도 유래되는 가제조직은 시대에 따라 변천하나, 습속과 법제 모두 가제를 민생의 기초로 삼는 것은 고금의 원칙이고, 자손이 부조와 동거하여 그 권력에 복종하는 것은 가제의 본원이며, 같은 시조의 직계자손으로서 세수가 가장 가까운 연장자가 조상을 대표하여 가장의 지위에 있는 것은 가제의 주된 취지이다. 오늘날의 제도는 사회의 변천에 따라 옛 풍속과 동일하게 유지할 수는 없으나, 가제의 본지는 여기에 항상 있고 호적은 가족관계

를登錄ᄒᆞ는者인故로現制의概要를玆에摘示ᄒᆞ노라

家長位에在ᄒᆞᆫ者를戶主라稱ᄒᆞ며戶主의親族이되야其家에在ᄒᆞᆫ者를家族이라稱ᄒᆞ되家族은반다시戶主와同居ᄒᆞᆷ을不要ᄒᆞᆷ이라現行의制度는同居로써家族의要素를삼음은아닌故로家族關係는同居各居를不拘ᄒᆞ고家籍을依ᄒᆞ야此를明白케ᄒᆞᄂᆞ니公式의戶籍이卽此ㅣ니라

成年의家族이戶主의承諾을得ᄒᆞ야家籍을分ᄒᆞᆯ時는本家와分家의關係가生ᄒᆞᄂᆞ니分家는各其相對ᄒᆞ야同家됨이라本家、分家、同家는法律이認ᄒᆞᆫ家와家의關係를指稱ᄒᆞᆷ이니라

家族된資格은出生、婚姻、養子、退居(隱居)又는戶主의特許를因ᄒᆞ야生ᄒᆞᆷ이니라

子는父의家에入ᄒᆞ며父의不知子는母의家에入ᄒᆞ며父母의共不知子는一家를創立ᄒᆞᄂᆞ니라

婦는夫家에入ᄒᆞᆷ이通則이며夫가婦家에入ᄒᆞᆯ境遇를入夫(卽率壻)婚姻이라稱ᄒᆞᄂᆞ니女戶主가入夫婚姻을行ᄒᆞᆫ時는入夫는其戶主됨이通則이나다만協議를

를 등록하는 것이므로, 지금 제도의 개요를 여기에 적시한다.

가장의 지위에 있는 사람을 호주라고 하고, 호주의 친족으로서 그 가에 있는 사람을 가족이라고 하는데, 가속은 반드시 호주와 동거하여야 하는 것은 아니다. 현행제도는 동거가 가족의 요건이 되지 않으므로, 가족관계는 동거·별거와 관계없이 가적에 의하여 이를 명백하게 하는데, 호적이 그것이다.

성년의 가족이 호주의 승낙을 얻어 가적을 나눌 때에는 본가와 분가의 관계가 발생한다. 분가는 각각 서로 동가가 되는 것이다. 본가, 분가, 동가는 법률이 인정하는 가와 가의 관계를 가리키는 것이다.

가족의 자격은 출생, 혼인, 양자, 은거* 또는 호주의 특허로 인하여 생기는 것이다.

자는 부의 가에 들어가고, 부의 부지자는 모의 가에 들어가며, 부모 모두의 부지자는 일가를 창립한다.

처는 부가에 들어가는 것이 원칙이고, 부가 처가에 들어갈 경우를 입부(데릴사위)혼인이라 부른다. 여호주가 입부혼인을 행한 때에는 입부가 호주가 되는 것이 원칙이지만, 협의에

---

* 역자 주: 여기에서 말하는 은거는 일본의 독특한 제도를 말하는 것으로 보인다. 메이지시대 일본에서의 은거는 일정한 연령에 도달한 부모가 계승자에게 가장권을 인계하고 별채 또는 별실에 거주하는 것을 말하고, 은거한 부모는 새로운 가장에게 순종하여야 한다.

依ᄒᆞ야婦가女戶主位에仍在홈도亦是無妨홀지니라

養子ᄂᆞᆫ養親家에入ᄒᆞ며退居ᄂᆞᆫ新戶主의家族이되ᄂᆞ니廢戶主도亦同ᄒᆞ니라

他家에在ᄒᆞᆫ戶主의親族은戶主의承諾을依ᄒᆞ야其家에入홈을得호ᄃᆡ家族의私生子ᄂᆞᆫ戶主의承諾이無ᄒᆞ면其家에入ᄒᆞ기不得ᄒᆞᄂᆞ니라

戶主及家族은其家의氏姓을稱홈이니氏姓은家籍을表著홈이며名은各個의人格을表著ᄒᆞᄂᆞᆫ者ㅣ라猥濫히此를變更홈을不許ᄒᆞᄂᆞ니公式으로戶籍에登錄치아니ᄒᆞ면其効力이無ᄒᆞ니라

戶主ᄂᆞᆫ其身分及資力을應ᄒᆞ야家族을扶養ᄒᆞᄂᆞ니資力이無ᄒᆞᆫ家族을此를扶養ᄒᆞ며敎育홀義務를有ᄒᆞ며又家族의居處를指定ᄒᆞ며其婚姻、養子、結緣을承諾ᄒᆞ며其入籍轉籍을認許ᄒᆞ며又法律로特示ᄒᆞᆫ境遇에ᄂᆞᆫ家族을離籍케ᄒᆞᄂᆞᆫ權을有ᄒᆞ니此皆戶主權作用에屬홈이니라

戶主된地位를辭홈을退居라稱ᄒᆞᄂᆞ니退居ᄂᆞᆫ任意를由ᄒᆞᆫ者와裁判所의許可를由ᄒᆞᆫ者와裁判所에命令을由ᄒᆞᆫ者의區別이有ᄒᆞ니라

滿六十歲以上의(女戶主ᄂᆞᆫ不在此限)戶主로完全ᄒᆞᆫ能力이有ᄒᆞᆫ家督相續人이

의하여 처가 여호주의 자리에 그대로 있는 것도 무방하다.

양자는 양친가에 들어가고 퇴거는 신호주의 가족이 되는 것인데, 폐호주도 같다.

타가에 있는 호주의 친족은 호주의 승낙에 의하여 그 가에 들어갈 수 있지만, 가족의 사생자는 호주의 승낙이 없으면 그 가에 들어갈 수 없다.

호주 및 가족은 그 가의 성씨를 부르는데, 성씨는 가적을 나타내는 것이고 명은 개인의 인격을 나타내는 것이므로, 함부로 이를 변경할 수 없으며, 공식적으로 호적에 등록하지 않으면 효력이 없다.

호주는 신분 및 자력에 따라 가족을 부양한다. 자력이 없는 가족을 부양하고, 입적과 전적을 승인하며, 법률에 특별히 정한 경우에는 가족을 이적하게 하는 권한을 가진다. 이는 모두 호주권의 작용에 속하는 것이다.

호주라는 지위에서 물러나는 것을 퇴거라고 한다. 퇴거는 임의로 하는 것과 재판소의 허가에 의한 것 및 재판소의 명령에 의한 것으로 구별된다.

만 60세 이상의(여호주는 그렇지 않다) 호주로 완전한 능력이 있는 가독상속인이

有ᄒᆞᆯ時ᄂᆞᆫ退居ᄒᆞ기可得ᄒᆞᄂᆞ니라

右의條件을具備치못ᄒᆞᆫ境遇에在ᄒᆞ야戶主가疾病、本家相續、其他不得已ᄒᆞᆫ事由로家政을掌握키不能ᄒᆞᆫ境遇에退居ᄒᆞᆷ은裁判所의許可를要ᄒᆞᄂᆞ니라

一家를爲ᄒᆞ야重大ᄒᆞᆫ事由가有ᄒᆞᆯ時에裁判所ᄂᆞᆫ其家에在ᄒᆞᆫ實父母의動議로起ᄒᆞᆫ親族會議의請求를因ᄒᆞ야戶主의退居를命ᄒᆞ기可得ᄒᆞᄂᆞ니라

退居의直接効果ᄂᆞᆫ戶主權을喪失ᄒᆞ며退居者ᄂᆞᆫ新戶主의家屬이됨이니라

家督相續을因ᄒᆞ야戶主된者ᄂᆞᆫ其家를廢ᄒᆞ기不得ᄒᆞ되다만本家相續又ᄂᆞᆫ再興其他正當ᄒᆞᆫ事由가有ᄒᆞᆫ時ᄂᆞᆫ裁判所의許可를得ᄒᆞ야廢家ᄒᆞ며一家를新設ᄒᆞᆫ者ᄂᆞᆫ其家를廢止ᄒᆞ고新家에入ᄒᆞ기可得ᄒᆞᄂᆞ니라(日本民法親族篇參考)

第四欵　國民分限

國家의臣民된資格의要件을法律로써定ᄒᆞᆯ者ᄂᆞᆫ憲法에揭載ᄒᆞᆷ이라然ᄒᆞ나此에關ᄒᆞᆫ法制가我國에今姑未備ᄒᆞᆫ故로詳細說明키不能ᄒᆞ니玆에現行各國의民法規定을參互ᄒᆞ야國民分限의大要만示ᄒᆞᆷ에止ᄒᆞ노라

國民分限의取得、喪失은親族制에原由ᄒᆞᆫ結果와或國權의處分을因ᄒᆞᄂᆞᆫ者ㅣ

있을 때에는 퇴거할 수 없다.

위의 조건을 갖추지 못한 경우에도 호주가 질병, 본가상속, 그밖에 부득이한 사유로 가정을 장악할 수 없는 경우에 퇴거하기 위해서는 재판소의 허가를 요한다.

일가를 위하여 중대한 사유가 있는 때에 재판소는 그 가에 있는 실부모가 제기한 친족회의의 청구로 인하여 호주의 퇴거를 명할 수 있다.

퇴거의 직접적인 효과는 호주권을 상실하고 퇴거자는 신호주의 가속이 된다.

가독상속으로 인하여 호주가 된 사람은 그 가를 폐할 수 없다. 다만 본가상속 또는 재건, 그밖에 정당한 사유가 있는 때에는 재판소의 허가를 얻어 폐가하고, 일가를 창립한 사람은 그 가를 폐지하고 신가에 들어갈 수 있다(일본 민법 친족편 참조).

제4관 국민의 지위

국가의 신민이라는 자격의 요건을 법률로 정하라는 것은 헌법에 규정되어 있다. 그러나 이에 관한 법제가 우리나라에서 지금까지 마련되어 있지 않았으므로, 이를 상세히 설명할 수 없다. 여기에서는 다른 나라의 현행 민법규정을 참조하여 국민의 지위에 관한 대강을 제시하는 것에 그치기로 한다.

국민의 지위의 취득 및 상실은 친족제에서 초래된 결과 또는 국권의 처분으로 말미암은 것

니라

出生은國籍을定ᄒᆞᄂᆞᆫ普通의原因이라大韓人의子ᄂᆞᆫ其出生地ᄅᆞᆯ不問ᄒᆞ고大韓民籍에入ᄒᆞᄂᆞ니父母의國籍이相異ᄒᆞᆯ時ᄂᆞᆫ子ᄂᆞᆫ父의分限을從ᄒᆞ며父의不知子ᄂᆞᆫ母의分限을從ᄒᆞ며父母의共不知子ᄂᆞᆫ韓國에서出生ᄒᆞᆫ者ᄂᆞᆫ韓國人으로認定ᄒᆞ며出生地ᄅᆞᆯ不知ᄒᆞᄂᆞᆫ者가現今韓國에在ᄒᆞᆯ時ᄂᆞᆫ또ᄒᆞᆫ韓國人으로認定ᄒᆞᆯ지니라

婚姻은婦에對ᄒᆞ야國民分限을取得ᄒᆞᄂᆞᆫ効果가生ᄒᆞᄂᆞ니韓國人과婚姻ᄒᆞᆫ外國의女ᄂᆞᆫ韓國人의分限을取得ᄒᆞ며婚姻을解除ᄒᆞᆫ後라도其分限을保有ᄒᆞᄂᆞ니라

特히官廳의處分으로써國民分限을取得ᄒᆞᆷ을歸化라稱ᄒᆞᄂᆞ니歸化의條件과밋現式은아즉法令으로써規定치아니ᄒᆞᆫ故로行政處分으로ᄂᆞᆫ此ᄅᆞᆯ認許ᄒᆞ기不得ᄒᆞᆯ지니라

任意로外國民籍에入ᄒᆞᆫ者와밋政府의認許을不受ᄒᆞ고外國政府의官職을受ᄒᆞ거나又ᄂᆞᆫ外國軍隊에入ᄒᆞᆫ者ᄂᆞᆫ韓國臣民된分限을失ᄒᆞ며又外國人과婚姻ᄒᆞᆫ韓國의女ᄂᆞᆫ韓國人의分限을失ᄒᆞᄂᆞ니라

이다.

출생은 국적을 정하는 통상적인 원인이다. 대한인의 자식은 출생지를 불문하고 대한민적에 들어간다. 부모의 국적이 다를 때 자식은 부의 지위에 따르고, 부의 부지자는 모의 지위에 따르며, 부모 모두의 부지자로서 한국에서 출생한 사람은 한국인으로 인정하고 출생지를 모르는 사람이 현재 한국에 있을 때에도 한국인으로 인정한다.

혼인은 처에게 국민의 지위를 취득시키는 효과가 있다. 한국인과 혼인한 외국 여자는 한국인의 지위를 취득하고 혼인을 해제한 후라도 그 지위를 가진다. 특히 관청의 처분으로 국민의 지위를 취득하는 것을 귀화라고 한다. 귀화의 조건과 방식은 아직 법령으로 규정하지 않았으므로, 행정처분으로는 허가할 수 없다.

임의로 외국민적에 들어간 사람과 정부의 승인을 받지 않고 외국정부의 관직을 받거나 외국군대에 들어간 사람은 한국신민으로서의 지위를 상실하고, 외국인과 혼인한 한국 여자는 한국인의 지위를 잃는다.

國民分限은戶籍簿에登錄ᄒᆞ야此를公證ᄒᆞᄂᆞ니라

第五款 戶籍

戶籍은親族制와家制와밋國民된各人의身分事項을登錄ᄒᆞ야公證ᄒᆞᄂᆞᆫ者ㅣ라身分事項의發錄은司法裁判所管轄에屬ᄒᆞ야非訟事件을삼아掌理ᄒᆞᄂᆞ니法律行爲의登記와其事体가相似ᄒᆞ나然이나所謂法律行爲의登記ᄂᆞᆫ專히私權의確保로目的을삼ᄂᆞᆫ故로當事者任意를由ᄒᆞᆷ이오身分事項의登錄은私權安固에關ᄒᆞᆷ과同時에公益秩序에關ᄒᆞ며又諸般行政施行의基本을作ᄒᆞᄂᆞᆫ故로强制로呈報케ᄒᆞ야써戶籍은各人의分限을證明ᄒᆞ며또特히秩序警察의目的을爲ᄒᆞ야備置ᄒᆞᆯ必要가有ᄒᆞ니盖法律行爲의登錄事務ᄂᆞᆫ司法裁判所에登錄ᄒᆞᆷ을不拘ᄒᆞ고戶籍事務ᄂᆞᆫ內政主管에屬ᄒᆞᆷ도亦是此에由ᄒᆞᆷ이니라

戶籍法은아즉槪括ᄒᆞᆫ法律或은勅令으로制定ᄒᆞᆷ이無ᄒᆞᆫ故로部令以下의行政命令과訓令等을依ᄒᆞ야戶籍掌理의規程을行ᄒᆞᄂᆞ니其規程이甚히錯雜ᄒᆞ야統一ᄒᆞᆫ바ㅣ無ᄒᆞᆫ故로列國의現行法을叅據ᄒᆞ야其大要만摘示ᄒᆞ노라

戶籍管轄은邑、市、面、村의區域을依ᄒᆞᄂᆞ니各邑、市、面、村의事務廳에서戶籍

국민의 지위는 호적부에 등록하여 공증한다.

제5관 호적

호적은 친족제와 가제 및 국민이라는 개인의 신분사항을 등록하여 공증하는 것이다. 신분사항의 등록은 사법재판소의 관할에 속하여 비송사건으로 처리한다. 법률행위의 등기와는 대상이 다르다. 그러나 이른바 법률행위의 등기는 오로지 사권을 확보할 목적으로 하는 것이므로 당사자가 임의로 하는 것이고, 신분사항의 등록은 사권의 확정에 관한 것임과 동시에 공익질서에 관한 것이고 제반 행정시행의 기본을 만드는 것이므로, 강제로 신고하게 하는 것이다. 그럼으로써 호적은 개인의 지위를 증명하고 특히 질서경찰의 목적을 위하여 비치될 필요가 있다. 그리고 법률행위의 등록사무는 사법재판소에 등록하는 것임에도 불구하고 호적사무가 내정의 주관에 속한다는 것은 여기에서 유래하는 것이다.

호적법은 아직 개괄한 법률 혹은 칙령으로 제정된 것이 없으므로, 부령 이하의 행정명령과 훈령 등에 의하여 호적을 처리한다. 그런데, 그 규정이 매우 복잡하여 일관되지 않으므로, 다른 나라들의 현행법을 참조하여 대강만 적시한다.

호적관할은 읍, 시, 면, 촌의 구역에 따른다. 읍, 시, 면, 촌의 사무청에 호적

簿를備置ᄒᆞ고其管轄內에在ᄒᆞᆫ呈報를受ᄒᆞ며又証明을與호대其戶籍事務ᄂᆞᆫ自治行政에不屬ᄒᆞ고中央行政廳의監督訓令을依ᄒᆞ야管掌ᄒᆞᄂᆞᆫ者ㅣ며外國에在留ᄒᆞᆫ本國臣民에對ᄒᆞ야該國에駐在ᄒᆞᄂᆞᆫ本國公使又ᄂᆞᆫ領事가戶籍事務를管掌ᄒᆞᆷ은外部行政章에既述ᄒᆞᆷ과如ᄒᆞ니라

戶籍에可히登錄ᄒᆞᆯ事件은親族關係와家族關係와國籍關係에在ᄒᆞᆫ重要事項이니其概目을左에揭ᄒᆞ노라

一、出生、死亡、失踪

二、嫡出子의否認、私生子의認知

三、婚姻、養子、結緣、離婚、離緣

四、戶主、家族、退居、家督相續、族稱、氏名

五、分家、絕家、再興家、一家新立

六、後見、禁治產

七、國民分限

行政廳에서ᄂᆞᆫ人民의呈報를依ᄒᆞ야登錄호대其呈報ᄂᆞᆫ各人任意에不在ᄒᆞ고此

부를 비치하고 그 관할 내에서 신고를 받아 증명한다. 그렇지만 호적사무는 자치행정에 속하지 않고 중앙행정청의 감독·훈령에 의하여 관장하는 것이고, 외국에 체류하는 본국신민에 대하여 해당국가에 주재하는 본국 공사 또는 영사가 호적사무를 관장한다는 것은 외부행정의 장에서 기술한 것과 같다.

호적에 등록하여야 할 사항은 친족관계와 가족관계 및 국적관계에 있는 중요사항인데, 그 개략적인 목록은 아래와 같다.

① 출생, 사망, 실종

② 적출자의 부인, 사생자의 인지

③ 혼인, 양자, 결연, 이혼, 파양

④ 호주, 가족, 퇴거, 가독상속, 족칭, 씨명

⑤ 분가, 절가, 재흥가, 일가창립

⑥ 후견, 금치산

⑦ 국민의 지위

행정청은 인민의 신고에 의하여 등록하되, 신고는 개인이 임의로 하는 것이 아니고

를强制ᄒᆞᄂᆞ니呈報를怠慢히ᄒᆞᄂᆞᆫ者ᄂᆞᆫ罰則을依ᄒᆞ야此를處罰ᄒᆞᄂᆞ니라

呈報ᄂᆞᆫ本籍地에서行홈으로通則을삼ᄂᆞ니本籍地라홈은各人의戶籍이在ᄒᆞᆫ邑、市、面、村이라本籍은此를移轉ᄒᆞ기得호대此境遇에ᄂᆞᆫ原籍地의戶籍謄本을入籍地로送付ᄒᆞ야編入ᄒᆞᄂᆞ니라

戶籍은各人의展閱을許ᄒᆞ며又行政廳은人民의請求를依ᄒᆞ야戶籍事項을證明ᄒᆞ기得ᄒᆞᄂᆞ니라

行政廳은形式或은實質에在ᄒᆞ야違法ᄒᆞᆫ呈報ᄂᆞᆫ受理치아니ᄒᆞᄂᆞ니形式은此를訂正케ᄒᆞ며實質의違法된者ᄂᆞᆫ此를拒絶호대其呈報ᄂᆞᆫ事件을依ᄒᆞ야法律上効力存否에關ᄒᆞᆫ境遇가甚多ᄒᆞᆫ故로呈報及登錄은單히事實의報告될ᄲᅮᆫ아니라法律關係成立의要件이니라

戶籍은公證이라單히人事統計의記錄될ᄲᅮᆫ아니오人事에關ᄒᆞᆫ公私法律上의關係ᄂᆞᆫ此를依ᄒᆞ야判定되ᄂᆞᆫ故로戶籍은法律上의効力을保有ᄒᆞᆫ公의證明이오戶籍管掌은行政內部의事務整理가아니니此ㅣ人民에對ᄒᆞ야其自由權利에關ᄒᆞᆫ行政處分된所以니라

강제되는 것이어서, 신고를 게을리 한 사람은 벌칙에 의하여 처벌한다.

신고는 본적지에서 하는 것이 원칙이다. 본적지라고 함은 호적이 있는 읍, 시, 면, 촌이다. 본적은 이전할 수 있지만, 이 경우에 원적지의 호적등본을 입적지로 송부하여 편입한다.

행정청은 형식 혹은 실질적으로 위법한 신고를 수리하지 않는다. 형식은 정정하게 하고, 실질이 위법한 것은 거절한다. 신고는 사건에 따라 법률상 효력의 존부에 관한 경우가 매우 많으므로, 신고 및 등록은 사실의 보고일 뿐만 아니라 법률관계의 성립요건이다.

호적은 공증이어서 인사통계의 기록일 뿐만 아니라 인사에 관한 공사법률상의 관계는 이에 의하여 판정되는 것이므로, 호적은 법률상의 효력을 가지는 공적인 증명이고 호적의 관장은 행정내부의 사무처리가 아니다. 이는 인민의 자유·권리에 관한 행정처분이기 때문이다.

第六款　法人

人이아님으로셔法律上의人과均一히權能의主体된者를法人이라稱ᄒᆞᄂᆞ니人이社를結ᄒᆞ거나又ᄂᆞᆫ其財産으로特定ᄒᆞᆫ目的을爲ᄒᆞ야設備ᄒᆞᆷ은安寧秩序를危殆케아니ᄒᆞᆯ範圍內에在ᄒᆞ야各人自由에存在ᄒᆞ나然이나其社團又ᄂᆞᆫ財團이人格이되야獨立의權利義務의主体된事ᄂᆞᆫ公益에關聯ᄒᆞᆷ이라此를禁止ᄒᆞᆯ진ᄃᆡ社會經濟及文化의發達을妨害ᄒᆞᆯ지며此를自由케ᄒᆞᆯ진ᄃᆡ因ᄒᆞ야各人의責任이不明ᄒᆞᆷ에歸ᄒᆞ야私權關係에安固ᄒᆞᆷ을欠缺ᄒᆞ야經濟를紊亂케ᄒᆞᆯ憂慮가不無ᄒᆞᆫ故로法人格의存立은特히法律의制限을隨ᄒᆞ야國家의認許를依ᄒᆞᄂᆞᆫ者ㅣ니라

國家가法人格을認許ᄒᆞᆷ은直接間接의規式을依ᄒᆞ야大槪三種境遇가有ᄒᆞ니一은法律로써此를設立ᄒᆞᆷ이오二ᄂᆞᆫ法律로써一般準則을示ᄒᆞ야此를遵由ᄒᆞᆫ私權行爲를因ᄒᆞ야成立ᄒᆞᆷ이오三은特히行政處分으로써許可ᄒᆞᆷ이니라

法律에特種의社團或財團은法人삼을事를直接으로規定ᄒᆞᆫ境遇에在ᄒᆞ야ᄂᆞᆫ其人格의成立은當事者의法律行爲或은行政處分에不關ᄒᆞ며法律에一般準則을示ᄒᆞᆷ에止ᄒᆞ거던此를由ᄒᆞᆫ私權行爲로自由設立ᄒᆞᆷ을許ᄒᆞᆫ境遇에在ᄒᆞ야其設立

제6관 법인

사람이 아니면서 법률상 사람과 동일하게 권능의 주체가 되는 것을 법인이라고 한다. 사람이 결사하거나 특정한 목적을 위하여 재산을 마련하는 것은 안녕·질서를 위태롭게 하지 않는 범위 내에서 개인의 자유에 있다. 그러나 사단 또는 재단이 인격으로서 독자적인 권리의무의 주체가 되는 것은 공익과 관련되어 있다. 이를 금지한다면 사회·경제 및 문화의 발달을 방해할 것이고, 이를 자유롭게 한다면 그로 인하여 개인의 책임이 불분명하게 되어 사권관계의 안정을 없애서 경제를 문란하게 할 우려가 없지 않으므로, 법인격의 존립은 특별히 법률의 제한과 함께 국가의 인가에 의하는 것이다.

국가가 법인격을 인가하는 것은 직접·간접의 형식에 따라 대략 세 가지 경우가 있다. 하나는 법률로 설립하는 것이고, 둘은 법률로 일반적인 기준을 제시하고 이를 준수한 사권행위로 인하여 성립하는 것이며, 셋은 특별히 행정처분으로 허가하는 것이다.

법률에서 특별한 사단 또는 재단을 법인으로 할 것을 직접 규정한 경우에는 인격의 성립은 당사자의 법률행위 또는 행정처분과 관계없고, 법률에 일반적인 기준만 제시하고 이에 의한 사권행위로써 자유설립을 허용한 경우에 설립홈은自由로ᄒᆞᄃᆡ其成立홈은公益에關ᄒᆞᄂᆞᆫ故로此를公認ᄒᆞ기要ᄒᆞᄂᆞ니例如商事會社로法人을삼아設定홈은自由로ᄃᆡ公에證記를行치아니ᄒᆞ면其成立을完全치못ᄒᆞ게홈이是니라

法律에特種의社團或財團으로法人을삼음에ᄂᆞᆫ行政廳의許可를必要케홈으로規定ᄒᆞᆫ境遇에在ᄒᆞ야其人格의成立은行政의特許或은定欵認許를由홈이오또行政廳이特定ᄒᆞᆫ請願에對ᄒᆞ야特히檢定許可ᄒᆞ거나或은如何ᄒᆞᆫ種類의社團及財團에對ᄒᆞ야此를法人으로삼고져ᄒᆞᄂᆞᆫ境遇에在ᄒᆞᆫ準則을示ᄒᆞ고其規定ᄒᆞᆫ認可의方法을依ᄒᆞ야認許홈도有ᄒᆞ니라

營利로目的ᄒᆞᄂᆞᆫ社團法人에關ᄒᆞ야ᄂᆞᆫ其設立의條件은專히民法商法에規定ᄒᆞᆫ바ㅣ며且其登記公認ᄒᆞᄂᆞᆫ事務도亦是司法裁判所管轄에屬홈이니라

公益에關ᄒᆞᄂᆞᆫ社團及財團法人의設立을認可ᄒᆞ며밋此를管督홈은內政主務에屬홈이니例如祭祀、宗敎、慈善、學術、技藝等의目的을爲ᄒᆞ야設立ᄒᆞ고營利的으로主張치아니ᄒᆞᄂᆞᆫ者ᄂᆞᆫ法律을依ᄒᆞᆫ行政廳의處分을遵由ᄒᆞ야成立ᄒᆞᄂᆞ니라

第三節 治安警察

은 자유이지만, 그 성립은 공익과 관련이 있으므로, 이를 공인하는 것이 필요하다. 예를 들면, 상사회사를 법인으로 설정하는 것은 자유지만 공적인 등기를 하지 않으면 성립이 완료되지 못한다.

법률에 특정 사단 또는 재단을 법인으로 하려면 행정청의 허가가 필요하다고 규정한 경우 인격의 성립은 행정의 특허 또는 정관인가에 의하는 것인데, 행정청이 특정한 청원에 대하여 특별히 검정허가를 하는 것도 있고 어떤 종류의 사단 또는 재단을 법인으로 삼고자 하는 경우 기준만 제시하고 그렇게 규정된 인가방법에 따라 인가하는 것도 있다.

영리를 목적으로 하는 사단법인에 관해서는 설립의 조건을 전적으로 민법·상법에 규정하고, 등기·공인하는 사무도 사법재판소의 관할에 속한다

공익에 관한 사단 및 재단법인의 설립을 인가하고 이를 관할하여 감독하는 것은 내정의 주무에 속한다. 예를 들면, 제사, 종교, 자선, 학술, 기예 등의 목적을 위하여 설립하고 영리 목적을 주장하지 않는 것은 법률에 의한 행정청의 처분에 근거하여 성립한다.

제3절 치안경찰

第一欵　警察

國家社會의安寧秩序를保維ᄒᆞᆷ이行政惟一의目的은아니나其職司中의最重最要ᄒᆞᆫ者ㅣ라爲先國家及人身이安全ᄒᆞᆫ然後의經濟文化의發達을期望ᄒᆞᆯ지니警察은安寧을妨害ᄒᆞ며秩序를紊亂ᄒᆞᄂᆞᆫ等의危害를防備ᄒᆞᄂᆞᆫ行政行爲라安寧秩序를保維ᄒᆞᆷ은警察行政에專屬ᄒᆞᆫ責任은아니오國家가兵力을養ᄒᆞ며司法裁判의制度를設ᄒᆞᆷ도ᄯᅩᄒᆞᆫ此에專關ᄒᆞᆷ이로ᄃᆡ但常時에安寧秩序를防衛ᄒᆞ며危害를未發ᄒᆞᆷ에警戒ᄒᆞᆷ은專히內政範圍에屬ᄒᆞᆫ바ㅣ니此ㅣ卽警察이特히內政事項의重要ᄒᆞᆫ地位에在ᄒᆞᆫ所以니라

警察은權力行爲로셔各人의게某種事項의作爲를命令ᄒᆞ며或은禁止ᄒᆞ야其自由를制限ᄒᆞᆷ이卽安寧의維持를行ᄒᆞᄂᆞᆫ者ㅣ라危害를防止ᄒᆞ며安全을持保ᄒᆞᄂᆞᆫ行政의作用이라도權力의行使가아니며自由의制限이아니면警察行爲가아니니此를形喩ᄒᆞᆯ진ᄃᆡ牆壁을堅高케ᄒᆞ며門扉를緊鎖케ᄒᆞᆷ은警察이아니오出入을禁止ᄒᆞᆷ이卽警察이며自由를制限ᄒᆞᄂᆞᆫ行政行爲라도自由를制限ᄒᆞᄂᆞᆫ直接의効用이單純히秩序를持保ᄒᆞᆷ에不在ᄒᆞ면亦是警察이아니니라行政은軍事、財政

제1관 경찰

국가사회의 안녕·질서를 유지하는 것이 행정의 유일한 목적은 아니지만, 직무 중에서 가장 중요한 것이다. 먼저 국가 및 인신이 안전한 다음에 경제문화의 발달을 기대할 수 있다. 경찰은 안녕을 방해하고 질서를 문란하게 하는 등의 위해를 방비하는 행정행위이다. 안녕·질서의 유지가 경찰행정에 전속된 책임은 아니고, 국가가 병력을 양성하고 사법재판소의 제도를 마련하는 것도 전적으로 이와 관련된 것이다. 다만 늘 안녕·질서의 방위와 위해의 방지를 경계하는 것은 오로지 내정의 범위에 속하는데, 이러한 경찰이 특히 내정사항의 중요한 위치에 있기 때문이다.

경찰은 권력행위로서 개인에게 어떤 사항의 작위를 명령하거나 금지하여 자유를 제한함으로써 안녕을 유지하는 것이다. 위해를 방지하고 안전을 유지하는 행정작용이더라도 권력의 행사가 아니고 자유의 제한이 아니면 경찰행위가 아니다. 이를 비유하면, 장벽을 견고하게 하고 문짝을 굳게 닫는 것은 경찰이 아니고 출입을 금지하는 것이 경찰이며, 자유를 제한하는 행정행위라도 자유를 제한하는 직접적인 효과가 단순히 질서를 유지하는 것에 있지 않으면 역시 경찰이 아니다. 행정은 군사, 재정,

經濟、文化百般의目的을爲ᄒᆞ야恒常人身의自由를制限ᄒᆞ며且其自由制限이間接又ᄂᆞᆫ其他의目的과幷行ᄒᆞ야一般의安寧秩序를完全히持保케홈은尙矣勿論이로ᄃᆡ但此等境遇에在ᄒᆞ야ᄂᆞᆫ自由制限이直接으로其行政의作用됨은아니오他의目的을勵行ᄒᆞᄂᆞᆫ手段될ᄲᅮᆫ이라故로此를警察의本領과區別홈이妥當ᄒᆞ다ᄒᆞᆯ지니라

警察行政의目的은安寧秩序를保維홈에在ᄒᆞ며其手段은危害를防止홈에在ᄒᆞ며其形式은自由를制限홈에在ᄒᆞᆫ故로此를依ᄒᆞ야其要旨를明瞭히知得ᄒᆞᆯ지니라

人生의安全을妨害ᄒᆞᄂᆞᆫ者ᄂᆞᆫ單純히自然力의作用에關係홈도有ᄒᆞ며直接或間接으로人爲로從出홈도有ᄒᆞ니人爲로從出ᄒᆞᆫ危害에對ᄒᆞ야安寧秩序를防衛홈은警察의主用된者ㅣ니此를治安警察이라稱홈이니라又或治安警察을更分ᄒᆞ야高等警察及普通警察或個人警察이라稱ᄒᆞᄂᆞ니高等警察이란者ᄂᆞᆫ國家社會公共의秩序를警保홈이며普通或個人警察은各人의身體財産의安固홈을保全홈인ᄃᆡ但此의分類ᄂᆞᆫ實際警察官의職掌을區分ᄒᆞ기爲홈이며或은警察法을詳

경제, 문화 등의 제반 목적을 위하여 항상 인신의 자유를 제한한다. 자유의 제한이 간접 또는 그 밖의 목적과 병행함으로써 일반의 안녕·질서를 완전히 유지하게 하는 것은 당연한 것이지만, 이와 같은 경우에는 자유의 제한이 직접적인 행정작용이 아니고 다른 목적을 수행하는 수단이 될 뿐이다. 그러므로 이를 경찰의 본령과 구별하는 것이 타당하다.

경찰행정의 목적은 안녕·질서를 유지하는 것에 있고, 수단은 위해를 방지하는 것에 있으며, 형식은 자유를 제한하는 것에 있으니, 이에 따라 그 요지를 명료하게 알아야 할 것이다.

인간생활의 안전을 방해하는 것은 단순히 자연력의 작용과 관계하는 것도 있고, 직접 또는 간접적으로 인위적으로 초래되는 것도 있다. 인위적으로 초래되는 위해에 대하여 안녕·질서의 방위는 경찰의 주된 작용인데, 이를 치안경찰이라고 한다. 치안경찰은 고등경찰과 보통경찰 또는 개인경찰로 다시 나뉜다. 고등경찰이라 함은 국가사회의 공공질서를 보호하는 것이고, 보통경찰 또는 개인경찰은 개인의 신체·재산의 안정을 보전하는 것이다. 다만 위와 같은 분류는 현실적으로 경찰관의 직무를 구분하기 위한 것이거나 경찰법의 상

細히說明ᄒᆞᆯ便宜를爲ᄒᆞ야行ᄒᆞ는바ㅣ오法律上關係에必然ᄒᆞᆫ區別은아니니警察法의大要를陳述ᄒᆞᆷ에至ᄒᆞ야는此를不拘ᄒᆞ고講究ᄒᆞᆷ이可ᄒᆞᆯ지니라

治安警察은國家中央行政에屬ᄒᆞ고地方團體自治行政範圍에不在ᄒᆞᆷ으로써通則을삼ᄂᆞ니治安警察은內部大臣主管에專屬ᄒᆞ고其監督下에在ᄒᆞᆫ各級의地方行政官도亦是官制或은法令의規를依ᄒᆞ야警察權을行ᄒᆞᄂᆞ니所謂地方警察이란者는地方自治의警察이아니오地方行政官府의權限을依ᄒᆞ야行ᄒᆞ는바ㅣ니라

第二欵　警察規則及其處分

警察行爲는違警의情狀을除斥ᄒᆞ며秩序를回復ᄒᆞᆷ으로目的ᄒᆞᄂᆞ니警察行爲의二個形式된警察規則과밋警察處分이共히其用을完全케ᄒᆞ는者ㅣ라警察規則의本質은恒常萌動키可得ᄒᆞᆯ違警의情狀을豫想ᄒᆞ야萬一其情狀이發生ᄒᆞᆯ진ᄃᆡ此를防止除斥ᄒᆞᆯ事를命ᄒᆞᄂᆞ니警察處分은現在違警의情狀을防止除斥ᄒᆞ는事를命ᄒᆞ는故로一般規則을公示ᄒᆞ며又는各人의게命令處分ᄒᆞᆷ으로써警察을完全케ᄒᆞᆷ이니라

세한 설명의 편의를 위하여 행하는 것이고, 법률관계에서 필연적으로 구별하여야 하는 것은 아니다. 따라서 경찰법의 대강을 서술하는 것은 이와 관계없이 강구하는 것이 마땅하다.

치안경찰은 국가의 중앙행정에 속하고 지방단체의 자치행정의 범위에 있지 않는 것을 원칙으로 한다. 치안경찰은 내부대신의 주관에 전속하고 그의 감독하에 있는 각급 지방행정관도 관제 또는 법령이 정한대로 경찰권을 행한다. 이른바 지방경찰이라는 것은 지방자치의 경찰이 아니라 지방행정관청의 권한에 의하여 행하는 것이다.

제2관 경찰규칙 및 그 처분

경찰행위는 위경상황을 제거하고 질서를 회복하는 것을 목적으로 한다. 경찰행위의 두 가지 형식인 경찰규칙과 경찰처분이 함께 그 작용을 완수하는 것이다. 경찰규칙의 본질은 항상 발생할 수 있는 위경상황을 예상하여 만일 그 상황이 발생할 경우 이를 방지·제거할 것을 명한다. 경찰처분은 현재의 위경상황을 방지·제거할 것을 명하는 것이므로, 일반규칙을 공시하고 개인에게 명령·처분함으로써 경찰을 완수하는 것이다.

警察規則은大概罰則의體裁로써發布됨이慣例나然이나其實質은某種事件의作爲를命ᄒᆞ며又或禁止ᄒᆞ며又或認許ᄒᆞᄂᆞᆫ者ㅣ니反則者를處罰ᄒᆞᄂᆞᆫ豫戒規程은其實質된規則의遵行을强制ᄒᆞᄂᆞᆫ手段된者ㅣ라現今各國制度에ᄂᆞᆫ其實質上의可히警察된者ᄂᆞᆫ行政의法令을삼아發布된外에刑法의一部가되야此를法典에編入홈이니特히注意를要홀바ㅣ니라

行政官府가警察規則을發布ᄒᆞᄂᆞᆫ權限은官制의問題에屬ᄒᆞ야業已說明ᄒᆞᆫ지라各部大臣及各觀察使或警務使以下各級의行政官府ᄂᆞᆫ官制或은法令을依ᄒᆞ야各其主管의事務와及其區域範圍內에在ᄒᆞ야警察令을發ᄒᆞ기得호대但罰則을附ᄒᆞᄂᆞᆫ事에關ᄒᆞ야ᄂᆞᆫ特別ᄒᆞᆫ制限이有ᄒᆞ니各部大臣은法律로特히規定ᄒᆞᆫ外에其發ᄒᆞᄂᆞᆫ바部令에二十圜以上의罰金或은二十五日以上禁錮의罰則을附ᄒᆞ기不得ᄒᆞ며觀察使及警務使ᄂᆞᆫ其發ᄒᆞᄂᆞᆫ바命令에十圜以上의罰金或은拘留以上의罰則을附ᄒᆞ기不得ᄒᆞᄂᆞ니라

警察處分은特定ᄒᆞᆫ人의게對ᄒᆞ며特定ᄒᆞᆫ事物에關ᄒᆞ야警察上의命令을發ᄒᆞ야此를執行ᄒᆞᄂᆞᆫ者ㅣ라警察處分은法律規則規程의施行을依홈도有ᄒᆞ며又ᄂᆞᆫ行

경찰규칙은 대개 벌칙체계로 공포되는 것이 관례이나, 실질은 어떠한 사항의 작위를 명하거나 금지하거나 허가하는 것이다. 위반자를 처벌하는 경고규정의 실질은 규칙의 준수를 강제하는 수단이다. 오늘날 여러 나라의 제도에서 실질적인 의미의 경찰을 행정법령으로 발포된 것 외에는 형법의 일부로서 법전에 편입되어 있는 것도 있으니 특별히 주의를 요한다.

행정관청이 경찰규칙을 공포하는 권한이 관제의 문제에 속한다는 것은 이미 설명하였다. 각부대신 및 각 관찰사 또는 경무사 이하의 각급 행정관청은 관제 또는 법령에 따라 주관사무와 구역의 범위 내에서 경찰령을 발령할 수 있다. 다만 벌칙을 붙이는 것에 관해서는 특별한 제한이 있다. 각부대신은 법률로 특별히 규정된 것 외에는 발령하는 부령에 20환 이상의 벌금 또는 25일 이상 금고의 벌칙을 붙일 수 없고, 관찰사 및 경무사는 발령하는 명령에 10환 이상의 벌금 또는 구류 이상의 벌칙을 붙일 수 없다.

경찰처분은 특정한 사람에게 특정한 사항에 관하여 경찰상의 명령을 발령하여 이를 집행하는 것이다. 경찰처분은 법률·규칙 규정의 시행에 의하는 것도 있고 행

政官府의警察職權을依홈도有ᄒᆞ니警察處分은반다시法令의條項을適用ᄒᆞᄂᆞᆫ處分에止홀ᄲᅮᆫ이라解釋홈은不可ᄒᆞ니라

處分權은警察職權에當然히包含된者ㅣ로대唯其處分의方法은特히法令으로써此를定홈도有ᄒᆞ니라

警察上의命令은當然히威力으로써强行ᄒᆞᄂᆞᆫ性質을保有ᄒᆞ니警察官은人民의게注意를與홀ᄲᅮᆫ이오袖手傍觀ᄒᆞ야其任意로履行홈을只待ᄒᆞᄂᆞᆫ者ᄂᆞᆫ아니라万一警察命令에不服홀時ᄂᆞᆫ法律에認許ᄒᆞᆫ方法을依ᄒᆞ야此를强制ᄒᆞ며又或反抗ᄒᆞᄂᆞᆫ者ㅣ有홀時即不得已ᄒᆞᆫ境遇에在ᄒᆞ야ᄂᆞᆫ腕力을强用ᄒᆞ야此를强制ᄒᆞ야違警의情狀을除斥ᄒᆞ며秩序를回復홈이其當然ᄒᆞᆫ職司ㅣ니라

警察權으로써其處分을强行ᄒᆞᄂᆞᆫ方法은(一)單히某種行爲를指定ᄒᆞ며(二)又某種行爲를指定홈과同時에此를可히履行홀期間을指示ᄒᆞ야此를違反홀時ᄂᆞᆫ一定ᄒᆞᆫ過料에處홀事를通告豫戒ᄒᆞ며(三)又其指定ᄒᆞᆫ行爲를行치아니홀時ᄂᆞᆫ官府가스ᄉᆞ로執行ᄒᆞ거나且或第三者로ᄒᆞ여곰此를行케ᄒᆞ고其費用은其指定ᄒᆞᆫ行爲를不行ᄒᆞᆫ者의게徵收홈을得ᄒᆞᄂᆞ니라

정관청의 경찰권한에 의하는 것도 있다. 경찰처분은 법령의 조항을 반드시 적용하여야 하는 처분에 불과하다고 해석될 수 없다.

처분권은 경찰의 권한에 당연히 포함되는 것인데, 처분의 유일한 방법을 특별히 법령으로 정한 것도 있다.

경찰상의 명령은 당연히 위력으로 강행하는 성질을 가진다. 경찰관은 인민에게 주의만 주고 수수방관하여 임의로 이행할 것을 기다리는 것만은 아니고, 만일 경찰명령에 불복하는 때에는 법률에서 정해진 방법에 의하여 강제하고, 반항하는 사람이 있고 부득이한 경우에는 완력을 사용하여 강제하여 위경상황을 제거하고 질서를 회복하는 것은 당연한 직무이다.

경찰권으로 처분을 강제하는 방법은 ① 단지 어떤 행위를 시정하고, ② 그 행위를 지정함과 동시에 이행하여야 할 기간을 지시하여 이를 위반할 때에 일정한 과료에 처할 것을 통고하여 경고하며, ③ 그렇게 지정한 행위를 행하지 않을 때에는 관청이 스스로 집행하거나 제3자로 하여금 행하게 하고 그 비용을 지정한 행위를 행하지 않은 사람에게 징수할 수 있다.

第三欵　私安警察

大凡警察의目的은共公의安寧秩序를持保ᄒᆞᆷ에不過ᄒᆞᆷ인즉警察은公私의區別이無ᄒᆞᆯ지나然이나警察權의行使는便宜를隨ᄒᆞ야直接으로國權의維持와社會의秩序를主持ᄒᆞ는境遇와各人의身体財産의安固ᄒᆞᆷ을衛護ᄒᆞᆷ을依ᄒᆞ야公共의秩序를主持ᄒᆞ는境遇와此를區分ᄒᆞᆷ도無妨호대다만此分類에拘碍ᄒᆞ야警察의本領을誤解ᄒᆞᆷ은不可ᄒᆞ니라

私安警察은專히各人의身体財産을衛護ᄒᆞᆷ으로써目的을삼ᄂᆞ니生命、身体、自由、名譽、財産을害ᄒᆞ는所爲는國法이此를犯罪로認ᄒᆞ야處罰ᄒᆞᆷ으로써通則을삼는所以니라故로私安警察에主目的된作用은犯則者를搜索逮捕ᄒᆞ며又犯則非行을豫防禁止ᄒᆞᆷ에在ᄒᆞ니라

犯罪의所爲를處罰ᄒᆞᆷ은司法裁判所의職司며此를追訴ᄒᆞᆷ은檢事職權에存在ᄒᆞᆫ故로警察官이犯罪의踪跡을搜索ᄒᆞ며犯罪者를逮捕ᄒᆞᆷ은檢事의職司를補助ᄒᆞ는者ㅣ니警察官은檢事의命令을依ᄒᆞ야動作ᄒᆞᆷ이라是以로犯罪人을搜索逮捕ᄒᆞ며非行을旣發에禁壓ᄒᆞᆷ으로目的을삼는警察을或私法警察이라稱ᄒᆞᄂᆞ니라

제3관 사안경찰

무릇 경찰의 목적은 공공의 안녕과 질서를 유지하는 것에 불과하므로, 경찰은 공사의 구별이 없다. 그러나, 경찰권의 행사는 편의상 직접적으로 국권의 유지와 사회의 질서를 대비하는 경우와 개인의 신체·재산의 안정을 보호하는 것에 의하여 공공의 질서를 대비하는 경우로 구분할 수 있다. 다만 이러한 분류에 구애되어 경찰의 본령을 오해하여서는 안 된다.

사안경찰은 전적으로 개인의 신체·재산을 보호하는 것을 목적으로 한다. 생명, 신체, 자유, 명예, 재산을 해하는 행위는 국법이 범죄로 규정하여 처벌하는 것이 원칙이기 때문에, 사안경찰의 주된 작용은 범칙자를 수색·체포하고 범칙비행을 예방·금지하는 것에 있다.

범죄행위를 처벌하는 것은 사법재판소의 직무이고 이를 기소하는 것은 검사의 권한이므로, 경찰관이 범죄의 종적을 수색하고 범죄자를 체포하는 것은 검사의 직무를 보조하는 것이어서, 경찰관은 검사의 명령에 따라 행동한다. 따라서 범죄자를 수색·체포하고 비행의 발생을 억제하는 것을 목적으로 하는 경찰을 사안경찰이라고 한다.

然이나所謂禁壓警察은內政警察의一部ㅣ니此境遇에ᄂᆞᆫ警察官은上級行政監督下에在홈과同時에또ᄒᆞᆫ檢事의命令에服從ᄒᆞ야其職掌을行ᄒᆞᄂᆞᆫ바ㅣ니라

犯罪의所爲를未發에預防홈은所謂預防警察이니反則非行을間接으로防止ᄒᆞᄂᆞᆫ行政行爲ᄂᆞᆫ此에列擧解說키不能ᄒᆞ나特定ᄒᆞᆫ人의게對ᄒᆞ야直接으로其人의犯罪所爲를豫防ᄒᆞᄂᆞᆫ名義로써其人의身體自由를檢束홈은特히法律의規定을依ᄒᆞᆫ者ㅣ니人身自由의最大ᄒᆞᆫ關係가有ᄒᆞᆫ者ㅣ니라

個人生活의狀態에在ᄒᆞ야特히犯罪非行을作ᄒᆞᆯ危害가有홈으로認홈을因ᄒᆞ거나又ᄂᆞᆫ임의刑罰에處ᄒᆞᆫ者로셔犯罪를重疊ᄒᆞᆯ虞慮가有ᄒᆞᆯ時ᄂᆞᆫ法律을依ᄒᆞ야該人을特히警察權監督下에置ᄒᆞ고身体의自由를檢束ᄒᆞ야危害를豫防ᄒᆞᆯ境遇도有ᄒᆞ니라

即刑法上에規定ᄒᆞᆫ監視의制度가其一例니監視라홈은主刑을終ᄒᆞᆫ後에更히將來를檢束ᄒᆞ기爲ᄒᆞ야警察官으로ᄒᆞ여곰犯人의行狀을監視케ᄒᆞᄂᆞᆫ者ㅣ니警察監視에附ᄒᆞᆫ바ㅣ된者ᄂᆞᆫ居住와밋移轉의自由를制限ᄒᆞ고監視ᄂᆞᆫ司法裁判所의宣告를因ᄒᆞᆫ者ㅣ며其規則은刑法附則에定ᄒᆞᆫ바ㅣ니라

그러나 이른바 진압경찰은 내정경찰의 일부이다. 이 경우 경찰관은 상급행정 감독하에 있으면서 검사의 명령에 복종하여 그 직무를 행한다.

범죄행위를 미연에 예방하는 것은 이른바 예방경찰이다. 위법비행을 간접적으로 방지하는 행정행위는 여기에 열거하여 해설할 수 없으나, 특정한 사람에 대하여 직접적으로 그 사람의 범죄행위를 예방할 수 있는 권원으로 그 사람의 신체의 자유를 검속하는 것은 특별히 법률의 규정에 의하여야 하는 것이어서, 인신의 자유와 매우 큰 관계가 있다.

개인생활의 상태로 보아 특별히 범죄비행을 행할 위해가 있다고 인정되거나 이미 형벌에 처한 사람으로서 범죄를 다시 저지를 우려가 있는 때에는 법률에 의하여 그 사람을 특별히 경찰권 감독하에 두고 신체의 자유를 검속하여 위해를 예방하는 경우도 있다.

즉, 형법에 규정된 감시제도가 하나의 예이다. 감시라고 함은 주형을 마친 후에 다시 장래를 검속하기 위하여 경찰관으로 하여금 범인의 행상을 감시하게 하는 것이다. 경찰의 감시에 붙여진 사람은 거주와 이전의 자유를 제한당하고, 감시는 사법재판소의 선고에 의한 것이며, 그 규칙은 형법부칙에 규정되어 있다.

犯罪人의게對ᄒᆞ야監視ᄒᆞᄂᆞᆫ外에또特히其生活狀態가安寧秩序ᄅᆞᆯ妨害ᄒᆞᆯ憂慮가有ᄒᆞᆷ으로認ᄒᆞᄂᆞᆫ者ᄅᆞᆯ豫戒ᄒᆞ며又其住居移轉의自由ᄅᆞᆯ制限ᄒᆞᆷ도有ᄒᆞ니浮浪徘徊ᄒᆞ야一定ᄒᆞᆫ生業을不有ᄒᆞ거나又ᄂᆞᆫ平常의荒暴ᄒᆞᆫ言論行爲로써能事ᄅᆞᆯ作ᄒᆞᄂᆞᆫ者에對ᄒᆞ야ᄂᆞᆫ將來에對ᄒᆞ야左開各項中全部或은其一部의所爲ᄅᆞᆯ行ᄒᆞ거나又其所爲ᄅᆞᆯ煽動치못ᄒᆞᆯ事ᄅᆞᆯ命令ᄒᆞ며又其居所ᄅᆞᆯ制限ᄒᆞᆷ을得ᄒᆞᄂᆞ니라

一、何等의事項으로써ᄒᆞᆷ을不拘ᄒᆞ고財貨ᄅᆞᆯ强請ᄒᆞᄂᆞᆫ所爲

二、他人의公私間業務에干涉ᄒᆞ야言行計略으로써强迫或은侮辱又ᄂᆞᆫ其自由ᄅᆞᆯ防害ᄒᆞᄂᆞᆫ所爲

三、他人의開設ᄒᆞᆫ集會에叅入ᄒᆞ야妨害ᄒᆞᄂᆞᆫ所爲

此命令은一定ᄒᆞᆫ期間을定ᄒᆞ야此ᄅᆞᆯ發布호대但其改悛ᄒᆞᆫ情狀이顯發ᄒᆞᆫ者에對ᄒᆞ야ᄂᆞᆫ何時던지此命令을解除ᄒᆞᆷ을得ᄒᆞ며또此命令에違反ᄒᆞᄂᆞᆫ者ᄂᆞᆫ特히處罰ᄒᆞᄂᆞ니라

以上의法規ᄂᆞᆫ法律或勅令을因ᄒᆞ야一般히通行ᄒᆞᄂᆞᆫ制度ㅣ니反則非行을未發에警戒ᄒᆞᄂᆞᆫ目的으로써自由ᄅᆞᆯ制限ᄒᆞᄂᆞᆫ警察行爲ᄂᆞᆫ實質上此에만止ᄒᆞᆯ者ㅣ아

범죄인을 감시하는 것 외에도 특별히 생활상태가 안녕·질서를 방해할 우려가 있다고 인정되는 사람을 경계하고 주거·이전의 자유를 제한할 수도 있다. 부랑배회하여 일정한 생업을 가지지 않거나 평상시에 난폭한 언행을 일삼는 사람에 대해서는 장래에 대하여 아래의 각항 중 전부 또는 그 일부의 행위를 행하거나 그 행위를 선동하지 말 것을 명령하고 거소를 제한할 수 있다.

① 어떤 사항인지 관계없이 재화를 강제로 청하는 행위

② 다른 사람의 공사간의 업무에 개입하여 언행·계략으로 강박 또는 모욕 및 그 자유를 방해하는 행위

③ 다른 사람이 개최한 집회에 참가하여 방해하는 행위

이러한 명령은 일정한 기간을 정하여 발령하되 뉘우치는 정상이 있으면 언제라도 그 명령을 해제할 수 있고, 그 명령에 위반하는 사람은 특별히 처벌한다.

이상의 법규는 법률 또는 칙령에 따라 일반적으로 통용되는 제도이다. 위반비행을 미연에 경계할 목적으로 자유를 제한하는 경찰행위는 실질적으로 위와 같은 것에만 그치는 것이 아

니니라然이나或法律이完備치못ᄒᆞᆫ바ㅣ有ᄒᆞ며且前來의慣行을因ᄒᆞ야重大ᄒᆞᆫ警察權을地方官廳職權에委任ᄒᆞᆷ도有ᄒᆞᆫ故로至重至要ᄒᆞᆫ警察規則이地方警察의形式으로發布됨도有ᄒᆞ니此로써警察의法則과밋自由의制限이此의單一ᄒᆞᆫ法律의標準範圍에만限ᄒᆞᆫ者ㅣ라誤解ᄒᆞᆷ은不可ᄒᆞᆯ지며地方警察規則은其性質上一地方에만效力이有ᄒᆞᆷ으로써一般의規定을삼아玆에揭載키不能ᄒᆞ며ᄯᅩ各地方이各其便宜를隨ᄒᆞ야其制가相異ᄒᆞᆫ故로此를概括ᄒᆞ야論究키不可ᄒᆞᆷ은論은不俟ᄒᆞᆯ바ㅣ니라

第四款　公安警察

警察의目的은總히公共의安寧秩序에在ᄒᆞᆫ故로特히公安으로써安寧警察의一種을삼음이嚴正ᄒᆞᆫ理論分析에基因ᄒᆞᆫ바ㅣ아님은業已說明ᄒᆞᆫ바ㅣ니但其警察法規를分類ᄒᆞᄂᆞᆫ便宜를依ᄒᆞ야其法規의主要된效用이國家와밋社會全体의秩序를維持ᄒᆞᆷ에在ᄒᆞᆫ境遇를特擧ᄒᆞ야治安或은公安警察이라稱ᄒᆞᄂᆞ니라

公安警察의本領은大概其目的과危害의性質을依ᄒᆞ야論解ᄒᆞᆷ이可ᄒᆞ니其主目的을삼아持保코져ᄒᆞᄂᆞᆫ바ᄂᆞᆫ國家社會의公의秩序와國權의安固와民衆共同의

니다. 그러나 법률이 완비되어 있지 않기도 하고 전래의 관행으로 중대한 경찰권을 지방관청의 권한으로 위임한 것도 있으므로, 지극히 중요한 경찰규칙이 지방경찰의 형식으로 공포되는 것도 있다. 따라서 경찰법규와 자유의 제한이 단일한 법률의 기준·범위로 한정되는 것이라고 오해하면 안 된다. 지방경찰규칙은 성질상 하나의 지방에만 효력이 있는 것이어서, 일반적인 규정으로서 여기에 게재할 수 없고 각 지방이 각각의 편의에 따라 제도가 서로 다르므로, 이를 개괄하여 논할 수 없다는 것은 말할 나위가 없다.

제4관 공안경찰

경찰의 목적은 모두 공공의 안녕과 질서에 있으므로, 특별히 공안을 안녕경찰의 일종으로 삼는 것이 엄격한 이론 분석에 기인한 것은 아니라고 이미 설명하였다. 다만 경찰법규 분류의 편의상 법규의 주된 효력이 국가와 사회 전체의 질서를 유지하는 경우를 특별히 치안 또는 공안경찰이라고 한다.

공안경찰의 본령은 대략 목적과 위해의 성질에 따라 설명하는 것이 당연하다. 주목적으로서 유지하고자 하는 것은 국가사회의 공공의 질서와 국권의 안정과 민중 공동의

安寧이오其防止코져ᄒᆞᄂᆞᆫ바秩序의危害ᄂᆞᆫ專히多數合同의勢力을依ᄒᆞ거나又ᄂᆞᆫ多數人衆上에逮及ᄒᆞᄂᆞᆫ影響勢力을依ᄒᆞ야發生ᄒᆞᄂᆞᆫ바ㅣ라故로此種의危害ᄂᆞᆫ單히個人私安에關ᄒᆞ야止ᄒᆞᆯ事도有ᄒᆞᆯ지며又或個人單獨의所爲가多數의게影響이逮及ᄒᆞᄂᆞᆫ原因은아니로대直接으로國家社會를紛擾케ᄒᆞᆯ事도有ᄒᆞ니라然이나槪括ᄒᆞ야論ᄒᆞᆯ진대多數合同의勢力과밋多數의게影響되ᄂᆞᆫ勢力으로브터發生ᄒᆞᄂᆞᆫ危害ᄂᆞᆫ國權의安固와社會共同의安寧을危險케ᄒᆞᆷ이頗多ᄒᆞᆫ故로其實際에在ᄒᆞ야公의治安으로ᄡᅥ目的을삼ᄂᆞᆫ高等警察은專히此種의危害를豫防ᄒᆞ며禁壓ᄒᆞᆷ으로ᄡᅥ其本領을삼ᄂᆞ니라

多數合同의勢力은集會結社를依ᄒᆞ야成ᄒᆞ며直接으로多數公衆의게影響이逮及ᄒᆞᄂᆞᆫ勢力은言論、著作、刊行의類가最大ᄒᆞᆫ바ㅣ라祭祀、宗敎、學術、技藝、商業、遊戱等普通民俗의慣行에在ᄒᆞᆫ多數의會合及演技等을依ᄒᆞ야生ᄒᆞᄂᆞᆫ危害ᄂᆞᆫ人身、風俗、衛生等의尋常警察管理에屬ᄒᆞ야大槪地方警察規則을依ᄒᆞ야規律ᄒᆞᄂᆞᆫ바ㅣ며其目的이專히政治에關ᄒᆞ거나又ᄂᆞᆫ社會公衆上에影響이及ᄒᆞᆯ境遇에在ᄒᆞ야ᄂᆞᆫ特히全國一般에對ᄒᆞ야法令의規定을要ᄒᆞᄂᆞᆫ바ㅣ니라

안녕이고, 방지하고자 하는 질서의 위해는 오로지 다수합동의 세력에 의하거나 다중에게 영향을 미치는 세력에 의하여 발생하는 것이다. 그러므로, 이러한 종류의 위해는 단지 개인의 사안에 그치는 것도 있을 것이고 개인 단독의 행위가 다수에게 영향을 미치는 원인은 아니지만 직접적으로 국가사회를 분열하게 할 우려가 있는 것도 있다.

그러나 개괄하여 논한다면, 다수합동의 세력과 다수에게 영향을 미치는 세력으로부터 발생하는 위해는 국권의 안정과 사회 공동의 안녕을 위험하게 하는 것이 매우 많으므로, 실제로 공공의 치안을 목적으로 하는 고등경찰은 오로지 이러한 종류의 위해를 예방하고 진압하는 것을 본령으로 한다.

다수합동의 세력은 집회결사에 의하여 구성되고, 직접 다중에게 영향을 미치는 세력은 언론, 저작, 간행 등이 가장 크다. 제사, 종교, 학술, 기예, 상업, 연극 등 통상 민속의 관행상 다수의 집회 및 연기 등에 의하여 발생하는 위해는 인신, 풍속, 위생 등 일상적인 경찰관리에 속하여 대부분 지방경찰규칙에 따라 규율된다. 목적이 오로지 정치에 관한 것이거나 사회공중에 영향을 미치는 경우에는 특별히 전국 일반에 대한 법령의 규정을 요한다.

言論、著作、刊行及集會、結社의自由ᄂᆞᆫ立憲國에在ᄒᆞ야ᄂᆞᆫ憲法이保證ᄒᆞᆫ바ㅣ니法律을依ᄒᆞᆫ外에此ᄅᆞᆯ制限키不得ᄒᆞᆷ이라故로萬一特別의法律이無ᄒᆞᆫ時ᄂᆞᆫ刑法을依ᄒᆞ야犯罪의所爲ᄅᆞᆯ搆成치아니ᄒᆞᆯ以上은言論、集會、結社ᄂᆞᆫ如何ᄒᆞᆫ目的及方法으로써ᄒᆞ던지亦是自由로出ᄒᆞᆷ이로대萬一如斯히强大ᄒᆞᆫ社會의勢力을此刑法의狹隘ᄒᆞᆫ消極的制限에만只止케ᄒᆞ고其範圍外에在ᄒᆞ야自由奔馳ᄒᆞᆷ을放任ᄒᆞᆯ時ᄂᆞᆫ其危害가可畏且慮ᄒᆞᆷ은明白ᄒᆞᆫ事ㅣ며又或如斯히貴重ᄒᆞᆫ自由의制限을法律로써專一히行政官職權에委任ᄒᆞ야警察官이其認定으로써公安公益에危害가有ᄒᆞᆷ으로思量ᄒᆞᆯ時ᄂᆞᆫ便宜ᄅᆞᆯ依ᄒᆞ야制限ᄒᆞᆯ事ᄅᆞᆯ許與ᄒᆞᆯ진대職權濫用의弊害가生ᄒᆞᆯ지며且憲法이此自由ᄅᆞᆯ保證ᄒᆞᆫ精神에不適合ᄒᆞᆷ이라是以로言論、集會、結社에對ᄒᆞ야ᄂᆞᆫ特別히其法律을設定ᄒᆞ야貴重ᄒᆞᆫ自由의保護와制限의程度ᄅᆞᆯ定ᄒᆞ고一邊으로ᄂᆞᆫ行政官의可히踰越치못ᄒᆞᆯ警察權限을指定ᄒᆞ며一邊으로ᄂᆞᆫ可히侵犯치못ᄒᆞᆯ個人自由의範圍ᄅᆞᆯ明劃ᄒᆞ야써公의秩序와私의自由ᄅᆞᆯ調和ᄒᆞᄂᆞᆫ者ㅣ니라

此法理의結果로써公의治安警察에對ᄒᆞ야ᄂᆞᆫ其制度上의一個特色이有ᄒᆞ니他

입헌국가에서는 언론, 저작, 간행 및 집회, 결사의 자유를 헌법이 보장하므로, 법률에 의하지 않고는 이를 제한할 수 없다. 따라서, 만일 특별한 법률이 없는 경우에 형법에 따라 범죄행위를 구성하지 않는 이상 언론, 집회, 결사는 어떠한 목적 및 방법이든지 자유롭게 할 수 있는 것이다. 그렇지만, 만일 이러저러한 강대한 사회세력을 위와 같은 형법의 좁은 소극적 제한에만 그치고, 그 범위 외에서 자유분방하게 방임할 때에는 위해가 우려되는 것이 명백하다. 또한 이렇게 귀중한 자유의 제한을 법률로써 전적으로 행정관의 권한에 위임하여 경찰관의 판단에 따라 공안·공익에 위해가 있다고 판정하는 경우에는 재량에 의한 제한을 허용하는 것이므로, 권한 남용의 폐해가 생길 것이고 헌법이 자유를 보장하는 정신에 부합하지 않는다. 그러므로 언론, 집회, 결사에 대해서는 특별히 법률을 제정하여 귀중한 자유의 보호와 제한의 정도를 규정하여, 한편으로는 행정관이 유월하지 못할 경찰권한을 지정하고, 한편으로는 침범하지 못할 개인의 자유의 범위를 명확하게 함으로써, 공공의 질서와 사적인 자유를 조화시킨다.

이러한 법리의 결과로써 공적인 치안경찰에 대해서는 제도상 하나의 특색이 있다. 다른의尋常警察事項에關ᄒᆞ야ᄂᆞᆫ行政官의게許與ᄒᆞᆫ概括的委任을依ᄒᆞ야安寧秩序ᄅᆞᆯ持保ᄒᆞ기爲ᄒᆞ야法律勅令에抵觸지아니ᄒᆞᆯ限度內에在ᄒᆞ야ᄂᆞᆫ警察規則을發布ᄒᆞ기可得ᄒᆞᆯ지나此治安警察範圍에在ᄒᆞ야ᄂᆞᆫ安寧秩序ᄅᆞᆯ爲ᄒᆞ야行ᄒᆞᆫ다ᄒᆞᄂᆞᆫ條件이有ᄒᆞᆷ을必要ᄒᆞᆯ지오警察規則의形式으로ᄡᅥ更히法律을補充키不得ᄒᆞᆯ지니此警察規則에關ᄒᆞ야ᄂᆞᆫ行政官은此ᄅᆞᆯ執行ᄒᆞᆷ에止ᄒᆞᆯᄲᅮᆫ이오法律을補充ᄒᆞᄂᆞᆫ警察規則을發ᄒᆞᆯ餘地가無ᄒᆞᆷ으로萬一必要ᄒᆞᆫ바ㅣ有ᄒᆞᆯ時ᄂᆞᆫ法律의特別委任을依ᄒᆞᆷ을要ᄒᆞᆯ지니官制에在ᄒᆞᆫ概括的警察權限의委任을憑藉ᄒᆞ야法定自由의限界ᄅᆞᆯ更히伸縮ᄒᆞᆷ을不許ᄒᆞᄂᆞ니라

第五款 集會及結社

集會及結社의自由ᄂᆞᆫ憲法의保證ᄒᆞᆫ바ㅣ니法律範圍內에在ᄒᆞ야各人의享有ᄒᆞᆫ者ㅣ라故로法律規則을依據치아니코制限되ᄂᆞᆫ事가無ᄒᆞ니라

集會及結社ᄂᆞᆫ自由에屬ᄒᆞ야官府의特許ᄅᆞᆯ不要ᄒᆞᄂᆞ니或此ᄅᆞᆯ呈報ᄒᆞ거나登錄ᄒᆞᆷ을要ᄒᆞ며又或解散을命ᄒᆞᆯ境遇가有ᄒᆞ나集會又ᄂᆞᆫ結社ᄒᆞᄂᆞᆫ行爲ᄅᆞᆯ豫先禁止ᄒᆞᆷ은아니니라

통상적인 경찰사항에 관해서는 행정관에게 허용된 개괄적인 위임에 의하여 안녕·질서를 유지하기 위하여 법률·칙령에 저촉하지 않는 한도 내에서 경찰규칙을 발령할 수 있으나, 치안경찰의 범위에서는 안녕과 질서를 위하여 행한다고 하는 조건이 있어야 하고, 경찰규칙의 형식으로 다시 법률을 보완할 수 없다. 이러한 경찰규칙에 관해서는 행정관은 이를 집행하는 것에 그칠 뿐이고 법률을 보충하는 경찰규칙을 발령할 여지가 없는 것이어서, 만일 필요가 있는 경우에는 법률의 특별한 위임에 의하여야 한다. 관제에 있는 개괄적인 경찰 권한의 위임을 빙자하여 법정의 자유의 한계를 다시 신축하는 것은 허용되지 않는다.

제5관 집회 및 결사

집회 및 결사의 자유는 헌법이 보장하는 것이다. 법률의 범위 내에서 개인이 향유하는 것이다. 그러므로 법률·규칙에 의하지 않고 제한되는 일이 없다.

집회 및 결사는 자유에 속하여 관청의 특허를 요하지 않는다. 이를 신고하거나 등록하는 것을 요하기도 하고 해산을 명하는 경우가 있으나, 집회 또는 결사하는 행위를 미리 금지하는 것은 아니다.

集會ᄂᆞᆫ某種共同의行爲를行ᄒᆞᆯ目的으로多數가集合ᄒᆞᆫ者ㅣ니偶然히起ᄒᆞᆫ羣集과此를區別ᄒᆞᆷ이可ᄒᆞ니라

何人이던지兵器를携帶치아니코平穩히集會ᄒᆞᆷ은自由에屬ᄒᆞᆫ바ㅣ로대但其目的이秩序를妨害ᄒᆞ거나或은國法의禁止ᄒᆞᆫ바ㅣ될時나且其方法이安寧秩序를害ᄒᆞᆯ狀態가有ᄒᆞᆯ時ᄂᆞᆫ警察權으로써此를解散케ᄒᆞᆯ權이有ᄒᆞ니라

家外의集會ᄂᆞᆫ各人이法律上의權利로셔自由로享有ᄒᆞᆷ은아니오民俗의慣行을依ᄒᆞᆫ會合은此를不問호대其他의會合은警察官의特許가無ᄒᆞ면此를行ᄒᆞ기不得ᄒᆞᄂᆞ니右에對ᄒᆞ야何者의境遇던지警察의目的을爲ᄒᆞ야此를解散시길事를可得ᄒᆞᄂᆞ니라（日本에셔ᄂᆞᆫ帝國議會開期中其三里以內地에在ᄒᆞ야ᄂᆞᆫ民俗慣習을依ᄒᆞᆫ外에ᄂᆞᆫ家外에集會를禁止ᄒᆞᆷ）

政治集會ᄂᆞᆫ國家政治上에影響을遠及케ᄒᆞᆯ事로目的을삼ᄂᆞᆫ者ㅣ라其意思ᄂᆞᆫ言論又ᄂᆞᆫ擧動으로써此를表示ᄒᆞ기可得ᄒᆞᆯ지로대行政法律은特히言論으로써其意思를表示ᄒᆞᄂᆞᆫ集會에對ᄒᆞ야特別ᄒᆞᆫ制限을規定ᄒᆞᆷ이니라

集會及政社法에在ᄒᆞ야政談集會라稱ᄒᆞᆷ은政治에關ᄒᆞᆫ事項을講談演論ᄒᆞᆷ을爲

집회는 어떠한 공동행위를 행할 목적으로 다수가 집합하는 것이다. 우연히 일어난 군집과 구별하여야 한다.

누구라도 병기를 휴대하지 않고 평온하게 집회를 하는 것은 자유에 속한다. 다만 목적이 실서를 방해하거나 국법이 금지하는 경우이거나 방법이 안녕·질서를 해할 우려가 있는 경우에는 경찰권으로 해산할 수 있는 권한이 있다.

옥외집회는 개인이 법률상 권리로 자유롭게 향유하는 것이 아니고, 민속의 관행에 의한 회합은 이와는 관계없지만, 그 밖의 회합은 경찰관의 특허가 없으면 행할 수 없다. 이에 대하여 어떠한 경우라도 경찰 목적을 위하여 이를 해산시킬 수 있다(일본에서는 제국의회가 개회 중에는 그 3리 이내의 지역에서 민속관습에 의한 것 외에는 옥외에서 집회를 금지함)

정치집회는 국가정치에 영향을 미치게 하는 것을 목적으로 하는 것이다. 그 의사는 언론 또는 거동으로 표시할 수 있을 것이지만, 행정법률은 특히 언론으로 의사를 표시하는 집회에 대하여 특별한 제한을 규정하고 있다.

집회 및 결사법에서 정담집회라고 함은 정치에 관한 사항을 강담연론을 위

ᄒᆞ야公衆을會同ᄒᆞᄂᆞᆫ者를指稱홈이니盖此法律의精神은其文字와如히汎博홈은아니라其談論ᄒᆞᄂᆞᆫ바ㅣ政治事項에關與ᄒᆞᄂᆞᆫ與否ᄂᆞᆫ直接의標準이아니오차라리其談論의目的이國家政治上에影響을逮及ᄒᆞᆯ希望이存在ᄒᆞᆫ與否를依ᄒᆞ야可決홈이니現行의制度를研究ᄒᆞᆯ目的으로써談論ᄒᆞᄂᆞᆫ者ᄂᆞᆫ政談이라推認ᄒᆞ기不可ᄒᆞ며政治에關係가無ᄒᆞᆫ事項을講談홈에假托ᄒᆞᆯ지라도其目的이政治上에影響을逮及홈에在ᄒᆞᆫ時ᄂᆞᆫ此를政談集會로推認홈이곳法律의精神이니라

政談集會ᄂᆞᆫ一般集會에對ᄒᆞᄂᆞᆫ法律制限을從ᄒᆞᄂᆞᆫ外에左의制限이尙有ᄒᆞ니라

政談集會ᄂᆞᆫ特許홈은不要ᄒᆞ나呈報홈은必要ᄒᆞᄂᆞ니其開會ᄒᆞ기二十四時以前에集會의處所와集會의時日과發起人의姓名及居住와講談演論者의氏名을呈報홈을要ᄒᆞᄂᆞ니라

公權剝奪及停止中에在ᄒᆞᆫ者와밋外國人은其發起人됨을不得ᄒᆞ며且外國人은政談集會에서講談演論ᄒᆞᆯ權을不得ᄒᆞᄂᆞ니라

左에揭載ᄒᆞᆫ者ᄂᆞᆫ政談集會에會同ᄒᆞ거나或其發起人됨을不得호ᄃᆡ다만法律을依ᄒᆞ야組織ᄒᆞᄂᆞᆫ議會選擧準備의集會에在ᄒᆞ야ᄂᆞᆫ此限에不在ᄒᆞ니라

하여 공중이 회동하는 것을 말한다. 대략 이 법률의 정신은 문언 그대로 범위가 넓고 모호한 것이 아니다. 담론하는 바가 정치사항에 관여하는 것인지 여부가 직접적인 기준이 아니고 오히려 담론의 목적이 국가정치에 영향을 미치기를 희망하는지 여부에 따라 결정되는 것이다. 현행제도를 연구할 목적으로 담론하는 것은 정담이라고 추정하면 안 되고, 정치에 관계가 없는 사항을 강담하는 것이라고 핑계를 대더라도 목적이 정치에 영향을 미치는 것에 있는 때에는 정담집회라고 추인하는 것이 법률의 정신이다.

정담집회는 일반집회에 대한 법률의 제한을 받는 외에도 아래의 제한이 항상 있다. 정담집회는 특허를 요하지는 않지만 신고는 필요하다. 개최하기 24시간 이전에 집회장소와 집회시간, 발기인의 성명과 거주 및 강담연론자의 성명을 신고하여야 한다.

공권의 박탈 및 정지 중에 있는 사람과 외국인은 발기인이 될 수 없고 외국인은 정담집회에서 강담연론할 권리를 가질 수 없다.

아래에 기재한 사람은 정담집회에 회동하거나 발기인이 될 수 없다. 다만 법률에 의하여 조직하는 의회선거의 준비집회에서는 그렇지 않다.

一、現役及召集中에在호豫備、後備의陸海軍軍人

二、警察官

三、官立、公立、私立學校의敎員、學生及生徒

四、女子

五、未成年者

警察官府는正服을着훈警察官을派遣ᄒᆞ야政談集會에臨監케ᄒᆞᆯ事를可得ᄒᆞ며政談集會가아니라도其狀況이安寧秩序를妨害ᄒᆞᆯ虞慮가有홈으로認ᄒᆞᆯ時는警察官이亦是出張臨監홈을可得ᄒᆞᄂᆞ니라

結社는臣民의法律上의自由ㅣ니法律을不依코는警察權으로써此를禁止홈을不得ᄒᆞ며其法律이此自由를制限홈은公益及安寧秩序를維持코져홈에不外홈이니라

集會와結社의區別은專히事實의認定을依홈이니多數人衆이一時一定훈處所에會合홈은集會라ᄒᆞ며組織体를作ᄒᆞ야恒常聯合의事實이有훈者는結社ㅣ라ᄒᆞᄂᆞ니社員이集會를行ᄒᆞᆯ時는集會로써論홈은尙矣勿論이니라

① 현역 및 소집중에 있는 예비, 후비의 육해군 군인

② 경찰관

③ 관립, 공립, 사립학교의 교원, 학생 및 생도

④ 여자

⑤ 미성년자

경찰관청은 정복을 입은 경찰관을 파견하여 정담집회를 현장에서 감시하게 할 수 있고, 정담집회가 아니더라도 상황이 안녕과 질서를 방해할 우려가 있다고 인정하는 때에는 경찰관이 역시 출장하여 현장에서 감시할 수 있다.

결사는 신민의 법률상 자유이다. 법률에 의하지 않고는 경찰권으로 금지할 수 없고, 법률이 이러한 자유를 제한하는 것은 공익 및 안녕·질서를 유지하고자 하는 것 외에 없다.

집회와 결사의 구별은 단지 사실의 인정에 의한 것이다. 다수인중이 일시에 일정한 장소에 회합하는 것은 집회라고 하고, 조직체를 만들어 항상 연합하는 것은 결사라고 한다. 사원이 집회를 행할 때에는 집회로 논하는 것은 말할 나위가 없다.

結社는其形式과밋目的을因ᄒᆞ야法律의制限이相異ᄒᆞ니其目的의何者됨을不問ᄒᆞ고秘密의結社는此를禁止ᄒᆞ며結社의目的이專히商事에在ᄒᆞᆯ時는商法의規定을依ᄒᆞ며其他公益及私益으로目的을삼아結社ᄒᆞᆷ은公의秩序에違反치아니ᄒᆞᆯ限度ᄭᆞ지는民法에規定을依ᄒᆞ야一般히自由를依ᄒᆞᆷ이오ᄯᅩ特別히法令으로ᄡᅥ組織케ᄒᆞᆫ社團은各其特別法令을依ᄒᆞᆷ은更言ᄒᆞᆯ바ㅣ아니로대다만政社의對ᄒᆞ야는特別히保安의目的으로ᄡᅥ法律의制限을삼ᄂᆞ니此를玆에解說코져ᄒᆞ노라

政社는國家政治上에影響을可及케ᄒᆞᆯ事로ᄡᅥ目的을삼아結社ᄒᆞ는者ㅣ라故로日本現行政社法第一條에도政社는政治에關ᄒᆞᆫ事項으로目的을삼는者ㅣ라定義ᄒᆞ얏스나然이나其法律의精神은結社의目的된事項이政治에關ᄒᆞᆫ與否를不問ᄒᆞᆷ이오차라리其目的이實際政治上에勢力을可及코져ᄒᆞ는與否에在ᄒᆞᆷ이니라

政社는社員名簿와役員을備置ᄒᆞ고其組成後三日以內에社名、社則、事務所及事務員의氏名을呈報ᄒᆞᆷ을要ᄒᆞᄂᆞ니라

결사는 형식과 목적에 따라 법률의 제한이 다르다. 목적이 무엇인지와 관계없이 비밀결사는 금지하고, 결사의 목적이 단지 상사에 있는 때에는 상법의 규정에 의하며, 그밖에 공익 및 사익을 목적으로 결사하는 것은 공공의 질서에 반하지 않는 한도까지는 민법의 규정에 의하여 일반적으로 자유이고, 특별히 법령으로 조직하게 한 사단은 각각의 특별법령에 의한다는 것은 당연하지만, 정치결사에 대해서는 특별히 보안목적으로 법률로 제한한다. 이를 여기에서 설명하고자 한다.

정치결사는 국가정치에 영향을 미치게 할 목적으로 결사하는 것이다. 그러므로 일본 현행 정사법 제1조에서도 정치결사는 정치에 관한 사항을 목적으로 하는 것이라고 정의하고 있다. 그러나, 그 법률의 정신은 결사의 목적이 된 사항이 정치에 관한 것인지 여부와 관계없고, 목적이 실제 정치에 힘을 가하고자 하는지 여부에 있다.

정치결사는 사원명부와 임원을 비치하고 구성 후 3일 이내에 사명, 사칙, 사무소 및 사무원의 성명을 신고하여야 한다.

外國人과밋政談集會에會合홈을禁혼바ㅣ된者는政社에加入홈을不得ᄒᆞ며政社는標章과밋旗幟를援用홈을不得ᄒᆞ며또其他政社와連結홀事를不得ᄒᆞᄂᆞ니라

結社로ᄒᆞ여곰安寧秩序에妨害가有홈으로認홀時는內部大臣은此를禁止홈을可得ᄒᆞᄂᆞ니라

第六欵　出版

言論著作은印刷發行홈을依ᄒᆞ야其勢力이世에波及홈이最大ᄒᆞ니文書圖畫를印刷ᄒᆞ야此를發賣ᄒᆞ거나又는發布홈을出版이라稱ᄒᆞᄂᆞ니라言論著作及印行의自由는憲法에特히保證혼바ㅣ니法律範圍內에서各人이此을享有ᄒᆞ야遞奪될바ㅣ無ᄒᆞ고其法律은文化啓發홈을爲ᄒᆞ야此를保護ᄒᆞ며또安寧秩序를爲ᄒᆞ야此를制限ᄒᆞᄂᆞ니出版의自由는社會에巨大혼利益을及與홈과同時에또혼此를濫用홀時는秩序를危殆케ᄒᆞ며風俗을妨害홈도極大혼故로治安警察範圍에在혼出版法은如斯혼危害에對ᄒᆞ야其自由를制限ᄒᆞᄂᆞᆫ法規ㅣ니라

文書圖畫를著作、印刷ᄒᆞ거나又는發行홈은一般히自由를依홈이라官廳의檢

외국인과 정담집회에서의 회합이 금지된 사람은 정치결사에 가입할 수 없고, 정치결사는 표장과 깃발을 원용할 수 없으며, 다른 정치결사와 연결할 수 없다.

결사가 안녕과 실서를 해한다고 인정하는 때에는 내부대신은 이를 금지할 수 있다.

제6관 출판

언론·저작은 인쇄·발행에 의하여 세력을 세상에 파급시키는 효과가 가장 크다. 문서·도화를 인쇄하여 발매하거나 배포하는 것을 출판이라고 한다. 언론·저작 및 인쇄의 자유는 헌법에서 특별히 보장한다. 법률의 범위 내에서 개인이 이를 향유하고 박탈되지 않으며, 법률은 문화계발을 위하여 이를 보호하고 안녕과 질서를 위하여 이를 제한한다. 출판의 자유는 사회에 큰 이익을 줌과 동시에 이를 남용할 때에는 질서를 위태롭게 하고 풍속을 해할 우려도 매우 크므로, 치안경찰의 범위에 있는 출판법은 이러한 위해에 대하여 자유를 제한하는 법규이다.

문서·도화를 저작, 인쇄하거나 발행하는 것은 일반의 자유에 따르는 것이어서, 관청의 검

閱許可를豫受ᄒᆞᆷ은不要ᄒᆞ대다만其出版物이法律을依ᄒᆞ야治安警察의目的으로써其頒布或은發賣ᄒᆞᆷ을禁止ᄒᆞᆷ도可有ᄒᆞᆯ지니라

法律은出版物形式에關ᄒᆞ야 一定ᄒᆞᆫ要件을示ᄒᆞᄂᆞ니大凡出版物에는其發行者와밋印刷者의氏名을記入ᄒᆞᆷ을要ᄒᆞ며且出版은檢閱或은許可를不要ᄒᆞ나然이나其出版物二部를添付ᄒᆞ야呈報ᄒᆞᆷ을要ᄒᆞᄂᆞ니라

出版ᄒᆞ는事實에關ᄒᆞ야는法律노特히左의事項을出版ᄒᆞᆯ事를禁止ᄒᆞᄂᆞ니라

一、犯罪를曲庇ᄒᆞ며又는刑事에犯觸ᄒᆞᆫ者或은刑事裁判中에在ᄒᆞᆫ者를救護ᄒᆞ는文籍

二、公判에아ᄌᆞᆨ未付ᄒᆞᆫ重罪及輕罪豫審에關ᄒᆞᆫ事項

三、公布치아니ᄒᆞᆫ官廳機密에關ᄒᆞᆫ官用文籍과밋官廳의議事

但官廳의認許가有ᄒᆞᆫ者는此限에不在ᄒᆞᆷ

四、軍事機密에關ᄒᆞᆫ文籍、圖畫

但官廳의特許를得ᄒᆞᆫ者는此限에不在ᄒᆞᆷ

安寧秩序를妨害ᄒᆞ거나又風俗을紊亂ᄒᆞᆷ으로認ᄒᆞ는文書圖畫를出版ᄒᆞᆫ時는內

열허가를 미리 받을 것을 요하지 않는다. 다만 출판물이 법률에 의하여 치안경찰의 목적으로 배포 또는 발매가 금지되는 것도 있을 수 있다.

법률은 출판물의 형식에 관하여 일정한 요건을 제시한다. 무릇 출판물에는 발행자와 인쇄자의 성명을 기입하여야 하고, 출판은 검열 또는 허가를 요하지 않지만, 출판물 2부를 첨부하여 신고하여야 한다.

출판하는 사실에 관해서는 법률로 특히 아래의 사항을 출판하는 것을 금지한다.

① 범죄를 비호하거나 형사사건을 범한 사람 또는 형사재판 중에 있는 사람을 구호하는 서적

② 공판에 아직 부쳐지지 않은 중죄 및 경죄예심에 관한 사항

③ 공포하지 않은 관청기밀에 관한 관용서적 및 관청의 의사

다만 관청의 인가가 있는 사람은 그렇지 않음

④ 군사기밀에 관한 서적·도화

다만 관청의 특허를 얻은 사람은 그렇지 않음

안녕·질서를 방해하거나 풍속을 문란하게 한다고 인정하는 문서·도화를 출판하는 때에는 내

部大臣이其發賣、頒布홈을禁止ᄒᆞ고其刻版及印本을執留홈을可得ᄒᆞᄂᆞᆫ故로出版은自由오僅僅히輕易ᄒᆞᆫ節次와밋實質의制限이有홈에止홀ᄲᅮᆫ이로대其出版은內部大臣의認定處分으로ᄡᅥ警察의目的을爲ᄒᆞ야何時던지此를禁壓홈을可得홀지며又其處分에對ᄒᆞ야ᄂᆞᆫ訴願홈을不許ᄒᆞᄂᆞ니라

新聞紙와밋時時로發行ᄒᆞᄂᆞᆫ雜誌(政治雜誌)에關ᄒᆞ야ᄂᆞᆫ一般히印刷、出版의制限을依ᄒᆞᄂᆞᆫ外에尙且節次에在ᄒᆞ야ᄂᆞᆫ呈報及保証金에關ᄒᆞ야特別의制限이有ᄒᆞ니라

新聞紙及雜誌를發行코져ᄒᆞᄂᆞᆫ者ᄂᆞᆫ其發行日로브터二週日以前의左開事項을記載ᄒᆞ야此를呈報홈을要ᄒᆞᄂᆞ니라

一、題號

二、記載의種類

三、發行의時期

四、發行及印刷所

五、發行人、編輯人及印刷人(公權을有ᄒᆞᆫ臣民의男子에限홈)

부대신이 발매·배포를 금지하고 해당 출판·인쇄본을 압류할 수 있으므로, 출판은 자유이고 매우 가볍고 쉬운 절차와 실질의 제한이 있는 것에 그칠 뿐이지만, 출판은 내부대신의 인정처분으로 경찰의 목적을 위하여 언제든지 금지할 수 있으며, 그 처분에 대해서는 소원을 허용하지 않는다.

신문지와 때때로 발행하는 잡지(정치잡지)에 관해서는 일반적으로 인쇄· 출판의 제한에 의하는 것 외에도 절차에 있어서는 신고 및 보증금에 관하여 특별한 제한이 있다.

신문지 및 잡지를 발행하고자 하는 사람은 발행일로부터 2주일 이내에 다음의 사항을 기재하여 신고하여야 한다.

① 제호

② 기사의 종류

③ 발행시기

④ 발행 및 인쇄소

⑤ 발행인, 편집인 및 인쇄인(공권이 있는 신민의 남자에 한함)

發行人은保証을삼아大槪左開의金額을呈報와홈씌官廳에納置ᄒᆞᄂᆞ니라

皇都에在ᄒᆞ야ᄂᆞᆫ千圓

其他各地方都會處에在ᄒᆞ야ᄂᆞᆫ七百圓

其他地方에在ᄒᆞ야ᄂᆞᆫ三百五十圓

一箇月三回以下發行ᄒᆞᄂᆞᆫ者ᄂᆞᆫ各前記의半額

保証金은新聞紙或은雜誌의發行을禁止ᄒᆞᆫ時ᄂᆞᆫ此를還付ᄒᆞᄂᆞ니盖保証金을其發行人의게對ᄒᆞᄂᆞᆫ罰金과밋裁判費用等을可히徵收ᄒᆞᆯ境遇에至ᄒᆞ야此에塡充ᄒᆞᄂᆞᆫ者ㅣ니라

新聞及雜誌에記載ᄒᆞᆫ事項에錯誤에對ᄒᆞ야其事項에關ᄒᆞᆫ本人又ᄂᆞᆫ其關係人이正誤或은正誤書나辨駁書를揭載ᄒᆞᆷ을請求ᄒᆞᆫ時ᄂᆞᆫ其次回或은第三回發行에無償으로其請求ᄒᆞᆫ바를揭載ᄒᆞᆯ지니正誤書、辨駁書의字數가原文二倍에超過ᄒᆞᆯ時ᄂᆞᆫ其超過ᄒᆞᆫ數字에對ᄒᆞ야普通廣告料를請求ᄒᆞᆷ을得ᄒᆞ고官報或은其他新聞雜誌로브터抄錄ᄒᆞᆫ事項이其原出版物에正誤辨駁이有ᄒᆞᆫ時ᄂᆞᆫ其請求ᄒᆞᆷ을不受ᄒᆞ얏슬지라도此를知得ᄒᆞᆫ時ᄂᆞᆫ또ᄒᆞᆫ正誤ᄒᆞᆯ義務가有ᄒᆞ니라

발행인은 보증을 위하여 대략 다음의 금액을 신고와 함께 관청에 납부한다.

황도에서는 1,000환

그 밖의 각 지방도회처에서는 700환

그 밖의 지방에서는 350환

1개월 3회 이하 발행하는 사람은 앞에서 기재한 금액의 반액

보증금은 신문지 또는 잡지의 발행을 금지하는 때에 이를 환부한다. 대개 보증금은 발행인에 대한 벌금과 재판비용 등으로 징수하여야 할 경우에 이에 충당하는 것이다.

신문 및 잡지에 기재한 사항의 착오에 대하여 그 사항에 관한 본인 또는 그 관계인이 정정 혹은 정정서나 반론서를 게재할 것을 청구하는 때에는 차회 혹은 제3회 발행에 무상으로 그와 같이 청구한 바를 게재한다. 정정서, 반론서의 자수가 원문의 2배를 초과할 때에는 초과한 숫자에 대하여 보통의 광고료를 청구할 수 있고, 관보 혹은 다른 신문·잡지로부터 인용한 사항에 대하여 원출판물에 정정 주장이 있는 때에는 그 청구가 받아들여지지 않았더라도 이를 알게 된 때에는 또한 정정할 의무가 있다.

新聞紙又ᄂᆞᆫ雜誌에記載ᄒᆞᆫ事項에對ᄒᆞ야裁判을受ᄒᆞᆫ時ᄂᆞᆫ其次回發行에其宣告全文을記載ᄒᆞᆯ지니라

軍部大臣은特히命令을發ᄒᆞ야軍隊軍艦의進退와又ᄂᆞᆫ軍機軍略에關ᄒᆞᆫ事項을禁載홈을得ᄒᆞᄂᆞ니라

內部大臣은治安을妨害ᄒᆞ거나又ᄂᆞᆫ風俗을壞亂홈으로認ᄒᆞᄂᆞᆫ新聞紙或雜誌의發行을禁止或은停止홈을得호대此境遇에ᄂᆞᆫ其發賣頒布홈을禁止ᄒᆞ고其出版物을執留홈을得ᄒᆞ며ᄯᅩ外國發行의出版物에對ᄒᆞ야ᄂᆞᆫ內國에서發賣頒布홈을禁止ᄒᆞ고此ᄅᆞᆯ執留홈을得ᄒᆞᄂᆞ니라

第七欵　非常警察

人身의自由ᄂᆞᆫ憲法에此ᄅᆞᆯ貴重히ᄒᆞ야保護ᄒᆞᄂᆞᆫ바ㅣ며同時에安寧秩序ᄅᆞᆯ持保홈은ᄯᅩᄒᆞᆫ政府의貴重ᄒᆞᆫ職司ㅣ라故로警察法의要旨ᄂᆞᆫ行政官府에對ᄒᆞ야ᄂᆞᆫ警察의目的을爲ᄒᆞ야人身의自由ᄅᆞᆯ制限홈을可得ᄒᆞᆯ限界ᄅᆞᆯ區畫홈이오個人에對ᄒᆞ야ᄂᆞᆫ政府의權勢로써侵犯치아니ᄒᆞᆯ自由享有의範圍ᄅᆞᆯ示홈에在ᄒᆞ니곳警察의權限과個人의自由享有範圍ᄅᆞᆯ示ᄒᆞ며警察의權限과個人의自由ᄅᆞᆯ限界ᄒᆞᆫ法

신문지 또는 잡지에 기재한 사항에 대하여 재판을 받은 때에는 차회 발행에 선고된 전문을 기재하여야 한다.

군부대신은 특별히 명령을 발하여 군대·군함의 진퇴와 군기·군략에 관한 사항을 게재하지 못하게 할 수 있다.

내부대신은 치안을 방해하거나 풍속을 문란하게 한다고 인정하는 신문지 또는 잡지의 발행을 금지 또는 정지할 수 있다. 이 경우에는 발매·배포를 금지하고 출판물을 압류할 수 있으며 외국발행의 출판물에 대해서는 내국에서 발매·배포를 금지하고 압류할 수 있다.

제7관 비상경찰

인신의 자유는 헌법에서 중요하게 보호하는 것이고, 동시에 안녕·질서를 유지하는 것도 정부의 중요한 직무이다. 그러므로 경찰법의 요지는 행정관청에 대하여 경찰의 목적을 위하여 인신의 자유를 제한할 수 있는 한계를 획정하고, 개인에 대해서는 정부의 권세로 침범당하지 않을 자유의 향유 범위를 제시하고 있다. 즉, 경찰의 권한과 개인의 자유의 향유 범위를 제시하고 경찰의 권한과 개인의 자유의 한계를 정한 법

規ㅣ라然이나此ᄂᆞᆫ平時尋常의境遇를豫見ᄒᆞ야立法ᄒᆞᆫ者오國家社會에事變이有ᄒᆞᆯ境遇에在ᄒᆞ야安寧秩序를持保ᄒᆞ기爲ᄒᆞ야ᄂᆞᆫ普通의警察法을停止ᄒᆞ고尋常警察權限과個人의自由를限界ᄒᆞᆫ拘束을解除ᄒᆞ야警察權으로ᄒᆞ야곰臨機應急ᄒᆞᆯ自由를有케ᄒᆞᄂᆞ니此를곳非常警察이라稱ᄒᆞᄂᆞ니라

法律에定ᄒᆞᆫ非常警察의境遇ᄂᆞᆫ非常保安과밋戒嚴이니라

非常保安은戒嚴을施行ᄒᆞᆷ에不依ᄒᆞ고人身自由의最重ᄒᆞᆫ居住、移轉、의自由及集會、結社、出版等自由의法律上保障된一部를停止ᄒᆞ고警察權의臨機處分에放任ᄒᆞᄂᆞᆫ者ㅣ니非常保安의施行은其施行의地域、期限及尋常警察權을停止ᄒᆞᆫ範圍를明示ᄒᆞ야써此를行ᄒᆞᆷ을要ᄒᆞᆯ지니라

安寧秩序를持保ᄒᆞ기爲ᄒᆞ야必要ᄒᆞᆫ境遇에內部大臣은勅裁를經ᄒᆞ야地域、期限과並其施行의方法을定ᄒᆞ고左의各項全部或은一部를施行ᄒᆞᆯ命令을發ᄒᆞᆷ을得ᄒᆞᄂᆞ니라

一、公衆의集會ᄂᆞᆫ屋內屋外를不問ᄒᆞ고警察官의許可를不經ᄒᆞᆫ者ᄂᆞᆫ總히此를禁止ᄒᆞᆯ事

규이다. 그러나 이는 평시에 일상적인 경우를 예정하고 입법한 것이고, 국가사회에 사변이 있는 경우에 안녕과 질서를 유지하기 위해서는 통상의 경찰법을 정지하고 통상적인 경찰권한과 개인의 자유의 한계를 구분하는 기속을 해제하여 경찰권으로 하여금 긴급조치를 할 수 있는 권한을 가지게 한다. 이를 비상경찰이라고 한다.

법률에 규정된 비상경찰은 비상보안과 계엄이 있다.

비상보안은 계엄을 시행하지 않고 중요한 인신의 자유인 거주, 이전의 자유 및 집회, 결사, 출판 등의 자유 중에서 법률상 보장된 내용의 일부를 정지하고 경찰권의 긴급처분에 맡기는 것이다. 비상보안의 시행은 시행의 지역, 기한 및 통상적인 경찰권을 정지하는 범위를 명시하여 행하여야 한다.

안녕과 질서를 유지하기 위하여 필요한 경우에 내부대신은 황제의 재결을 받아 지역, 기한 및 시행방법을 정하여 아래의 사항 전부 또는 일부를 시행할 명령을 발령할 수 있다.

① 공중의 집회는 옥내옥외와 관계없이 경찰관의 허가를 거치지 않은 것을 모두 금지하는 것

二、新聞紙와其他印刷物은警察官의檢閱을豫經치아니ᄒᆞ고發行ᄒᆞᆷ을禁止ᄒᆞᆯ事

三、旅人出入을檢査ᄒᆞ며旅行券의制度ᄅᆞᆯ設ᄒᆞᆯ事

戒嚴은戰時或은事變이有ᄒᆞᆯ際에兵備로써全國或一地方을警戒ᄒᆞᄂᆞᆫ者ㅣ니居住、移轉及其他逮捕、審判、家宅搜索、信書의秘密、集會、結社、出版等에關ᄒᆞ야平時에在ᄒᆞᆫ法律上의自由ᄅᆞᆯ停止ᄒᆞ고警察權及司法權의一部或全部ᄅᆞᆯ軍隊司令權에委付ᄒᆞᄂᆞᆫ者ㅣ니라

戒嚴을宣告ᄒᆞᆷ은皇上大權에屬ᄒᆞᆷ이니兵馬統帥權의行使오行政의權限으로써此ᄅᆞᆯ施行ᄒᆞᆷ을不得ᄒᆞᆷ이라行政權은(地方長官)非常急變이有ᄒᆞᆫ境境에軍隊에移牒ᄒᆞ야出兵ᄒᆞᆷ을請ᄒᆞᆷ도可得ᄒᆞᆯ지나戒嚴을宣告ᄒᆞ며밋兵力을用ᄒᆞᆷ은專히大權과밋大權의委任을依ᄒᆞᆷ이니軍隊指揮權을依ᄒᆞᆫ者오行政職權에屬ᄒᆞᆷ은아니로대다만戒嚴의宣告ᄂᆞᆫ平時의在ᄒᆞᆫ法律의適用과밋行政司法의執權을停止ᄒᆞᄂᆞᆫ效果가有ᄒᆞ니라

戒嚴은此ᄅᆞᆯ施行ᄒᆞᆯ地域을明示ᄒᆞ야宣告ᄒᆞ며또戒嚴은臨戰地境과合圍地境을

② 신문지와 그 밖의 인쇄물은 경찰관의 검열을 미리 거치지 않고 발행하는 것을 금지하는 것

③ 여행자의 출입을 검사하고 여행권 제도를 신설하는 것

계엄은 전시 또는 사변이 있는 때에 병력으로 전국 또는 한 지역을 경계하는 것이다. 거주, 이전 및 그 밖의 체포, 심판, 가택수색, 서신의 비밀, 집회, 결사, 출판 등에 관하여 평시에 있는 법률상의 자유를 정지하고 경찰권 및 사법권의 일부 또는 전부를 군대사령권에 맡기는 것이다.

계엄을 선고하는 것은 황제의 대권에 속한다. 병마통수권의 행사이고 행정의 권한으로 시행할 수 없다. 행정권은 (지방장관) 비상급변이 있는 경우에 군대에 이첩하여 출병을 요청할 수 있으나, 계엄을 선고하여 병력을 쓰는 것은 오로지 대권과 대권의 위임에 의하는 것이어서, 군대지휘권에 따르고 행정의 권한에 속하지 않는 것이지만, 계엄의 선고는 평시에 있는 법률의 적용과 행정·사법의 집행권한을 정지하는 효과가 있다.

계엄은 시행할 지역을 명시하여 선고하고, 계엄은 임전지역과 합위지역에

依ᄒᆞ야其効果가相異ᄒᆞ니戒嚴地境을臨戰地와合圍地로區別ᄒᆞᆷ은軍隊ᄅᆞᆯ統帥ᄒᆞᄂᆞᆫ大權의認定으로ᄡᅥ宣告ᄒᆞᄂᆞᆫ者ㅣ니名稱을因ᄒᆞ야事實을推測ᄒᆞ야此ᄅᆞᆯ定義ᄒᆞᆷ을不得ᄒᆞᆯ지라其大概ᄅᆞᆯ論ᄒᆞᆯ진대戰時或事變을際ᄒᆞ야警戒ᄅᆞᆯ要ᄒᆞᄂᆞᆫ地ᄂᆞᆫ臨戰地境이라ᄒᆞ며敵의合圍或攻擊을際ᄒᆞ야警戒ᄅᆞᆯ要ᄒᆞᄂᆞᆫ地ᄂᆞᆫ合圍地境이라ᄒᆞᄂᆞ니라

臨戰地境으로宣告된時ᄂᆞᆫ其地境에在ᄒᆞᆫ行政警察及司法事務에軍事關係가有ᄒᆞᆫ事件은其地方軍隊司令官의管掌에屬ᄒᆞ며地方行政官及司法官은其司令官의指揮ᄅᆞᆯ請ᄒᆞ야其要求ᄒᆞᄂᆞᆫ바ᄅᆞᆯ執行ᄒᆞᄂᆞᆫ者ㅣ니라

合圍地境으로宣告된時ᄂᆞᆫ其地境의在ᄒᆞᆫ行政司法權을其地軍隊司令官의權에屬ᄒᆞᄂᆞᆫ故로地方行政官은其指揮ᄅᆞᆯ受ᄒᆞ야軍隊司令權의補助ᄅᆞᆯ삼아可히動作ᄒᆞᄂᆞᆫ者ㅣ니라

臨戰地境의對ᄒᆞ야ᄂᆞᆫ軍隊司令權과行政司法權은尙且並立ᄒᆞ야行動호대다만軍事의關ᄒᆞᆫ行政司法事件은軍隊司令權의指揮을全屬ᄒᆞᆷ이오合圍地境에在ᄒᆞ야ᄂᆞᆫ行政과司法의權은共히軍隊司令權에委移ᄒᆞ며行政官과司法官은此ᄅᆞᆯ補

따라 효과가 다르다. 계엄지역을 임전지와 합위지로 구별하는 것은 군대를 통수하는 대권의 판정으로 선고하는 것이다. 명칭으로 사실을 추측하여 정의할 수 없을지라도 그 대상을 논한다면, 전시 또는 사변이 있는 때 경계를 요하는 지역은 임전지역이라고 하고, 적의 합위* 또는 공격이 있을 때 경계를 요하는 지역은 합위지역이라고 한다.

임전지역으로 선고된 경우에 그 지역에 있는 행정경찰 및 사법사무에 군사관계가 있는 사항은 그 지역의 군대사령관의 관할에 속하고 지방행정관 및 사법관은 그 사령관의 지휘를 받아 요구사항을 집행한다.

합위지역으로 선고된 경우에는 그 지역에 있는 행정사법권이 그 지역의 군대사령관의 권한에 속하므로, 지방행정관은 그 지휘를 받아 군대사령권의 보조로서 행동하여야 한다.

임전지역에 대해서는 군대사령관과 행정사법권은 병립하여 행동하되 군사에 관한 행정·사법에 관한 사항이 군대사령권의 지휘에 전속하는 것이고, 합위지역에서는 행정과 사법의 권한이 모두 군대사령권으로 이전하고 행정관과 사법관은 이를 보

* 역자 주: 사전적으로 빙 둘러 에워싼다는 뜻이다.

助ᄒᆞ야其指揮命令을執行홈이니此ㅣ二者가其効果를相異케ᄒᆞ는点이니라

第四節　衛生

第一欵　衛生

衛生行政은國民의身體康健을保全홈으로ᄡᅥ目的을삼ᄂᆞ니各人의康健은各人이自衛홈에放任홀者ㅣ나然이나國民의健全은國家社會의元氣消長에關係가大有ᄒᆞ며且其健全을危殆케ᄒᆞ는災害는個人의力으로ᄡᅥ此를防止ᄒᆞ기不能ᄒᆞᆫ境遇도有ᄒᆞ고且其危害는個人으로브터從出ᄒᆞ야個人의게만不止ᄒᆞ고公衆의健全을危殆케홈에延及홈도有ᄒᆞᄂᆞ니此ㅣ國家는人身自衛ᄒᆞ는自由에干涉ᄒᆞ야公共의健全을持保홈으로ᄡᅥ其職司를삼는唯一의所以니라

衛生은危害의豫防과既發ᄒᆞᆫ疾病의醫療로目的을삼는故로行政行爲는此二部에自分ᄒᆞᄂᆞ니即傳染病의豫防과밋醫藥의制度가是라然이나豫防과療醫가共히唯一ᄒᆞᆫ康健을保全홈에在ᄒᆞ고實際에其分掌을明確케홀必要가無ᄒᆞ니論理를不拘ᄒᆞ고衛生에關ᄒᆞᆫ法制의大要를解說홈에止홀뿐이니라

衛生行政의目的은其性質이地方警察規則을依ᄒᆞ야其目的을達ᄒᆞ는境遇가甚

조하여 그 지휘·명령을 집행하는 것이다. 이러한 두 가지가 그 효과의 차이점이다.

제4절 위생

제1관 위생

위생행정은 국민 신체의 건강을 목적으로 한다. 개인의 건강은 스스로 지키는 것이지만, 국민의 건강은 국가사회의 활력과 관계가 크고, 건강을 위태롭게 하는 재해는 개인의 힘으로 방지할 수 없는 경우도 있으며, 그 위해는 개인으로부터 유래하여 개인에게만 그치지 않고 공중의 건강을 위태롭게 할 수도 있다. 이는 국가가 인신을 자위하는 자유에 개입하여 공공의 건강을 유지하는 것을 직무로 삼은 유일한 이유이다.

위생은 위해의 예방과 발현된 질병의 의료를 목적으로 하는 것이므로, 행정행위는 위와 같은 두 부분으로 나뉜다. 즉, 전염병의 예방과 의약의 제도가 그것이다. 그러나 예방과 의료가 모두 건강을 보전하는 것에 유일한 목적이 있고, 실제로 그 분장을 명확하게 할 필요가 없으니, 논리와 관계없이 위생에 관한 법제의 대강을 해설하는 것에 그칠 것이다.

위생행정의 목적은 성질상 지방경찰규칙에 의하여 목적을 달성하는 경우가 매우

多ᄒᆞᆫ故로法律勅令은其重要ᄒᆞᆫ事項만規定ᄒᆞᆷ에止ᄒᆞ고且衛生法規ᄂᆞᆫ行政權으로써各人自由에干涉ᄒᆞᄂᆞᆫ限界ᄅᆞᆯ指示ᄒᆞᆷ에止ᄒᆞᆷ이오行政의目的된衛生其者ᄂᆞᆫ性質上其法規範圍內에在ᄒᆞᆫ事實行爲如何에存在ᄒᆞᆫ바ㅣ며法令의執行으로써其効果ᄅᆞᆯ生ᄒᆞᆷ은아님으로玆에略說ᄒᆞᆫ衛生法規의說明으로써衛生行政의實質解說로看做ᄒᆞᆷ은不可ᄒᆞ니라

第二欵　傳染病豫防

傳染病의豫防은普通地方警察을依ᄒᆞ야施行ᄒᆞᄂᆞᆫ外에一般히法律로써行政警察의權限을規定ᄒᆞᆷ이니玆에略說ᄒᆞᄂᆞᆫ바ᄂᆞᆫ豫防事務에不在ᄒᆞ고豫防ᄒᆞ기爲ᄒᆞ야各人의自由ᄅᆞᆯ制限ᄒᆞᄂᆞᆫ要点을示ᄒᆞᆷ에止ᄒᆞᆯ바ㅣ니라

何者로써傳染病이라謂ᄒᆞᄂᆞ뇨ᄒᆞᆷ은事實問題인즉行政官이認定ᄒᆞᆷ에存在ᄒᆞᆷ이니法律에虎列刺、腸窒扶斯、赤痢、發疹窒扶斯、及痘瘡等六病을揭ᄒᆞ고各其病性을從ᄒᆞ야豫防ᄒᆞᄂᆞᆫ方法을示ᄒᆞ나然이나此ᄂᆞᆫ其顯著ᄒᆞᆫ者ᄅᆞᆯ例示ᄒᆞᆫ者오法規의適用을限定ᄒᆞᆷ은아니니라

傳染病이有ᄒᆞᆫ時ᄂᆞᆫ此ᄅᆞᆯ呈報ᄒᆞᆷ을要ᄒᆞ며醫師가傳染病을診察ᄒᆞᆫ時ᄂᆞᆫ二十四時

많으므로, 법률·칙령은 중요한 사항만 규정하고, 위생법규는 행정권으로써 개인의 자유에 개입하는 한계를 지시하는 것이 그치며, 행정목적인 위생 그 자체는 성질상 법규의 범위 내에서의 사실행위 여하에 따르고, 법령의 집행으로 효과가 발생하는 것은 아니므로, 여기에서 간략히 언급하는 위생법규의 설명을 위생행정의 실질에 관한 설명으로 간주하여서는 안 된다.

제2관 전염병 예방

전염병의 예방은 보통지방경찰에 의하여 시행하는 것을 제외하고 법률로써 일반적인 행정경찰의 권한을 규정한다. 여기에서는 예방사무가 아니라 예방을 위하여 개인의 자유를 제한하는 요점을 간략히 제시하는 것에 그친다.

무엇을 전염병이라고 부를 것인지는 사실문제이어서 행정관의 판정에 따른다. 법률에 콜레라, 장티푸스, 이질, 발진티푸스 및 천연두 등 6개의 질병을 들고 각각의 질병의 성격에 따라 예방하는 방법을 제시하고 있지만, 이는 그 현저한 것을 예시한 것이고 법규의 적용을 한정하는 것은 아니다.

전염병이 있을 때에는 신고하여야 하고 의사가 전염병을 진찰한 때에는 24시

間內에此를呈報홈을要ᄒᆞᄂᆞ니萬一此를呈報치아니ᄒᆞᆫ時ᄂᆞᆫ處罰홈을要ᄒᆞᄂᆞ니라

傳染病이發ᄒᆞᆫ時ᄂᆞᆫ其傳播홈을防止ᄒᆞᆯ目的으로써必要ᄒᆞᆫ境遇에在ᄒᆞ야ᄂᆞᆫ居住、通行及運搬의自由를制限홈을得ᄒᆞ며傳染病이有ᄒᆞᆫ家에ᄂᆞᆫ病名을記ᄒᆞ야門戶에粘付ᄒᆞ고交通을遮斷ᄒᆞ거나或은患者를特設ᄒᆞᆫ避病院으로移置홈을要ᄒᆞ며又貨物의運搬과旅客의通行及船舶의交通을制限ᄒᆞ고檢疫ᄒᆞ야消毒ᄒᆞᄂᆞᆫ規則을設홈을可得ᄒᆞᄂᆞ니라

病毒을撲滅ᄒᆞ며傳播를防止홈이必要ᄒᆞᆫ境遇에在ᄒᆞ야ᄂᆞᆫ其危害가有ᄒᆞᆫ物品을消毒ᄒᆞ거나燒棄ᄒᆞ거나或埋沒홈을要ᄒᆞ며又或傳染病者의屍體ᄂᆞᆫ一定ᄒᆞᆫ處所와밋方法을指定ᄒᆞ야火葬或埋葬케홈을得ᄒᆞ고又病毒發生이나或傳播ᄒᆞᆯ危害가有ᄒᆞᆫ地에ᄂᆞᆫ掃除淸潔法을强制施行홈을可得ᄒᆞᄂᆞ니라

瘡痘病은種痘의方術을依ᄒᆞ야其危害를豫防홈을可得ᄒᆞᄂᆞᆫ故로種痘ᄂᆞᆫ一般히强行ᄒᆞ야此를行케ᄒᆞᄂᆞ니種痘ᄂᆞᆫ幼者를看護ᄒᆞᆯ責任이有ᄒᆞᆫ者의義務ㅣ니小兒出生後滿一年以內에此를行홈으로써本則을삼ᄂᆞ니라天然痘가流行ᄒᆞᆯ徵兆가

간 내에 신고하여야 한다. 만일 이를 신고하지 않은 때에는 처벌하여야 한다.

전염병이 발병한 때 전파를 방지하는 데에 필요한 경우에는 거주, 통행 및 이전의 자유를 제한할 수 있고, 전염병이 있는 집에는 병명을 써서 문호에 붙이고, 교통을 차단하거나 환자를 특별히 설치된 격리병동에 옮겨야 하며, 화물의 운반과 여객의 통행 및 선박의 교통을 제한하고 검역하여 소독하는 규칙을 제정할 수 있다.

병독을 박멸하고 전파를 방지하는 데에 필요한 경우에는 위해가 있는 물품을 소독하거나 태워 없애거나 묻어야 하고, 전염병자의 시체는 일정한 장소와 방법을 지정하여 화장 또는 매장하게 할 수 있으며, 병독의 발생이나 전파할 위해가 있는 곳에서는 소제청결법을 강제로 시행할 수 있다.

천연두는 종두의 시술에 의하여 위해를 예방할 수 있으므로, 종두는 일반에게 강제로 시행한다. 종두는 유아를 간호할 책임이 있는 사람의 의무이다. 소아가 출생 후 만 1년 이내에 행하는 것을 원칙으로 한다. 천연두가 유행할 징조가

有ᄒᆞᆯ時ᄂᆞᆫ特히種痘ᄅᆞᆯ施行ᄒᆞᆯ事ᄅᆞᆯ一般히命ᄒᆞ고種痘ᄅᆞᆯ受ᄒᆞᆫ者ᄂᆞᆫ醫師의種痘證을領受ᄒᆞ야必要ᄒᆞᆫ時에此ᄅᆞᆯ證明ᄒᆞᆷ을要ᄒᆞᄂᆞ니라

飮食物警察은特히傳染病을豫防ᄒᆞᆷ을爲ᄒᆞᆯ뿐아니라一般히衛生行政의目的을達ᄒᆞᆷ에最重最貴ᄒᆞᆫ者ㅣ니此에關ᄒᆞᆫ重要ᄒᆞᆫ制限은犯罪의形式으로써刑法에規定ᄒᆞᆫ者오其他ᄂᆞᆫ各地方警察規則으로써此ᄅᆞᆯ施行ᄒᆞ고一般히警察權限을定ᄒᆞᆫ法令은頒布치아니ᄒᆞᄂᆞ니衛生의目的을爲ᄒᆞᄂᆞᆫ建築警察의類가또ᄒᆞᆫ此와同一ᄒᆞᆫ者ㅣ니라.

第三欵　醫師劑藥師及病院

醫業은官의準許ᄅᆞᆯ不受ᄒᆞ고此ᄅᆞᆯ行ᄒᆞᆷ을不得ᄒᆞᄂᆞ니準許ᄅᆞᆯ不受ᄒᆞ고此ᄅᆞᆯ私行ᄒᆞᄂᆞᆫ者ᄂᆞᆫ刑法을依ᄒᆞ야處罰ᄒᆞᆯ지니라醫術을開業코저ᄒᆞᄂᆞᆫ者ᄂᆞᆫ一定ᄒᆞᆫ規則을依ᄒᆞ야其準許ᄅᆞᆯ受ᄒᆞᆷ을要ᄒᆞᄂᆞ니其開業準許狀은履歷을依ᄒᆞ거나或試驗을依ᄒᆞ야其資格을審査ᄒᆞ야此ᄅᆞᆯ給付호대醫師가其業에關ᄒᆞ야犯罪ᄒᆞ거나或不正ᄒᆞᆫ行爲가有ᄒᆞᆫ時ᄂᆞᆫ其業을停止케ᄒᆞ거나又禁止ᄒᆞᆷ도得ᄒᆞ고醫師가其業에關ᄒᆞ야裁判上이나傳染病豫防警察上又ᄂᆞᆫ人命救護等에關ᄒᆞ야官府에셔命ᄒᆞᄂᆞᆫ公

있을 때에는 특별히 종두를 시행할 것을 일반에게 명하고 종두를 받은 사람은 의사로부터 종두증을 받아 필요한 때에 증명하여야 한다.

음식물 경찰은 특별히 전염병을 예방하기 위한 것일 뿐만 아니라 일반적으로 위생행정의 목적달성에 가장 중요한 것이다. 이에 관한 중요한 제한은 범죄의 형식으로 형법에 규정하고, 그밖에는 각 지방경찰규칙으로 시행하며, 일반적으로 경찰권한을 정한 법령을 공포하지는 않는다. 위생목적을 위한 건축경찰 등도 이와 마찬가지다.

제3관 의사·제약사 및 병원

의업은 관청의 면허를 받지 않고 행할 수 없다. 면허를 받지 않고 무단으로 행하는 사람은 형법에 의하여 처벌하여야 한다. 의술을 개업하고자 하는 사람은 일정한 규칙에 의하여 면허를 받아야 한다. 개업면허장은 이력에 의하거나 시험에 의하여 자격을 심사하여 발급해주지만, 의사가 그 업에 관하여 범죄를 저지르거나 부정한 행위가 있을 때에는 그 업을 정지하게 하거나 금지할 수 있고, 의사가 그 업에 관하여 재판상이나 전염병예방경찰상 또는 인명구호 등에 관하여 관청에서 명한 공

務를拒絶ᄒᆞᆷ을不得ᄒᆞ며또無故히急病者의依賴請診을拒絶ᄒᆞᆷ을不得ᄒᆞᄂᆞ니라

藥局을開設ᄒᆞ고醫師의方文紙를依ᄒᆞ야藥劑를調合ᄒᆞᄂᆞᆫ者를劑藥師ㅣ라稱ᄒᆞᄂᆞ니年齡滿二十歲以上으로서試驗을經ᄒᆞ야劑藥師의準許狀을受ᄒᆞᆫ者ㅣ아니면其業務를行ᄒᆞᆷ을不得ᄒᆞᄂᆞ니萬一官許를不得ᄒᆞ고劑藥師의業을私行ᄒᆞᄂᆞᆫ者ᄂᆞᆫ此를處罰호대다만醫師ᄂᆞᆫ自己가診療ᄒᆞᄂᆞᆫ病人의方文紙에만限ᄒᆞ야自宅에서劑藥調合ᄒᆞ야販賣授與ᄒᆞᆷ을得ᄒᆞ며劑藥師ᄂᆞᆫ其藥局에藥局方文紙의藥品은此를必備ᄒᆞ고患者의氏名、年齡、藥名、分量、用法、用量、方文紙의年月日、及醫師의氏名을自記ᄒᆞ거나又ᄂᆞᆫ調印ᄒᆞᆫ方文紙를依ᄒᆞ야可히調劑ᄒᆞᄂᆞᆫ者ㅣ라方文紙를受ᄒᆞᆯ時ᄂᆞᆫ晝夜를不問ᄒᆞ고何時던지調劑ᄒᆞᆯ지니正當ᄒᆞᆫ事故가無ᄒᆞ고此를拒絶ᄒᆞᆷ을不得ᄒᆞᆯ지니라其方文紙ᄂᆞᆫ此를謄寫保存호대毒藥과劇藥의方文紙ᄂᆞᆫ劑藥師가檢印ᄒᆞ야其日字를記付ᄒᆞᆫ日로브터滿十年間此를保存ᄒᆞᆷ을要ᄒᆞᄂᆞ니라

劑藥師ᄂᆞᆫ藥品을製造及販賣ᄒᆞᆷ을得ᄒᆞᄂᆞ니藥品을製造ᄒᆞ거나或販賣ᄒᆞᄂᆞᆫ事業은総히地方官廳의準許ᄒᆞᆫ鑑札을受ᄒᆞᆷ을要ᄒᆞᄂᆞ니라

무를 거절할 수 없고 이유없이 응급환자가 의뢰한 진료를 거절할 수 없다.

약국을 개설하고 의사의 처방전에 의하여 약제를 조제하는 사람을 제약사라고 한다. 연령 만 20세 이상으로 시험을 거쳐 제약사의 면허장을 받은 사람이 아니면 그 업무를 행할 수 없다. 만일 면허를 받지 않고 제약업을 무단으로 행한 사람은 처벌하지만, 의사는 자기가 진료하는 환자의 처방전에 대해서는 스스로의 책임으로 제약·조제하여 판매할 수 있고, 제약사는 약국에 처방전의 약품을 반드시 준비하고 환자의 성명, 연령, 약명, 분량, 용법, 용량, 처방전의 연월일 및 의사의 성명을 스스로 기재하거나 날인한 처방전에 의하여 조제하여야 한다. 처방전을 받은 때에는 주야를 불문하고 언제든지 조제하여야 하는데, 정당한 사고 없이 거절할 수 없다. 처방전은 등사하여 보존하되, 독약과 극약의 처방전은 제약사가 검인하여 그 일자를 부기한 날로부터 만 10년간 보존하여야 한다.

제약사는 약품을 제조 및 판매할 수 있다. 약품을 제조하거나 판매하는 사업에 대해서는 모두 지방관청이 면허의 증표를 받아야 한다.

內部大臣은監視員으로ᄒᆞ야곰藥局과밋藥品販賣及製造ᄒᆞᄂᆞᆫ處所ᄅᆞᆯ巡視케ᄒᆞ야總히藥品營業과밋藥品을看檢ᄒᆞᆷ에關ᄒᆞᆫ規則의遵行與否ᄅᆞᆯ監視ᄒᆞᄂᆞ니犯則의所爲ᄂᆞᆫ各其處罰ᄒᆞᄂᆞᆫ規程이有ᄒᆞ니라

病院、癲狂院其他官公私立治療所ᄂᆞᆫ公益에關ᄒᆞᆫ設備니官府의特別ᄒᆞᆫ監視ᄅᆞᆯ要ᄒᆞ나然이나此에對ᄒᆞᆫ一般의法制ᄂᆞᆫ無ᄒᆞᆫ대地方의時宜ᄅᆞᆯ從ᄒᆞ야其規則을定ᄒᆞᆷ을可得ᄒᆞᆯ지며其私設ᄒᆞᆫ者에對ᄒᆞ야ᄂᆞᆫ性質上其設立者의資格과維持의方法과밋建築物에關ᄒᆞᆫ一定要件을審査ᄒᆞ야特히許ᄒᆞᆯ者오自由로濫設ᄒᆞᆷ은不許ᄒᆞᆫ대다만其認可ᄂᆞᆫ地方警察權에在ᄒᆞᆫ故로玆에其要件을概括ᄒᆞ야論ᄒᆞᆷ은不得ᄒᆞᆯ바ㅣ니라

第五節 經濟

一 土地

第一欵 公의營造物

官有地와私有地의種別은土地所有權의所在處ᄅᆞᆯ依ᄒᆞᆷ이니國家所有에屬ᄒᆞᆫ土地ᄅᆞᆯ官有地라稱ᄒᆞᆷ에不過ᄒᆞᆷ이오所有權自体의本質인즉國家所屬과一私人所

내부대신은 감시원으로 하여금 약국과 약품판매 및 제조장소를 순찰하게 하여 모두 약품의 영업과 약품의 검사에 관한 규칙을 준수하는지 여부를 감시한다. 위반행위는 각각의 처벌규정이 있다.

병원, 정신병원 그 밖의 관공사립 치료소는 공익에 관한 시설이어서, 관청의 특별한 감시를 요하나, 이에 대한 일반적인 법제는 없다. 그렇지만 지방의 사정에 따라 규칙을 제정할 수 있고, 사설치료소에 대해서는 성질상 설립자의 자격과 유지방법 및 건축물에 관한 일정한 요건을 심사하여 특별히 허가하고, 자유롭게 남설하는 것은 허용되지 않는다. 다만 인가는 지방경찰권에 있으므로, 여기에서 그 요건을 개괄하여 논할 수 없다.

제5절 경제

I. 토지

제1관 공공영조물

관유지와 사유지의 구별은 토지소유권의 소재에 따른다. 국가의 소유에 속한 토지를 관유지라고 부르는 것에 불과하고, 소유권 자체의 본질은 국가 소유와 사인 소

屬이相異ᄒᆞᆫ바ㅣ無ᄒᆞ고但其物体가公에供用되ᄂᆞᆫ與否ᄅᆞᆯ因ᄒᆞ야公法上의關係ᄅᆞᆯ相異케ᄒᆞᄂᆞᆫ바ㅣ니라

國有財産이公共의用에供給될時ᄂᆞᆫ公의營造物이니公의營造物이됨으로써所有權의目的物된資格을失ᄒᆞᆫ다稱ᄒᆞᆷ은아니며公의營造物이라稱ᄒᆞᆷ은其物의用法을依ᄒᆞᆫ種別이오所有權本質所在에ᄂᆞᆫ不拘ᄒᆞᆷ이라故로所有權은一私人의게存在ᄒᆞᆯ지라도其物은公의營造物된資格을有ᄒᆞᆷ도無妨ᄒᆞᆫ대公의營造物의所有權은國家或은公의自治團體에存在ᄒᆞᆷ으로써通則을삼을ᄲᅮᆫ이니라

國有公有의土地物件이公益行政의目的을爲ᄒᆞ야公에供用될時ᄂᆞᆫ此ᄅᆞᆯ公의營造物이라ᄒᆞ야特種의法律關係가生ᄒᆞᄂᆞ니公에供用된다稱ᄒᆞᆷ은其物이其形體대로直接公益行政의目的된用을作ᄒᆞᄂᆞᆫ者오間接이나或其價格이公에充用됨을指稱ᄒᆞᄂᆞᆫ意味ᄂᆞᆫ아닐ᄉᆡ例如道路、河川、港灣、公園、學校、病院等類와如ᄒᆞᆫ者ㅣ라

國家及一私人이其私權關係에在ᄒᆞ야ᄂᆞᆫ平等히同一ᄒᆞᆫ地位에立ᄒᆞ야共히私法規定에服從ᄒᆞᆷ으로써本則을삼고官有物된所以로普通私法範圍外에在ᄒᆞ다ᄂᆞᆫ

유가 다르지 않으며, 단지 그 물건이 공적으로 제공되는지 여부에 따라 공법적인 관계가 다를 뿐이다.

국유재산이 공적인 용도에 제공되는 경우 공공영조물이 된다. 공공영조물이 된다고 소유권의 대상으로서의 자격이 상실되는 것이 아니다. 공공영조물이라고 함은 물건의 용법에 따른 구별이지 소유권의 본질이나 소재와는 관계가 없으므로, 소유권이 사인에게 존재하더라도 그 물건은 공공영조물의 자격을 가질 수도 있다. 다만 공공영조물의 소유권은 국가 또는 공적인 자치단체에 존재하는 것을 원칙으로 할 뿐이다.

국유·공유의 토지·물건이 공익행정의 목적을 위하여 공적으로 제공될 때에 공공영조물이라고 하여 특별한 법률관계가 발생한다. 공적으로 제공된다고 하는 것은 물건이 그 형체대로 직접 공익행정의 목적에 작용하는 것이고, 간접적으로나 그 가격이 공적으로 충당되는 것을 의미하지 않는다. 예를 들면, 도로, 하천, 항만, 공원, 학교, 병원 등과 같은 것이다.

국가 및 사인이 사권관계에서 평등하게 동일한 지위에서서 모두 사법규정에 복종하는 것이 원칙이고, 관유물이라는 이유로 통상의 사법 범위 밖에 있다는

主義ᄂᆞᆫ아니니但其國有、公有의財産이公의營造物된資格을有ᄒᆞᆫ時ᄂᆞᆫ其物에對ᄒᆞᆫ權利의得喪과ᄯᅩ其物의保護에關ᄒᆞ야特別ᄒᆞᆫ地位ᄅᆞᆯ有ᄒᆞᆫ者ㅣ니라國家의公産即公의營造物은普通私法을依ᄒᆞ야處分되지아니ᄒᆞ며私法上의權利行爲形式으로써其物에對ᄒᆞᆫ權利의得喪을作ᄒᆞᆷ을不得ᄒᆞᄂᆞ니此ㅣ即國家의公産은民法의適用以外에在ᄒᆞ다指稱ᄒᆞᄂᆞᆫ所以며國家의公産即公의營造物은私權의目的됨을不得ᄒᆞᆫ다主論ᄒᆞᄂᆞᆫ者ᄂᆞᆫ誤解의甚ᄒᆞᆫ者ㅣ니라公의營造物이其公益의用을作ᄒᆞᆷ은곳一私人으로ᄒᆞ야곰自由로其物에關ᄒᆞᆫ私權을享有케ᄒᆞᆷ을依ᄒᆞ야其設備의目的을達ᄒᆞᆷ이甚多ᄒᆞ니다만其物에對ᄒᆞᆫ權利得喪의名義와方法이特別ᄒᆞᆫ行政法規ᄅᆞᆯ依ᄒᆞᆫ行爲에基因ᄒᆞᆷ이오私法의權利關係ᄅᆞᆯ適用ᄒᆞᆷ은不可ᄒᆞ니例如占有、時效、所有權限界、地役等의私法上名義ᄅᆞᆯ因ᄒᆞ야公의營造物에對ᄒᆞ야私權을主唱ᄒᆞ기不能ᄒᆞᆷ이곳是니라

公의營造物은特別保護ᄅᆞᆯ要ᄒᆞᄂᆞ니官私ᄅᆞᆯ不問ᄒᆞ고所有權의侵害ᄂᆞᆫ私法의規定을依ᄒᆞ야救濟方法이有ᄒᆞ며ᄯᅩ一般히適用ᄒᆞᄂᆞᆫ所有權保護의警察이有ᄒᆞᆷ에止ᄒᆞᆯ뿐이나然이나國家公産即公의營造物侵害ᄂᆞᆫ所有權의侵害됨과同時에公

원리가 있는 것은 아니다. 다만 국유·공유의 재산이 공공영조물이라는 자격을 가진 때에는 그 물건에 대한 권리의 득실과 그 물건의 보호에 관하여 특별한 지위를 가진다.

국가의 공적 재산, 즉 공공영조물은 통상의 사법에 따라 처분되지 않고 사법상 권리행위의 형식으로 그 물건에 대한 권리의 득실을 만들 수 없다. 그런데, 이는 국가의 공적 재산이 민법의 적용 밖에 있기 때문이고, 국가의 공적 재산, 즉 공공영조물은 사권의 목적이 될 수 없다는 주장은 오해가 큰 것이다. 공공영조물의 공익작용은 사인으로 하여금 자유롭게 그 물건에 관한 사권을 향유하게 함으로써 설치의 목적을 달성하는 경우가 매우 많다. 다만 그 물건에 대한 권리 득실의 명의와 방법이 특별한 행정법규에 의한 행위에 기인하는 것이고, 사법상의 권리관계를 적용할 수 없다. 예를 들면, 점유, 시효, 소유권의 한계, 지역 등의 사법상의 권원으로 공공영조물에 대하여 사권을 주장할 수 없다.

공공영조물은 특별한 보호를 요한다. 민관을 불문하고 소유권의 침해는 사법의 규정에 의한 구제방법이 있고, 일반적으로 통용하는 소유권의 보호를 위한 경찰이 있는 것에 불과하나, 국가의 공적 재산, 즉 공공영조물의 침해는 소유권의 침해와 동시에 공

益의侵害가되ᄂᆞᆫ지라故로特히營造物規則으로써此를防止ᄒᆞ며此를處罰ᄒᆞᄂᆞ니此ᄂᆞᆫ即一般히通用ᄒᆞᄂᆞᆫ公用物保護警察을指稱ᄒᆞᆷ은아니오各種의公의營造物은各其特別ᄒᆞᆫ營造物規則을依ᄒᆞ야保護됨을指稱ᄒᆞᆷ이니라

是以로官有公有의土地物件이公의營造物된資格有無與否ᄂᆞᆫ法律關係에在ᄒᆞ야差別이大有ᄒᆞ며其資格의存在ᄂᆞᆫ其物의實質과國家의意思를因ᄒᆞ야定ᄒᆞᆷ으로公에供用되ᄂᆞᆫ其物의實質과此를公에供用ᄒᆞᄂᆞᆫ國家의意思를依ᄒᆞ야決定ᄒᆞᄂᆞᆫ故로其物形体變更을因ᄒᆞ야公用에供ᄒᆞᄂᆞᆫ實質을失ᄒᆞ거나或其公益의實用을作ᄒᆞᄂᆞᆫ與否를不拘ᄒᆞ고國家가公의營造物된資格을奪ᄒᆞᆯ時ᄂᆞᆫ其物은單히普通所有權의物体가되야處分되ᄂᆞ니라

第二欵　土地公用制限

所有權이라ᄒᆞᆷ은法律範圍內에在ᄒᆞ야自由로物件을使用、收益、處分ᄒᆞᄂᆞᆫ權能인故로法律이公益을爲ᄒᆞ야一般히所有權其者의限界를示ᄒᆞᆷ은所有權의制限이라ᄒᆞᆷ은不可ᄒᆞ고차라리其範圍의確定이라ᄒᆞᆷ이可ᄒᆞᆯ지라然이나法律은一般히所有權의存在를認ᄒᆞ고또同時에行政行爲로써此를持히制限ᄒᆞᆷ을認許ᄒᆞᆫ境

익의 침해가 되므로, 특별히 영조물규칙으로 이를 방지하고 처벌한다. 이는 일반적으로 통용되는 공용물의 보호경찰을 지칭하는 것이 아니라, 각종 공공영조물은 각각의 특별한 영조물규칙에 의하여 보호된다는 것을 말하는 것이다.

그러므로 관유·공유의 토지·물건이 공공영조물로서의 자격이 있는지 여부에 따라 법률관계에서 차이가 크고, 자격의 존재는 물건의 실질과 국가의 의사로 정해지는 것이어서, 공적으로 제공되는 물건의 실질과 이를 공적으로 제공한다는 국가의 의사에 의하여 결정되는 것이므로, 물건의 형체변경으로 인하여 공적으로 제공되는 실질을 잃거나 실제로 공익을 위하여 쓰이는지와 관계없이 국가가 공공영조물로서의 자격을 박탈한 때에는 그 물건은 단지 통상적인 소유권의 대상으로 처분된다.

제2관 토지의 공용제한

소유권이라 함은 법률의 범위 내에서 자유롭게 물건을 사용, 수익, 처분하는 권능이므로, 법률이 공익을 위하여 일반적으로 소유권 자체의 한계를 나타내는 것은 소유권의 제한이라고 할 수 없고, 오히려 그 범위의 확정이라고 하여야 한다. 그러나 법률은 일반적으로 소유권의 존재를 인정하고 동시에 행정행위로 제한하는 것을 인정하는 경

遇도有ᄒᆞ니此ㅣ卽所有權의制限이니라此境遇에ᄂᆞᆫ所有權이消滅ᄒᆞ며又移轉ᄒᆞᆷ이아니오行政行爲ᄅᆞᆯ因ᄒᆞᆫ特別의制限이解止된時ᄂᆞᆫ完全ᄒᆞᆫ原形에可히回復ᄒᆞᆯ本質을不失ᄒᆞᄂᆞᆫ故로此ᄅᆞᆯ所有權本質의限界와밋所有權의剝奪徵收와區別ᄒᆞᆷ이可ᄒᆞᆯ지니라

所有權의制限이安寧秩序ᄅᆞᆯ持保ᄒᆞᆯ目的을因ᄒᆞᆷ은警察制限이오其制限이公의營造物을設立、維持、利用ᄒᆞ기爲ᄒᆞ야從出ᄒᆞᆫ時ᄂᆞᆫ公用制限이니라

公의營造物이存在ᄒᆞᆫ所以로其隣接地의所有權이特別ᄒᆞᆫ制限을受ᄒᆞᆷ은外形上에在ᄒᆞ야ᄂᆞᆫ國家公產과私有地間에在ᄒᆞᆫ地役과類似ᄒᆞ나其實質及形式에在ᄒᆞ야ᄂᆞᆫ土地公用制限과밋隣接地의地役과全然相異ᄒᆞᆷ으로此ᄅᆞᆯ混視ᄒᆞᆷ은不可ᄒᆞ니卽制限의目的은公用에在ᄒᆞ고制限의實質及形式은公의營造物性質을因ᄒᆞ야各種體樣에在ᄒᆞ니私法上地役의觀念으로써此ᄅᆞᆯ準律ᄒᆞᆷ은不可ᄒᆞ니라

公의營造物된土地와此에隣接ᄒᆞᆫ私有地間에境界ᄅᆞᆯ定ᄒᆞᆷ은形式上土地所有權의制限이아니오차라리土地의境界ᄅᆞᆯ明畫ᄒᆞᆷ에不過ᄒᆞᆷ이라然이나行政官府가其職權을因ᄒᆞ야行政處分으로써此ᄅᆞᆯ決定ᄒᆞᆫ時ᄂᆞᆫ單히隣接私有地間에在ᄒᆞᆫ私

우도 있다. 이는 소유권의 제한이다. 이 경우에는 소유권이 소멸하거나 이전되는 것이 아니고, 행정행위로 인한 특별한 제한이 해지된 때에는 완전한 원형으로 회복하는 본질을 잃지 않는다. 따라서, 이를 소유권 본질의 한계 및 소유권의 박탈·징수와 구별하여야 한다.

소유권의 제한이 안녕·질서를 유지할 목적에 기인하는 것은 경찰상의 제한이고, 그 제한이 공공영조물을 설립, 유지, 이용하기 위하여 나온 때에는 공용제한이다.

공공영조물이 존재하기 때문에 그 인접지의 소유권이 특별한 제한을 받는 것은 외형상으로는 국가의 공적 재산과 사유지 사이에 있는 지역과 유사하나, 그 실질 및 형식에서는 토지의 공용제한과 인접지의 지역과 완전히 다른 것이므로 이를 혼동하여서는 안 된다. 즉, 제한의 목적은 공용에 있고 제한의 실질 및 형식은 공공영조물의 성질에 따라 다양한 형태가 있다. 사법상 지역의 관념으로 이를 규율하여서는 안 된다.

공공영조물인 토지와 이에 인접한 사유지 사이에 경계를 정하는 것은 형식상 토지소유권의 제한이 아니고 오히려 토지의 경계를 명확히 획정하는 것에 불과하다. 그러나 행정관청이 권한에 의한 행정처분으로 이를 결정한 경우에는 단지 인접한 사유지 사이에 있는 사

法上權利의確定이라ᄒᆞ야此ᄅᆞᆯ相爭홈을不得홈이오行政處分에對ᄒᆞᄂᆞᆫ方法으로其救濟ᄅᆞᆯ求ᄒᆞᄂᆞᆫ外에道理가無ᄒᆞ니例如河川、道路等의幅圓及境界ᄅᆞᆯ行政處分으로써定ᄒᆞᄂᆞᆫ權限은間接으로隣接私有地에對ᄒᆞᄂᆞᆫ制限의實狀이有ᄒᆞᆫ事ㅣ甚多ᄒᆞ니라

公의營造物利益을爲ᄒᆞ야私有地가制限을受ᄒᆞᆯ境遇에ᄂᆞᆫ公의營造物設立、維持及利用을爲ᄒᆞ야隣接地所有權의自由ᄅᆞᆯ制限ᄒᆞ거나又或特別ᄒᆞᆫ擔負ᄅᆞᆯ命ᄒᆞᄂᆞᆫ者ㅣ니此ᄂᆞᆫ大概現行法으로槪括ᄒᆞ야其制限ᄒᆞᄂᆞᆫ權限을一定치못ᄒᆞ고各種公의營造物에對ᄒᆞᄂᆞᆫ特別法令으로써此ᄅᆞᆯ定ᄒᆞᄂᆞᆫ故로其境遇ᄅᆞᆯ總括ᄒᆞ야說明ᄒᆞ기不能ᄒᆞ나其中에가장顯著ᄒᆞᆫ者ᄅᆞᆯ例示ᄒᆞᆯ진대道路、鉄道、附近에在ᄒᆞᆫ制限과河川其他公의流水、城壘、火藥庫、軍港等을保全利用홈에關ᄒᆞᆫ者와또ᄂᆞᆫ社寺、山陵、共同墓域等隣接地에在ᄒᆞᆫ者ᄂᆞᆫ公用物의存在홈을爲ᄒᆞ야其周圍私有地의自由使用을制限홈이甚多ᄒᆞ니라

土地公用制限은永久히繼續ᄒᆞ야行홈은아니오公의營造物을設立、維持或利用ᄒᆞ기爲ᄒᆞ야一年特定ᄒᆞᆫ制限이나或擔負의形式으로行홈도有ᄒᆞ니此ㅣ臨時

법상 권리의 확정이라고 하더라도 다툴 수 없고, 행정처분에 대한 구제방법을 구하는 것 외에는 도리가 없다. 예를 들면, 하천, 도로 등의 넓이 및 경계를 행정처분으로 정하는 권한은 간접적으로 인섭한 사유지에 대한 제한에 실상이 있는 것이 매우 많다.

공공영조물의 이익을 위하여 사유지가 제한을 받는 경우에는 공공영조물의 설립, 유지 및 이용을 위하여 인접지의 소유권의 자유를 제한하거나 특별한 부담을 명하는 것이 있다. 이는 대부분 현행법으로 개괄하여 제한하는 권한을 통일하여 정하지 않고 각종 공공영조물에 대한 특별법령으로 정하여서, 그 경우를 총괄하여 설명할 수 없다. 그러나 그중에서 가장 현저한 것을 예시한다면, 도로, 철도 부근에 있는 제한과 하천 그 밖의 공용 유수, 성, 화약고, 군항 등의 보전·이용에 관한 것 또는 사원, 산릉, 공동묘시 등 인섭지에 있는 것은 공용물의 존재를 위하여 주변 사유지에 대한 자유사용의 제한으로서, 매우 많이 있다.

토지의 공용제한은 영구적으로 계속하여 행하는 것은 아니다. 공공영조물의 설립, 유지 또는 이용을 위하여 1년으로 특정한 제한이나 부담의 형식으로 행하는 것도 있는데, 이는 임시적인

必要ᄒᆞᆷ을應ᄒᆞ야處分ᄒᆞᄂᆞᆫ者ㅣ라例如公用工事를爲ᄒᆞ야隣接地所를一時占有使用ᄒᆞ거나又其工事에必要ᄒᆞᆫ物料를採掘徵收ᄒᆞ거나道路使用에防害或危險ᄒᆞᆫ工作物을毁撤ᄒᆞᄂᆞᆫ等類가單純히秩序維持의警察目的으로出來치아니ᄒᆞ고公用營造物을保護ᄒᆞ기爲ᄒᆞ야行ᄒᆞᄂᆞᆫ時ᄂᆞᆫ亦是土地公用制限의境遇로看做ᄒᆞᆷ이可ᄒᆞ니라

特別營造物에關ᄒᆞᆫ特別法令을不依ᄒᆞ고一般히公共의利益을爲ᄒᆞᄂᆞᆫ工事等必要ᄒᆞᆫ境遇에對ᄒᆞ야ᄂᆞᆫ法律로一定ᄒᆞᆫ制限을規定호ᄃᆡ其必要ᄂᆞᆫ特히議政府의認定許可를經ᄒᆞ야三年을不過ᄒᆞᆯ期間內에在ᄒᆞ야所有者의게損失을補償ᄒᆞ고其土地를使用ᄒᆞᆷ을得호ᄃᆡ其使用이一年以上에涉ᄒᆞ거나又ᄂᆞᆫ使用ᄒᆞ기爲ᄒᆞ야土地의原形을變更ᄒᆞᆯ時ᄂᆞᆫ其所有者ᄂᆞᆫ土地收用法을依ᄒᆞ야其土地의收用을請求ᄒᆞᆷ을得ᄒᆞᄂᆞ니라

第三欵　土地公用徵收

國家ᄂᆞᆫ財政과軍事와警察을爲ᄒᆞ거나又或處罰로써個人의資産을徵收ᄒᆞ며或은剝奪ᄒᆞᆯ事도有ᄒᆞ나然이나公益行政의目的을爲ᄒᆞ야또ᄒᆞᆫ所有權을收用ᄒᆞᆷ이

필요에 따라 처분하는 것이다. 예를 들면, 공공공사를 위하여 인접지를 일시 점유·사용하거나 그 공사에 필요한 자재를 채굴·징수하거나 도로사용에 방해 또는 위험한 공작물을 제거하는 것 등이 단순히 질서유지의 경찰 목적으로 발생하지 않고 공공영조물을 보호하기 위하여 행해지는 때에도 토지의 공용제한의 경우로 간주할 수 있다.

특별영조물에 관한 특별법령에 의하지 않고 일반적으로 공공의 이익을 위한 공사 등 필요한 경우에 대해서는 법률로 일정한 제한을 규정하되, 그 필요는 특히 의정부의 인정허가를 거쳐야 하고 3년을 넘지 않는 기간 내이어야 하며 소유자에게 손실을 보상하고 그 토지를 사용할 수 있다. 그런데, 그 사용이 1년 이상에 이르거나 사용하기 위하여 토지의 원형을 변경할 때에는 소유자는 토지수용법에 의하여 토지의 수용을 청구할 수 있다.

제3관 토지의 공용수용

국가는 재정과 군사와 경찰을 위하거나 처벌로써 개인의 자산을 징수하거나 박탈할 수 있다. 그러나 공익행정의 목적을 위하여 소유권을 수용하는 것이

必要ᄒᆞᆫ境遇도有ᄒᆞ니此ㅣ專히土地收用法의制限이有ᄒᆞᆫ所以로셔土地의公用制限이有ᄒᆞᆯᄲᅮᆫ이로대其使用을充ᄒᆞ기不能ᄒᆞᆫ境遇에在ᄒᆞ야ᄂᆞᆫ土地의所有權을強制收用ᄒᆞᆷ을得ᄒᆞᄂᆞ니라

土地公用徵收ᄂᆞᆫ土地의制限이아니오其所有權을強制收用ᄒᆞᆷ이라其目的은公共의利益을爲ᄒᆞᆷ에만限ᄒᆞᄂᆞ니即此ㅣ公의營造物을設立、維持、利用ᄒᆞᆷ을爲ᄒᆞᆷ에不過ᄒᆞᆫ者ㅣ니라公用徵收ᄂᆞᆫ國家가公益을爲ᄒᆞ야權力으로써強制徵用ᄒᆞᄂᆞᆫ者ㅣ니私權關係를依ᄒᆞᆫ賣買讓與로써此를論ᄒᆞᆷ을不得ᄒᆞᆯ지라此에對ᄒᆞ야賠償을與ᄒᆞᆷ은特定ᄒᆞᆫ事情을依ᄒᆞᆫ特定ᄒᆞᆫ人이公益을爲ᄒᆞ야特別ᄒᆞᆫ擔負를以ᄒᆞᆷ이라故로其擔負를一般히均一케ᄒᆞᆯ精神으로國民의租稅로브터成ᄒᆞᆫ國庫金으로써此를特別擔負者의게賠償ᄒᆞᆷ이니賣買를依ᄒᆞᆫ代價와混視ᄒᆞᆷ은不可ᄒᆞ니라

公益工事가政府의起業된바와又ᄂᆞᆫ一私人의起業된바에在ᄒᆞ야公共의利益됨은差異가無ᄒᆞ니公益工事로一私人의起業을삼아許可ᄒᆞᄂᆞᆫ與否ᄂᆞᆫ別個問題에屬ᄒᆞᆯ지나政府가公益行政의目的에合當ᄒᆞᆷ으로認ᄒᆞᆯ時ᄂᆞᆫ土地의公用徵收를行ᄒᆞᆷ으로一私人이其起業者된境遇에在ᄒᆞ야도公用徵收ᄂᆞᆫ起業者와所有者間에

필요한 경우도 있다. 단지 토지수용법의 제한만 있어서 토지의 공용제한이 있을 뿐이더라도 그 사용을 충당할 수 없는 경우에는 토지소유권을 강제로 수용할 수 있다.

토지의 공용수용은 토지의 제한이 아니라 소유권을 강제로 수용하는 것이다. 그 목적은 공공의 이익을 위하는 것에만 한정된다. 즉, 이는 공공영조물의 설립, 유지, 이용을 위하는 것에 지나지 않는다. 공용수용은 국가가 공익을 위하여 권력으로 강제로 수용하는 것이다. 사권관계에 의한 매매·양여로 이를 논할 수 없다. 이에 대하여 보상을 하는 것은 특정한 사정에 의한 특정한 사람이 공익을 위하여 특별한 부담을 지는 것이어서, 그 부담을 일반적으로 균일하게 하자는 의도로 국민이 조세로 조성한 국고금으로 특별부담자에게 보상하는 것이니, 매매에 의한 대가와 혼동하여서는 안 된다.

공익공사가 정부가 사업을 시행하는 것과 사인이 사업을 시행하는 것에 있어서 공공의 이익이 된다는 점에서 차이가 없다. 따라서 공익공사를 사인의 사업으로 시행을 허가할 것인지 여부는 별개의 문제이나, 정부가 공익행정의 목적에 합당하다고 인정할 때에는 토지의 공용수용을 행한다. 사인이 사업시행자인 경우에도 공용수용은 사업시행자와 소유자 사이에

在ᄒᆞᆫ私權關係는아니오起業者의公私를不問ᄒᆞ고政府가곳徵收者가됨이라公益을爲ᄒᆞ야國權으로써此를徵收ᄒᆞ며ᄯᅩ公益을爲ᄒᆞ야此를起業者의게附與ᄒᆞᆷ이니實際의節次는便宜를從ᄒᆞ야起業者가直接으로所有者의게對ᄒᆞ는形式이有ᄒᆞ나此를因ᄒᆞ야其法理를誤解ᄒᆞᆷ은不可ᄒᆞ니라

土地公用徵收를行ᄒᆞᆷ을可得ᄒᆞᆯ目的은公用營造物에關ᄒᆞᆫ工事를爲ᄒᆞᆷ이니法律은其範圍를示ᄒᆞ고濫用ᄒᆞᆷ을防止코져ᄒᆞ야左의種類로써區別ᄒᆞᆷ을得ᄒᆞᄂᆞ니라

一、國防其他兵事에要ᄒᆞ는土地

二、國、道、府郡、邑、市、面、村及公共組合團体의直接公用에供ᄒᆞ는土地

三、官、公立學校、病院、其他學藝及慈善에供ᄒᆞ는土地

四、鐵道、電信、航路標識及觀象所의建設用地

五、河川溝渠의掘鑿、道路、橋梁、埠頭、水道及下水의築造用地

六、防火及水害豫防、檢役所、火葬其他公衆衛生에要ᄒᆞ는土地

土地公用徵收는(一)公益의認定(二)地域의確定(三)損失補償의節次를要ᄒᆞᆷ이니라土地收用을請求ᄒᆞ는工事가公共利益에適合ᄒᆞᆫ與否와又는土地收用을

사권관계가 있는 것은 아니고 사업시행자의 공사를 불문하고 정부가 수용자가 되는 것이다. 공익을 위하여 국권으로 수용하고 공익을 위하여 사업시행자에게 부여하는 것이므로, 실세절차는 편의상 사업시행자가 직접 소유지를 대면하는 형식이지만, 이를 가지고 법리를 오해하여서는 안 된다.

토지의 공용수용을 행할 수 있는 목적은 공공영조물에 관한 공사를 위하는 것이다. 법률은 그 범위를 제시하고 남용을 방지하고자 다음의 종류로 구별하고 있다.

① 국방 그 밖의 군사에 필요한 토지
② 국, 도, 부·군, 읍, 시, 면, 촌 및 공공조합단체의 직접적인 공용에 제공하는 토지
③ 관·공립학교, 병원, 그 밖의 학예 및 자선에 제공하는 토지
④ 철도, 전신, 항로표지 및 관상소*의 건설용지
⑤ 하천구거의 굴착, 도로, 교량, 부두, 수도 및 하수의 축조용지
⑥ 방화 및 수해예방, 검역소, 화장 그 밖의 공중위생에 필요한 토지

토지의 공용수용은 ① 공익인정, ② 지역확정, ③ 손실보상의 절차가 필요하다. 토지수용을 청구하는 공사가 공공의 이익에 적합한지 여부와 토지의 공용수용이

---

* 역자 주: 조선 말기에 학부 소속으로 관상, 측후, 역서의 제작 등을 맡아보던 관청을 말한다. 1895년에 관상감에서 이름이 변경되었고, 1907년에 측후소로 이름이 바뀌었다.

必要ᄒᆞᆯ與否ᄂᆞᆫ法則으로써此를豫定ᄒᆞ기不能ᄒᆞᆫ지라故로其認定은議政府職權에屬ᄒᆞᆫ바ㅣ로대다만國防上工事에關ᄒᆞ야ᄂᆞᆫ主務大臣이此를決定ᄒᆞᄂᆞ니라

工事認定을得ᄒᆞᆫ時ᄂᆞᆫ地方長官의認可를受ᄒᆞᆫ後에工事를準備ᄒᆞ기爲ᄒᆞ야其土地에臨ᄒᆞ야測量又ᄂᆞᆫ檢査ᄒᆞᆷ을得ᄒᆞ되다만損害를賠償ᄒᆞᆷ을要ᄒᆞ며工事의營始及收用又ᄂᆞᆫ可히使用ᄒᆞᆯ土地의區域을確定ᄒᆞᆫ時ᄂᆞᆫ起業者ᄂᆞᆫ其狀況에關ᄒᆞᆫ書類와圖面及損失補償金額의槪量書를所有者와밋關係人의게提示ᄒᆞ야協議ᄒᆞᆷ이可ᄒᆞ되但國防上用地에關ᄒᆞ야狀況書及圖面을不示ᄒᆞᆷ도有ᄒᆞ니라

萬一其協議가和衷치못ᄒᆞᆯ時ᄂᆞᆫ起業者ᄂᆞᆫ其所用地區及補償金에關ᄒᆞᆫ書類를添付ᄒᆞ야地方長官의게提出ᄒᆞ야土地收用審査委員會의裁決을求ᄒᆞᆷ을要ᄒᆞᄂᆞ니地方長官이此請求를受ᄒᆞᆫ時ᄂᆞᆫ其旨를公告ᄒᆞ고此書類를十四日間公衆縱覽에供ᄒᆞ면土地所有者及其關係人은此公示期間內에意見을陳述ᄒᆞᆷ을得ᄒᆞᄂᆞ니라

此公示期가過ᄒᆞᆫ時ᄂᆞᆫ土地收用審査委員會를開ᄒᆞᆯ지니其委員은府郡會常置委員으로써此에充ᄒᆞ되必要가有ᄒᆞᆫ時ᄂᆞᆫ專門技術家를委員中에加入ᄒᆞᆷ이可ᄒᆞᆯ지라土地收用委員會에ᄂᆞᆫ諸般狀況과其他節次를審査ᄒᆞ며所有者及關係人으로

필요한지 여부는 법규로 미리 정할 수 없으므로, 그 인정은 의정부의 권한에 속한다. 다만 국방상의 공사에 관해서는 주무대신이 결정한다.

공사인정을 받은 때에는 지방장관의 인가를 받은 후 공사를 준비하기 위하여 그 토지에 들어가 측량 또는 검사를 할 수 있다. 다만 손실을 보상하여야 하고 공사의 개시 및 수용 또는 사용하여야 할 토지의 구역을 확정한 때에는 사업시행자는 그 상황에 관한 서류와 도면 및 손실보상금액의 견적서를 소유자와 관계인에게 제시하여 협의할 수 있지만, 국방상 필요한 토지에 관해서는 상황서 및 도면을 제시하지 않을 수도 있다.

만일 협의가 성립하지 못한 때에는 사업시행자는 필요한 지구 및 보상금에 관한 서류를 첨부하여 지방장관에게 제출하여 토지수용심사위원회의 재결을 구하여야 한다. 지방장관이 이러한 청구를 받은 때에는 그 뜻을 공고하고 그 서류를 40일간 공중종람에 공시하면 토지소유자 및 관계인은 공시기간 내에 의견을 진술할 수 있다.

공시기간이 도과된 때에는 토지수용심사위원회를 열 수 있다. 위원은 부군회 상임위원으로 구성하되, 필요한 경우에는 전문기술자를 위원으로 참여시킬 수 있다. 토지수용심사위원회는 제반 상황과 그 밖의 절차를 심사하고 소유자 및 관계인으로브터提出혼意見書의當否와收用地의區域과時期及補償金額을裁決홈에ᄂᆞᆫ爲先二人以上의鑑定人을選擇ᄒᆞ야其槪量書의當否를調査케홈을要ᄒᆞᄂᆞ니라

土地收用審査會에서工事狀況에關ᄒᆞ야決辦혼바에不服ᄒᆞᄂᆞᆫ者ᄂᆞᆫ其處辦혼令達을受혼日로브터七日以內에內部大臣의게訴願홈을得ᄒᆞᄂᆞ니訴願의提起가有혼時ᄂᆞᆫ起業者ᄂᆞᆫ工事에着手홈을不得ᄒᆞ며內部大臣處辦에對ᄒᆞ야更히訴願又ᄂᆞᆫ訴訟홀事를不得ᄒᆞ고補償金額에關혼委員會決辦에不服ᄒᆞᄂᆞᆫ者ᄂᆞᆫ處辦혼令達을受혼日로브터三個月以內에裁判所에出訴홀事를得호대此境遇에在ᄒᆞ야ᄂᆞᆫ工事의着手홈을猶豫치아니ᄒᆞᄂᆞ니라

損失補償은收用或使用홀土地、建築物及其附屬物價格에對홀ᄲᅮᆫ아니라收用或使用을因ᄒᆞ야生ᄒᆞᄂᆞᆫ諸般財産上의損害(分割을因혼餘地의減價의類)를賠償ᄒᆞ고또收用或使用의補償金額을決定홈에遺漏된損失을發見홀時ᄂᆞᆫ所有者及關係人은其收用或使用혼日로브터三個年以內에其補償을請求홈을得ᄒᆞᄂᆞ니라

損失補償은賣與혼代價가아닌즉賣買로써此를論홈을不得홀지며土地收用은

부터 제출된 의견서의 당부, 수용지의 구역과 시기 및 보상금액을 재결할 때에는 미리 2인 이상의 감정인을 선정하여 견적서의 당부를 조사하게 하여야 한다.

토지수용심사위원회의 공사상황에 관한 결정에 불복하는 사람은 처리된 결정을 송달받은 날로부터 7일 이내에 내부대신에게 소원할 수 있다. 소원의 제기가 있는 때에는 사업시행자는 공사에 착수할 수 없고 내부대신의 처분에 대하여 다시 소원 또는 소송을 할 수 없다. 보상금액에 관한 위원회의 결정에 불복하는 사람은 처리된 결정을 송달받은 날로부터 3개월 이내에 재판소에 출소할 수 있는데, 이 경우에는 공사의 착수를 유예하지 않는다.

손실보상은 수용 또는 사용할 토지, 건축물 및 그 부속물의 가격에 대한 것일 뿐만 아니라 수용 또는 사용으로 인하여 발생하는 제반 재산상의 손실(분할로 인한 잔여지의 감가 등)을 보상하고, 수용 또는 사용의 보상금액의 결정에 누락된 손실을 발견한 때에는 소유자 및 관계인은 수용 또는 사용한 날로부터 3개년 이내에 보상을 청구할 수 있다.

손실보상은 매도한 대가가 아니어서 매매로 논할 수 없고, 토지수용은

其地區의確定을因ᄒᆞ야成立ᄒᆞᆷ인즉其所有權은此를因ᄒᆞ야移轉ᄒᆞᄂᆞ니補償金에異議가有ᄒᆞᆷ을不拘ᄒᆞᆷ이라萬一所有者가補償金受取ᄒᆞᆷ을拒絶ᄒᆞᆯ時ᄂᆞᆫ起業者ᄂᆞᆫ此를地方官廳에供托ᄒᆞ고其土地를占有ᄒᆞᆷ을得ᄒᆞᄂᆞ니라

土地公用徵收ᄂᆞᆫ公益에必要ᄒᆞᆫ特定의目的을爲ᄒᆞ야行ᄒᆞᄂᆞᆫ強制라故로其收用地의使用이公用營造物된資格을失ᄒᆞᆫ時(又其工事가中止된時)ᄂᆞᆫ舊所有者의게還付ᄒᆞᆷ이本旨라故로此境遇에ᄂᆞᆫ法律로舊所有者가原價로써此를買還ᄒᆞᆯ權이有ᄒᆞᆷ을認ᄒᆞᄂᆞ니라

第四欵　農業

農事行政의主旨ᄂᆞᆫ耕作地及農産物에對ᄒᆞᆫ災害를豫防ᄒᆞ며又農業의保護發達을計畫ᄒᆞᆷ에在ᄒᆞ니一般行政의法令으로規定ᄒᆞᆫ바ᄂᆞᆫ其行政實質의一部에止ᄒᆞᆷ이오此로써農業行政實質上範圍를區劃ᄒᆞᆷ은아니라法律命令範圍內와又ᄂᆞᆫ個人의法律上自由와權利를侵犯치아니ᄒᆞᆯ限度에서行政官府ᄂᆞᆫ農業의保護와進步ᄒᆞᆷ을爲ᄒᆞ야有益ᄒᆞᆷ으로認ᄒᆞᄂᆞᆫ施政을行ᄒᆞᆷ이其職司ㅣ니此를說明ᄒᆞᆷ은農政實質論에關ᄒᆞᆷ이오行政法理解釋에直接關係가無ᄒᆞᆷ은多辯을不要ᄒᆞᆯ바ㅣ니라

그 지구의 확정으로 인하여 성립하는 것이어서 소유권은 이로 인하여 이전하므로, 보상금에 이의가 있는 것과 관계없다. 만일 소유자가 보상금의 수취를 거절한 때에는 사업시행자는 이를 지방관청에 공탁하고 그 토지를 점유할 수 있다.

토지의 공용수용은 공익에 필요한 특정한 목적을 위하여 행하는 강제이므로, 수용지의 사용이 공공영조물로서의 자격을 잃은 때(또는 그 공사가 중지된 때)에는 구소유자에게 환부하는 것이 본래의 취지이다. 따라서, 이 경우에는 법률로 구소유자가 원가로 환매할 권리가 있다는 것이 인정된다.

제4관 농업

농시행정의 주된 취지는 경작지 및 농산물에 대한 재해를 예방하고 농업의 보호와 발달을 도모하는 것에 있다. 일반행정의 법령으로 규정한 것은 그 행정의 실질 중 일부에 불과하고, 이것으로 농업행정의 실질적인 범위가 획정되는 것은 아니다. 법률·명령의 범위 내에서 그리고 개인의 법률상 자유와 권리를 침범하지 않는 한도에서, 행정관청은 농업의 보호와 진흥을 위하여 유익하다고 인정하는 정책을 시행하는 것을 직무로 한다. 이를 설명하는 것은 농정실질론에 관한 것이고 행정법리의 해석과 직접적인 관계가 없다는 것은 더 말할 필요가 없다.

農業에關ᄒᆞᆫ危害ᄂᆞᆫ人作으로從出ᄒᆞᆷ과自然으로從出ᄒᆞᄂᆞᆫ二種이有ᄒᆞ니人作으로從出ᄒᆞᆫ者ᄂᆞᆫ一般의安寧秩序와밋財産保護의普通警察形式을依ᄒᆞ야其危害ᄅᆞᆯ防止ᄒᆞᆷ이니此ᄅᆞᆯ田野警察이라或稱ᄒᆞ나然이나其名稱인즉警察行爲가田野에關ᄒᆞᆫ者ᄅᆞᆯ總稱ᄒᆞᆷ에不過ᄒᆞᆷ이며特別히異種의警察形式이有ᄒᆞᆷ은아니오警察規則及處分이農業田野의保護로實質을삼ᄂᆞᆫ境遇ᄅᆞᆯ指稱ᄒᆞᆷ이라其危害가自然力을因ᄒᆞ야從出ᄒᆞᆫ者ᄂᆞᆫ專히其害가耕作地와農産物에逮及ᄒᆞᆷ이最多ᄒᆞᆷ으로此ᄂᆞᆫ特種의豫防을計劃ᄒᆞᆯ者ㅣ有ᄒᆞ니即蟲害、水害、獸疫의類가是니라

田圃虫害豫防規則은地方의狀況을依ᄒᆞ야地方長官의命令權으로써此ᄅᆞᆯ定ᄒᆞᄂᆞᆫ故로一般의法規ᄅᆞᆯ삼아玆에其實質을揭載ᄒᆞ기不能ᄒᆞᆯ지니라蓋蟲害의蔓延은公共의災害가甚大ᄒᆞᆷ으로써田圃耕作者로ᄒᆞ여곰此ᄅᆞᆯ驅除ᄒᆞ야其發生을撲滅ᄒᆞᆯ義務ᄅᆞᆯ有케ᄒᆞᆯ뿐아니라必要ᄒᆞᆫ境遇에ᄂᆞᆫ虫害가逮及ᄒᆞᆯ虞慮가有ᄒᆞᆫ地區의人民으로ᄒᆞ여곰此ᄅᆞᆯ驅除ᄒᆞᆷ에從事케ᄒᆞ며또ᄒᆞᆫ其豫防의費用은面村의公費로써ᄒᆞᆷ을可得ᄒᆞᆯ지니라

水災豫防은政府와밋自治團體의公의工事ᄅᆞᆯ삼아防築、浚渫、防川等의經營을

농업에 관한 위해는 인위적으로 초래된 것과 자연에서 초래된 것 두 가지 종류가 있다. 인위적으로 초래된 것은 일반의 안녕·질서와 재산의 보호에 관한 통상적인 경찰형식에 의하여 그 위해를 방지하는 것인데, 이를 전야경찰이라 하기도 한다. 그러나 그 명칭이 농촌에 관한 경찰행위에 관한 것이라고 하는 데에 불과하고, 특별히 다른 경찰형식이 있는 것은 아니며, 경찰규칙 및 처분의 실질이 농업·농촌의 보호에 있는 경우를 총칭하는 것이다. 위해가 자연력으로 인하여 초래되는 것은 전적으로 경작지와 농산물에 해가 미치는 경우가 가장 많으니, 이에 대한 특별한 예방을 계획하여야 할 것이다. 즉, 충해, 수해, 가축전염병 등이 그것이다.

전포충해예방규칙은 지방의 상황에 따라 지방장관의 명령권으로 정하는 것이므로, 일반적인 법규로서 그 실실을 열거할 수 없다. 모든 충해가 만연하면 공공의 재해가 매우 크므로, 전답의 경작자로 하여금 이를 구제하여 그 발생을 박멸할 의무를 지게 할 뿐만 아니라 필요한 경우에는 충해가 미칠 우려가 있는 지역의 인민으로 하여금 이를 구제하게 할 수 있고 그 예방의 비용을 면촌의 공비로 지급할 수 있다.

수재예방은 정부와 자치단체의 공공공사로서, 방죽, 준설, 제방 등의 경영은

行ᄒᆞᆷ은一般히公의營造物의設備維持의法을依ᄒᆞ며또ᄒᆞᆫ洪水危險의境遇에在ᄒᆞ야ᄂᆞᆫ其地方人民과밋物件을徵用ᄒᆞ야臨時必要ᄒᆞᆫ災害를防止ᄒᆞᆷ을可得ᄒᆞᆯ지오또地方長官은水利組合條例를依ᄒᆞ야水災를受ᄒᆞᆯ念慮가有ᄒᆞᆫ地方에水災豫防組合을設置케ᄒᆞ야水災의豫防을利害關係가有ᄒᆞᆫ土地所有者의公의義務로삼으며또邑、市、面、村은非常ᄒᆞᆫ危害를防備ᄒᆞ기爲ᄒᆞ야其條例로써水防組合을組織케ᄒᆞᆷ을可得ᄒᆞᄂᆞ니라

獸疫豫防法은行政權으로써牛、馬、羊、豚、犬等의農工所用의家畜類의病毒을撲滅ᄒᆞ며其蔓延을防止ᄒᆞᆯ目的으로財産과밋運搬의自由를制限ᄒᆞᆯ範圍를明劃ᄒᆞᄂᆞ니此等法令을警察官으로ᄒᆞ여곰施行케ᄒᆞᆷ도有ᄒᆞᆫ故로警察處分의形式으로써行ᄒᆞ나其實質은經濟行政에關ᄒᆞᆫ者ㅣ니라

獸疫이發生ᄒᆞ거나又ᄂᆞᆫ發生ᄒᆞᆯ念慮가有ᄒᆞᆯ時ᄂᆞᆫ所有者와管理人과又ᄂᆞᆫ獸醫가直時此를呈報ᄒᆞᆯ事를要ᄒᆞ며行政官은獸疫傳播의防止ᄒᆞᆷ을爲ᄒᆞ야病獸를捉錮ᄒᆞ거나或은避接ᄒᆞᆷ을命ᄒᆞ고또必要ᄒᆞᆫ消毒方法을施行ᄒᆞᆯ事를得ᄒᆞᄃᆡ此病毒撲滅의方法은病獸를撲滅ᄒᆞ며病毒에汚染ᄒᆞᆫ物品을消棄埋却ᄒᆞ거나或은消毒을

일반적으로 공공영조물의 설치·유지에 관한 법에 따르고, 홍수위험의 경우에는 그 지역의 인민과 물건을 징발하여 임시로 필요한 재해를 방지할 수 있으며, 지방장관은 수리조합조례에 의하여 수재를 받을 염려가 있는 지역에 수재예방조합을 설치하게 하여 수재예방에 이해관계가 있는 토지소유자의 공적인 의무로 삼고, 읍, 시, 면, 촌은 비상한 위해를 방비하기 위하여 조례로 수방조합을 조직하게 할 수 있다.

수역예방법은 행정권한으로 소, 말, 돼지, 개 등 농공에 쓰이는 가축류의 병독을 박멸하고 그 만연을 방지할 목적으로 재산과 운반의 자유를 제한하는 범위를 명확하게 획정한다. 이와 같은 법령을 경찰관으로 하여금 시행하게 하는 것도 있어서 경찰처분의 형식으로 행해지지만, 실질은 경제행정에 관한 것이다.

수역이 발생하거나 발생할 염려가 있는 때에는 소유자와 관리인 또는 수의사가 즉시 이를 보고하여야 한다. 행정관은 수역전파의 방지를 위하여 병든 짐승을 가두거나 격리를 명하고, 필요한 소독방법을 시행할 수 있는데, 병독의 박멸방법으로 병든 짐승을 박멸하고 병독에 오염된 물품을 없애서 묻거나 소독을

行ᄒᆞᆷ을可得ᄒᆞ되다만此境遇에ᄂᆞᆫ法律規定을依ᄒᆞ야物品과밋發病前에獸類의價格一部ᄅᆞᆯ補償ᄒᆞ며ᄯᅩ獸疫豫防上에必要ᄒᆞᆫ時ᄂᆞᆫ獸類의出入、往來及病毒傳播에念慮가有ᄒᆞᆫ物品의運搬을停止ᄒᆞ거나或은檢疫에制ᄅᆞᆯ施行ᄒᆞ고又ᄂᆞᆫ庖厨及獸類化製場에營業과市場共進會에開設을停止ᄒᆞᆷ도有ᄒᆞ니라

農業을保護ᄒᆞ며其進步ᄅᆞᆯ計畫ᄒᆞᄂᆞᆫ行政上의設備ᄂᆞᆫ此ᄅᆞᆯ列擧說明ᄒᆞ기不能ᄒᆞ니法令範圍內에在ᄒᆞ야個人의自由權利ᄅᆞᆯ制限치아니ᄒᆞ고百般의措處ᄅᆞᆯ行ᄒᆞᆷ은行政의自由며ᄯᅩ公益을爲ᄒᆞ야必要ᄒᆞᆷ이라然이나此ᄂᆞᆫ行政의事實에屬ᄒᆞᆯ지며直接으로法理解說에屬ᄒᆞᆯ바ᄂᆞᆫ아니니要컨대法制로써直接으로農事ᄅᆞᆯ保護ᄒᆞᆷ은農事者의耕作地、農産物及信用에關ᄒᆞ야特히定ᄒᆞᆫ制度로其主要ᄅᆞᆯ삼ᄂᆞᆫ者ㅣ니라

耕作地에對ᄒᆞ야ᄂᆞᆫ水利ᄅᆞᆯ保護ᄒᆞᆷ으로써가장重要ᄒᆞᆫ者ᄅᆞᆯ삼ᄂᆞ니私有地互相間에在ᄒᆞᆫ水利ᄂᆞᆫ民法의規定을依ᄒᆞ야此ᄅᆞᆯ準律ᄒᆞ며一地區의共同水利ᄂᆞᆫ邑、市、面、村或은水利組合의公共事業을삼아法律을依ᄒᆞ야此ᄅᆞᆯ計畫ᄒᆞᄂᆞ니라

水ᄂᆞᆫ家用과밋農工事에必要ᄒᆞᆫ故로土地所有者ᄂᆞᆫ水ᄅᆞᆯ使用ᄒᆞᆷ에關ᄒᆞ야隣接地

하는 것이 있을 수 있다. 다만 이 경우에는 법률의 규정에 의하여 물품과 발병 전 짐승의 가격 일부를 보상하고 수역예방에 필요한 때에는 짐승들의 출입, 왕래 및 병독의 전파에 염려가 있는 물품의 운반을 정지하거나 섬역제도를 시행하고, 푸줏간 및 수류화제장*의 영업과 시장공진회에 개설을 정지할 수도 있다.

농업을 보호하고 진흥을 계획하는 행정상의 설비는 이를 열거하여 설명할 수 없는데, 법령의 범위 내에서 개인의 자유·권리를 제한하지 않고 모든 조치를 행하는 것은 행정의 자유이자 공익을 위하여 필요한 것이지만, 이는 행정의 사실에 속하는 것이고 직접적인 법리의 해설에 속하는 것은 아니다. 요컨대, 법제로 직접 농사를 보호하는 것은 농사자의 경작지, 농산물 및 신용에 관하여 특별히 정한 제도를 주된 내용으로 한다.

경작지에 대해서는 수리의 보호가 가장 중요하다. 사유지 상호 간에서 수리는 민법의 규정에 따라 규율하고, 한 지역의 공동수리는 읍, 시, 면, 촌 또는 수리조합의 공공사업으로서 법률에 의하여 이를 계획한다.

물은 가정용과 농공사에 필요한 것이므로, 토지소유자는 물의 사용에 관하여 인접지

* 역자 주: 짐승의 고기, 가죽, 털, 뼈, 장기 따위를 원료로 피혁, 유지, 아교풀, 비료, 사료 따위의 물품을 만들기 위하여 설치된 시설을 말한다.

의利益을爲ᄒᆞ야法律上의制限을受ᄒᆞᆷ도有ᄒᆞ니水流地所有者ᄂᆞᆫ其水路와밋幅圓을變更ᄒᆞ야水流ᄅᆞᆯ使用ᄒᆞᆷ을得ᄒᆞ나其下流에在ᄒᆞ야自然水路에回復ᄒᆞᆷ을務要ᄒᆞᆯ지며土地所有者ᄂᆞᆫ隣接地로브터自然히流來ᄒᆞᄂᆞᆫ水ᄅᆞᆯ妨害ᄒᆞᆷ을不得ᄒᆞ고또高地所有者ᄂᆞᆫ排水ᄒᆞᆷ을爲ᄒᆞ야低地로水ᄅᆞᆯ通過케ᄒᆞᆷ을得ᄒᆞᄂᆞᆫ類ㅣ라然이나耕作地에在ᄒᆞᆫ水利ᄅᆞᆯ爲ᄒᆞ야土地所有權의私法上制限ᄲᅮᆫ으로써此ᄅᆞᆯ保護ᄒᆞᆷ을不得ᄒᆞᄂᆞᆫ故로法律은面村의公共事業을삼아條例나或은利害關係가有ᄒᆞᆫ地區의所有者로브터合成ᄒᆞᆫ水利組合의規約으로써此ᄅᆞᆯ保護ᄒᆞᆷ을認許ᄒᆞ야써農政의目的을達ᄒᆞᆷ이니라

牧畜은農產物을삼아農用、運搬用及軍用上에甚히重要ᄒᆞᆫ故로行政上此ᄅᆞᆯ保護發達케ᄒᆞᆷ으로써勉勵計畫ᄒᆞ나然이나專히此ᄅᆞᆯ誘導補助ᄒᆞᆷ에止ᄒᆞᆯᄲᅮᆫ이으法令을依ᄒᆞ야强制改進케ᄒᆞᄂᆞᆫ制度ᄂᆞᆫ採用치아니ᄒᆞ고다만獸醫와밋蹄鐵工의職業에關ᄒᆞ야ᄂᆞᆫ公益을爲ᄒᆞ야其營業者의資格을審査ᄒᆞ야可堪ᄒᆞᆫ者ㅣ아니면不許ᄒᆞ며또其業務ᄅᆞᆯ監督ᄒᆞᄂᆞ니라

農業者의信用을保護ᄒᆞ며低利의資本을得ᄒᆞ야土地의改良을容易케ᄒᆞᆷ은農事

의 이익을 위하여 법률상의 제한을 받을 수도 있다. 수류지의 소유자는 수로와 넓이를 변경하여 수류를 사용할 수 있지만, 그 하류에서 자연수로를 회복하는 것이 중요하고, 토지소유자는 인접지로부터 자연적으로 흘러오는 물을 방해할 수 없고, 고지소유자는 배수를 위하여 저지로 물을 통과하게 할 수 있는 것 등이 있다. 그러나 경작지에서 수리를 위하여 토지소유권의 사법상의 제한만으로 이를 보호할 수 없으므로, 법률은 면·촌의 공공사업으로서 조례나 이해관계가 있는 지역의 소유자로 구성된 수리조합의 규약으로 이를 보호하는 것을 승인하여 농정의 목적을 달성한다.

목축은 농산물로서 농사용, 운반용 및 군사용 등에 매우 중요하므로 행정적으로 보호·발달을 장려·계획한다. 그러나 단지 유도·보조하는 것에 그칠 뿐이고, 법령에 의하여 강제로 개진하게 하는 제도는 채택하지 않고 있다. 다만 수의사와 편자공의 직업에 관해서는 공익을 위하여 영업자의 자격을 심사하여 감당할 수 있는 사람이 아니면 불허하고 그 사업을 감독한다.

농업자의 신용을 보호하고 저리의 자본을 얻어서 토지개량을 쉽게 하는 것은 농사를勸奬進步케ᄒᆞᆷ에最大ᄒᆞᆫ效力이有ᄒᆞᆫ바ㅣ니我國現行制度에在ᄒᆞ야ᄂᆞᆫ아즉此等의設定이無ᄒᆞ나農業者로ᄒᆞ야곰信用組合을組職케ᄒᆞ거나或은特別히農業을爲ᄒᆞ야資本을供給ᄒᆞᄂᆞᆫ銀行을設立ᄒᆞᆷ은農政을保護ᄒᆞᄂᆞᆫ目的에適合ᄒᆞᆫ바ㅣ라故로我國에셔도本年에農工銀行은創立ᄒᆞᆷ과列國의勸業銀行과農工銀行을設立ᄒᆞᆫ바도곳此를爲ᄒᆞᆷ이라日本勸業銀行은農工業의改良發達을爲ᄒᆞ야資本을貸給ᄒᆞᆷ으로써目的을삼ᄂᆞᆫ中心된銀行이며ᄯᅩ農工業에對ᄒᆞ야信用制度의中心을삼아農工銀行은全國各府縣에設立ᄒᆞ고其地方의資本을供給ᄒᆞᆷ이니悉皆年賦償還의方法을依ᄒᆞ야不動產을典當ᄒᆞ고貸給ᄒᆞ야農工業者로ᄒᆞ여곰低利의資本을得ᄒᆞ야其生產의發達改良을能全케ᄒᆞᆷ인故로各法律의特例를依ᄒᆞ야國家ᄂᆞᆫ直接間接으로此를補助ᄒᆞ며ᄯᅩ嚴密ᄒᆞᆫ政府의監督이有ᄒᆞᆷ으로써其確實ᄒᆞᆷ을保全ᄒᆞᄂᆞ니라

第五欵　水利組合

水利ᄂᆞᆫ農事에對ᄒᆞ야最重最貴ᄒᆞᆫ바ㅣ며公益에關ᄒᆞᆫ至大至要ᄒᆞᆫ者ㅣ라故로其關係가廣大ᄒᆞᆫ者ᄂᆞᆫ公의工事를삼아國費나公費로써此를經營ᄒᆞ나然이나其利

를 권장·진흥하게 하는 효과가 매우 크지만, 우리나라의 현행제도에는 아직 이러한 제도가 없지만, 농업자로 하여금 신용조합을 조직하게 하거나 특별히 농업을 위하여 자본을 공급하는 은행을 설립하는 것은 농정을 보호하는 목적에 적합하므로, 우리나라에서 올해 농공은행을 창립한 것과 다른 나라에서 권업은행과 농공은행을 설립한 것도 이를 위한 것이다. 일본의 권업은행은 농공업의 개량·발달을 위한 자본의 대여를 목적으로 하는 것이 중심인 은행이고, 농공업에 대한 신용제도의 중심인 농공은행은 전국 각 부현에 설립하고 그 지방의 자본을 공급하는데, 대략 연부상환의 방법에 의하여 부동산을 담보로 대여하여 농공업자로 하여금 저리의 자본을 얻어 생산의 발달·개량을 완수하는 것이므로, 각 법률의 특례에 따라 국가는 직접·간접으로 이를 보조하고 정부가 엄정하게 감독함으로써 그 확실함을 보전한다.

제5관 수리조합

수리는 농사에서 가장 중요하고 공익에 관하여 지극히 중요하므로, 그와 관계가 큰 것은 공공공사로서 국비나 공비로 경영한다. 그러나 그 이

害關係의區域은地方行政團体의區劃과符合치아니ᄒᆞᄂᆞᆫ境遇도有ᄒᆞ며또其經營의直接利益은其地方私有地를保護홈에在홈으로써法律은利害相通ᄒᆞᄂᆞᆫ地域에在ᄒᆞᆫ土地所有者가公의團体를ᄉᆞᆷ아水利組合을設立홈을認許ᄒᆞ야共同의私益을保護홈과홈ᄭᅴ公益을能全케ᄒᆞᄂᆞ니라

水利組合의性質은所謂公의組合体며水利組合은行政機關은아니오組合員의私益을爲ᄒᆞ야設立홈이라私의社團을成홈은私法上一般準則을依ᄒᆞ야各人自由에屬ᄒᆞ며公法上의組合이라稱홈은組合의目的存在가法律에指定ᄒᆞᆫ바ㅣ며또其目的을成就ᄒᆞᄂᆞᆫ事가法律에對ᄒᆞᆫ團体의義務된境遇를稱홈이라私의組合体에在ᄒᆞ야ᄂᆞᆫ其目的을達ᄒᆞ고達치못ᄒᆞᄂᆞᆫ與否ᄂᆞᆫ法律에關ᄒᆞᆫ바ㅣ아니며다만公益과秩序에違反치아니ᄒᆞᆯ事만要ᄒᆞᆯ뿐이니此ㅣ組合体에公私의區別이有ᄒᆞᆫ所以라單히組合의目的이公益에關ᄒᆞᆫ與否를不拘ᄒᆞ고此를公의組合을ᄉᆞᆷᄂᆞᆫ理由ᄂᆞᆫ公益에關ᄒᆞᆫ所以나然이나公益團体와公法上의組合과同一ᄒᆞᆫ者ᄂᆞᆫ아니니公益을目的ᄒᆞᄂᆞᆫ私의組合이有홈을忘却ᄒᆞ지말지어다

水利組合은普通水利組合과水害豫防組合의二種이有ᄒᆞ니普通水利組合은用

해관계가 있는 구역은 지방행정단체의 구획과 부합하지 않는 경우도 있고 그 경영의 직접적인 이익은 그 지역 사유지의 보호에 있으므로, 법률은 이해가 상통하는 지역에 있는 토지소유자가 공공단체로서 수리조합을 설립하는 것을 승인하여 공동의 사익을 보호하는 것과 함께 공익을 달성할 수 있다.

수리조합의 성질은 이른바 공공조합체이고 수리조합은 행정기관이 아니라 조합원의 사익을 위하여 설립하는 것이다. 사적인 사단으로 성립하는 것은 사법의 일반원칙에 의하여 개인의 자유에 속하고, 공법상의 조합은 조합의 목적이 법률에서 정해지고, 그 목적을 달성하는 것이 법률에 대한 단체의 의무가 되는 경우를 말한다. 사적인 조합체에서 목적의 달성 여부는 법률에 관한 것이 아니고, 다만 공익과 질서에 위반하지 않는 것만 필요할 뿐이다. 이는 조합체에 공사의 구별이 있기 때문이다. 단순히 조합의 목적이 공익에 관한 것인지 여부와 관계없이 공공조합으로 삼는 이유는 공익에 관한 것이기 때문이다. 그러나 공익단체와 공법상 조합이 같은 것은 아니어서 공익을 목적으로 하는 사적인 조합이 있다는 것을 잊지 말아야 한다.

수리조합은 보통수리조합과 수해예방조합의 두 가지가 있다. 보통수리조합은 용

惡水等의專히土地保護에關ᄒᆞᆫ事業을爲ᄒᆞ야設置ᄒᆞᆫ바ㅣ오水害豫防組合은水害를豫防ᄒᆞ기爲ᄒᆞ야堤堰、浚川、防築、築洑等事業을爲ᄒᆞ야設置ᄒᆞᆷ이니라

水利組合은利害相通ᄒᆞᄂᆞᆫ地로써區域을삼아其區域內의土地所有者의一部分(即五人)의請求를依ᄒᆞ거나或은行政官廳의職權으로써此를設置ᄒᆞᆷ을得호대其區域內의土地所有者ᄂᆞᆫ依例히其組合員이됨이오其組合員됨에叅入ᄒᆞᄂᆞᆫ與否ᄂᆞᆫ各人自由意思에不拘ᄒᆞᄂᆞ니組合은水利組合條例를依ᄒᆞ야設置됨으로協議로定ᄒᆞᆫ其規約은條例에違背ᄒᆞᆷ을不得ᄒᆞᄂᆞ니라

組合의機關은組合會니組合會ᄂᆞᆫ規約으로定ᄒᆞᆫ選擧法을依ᄒᆞ야此를組織ᄒᆞ고專히其規約及財政의事를議決ᄒᆞᆷ이니組合은其目的된事業을爲ᄒᆞ야費用의擔負를其區域土地에賦課호대邑、市、面、村稅의賦課에準則ᄒᆞ야强制徵收ᄒᆞᆷ을得ᄒᆞ며ᄯᅩ其事業을爲ᄒᆞ야夫役現品을組合員의게賦課ᄒᆞᆷ을得ᄒᆞ고水害豫防組合에在ᄒᆞ야ᄂᆞᆫ夫役만其區域內에居住ᄒᆞᄂᆞᆫ一般人民의게賦課ᄒᆞᆷ을可得ᄒᆞ며天災事變을因ᄒᆞ야不得已ᄒᆞᆫ支出이나ᄯᅩ可히組合永久의利益이될만ᄒᆞᆫ事業에關ᄒᆞ야必要ᄒᆞᆫ境遇에ᄂᆞᆫ負債를起ᄒᆞᆷ을認許ᄒᆞᄂᆞ니라

수와 악수 등 오로지 토지보호에 관한 사업을 위하여 설치하는 것이고, 수리예방조합은 수해를 예방하기 위하여 제방, 준설, 둑, 방죽, 보쌓기 등의 사업을 위하여 설치하는 것이다.

수리조합은 이해가 상통하는 토지를 구역으로 하고 그 구역 내의 토지소유자의 일부분(즉, 5인)의 청구에 의하거나 행정관청의 직권으로 설치할 수 있는데, 그 구역 내의 소유자는 당연히 조합원이 되고 조합원의 가입 여부는 개인의 자유의사와 관계없다. 조합은 수리조합조례에 의하여 설치되는 것이므로, 협의로 정한 규약은 조례에 위배될 수 없다.

조합의 기관은 조합회이다. 조합회는 규약으로 정한 선거법에 따라 조직하고, 전적으로 규약 및 재정사항을 의결한다. 조합은 목적사업을 위하여 비용부담을 그 구역의 토지에 부과하는데, 읍, 시, 면, 촌세의 부과에 준용하여 강제징수할 수 있고, 그 사업을 위하여 부역현품을 조합원에게 부과할 수 있다. 수해예방조합에 있어서는 부역만 그 구역 내에 거주하는 일반인민에게 부과할 수 있고, 천재사변으로 인하여 부득이한 지출이나 조합의 영구적인 이익이 될 수 있는 사업에 관하여 필요한 경우에는 부채를 일으키는 것을 승인한다.

水利組合은行政官廳이此를監督ᄒᆞᄂᆞ니組合은行政의許可가無ᄒᆞ면此를廢止ᄒᆞᆷ을不得ᄒᆞ며水利豫防組合은行政官廳에서組合의意見을依ᄒᆞ야此를廢止케ᄒᆞᆷ을可得ᄒᆞ고規約의設定、組合區域、不動産의處分及起債等의重要ᄒᆞᆫ組合會의決議ᄂᆞᆫ監督行政官廳의認可를要ᄒᆞ며또水漲을因ᄒᆞ야危險이有ᄒᆞᆯ時ᄂᆞᆫ水利組合은監督官廳의命令을依ᄒᆞ야可히此에從事ᄒᆞᆯ義務가有ᄒᆞᄂᆞ니라

第六欵　森林

森林의經濟ᄂᆞᆫ其所有者의利害에關ᄒᆞᆯᄲᅮᆫ아니라社會經濟와밋公益上에直接關係가有ᄒᆞᆫ故로法律은公益을爲ᄒᆞ야其處分의自由를制限ᄒᆞ며또特別의保護를與ᄒᆞᄂᆞ니라

森林行政法은森林所有權의自由와官廳의監督制限의範圍를示ᄒᆞᆫ者ㅣ니(一)森林에對ᄒᆞᆫ所有權에制限(二)森林特別保護(三)林業組合의規定을明白히ᄒᆞᆷ이라森林經濟ᄂᆞᆫ直接法理의解說에混入ᄒᆞᆯ바ᄂᆞᆫ아니라故로玆에詳說치아니ᄒᆞ노라

森林所有者가其森林經濟의保續을損ᄒᆞᆯ虞慮가有ᄒᆞᆯ時ᄂᆞᆫ行政官廳은營林의方

수리조합은 행정관청이 감독한다. 조합은 행정의 허가가 없으면 폐지할 수 없다. 수리예방조합은 행정관청에서 조합의 의견에 따라 폐지할 수 있고, 규약의 설정, 조합구역, 부동산의 처분 및 기채 등 중요한 조합회의 결의는 감독행정관청의 인가를 요하며, 물이 넘칠 위험이 있는 때에는 수리조합은 감독관청의 명령에 따라 이에 종사하여야 할 의무가 있다.

제6관 삼림

삼림경제는 소유자의 이해와 관련될 뿐만 아니라 사회경제 및 공익과 직접적인 관계가 있으므로, 법률은 공익을 위하여 그 처분의 자유를 제한하고 특별한 보호를 하고 있다.

삼림행정법은 삼림소유권의 자유와 관청감독의 제한범위를 제시하는 것이다. ① 삼림에 대한 소유권의 제한, ② 삼림의 특별 보호, ③ 임업조합의 규정을 명백하게 한다. 삼림경제는 직접적인 법리의 해설에 들어갈 것이 아니므로, 여기에서 상세히 설명하지는 않겠다.

삼림소유자가 삼림경제의 존속을 해할 염려가 있을 때에는 행정관청은 영림방

法을指定ᄒᆞ며또伐木홈을制限ᄒᆞ고所有者의費用으로써伐木地에造林을命홈을得ᄒᆞᄂᆞ니萬一其命ᄒᆞᆫ바造林을怠惰ᄒᆞᆯ時ᄂᆞᆫ政府에서此ᄅᆞᆯ營行ᄒᆞ고其費用을徵收ᄒᆞ거나或은造林에關ᄒᆞᆫ部分을官私共有(七官三民)森林或部分森林을삼음을得ᄒᆞᄂᆞ니라

森林의伐木地ᄂᆞᆫ伐木後五個年以內에造林ᄒᆞᆯ事ᄅᆞᆯ要홈으로通則을삼ᄂᆞ니萬一森林을開墾ᄒᆞ거나或其地目을變換코져ᄒᆞᆯ時ᄂᆞᆫ行政官廳의許可ᄅᆞᆯ必受ᄒᆞᆯ지니라

公益上特히保存ᄒᆞᆯ必要가有ᄒᆞᆫ森林은特別히保護制限ᄒᆞ고此ᄅᆞᆯ保存林이라稱ᄒᆞᄂᆞ니保存林으로認定홈을可得ᄒᆞᆯ者ᄂᆞᆫ大槪左에列記ᄒᆞᆫ種類ㅣ니라

一、土地ᄅᆞᆯ保護홈에必要ᄒᆞᆫ森林

二、水利及水害豫防에必要ᄒᆞᆫ森林

三、沿海岸의魚類來集에必要ᄒᆞᆫ森林

四、社寺又名勝地舊跡의風景에必要ᄒᆞᆫ森林

五、廻船의眼標에必要ᄒᆞᆫ森林

법을 지정하고 벌목을 제한하며 소유자의 비용으로 벌목지에 조림을 명할 수 있다. 만일 그렇게 명한 조림을 게을리 한 때에는 정부가 이를 행하고 그 비용을 징수하거나 조림에 관한 부분을 관사공유(7관 3민)삼림 또는 부분삼림으로 삼을 수 있다.

삼림의 벌목지는 벌목 후 5개년 이내에 조림할 것을 원칙으로 한다. 만일 삼림을 개간하거나 지목을 변경하고자 하는 때에는 행정관청의 허가를 반드시 받아야 할 것이다.

공익상 특히 보존할 필요가 있는 삼림은 특별히 보호·제한을 하고 이를 보존림이라고 한다. 보존림으로 인정할 수 있는 것은 대략 아래에 열거한 것들이다.

① 토지의 보호에 필요한 삼림

② 수리 및 수해예방에 필요한 삼림

③ 연해안에 어류가 모여드는 데에 필요한 삼림

④ 사원 또는 명승지, 유적의 풍경에 필요한 삼림

⑤ 해상운송선의 이정표로 필요한 삼림

六、道郡境界標示에必要혼森林

七、衛生에必要혼森林

保存林의編入과밋解除는利害關係人의請求를依ᄒᆞ거나或은職權을依ᄒᆞ야行政官廳에셔此를決定ᄒᆞᄂᆞ니保存林에對ᄒᆞ야는營林及保護의方法을指定ᄒᆞ며또혼特히其保存을要ᄒᆞ는目的을由ᄒᆞ야其使用收益의方法을制限홈을可得ᄒᆞᄂᆞ니萬一指定혼營林及保護方法을實施치아니홀時는政府에셔此를行ᄒᆞ고其費用을徵收ᄒᆞᄂᆞ니라

森林은一般警察을依ᄒᆞ야保護ᄒᆞ는外에尙且森林에特別혼危害을顧念ᄒᆞ야特別의警察規則이有ᄒᆞ니此所謂森林警察이라故로此에關혼豫防管理의要目은左와如ᄒᆞ니라

一、官廳의許可나又는所有者의許可를不得ᄒᆞ고森林內에牛馬橇를牽入ᄒᆞ거나斧斤鋸鎌과其他林產採取의器具를携帶擅入홈을不得홀事

二、伐木造材홈으로써爲業ᄒᆞ는者는其使用ᄒᆞ는切判及杣印을警察官의게呈報ᄒᆞ며또森林內에셔使用ᄒᆞ는斧斤鋸鎌에警察官의檢印을必受홀지며

⑥ 도·군의 경계표시에 필요한 삼림

⑦ 위생에 필요한 삼림

보존림의 편입과 해제는 이해관계인의 청구에 의하거니 직권으로 행정관청이 결정한다. 보존림에 대해서는 영림 및 보호의 방법을 지정하고 특히 보존을 필요로 하는 목적에 따라 사용·수익의 방법을 제한할 수 있다. 만일 지정한 영림 및 보호방법을 실시하지 않는 때에는 정부가 이를 행하고 그 비용을 징수한다.

삼림은 일반경찰에 의하여 보호하는 것 외에도 삼림에 특별한 위해를 고려한 특별경찰규칙이 있다. 이는 이른바 삼림경찰이라고 하므로, 여기에 관한 예방관리의 주요한 항목은 다음과 같다.

① 관청의 허가 또는 소유자의 허가를 받지 않고 삼림 내에 소나 말이 끄는 썰매를 끌어들이거나 도끼, 톱, 낫과 그 밖의 임산물 채취의 도구를 휴내하고 무난으로 들어올 수 없다는 것

② 벌목하여 재목으로 만드는 것을 업으로 하는 사람은 그 사용하는 절판 및 유인을 경찰관에게 신고하고, 삼림 내에서 사용하는 도끼, 톱, 낫에 검인을 반드시 받아야 하며,

森林內에셔는官廳의許可나又는所有者의承諾을不得ᄒᆞ고造材ᄒᆞᆯ事ᄅᆞᆯ不得ᄒᆞᆯ事

三、木材ᄅᆞᆯ賣買ᄒᆞᆷ으로ᄡᅥ爲業ᄒᆞ는者는其使用ᄒᆞ는記號、印章을警察官의게呈報ᄒᆞ며또ᄒᆞᆫ其賣買ᄒᆞᆫ木材의出處와品種과밋代價ᄅᆞᆯ帳簿에記入藏置ᄒᆞ고記號나印影이無ᄒᆞᆫ木材는賣買或運搬ᄒᆞᆷ을不得ᄒᆞ되다만火木薪材等은此限에不在ᄒᆞᆯ事

四、森林內에셔火ᄅᆞᆯ濫用ᄒᆞ야焚火ᄒᆞ거나炬火ᄅᆞᆯ携帶ᄒᆞ는等의火災ᄅᆞᆯ招致ᄒᆞᆯ念慮가有ᄒᆞᆫ行爲ᄅᆞᆯ禁止ᄒᆞᆯ事

森林의主副產物로셔아즉人工을未加ᄒᆞᆫ者ㅣ나또人工을旣加ᄒᆞᆫ者라도아즉森林外에搬出치아니ᄒᆞᆫ者로竊取ᄒᆞᆷ을森林竊盜라ᄒᆞ야特히罰則을設定ᄒᆞ고此ᄅᆞᆯ處分ᄒᆞᄂᆞ니라

林業組合은森林共同의經濟와밋保護ᄒᆞᆷ을爲ᄒᆞ야設立ᄒᆞᆫ公의組合이니一定ᄒᆞᆫ地域에在ᄒᆞᆫ私有森林(社寺林、民林)의所有者半數以上의請求ᄅᆞᆯ依ᄒᆞ거나或은行政官廳의職權을因ᄒᆞ야必要ᄒᆞᆷ으로認ᄒᆞᆯ境遇에此ᄅᆞᆯ設立케ᄒᆞ고其設立ᄒᆞᆫ

삼림 내에서 관청의 허가 또는 소유자의 승낙을 받지 않고 재목을 만들 수 없다는 것

③ 목재를 매매하는 것을 업으로 하는 사람은 사용하는 기호와 인장을 경찰관에게 신고하고, 매매한 목재의 출처와 품종 및 대가를 장부에 기입하여 보관하며, 기호나 인영이 없는 목재는 매매 또는 운반을 할 수 없지만, 땔나무나 땔감 등은 그렇지 않다는 것

④ 삼림 내에서 불을 남용하여 불사르거나 횃불을 휴대하는 등 화재를 초래할 염려가 있는 행위를 금지하는 것

삼림의 주부산물로서 아직 인공이 가해지지 않은 것이나 인공이 이미 가해진 것이라도 아직 삼림 밖에 반출하지 않은 것을 절취하는 것을 삼림절도라 하고, 특별히 벌칙을 정하여 이를 처분한다.

임업조합은 삼림공동의 경제와 보호를 위하여 설립한 공공조합이다. 일정한 지역에 있는 사유 삼림(사원림, 민림)의 소유자 반수 이상의 청구에 의하거나 행정관청의 직권으로 필요하다고 인정하는 경우에 설립하게 하고, 설립된

時ᄂᆞᆫ其地域內의私有森林所有者ᄂᆞᆫ當然히組合員이되ᄂᆞ니組合의組織及設立의節次ᄂᆞᆫ此에關ᄒᆞᆫ行政規則을準由호대其範圍內에셔規約을依ᄒᆞ야公同의事業을營務ᄒᆞᆷ이니라

森林行政에關ᄒᆞ야ᄂᆞᆫ此ᄅᆞᆯ槪括ᄒᆞ야規定ᄒᆞᆫ法令이無ᄒᆞ고此ᄅᆞᆯ主務大臣職權에委任ᄒᆞ나然이나其行政의本旨ᄂᆞᆫ特別히森林法을制定ᄒᆞ고此ᄅᆞᆯ依ᄒᆞ야森林行政을勵行ᄒᆞᆷ이可ᄒᆞ니라

第七欵　狩獵

無主物된鳥獸ᄅᆞᆯ先占ᄒᆞ야其所有權을獲得ᄒᆞᆷ은私法原則을依ᄒᆞᆫ私權의行用이라然而公益又警察을爲ᄒᆞ야行政法으로其自由ᄅᆞᆯ制限ᄒᆞᆷ도有ᄒᆞ니玆에此ᄅᆞᆯ說明ᄒᆞ노라

其制限은獵者、獵具、獵場及鳥獵保護에關ᄒᆞ야法律로써狩獵의自由ᄅᆞᆯ制限ᄒᆞᆷ이니라

狩獵을ᄒᆞ고져ᄒᆞᄂᆞᆫ者ᄂᆞᆫ行政官廳의免許ᄅᆞᆯ受ᄒᆞᆷ을要ᄒᆞᄂᆞ니免許ᄂᆞᆫ規費ᄅᆞᆯ徵收ᄒᆞ고許狀을附與ᄒᆞ야出獵ᄒᆞᆯ時마다此ᄅᆞᆯ携帶證明케호대欄柵圍障이有ᄒᆞᆫ所有

때에는 그 지역 내에의 사유삼림 소유자는 당연히 조합원이 된다. 조합의 조직 및 설립절차는 이에 관한 행정규칙에 의거하되, 그 범위 내에서 규약에 따라 공동의 사업을 영위한다.

삼림행정에 관해서는 개괄하여 규정한 법령이 없고 이를 주무대신의 권한으로 위임하고 있으나, 그 행정의 본지는 특별히 삼림법으로 제정하고, 이에 의하여 삼림행정을 시행하는 것이 바람직하다.

제7관 수렵

무주물인 조수를 선점하여 소유권을 획득하는 것은 사법의 원리에 의한 사권행위이다. 그러나 공익 또는 경찰을 위하여 행정법으로 그 자유를 제한하는 것도 있다. 여기에서 이를 설명한다.

그 제한은 사냥하는 사람, 사냥도구, 사냥장소 및 조수의 보호에 관하여 법률로 수렵의 자유를 제한하는 것이다.

수렵을 하고자 하는 사람은 행정관청의 면허를 받아야 한다. 면허는 수수료를 징수하고 면허증을 부여하여 사냥을 나갈 때마다 이를 휴대하여 증명하게 하되, 울타리로 경계가 설정되어 있는 소유

地內에서銃器를使用치아니ᄒᆞ고狩獵ᄒᆞᄂᆞᆫ者ᄂᆞᆫ免許를不要ᄒᆞ며滿十六歲에未達ᄒᆞᆫ者ᄂᆞᆫ銃器를使用ᄒᆞ야狩獵ᄒᆞᆷ을不得ᄒᆞᄂᆞ니라

獵具獵法에關ᄒᆞ야ᄂᆞᆫ爆發物、据銃或危險ᄒᆞᆫ罠及陷穽으로써鳥獸를捕獲ᄒᆞᆷ을禁ᄒᆞ며또日出前日沒後와市街中人家稠密ᄒᆞᆫ處所와衆人이羣集ᄒᆞᆫ處所와銃丸이可及ᄒᆞᆯ處慮가有ᄒᆞᆫ建築物、船舶、滊車에向ᄒᆞ야銃獵ᄒᆞᆷ을禁ᄒᆞᄂᆞ니라

獵場에關ᄒᆞ야ᄂᆞᆫ禁獵地와共同狩獵地의制度가有ᄒᆞ니禁獵地ᄂᆞᆫ法律에定ᄒᆞᆫ者와밋地方行政官廳에서必要ᄒᆞᆷ을依ᄒᆞ야狩獵을禁ᄒᆞᆫ者도有ᄒᆞ며御獵場、公道、公園、社寺、境內墓地及欄柵圍障或農作物을種植ᄒᆞᆫ他人所有地와밋他人의共同狩獵地에在ᄒᆞ야ᄂᆞᆫ狩獵ᄒᆞᆷ을不得ᄒᆞ며또地方行政官廳은土地所有者의請求를依ᄒᆞ거나又ᄂᆞᆫ公益及警察의必要를因ᄒᆞ야禁獵制牌를票立ᄒᆞ고其地域에在ᄒᆞᆫ狩獵을禁止ᄒᆞᆷ을得ᄒᆞᄂᆞ니라

共同狩獵地ᄂᆞᆫ從來地方의慣行을依ᄒᆞ야一定ᄒᆞᆫ區域을限ᄒᆞ고農商工部大臣의準許를受ᄒᆞ야此를設定ᄒᆞᆷ을可得ᄒᆞᄂᆞ니共同狩獵者ᄂᆞᆫ其地區에在ᄒᆞ야他人의準獵ᄒᆞᆷ을禁止ᄒᆞᆯ特權이有ᄒᆞ니라

지 내에서 총기를 사용하지 않고 수렵하는 사람은 면허가 필요하지 않고, 만 16세에 도달하지 않은 사람은 총기를 사용하여 수렵할 수 없다.

사냥도구, 사냥방법에 관해서는 폭발물, 기총 또는 위험한 그물 및 함정으로 조수를 포획하는 것을 금지하고, 일출 전 일몰 후와 시가지의 인가가 조밀한 장소, 많은 사람들이 군집한 장소 및 총환이 미칠 우려가 있는 건축물, 선박, 기차를 향하여 총으로 사냥하는 것을 금지한다.

사냥장소에 관해서는 금렵지과 공공수렵지의 제도가 있다. 금렵지는 법률로 정한 것과 지방행정관청이 필요에 따라 수렵을 금지한 것도 있고, 황실 전용 사냥터, 공도, 공원, 사원, 경내묘지 및 울타리로 경계가 설정되어 있거나 농작물이 심어져 있는 타인의 소유지 및 타인의 공공수렵지에서는 수렵을 할 수 없으며, 지방행정관청은 토지소유자의 청구에 의하거나 공익 및 경찰의 필요로 인하여 사냥금지의 표찰을 세우고 그 지역에서 수렵을 금지시킬 수 있다.

공공수렵지는 종래의 지방관행에 따라 일정한 구역으로 한정하여, 농상공부대신의 허가를 받아 설정할 수 있다. 공동수렵자는 그 지구에서 다른 사람의 사냥 등을 금지할 특권을 가진다.

鳥獸保護에關ᄒᆞ야ᄂᆞᆫ鳥獸가繁殖ᄒᆞᆷ을爲ᄒᆞ야一般히獵期ᄅᆞᆯ制限ᄒᆞ며又ᄂᆞᆫ特種의保護ᄅᆞᆯ必要ᄒᆞᄂᆞᆫ鳥獸ᄅᆞᆯ保護ᄒᆞ며又ᄂᆞᆫ此ᄅᆞᆯ販賣ᄒᆞᆯ事ᄅᆞᆯ禁ᄒᆞᄂᆞ니銃器ᄅᆞᆯ使用ᄒᆞᄂᆞᆫ狩獵에對ᄒᆞ야ᄂᆞᆫ十月十五日로브터翌年四月十五日에至ᄒᆞ기ᄭᆞ지獵期ᄅᆞᆯ삼아獵期外에狩獵ᄒᆞᆷ을禁ᄒᆞ며ᄯᅩ特別히捕獲ᄒᆞᆷ을禁止ᄒᆞ고ᄯᅩ可히停止ᄒᆞᆯ保護鳥獸의種類及期限은農商工部大臣이此ᄅᆞᆯ部令으로ᄡᅥ可定ᄒᆞᆯ者ㅣ니라

第八欵　漁業

魚蛤、鯆貝、苔藻其他水産物植物을採捕ᄒᆞᆷ을總稱ᄒᆞ야漁業이라云ᄒᆞᄂᆞ니私有土地의在ᄒᆞᆫ人作或自然의水面이他의水面과水族의通路ᄅᆞᆯ缺ᄒᆞᆫ處所에漁業을行ᄒᆞᆷ은其土地所有權行用에屬ᄒᆞ고行政法으로ᄡᅥ干涉치아니ᄒᆞᆷ으로通則을삼으며ᄯᅩ國境領海外의大洋에在ᄒᆞᆫ漁業은大槪國際條約을依ᄒᆞ야規程을設定ᄒᆞᆷ으로ᄡᅥ通則을삼으나다만公의水面及沿海에在ᄒᆞᆫ漁業에對ᄒᆞ야公益及警察을爲ᄒᆞ야行政權으로ᄡᅥ此ᄅᆞᆯ規律ᄒᆞᆷ을得ᄒᆞᄂᆞ니라

漁業에關ᄒᆞ야ᄂᆞᆫ一般의法律制定이姑無ᄒᆞᆫ故로此에對ᄒᆞᆫ行政規則은中央及地方行政官廳의職權에屬ᄒᆞᆫ바ㅣ나今에其一定ᄒᆞᆫ制度가姑無ᄒᆞᆫ故로前來의慣行

조수보호에 관해서는 조수의 번식을 위하여 일반적으로 수렵기를 제한하고, 특별한 보호를 필요로 하는 조수를 보호하며, 이를 판매하는 것을 금지한다. 총기를 사용하는 수렵에 대해서는 10월 15일부터 다음 해 4월 15일까지를 수렵기로 삼아 수렵기 외에 수렵을 금하고 특별히 포획을 금지하며, 농상공부대신은 정지하여야 할 보호조수의 종류 및 기한을 부령으로 정할 수 있다.

제8관 어업

어패류, 해조류, 그 밖의 수산물, 수산식물을 채취하고 잡는 것을 총칭하여 어업이라고 한다. 사유토지에 있는 인공 또는 자연의 수면이 다른 수면과 수족의 통로가 없는 장소에서 어업을 영위하는 것은 토지소유권의 행사에 속하고, 행정법으로 개입하지 않는 것을 원칙으로 하며, 국경영해 밖의 대양에 있는 어업은 대부분 국제조약에 따라 규정을 제정할 것을 원칙으로 한다. 다만 공공수면 및 연해에서의 어업에 대하여 공익 및 경찰을 위하여 행정권으로 규율할 수 있다.

어업에 관하여 일반적인 법률의 제정이 없으므로, 이에 대한 행정규칙은 중앙 및 지방행정관청의 권한에 속하나, 현재 그에 대한 일정한 제도가 없으므로, 전래의 관행

을依ᄒᆞ야其主旨의大要를陳述코져ᄒᆞ노라

公共水面에在ᄒᆞ야捕魚ᄒᆞᆷ은一般警察規則範圍內에서各人自由에放任ᄒᆞ며特히準許를不要ᄒᆞ나然이나漁場의區域을定ᄒᆞ고營業을삼아捕漁ᄒᆞᄂᆞᆫ者ᄂᆞᆫ地方官廳의認可를要ᄒᆞᄂᆞ니漁場에制ᄂᆞᆫ專히地方의慣行을依ᄒᆞ야區域을限ᄒᆞ고其區域에在ᄒᆞᆫ漁業者의專用됨도有ᄒᆞ며又入會權의性質도兼有ᄒᆞᄂᆞ니라

行政官廳은水産動植物의繁殖保護ᄒᆞᆷ을爲ᄒᆞ야某種類의水産物採捕를禁ᄒᆞ며又ᄂᆞᆫ漁場、漁具、漁期及採捕等方法에對ᄒᆞ야制限을設定ᄒᆞᆷ을可得ᄒᆞᄂᆞ니例如保護水産物의種類를定ᄒᆞ야其採捕를禁止或停止ᄒᆞ며水産物의繁殖或漁業을妨害ᄒᆞᆯ漁法漁具를禁止ᄒᆞ며또ᄒᆞᆫ此를妨害ᄒᆞᆯ農工業의廢棄物을注流ᄒᆞᆷ을禁ᄒᆞ며또禁漁場을設ᄒᆞ고其繁殖保護ᄒᆞᆷ을計畫ᄒᆞᄂᆞᆫ類ㅣ니라

漁業及漁場은一般警察規則을依ᄒᆞ야制限되며또保護됨은特히說明ᄒᆞᆷ을不要ᄒᆞᆯ지며또一定ᄒᆞᆫ漁業區域에在ᄒᆞᆫ漁業者로브터成ᄒᆞᆫ漁業組合의慣行이有ᄒᆞ니規約으로共同의利益을計畫ᄒᆞ야互相에權利를定ᄒᆞ면行政官은此를監督ᄒᆞ야秩序를維持ᄒᆞ나然이나慣行을依ᄒᆞᆫ漁業組合은私의營業組合이니現行制度에

에 따라 주된 내용의 대강을 서술하고자 한다.

공공수면에서 고기를 잡는 것은 통상적인 경찰규칙의 범위 내에서 개인의 자유에 맡기고, 특별히 허가를 요하지 않는다. 그러나 어장구역을 정하고 영업으로 고기를 잡는 사람은 지방관청의 인가가 필요하다. 어장제도는 전적으로 지방의 관행에 따라 구역을 한정하고 그 구역에서 어업자가 전용할 수도 있으며 입회권의 성질도 겸유하는 것이다.

행정관청은 수산동식물의 번식을 보호하기 위하여 어떤 종류의 수산물의 채집과 포획을 금지하거나 어장, 어구, 어업기간 및 체포 등의 방법에 대하여 제한을 설정할 수 있다. 예를 들면 보호수산물의 종류를 정하여 채집과 포획을 금지 또는 정지하고, 수산물의 번식 또는 어업을 방해하는 어업방법과 어구를 금지하며, 이를 방해하는 농공업의 폐기물을 방류하는 것을 금지하고, 금어장을 설정하여 번식의 보호를 도모하는 것 등이다.

어업 및 어장이 일반경찰규칙에 따라 제한되고 보호되는 것은 특별한 설명이 필요 없고, 일정한 어업구역에 있는 어업자로 이루어진 어업조합의 관행이 있다. 규약으로 공공의 이익을 계획하여 상호 간에 권리를 정하면 행정관은 이를 감독하여 질서를 유지한다. 그러나 관행에 의한 어업조합은 사적인 영업조합이므로, 현행제도에

在ᄒᆞ야ᄂᆞᆫ아즉法律上公의組合体된權利와義務를不有ᄒᆞᄂᆞ니라、韓日兩國海濱에往來捕魚ᄒᆞᄂᆞᆫ者에對ᄒᆞ야ᄂᆞᆫ特히兩國間에締結ᄒᆞᆫ條約을依ᄒᆞ야此를規定ᄒᆞᆫ바ㅣ니兩國議定地方三里以內에在ᄒᆞ야漁業을營務코져ᄒᆞᄂᆞᆫ兩國漁船은其船舶、船主及乘組員을船主가對手國에呈報ᄒᆞ야一定ᄒᆞᆫ準許料를呈納ᄒᆞ고準許鑑札을受ᄒᆞᆯ지니準許鑑札을携帶ᄒᆞᄂᆞᆫ者ᄂᆞᆫ兩國이議定ᄒᆞᆫ海濱에在ᄒᆞ야漁業ᄒᆞᆷ을得ᄒᆞ며또兩國議定地方이아닌海濱三里以內에在ᄒᆞ야ᄂᆞᆫ漁業을行ᄒᆞᆷ을禁ᄒᆞᄂᆞ니라

第九欵　鑛業

鑛物을採掘ᄒᆞᄂᆞᆫ權利ᄂᆞᆫ私權이니此ᄂᆞᆫ鑛業條例로써規定ᄒᆞ나然이나其權利의範圍、設定、移轉、變更、消滅及土地所有權의對ᄒᆞ야關係等은性質上私法範圍에屬ᄒᆞᆷ이오行政의一部ᄂᆞᆫ아니라鑛業의特許와保護監督及警察에關ᄒᆞᆫ規定은此를行政權의使用에屬ᄒᆞ야玆에其大要를陳述코져ᄒᆞ노라

鑛業이라ᄒᆞᆷ은鑛物의採掘、試掘及此에附屬ᄒᆞᆫ事業을指稱ᄒᆞᆷ이니아즉採掘치아니ᄒᆞᆫ鑛物은國의所有에屬ᄒᆞᆫ바오鑛業은土地所有權의行使가아니라故로鑛

서는 아직 법률상 공공조합체로서 권리와 의무를 가지지 않는다.

한일 양국 해변에 왕래하면서 고기를 잡는 사람에 대해서는 특별히 양국 사이에 체결된 조약에 의하여 규율되는데, 양국에서 정한 지방 3리 내에서 어업을 행하고자 하는 양국 어선은 선박, 선주 및 승조원을 선주가 상대국에 신고하여 일정한 허가료를 납부하고 허가증표를 받아야 한다. 허가증표를 휴대하는 사람은 양국이 정한 해변에서 어업을 할 수 있고 양국에서 정한 지방이 아닌 해변 3리 내에서 어업을 행하는 것을 금지한다.

제9관 광업

광물을 채굴하는 권리는 사권이다. 이는 광업조례로 규정하고 있지만, 그 권리의 범위, 설정, 이전, 변경, 소멸 및 토지소유권에 대한 관계 등은 성질상 사법의 범위 내에 속하고, 행정의 일부가 아니다. 광업의 특허와 보호·감독 및 경찰에 관한 규정은 행정권의 행사에 속하므로 여기에서는 대강만 서술하고자 한다.

광업이라 함은 광물의 채굴, 시굴 및 이에 부속한 사업을 지칭하는 것이다. 아직 채굴하지 않은 광물은 국가의 소유에 속하고, 광물은 토지소유권의 행사가 아니므로, 광

業은自己所有地에在ᄒᆞᆫ與否ᄅᆞᆯ不問ᄒᆞ고政府의特許ᄅᆞᆯ要ᄒᆞᆯ지며또特許가有ᄒᆞᆫ時ᄂᆞᆫ土地所有權을主唱ᄒᆞ야鑛業을妨害ᄒᆞᆷ을不得ᄒᆞᆯ지니土地所有權과鑛業權은法律의規定을依ᄒᆞ야互相竝行ᄒᆞᆷ인즉法律上所有權의限界ᄅᆞᆯ作ᄒᆞᄂᆞᆫ者니라

鑛物採掘法은鑛區ᄅᆞᆯ定ᄒᆞ고鑛物이存在ᄒᆞᆷ을證明請願ᄒᆞ야行政官廳의特許ᄅᆞᆯ得ᄒᆞ야成立ᄒᆞᄂᆞ니同一ᄒᆞᆫ地에對ᄒᆞ야數人의試掘或採掘의請願이有ᄒᆞᆯ時ᄂᆞᆫ請願의先後ᄅᆞᆯ依ᄒᆞ야其許否ᄅᆞᆯ定ᄒᆞ며同時에試掘과採掘의請願이有ᄒᆞᆯ時ᄂᆞᆫ爲先採掘請願에對ᄒᆞ야其許否ᄅᆞᆯ決ᄒᆞ고特許ᄅᆞᆯ得ᄒᆞᆫ採掘權은私權을삼아處分ᄒᆞᆷ을得ᄒᆞ나此ᄅᆞᆯ賣買讓與ᄒᆞᆷ에ᄂᆞᆫ其特許証을換書치아니ᄒᆞ면效力이無ᄒᆞ니行政官廳에셔公益에有害ᄒᆞᆷ으로認ᄒᆞᆯ時ᄂᆞᆫ試掘及採掘의許可ᄅᆞᆯ不與ᄒᆞ며또其許可ᄅᆞᆯ繳消ᄒᆞᆷ도可得ᄒᆞ되其繳消處分에對ᄒᆞ야ᄂᆞᆫ行政訴訟을提起ᄒᆞᆷ을得ᄒᆞᄂᆞ니라

他人의試掘年限中에ᄂᆞᆫ其試掘地內에셔同一ᄒᆞᆫ鑛物에對ᄒᆞ야採掘의請願을提呈ᄒᆞᆷ을不得ᄒᆞ며又其試掘或採掘地內에셔其試掘人或採掘人이아죠認可ᄅᆞᆯ不得ᄒᆞᆫ鑛物의試掘或採掘ᄒᆞᆷ을請願코져ᄒᆞᄂᆞᆫ者ᄂᆞᆫ試掘人或採掘人의承諾ᄅᆞᆯ經ᄒᆞᆷ이可ᄒᆞ되다만試掘人或採掘人은自己가其業을請願코져ᄒᆞ거나又ᄂᆞᆫ認可ᄅᆞᆯ得

업은 자기의 소유지에 있는지 여부와 관계없이 정부의 특허를 요하는 것이고, 특허가 있는 때에는 토지소유권을 주장하여 광업을 방해할 수 없다. 토지소유권과 광업권은 법률의 규정에 의하여 서로 병행하는 것이어서, 법률상 소유권의 한계를 만드는 것이다. 광물의 채굴권은 광구를 정하고 광물의 존재에 대한 증명을 청원하여 행정관청으로부터 특허를 받아 성립한다. 동일한 지역에 대하여 수인의 시굴 또는 채굴의 청원이 있을 때에는 청원의 선후에 따라 허부를 정하고, 동시에 시굴과 채굴의 청원이 있을 때에는 우선 채굴의 청원에 대하여 허부를 정하며, 특허를 얻은 채굴권은 사권으로 처분할 수 있으나 이에 대한 매매·양여는 그 특허증에 변경기재를 하지 않으면 효력이 없다. 행정관청이 공익에 유해하다고 인정하는 때에는 시굴 및 채굴의 허가를 부여하지 않고 허가를 취소할 수도 있지만, 그 취소처분에 대해서는 행정소송을 제기할 수 있다.

타인의 시굴연한 중에는 시굴지 내에서 동일한 광물에 대한 채굴의 청원을 제출할 수 없고, 시굴 또는 채굴지 내에서 시굴인 또는 채굴인이 아직 인가를 받지 못한 광물의 시굴 또는 채굴을 청원하고자 하는 사람은 그 시굴인 또는 채굴인의 승낙을 얻어야 한다. 다만 시굴인 또는 채굴인은 자기가 그 업을 청원하고자 하거나 허가를 얻

ᄒᆞᆫ鑛物을試掘或採掘ᄒᆞᆷ에妨害가有ᄒᆞᆫ時外에ᄂᆞᆫ其承諾을拒絶ᄒᆞᆷ을不得ᄒᆞᄂᆞ니라

左에列記ᄒᆞᆫ處所에在ᄒᆞ야ᄂᆞᆫ試掘或採掘ᄒᆞᆷ을禁ᄒᆞᄂᆞ니라

一、宮城、離宮、神宮、皇陵、陸海軍管轄城堡軍港、要港、火藥製造所、火藥庫及彈藥庫의周圍三百間以內의處所

二、鐵道、電車及馬車鉄道、公道、河湖、堤坊、沼池、社寺、墓地、公園及建築物로브터地上地下의其周圍三十間以內의處所、다만特히官廳或所有者의承諾을得ᄒᆞᆫ時ᄂᆞᆫ此限에不在ᄒᆞᆷ

鑛業人은官廳의認可ᄅᆞᆯ受ᄒᆞᆫ鑛業試業案을不依ᄒᆞ면採掘ᄒᆞᆷ을不得ᄒᆞ며또鑛業을一個年以上休業ᄒᆞ거나또採掘의特許ᄅᆞᆯ得ᄒᆞᆫ日로브터一個年以內에鑛業에着手치아니ᄒᆞᆯ時ᄂᆞᆫ行政官廳은其特許ᄒᆞᆫ者ᄅᆞᆯ繳消ᄒᆞᆷ을得ᄒᆞᄂᆞ니라

鑛物을採掘ᄒᆞᄂᆞᆫ土地의區域을鑛區라指稱ᄒᆞᄂᆞ니一鑛區의面積은石炭은一萬坪以上이오其他鑛物은三千坪以上으로ᄒᆞ되共히六十萬坪을招越ᄒᆞᆷ을不得ᄒᆞᆯ지니라

은 광물의 시굴 또는 채굴에 방해가 있는 경우를 제외하고는 승낙을 거절할 수 없다.

다음에 열거한 장소에서는 시굴 또는 채굴을 금지한다.

① 궁성, 별궁, 신궁, 황릉, 육해군 관할 성채·군항, 요항, 화약제조소, 화약고 및 탄약고의 주위 300간* 내의 장소

② 철도, 기차 및 우마철도, 공도, 하천과 호수, 제방, 늪과 못, 사원, 묘지, 공원 및 건축물로부터 지상 지하의 주변 300간 내의 장소, 다만 관청 혹은 소유자의 승낙을 얻은 때에는 그렇지 않음

광업인은 관청의 인가를 받은 광업시업안에 의하지 않으면 채굴을 할 수 없고, 광업을 1개년 이상 휴업하거나 채굴의 특허를 얻은 날로부터 1개년 이내에 광업에 착수하지 않은 때에는 행정관청은 특허를 취소할 수 있다.

광물을 채굴하는 토지의 구역을 광구라고 지칭한다. 광구 하나의 면적은 석탄은 1만 평 이상이고 그 밖의 광물은 3천 평 이상으로 하되, 모두 6십만 평을 초과할 수 없다.

* 역자 주: 여섯 자(180cm)를 단위로 거리를 세는 이름을 말한다.

試掘或採掘ᄒᆞᆷ을請願ᄒᆞᆯ目的으로他人의土地를測量ᄒᆞᆷ을爲ᄒᆞ거나又或鑛業上必要ᄒᆞᆫ境遇에ᄂᆞᆫ損害를賠償ᄒᆞ고他人의土地를使用ᄒᆞᆷ을得ᄒᆞᆷ은法律에認許ᄒᆞᆫ바ㅣ며此를依ᄒᆞ야生ᄒᆞᄂᆞᆫ其當事者間의關係ᄂᆞᆫ私權問題에屬ᄒᆞᆷ이니라

特히鑛業에關ᄒᆞᆫ危害의豫防을鑛業警察이라稱ᄒᆞ나니鑛業警察은專히(一)鑛內及鑛業에關ᄒᆞᆫ建築物의保安(二)鑛夫의生命及衛生의保護(三)地表의安全(四)公益을保護ᄒᆞᆷ으로目的호대農商工部大臣은特히法律의委任을因ᄒᆞ야鑛業警察規則을定ᄒᆞ야法律의規定을補充ᄒᆞᄂᆞᆫ權이有ᄒᆞ니라

砂鑛(砂金、砂錫及砂鐵)을採取ᄒᆞᄂᆞᆫ業도또ᄒᆞᆫ行政官廳의許可를要ᄒᆞᄂᆞ니一定ᄒᆞᆫ採取區域을限定ᄒᆞ고砂鑛을採取ᄒᆞᄂᆞᆫ特許가有ᄒᆞᆷ으로써專有의權을삼아處分ᄒᆞᆷ을得ᄒᆞᆷ은鑛物採掘權과同一ᄒᆞᆷ이라其採掘區域의土地가他人의所有된時ᄂᆞᆫ其承諾을要ᄒᆞᆯ지니所有者ᄂᆞᆫ自己가此를採掘ᄒᆞᆷ을請願ᄒᆞᆯ時外에ᄂᆞᆫ承諾을拒絶ᄒᆞᆷ을不得호대다만承諾을與ᄒᆞᆯ時ᄂᆞᆫ相當ᄒᆞᆫ砂鑛採取料를要求ᄒᆞᆷ을得ᄒᆞᄂᆞ니其他請願類의認許與否와特許의繳消及他人의土地使用等의關ᄒᆞ야ᄂᆞᆫ大概採掘業에關ᄒᆞᆫ規程과其原則이同一ᄒᆞ니라

시굴 또는 채굴의 청원을 목적으로 다른 사람의 토지를 측량하기 위하거나 광업상 필요한 경우에는 손해를 배상하고 다른 사람의 토지를 사용할 수 있다는 것은 법률에서 승인하는 것이고, 이에 따라 발생하는 당사자 사이의 관계는 사권의 문제에 속한다.

특히 광업에 관한 위해의 예방을 광업경찰이라고 하는데, 광업경찰은 오로지 ① 광내 및 광업에 관한 건축물의 보안, ② 광부의 생명 및 위생의 보호, ③ 지표의 안전, ④ 공익을 보호하는 것을 목적으로 하되, 농상공부대신은 특별히 법률의 위임에 따라 광업경찰규칙을 제정하여 법률의 규정을 보충할 권한이 있다.

사광(사금, 사석 및 사철)을 채취하는 업도 행정관청의 허가를 요한다. 일정한 채취구역을 한정하여 사광을 채취할 수 있는 특허를 전유의 권한으로 삼아 처분할 수 있다는 것은 광물의 채굴권과 동일하다. 채굴구역의 토지가 다른 사람의 소유인 때에는 승낙을 받아야 하는데, 소유자는 자기가 채굴하는 것을 청원하는 경우를 제외하고는 승낙을 거절할 수 없다. 다만 승낙할 때에는 상당한 사광채취료를 요구할 수 있다. 그밖에 청원의 인허 여부와 특허의 취소 및 다른 사람의 토지사용 등에 관해서는 대략 채굴업에 관한 규정과 원칙이 같다.

二、商工業

第十款　營業

營業이라홈은營利로써目的ᄒᆞ야獨立으로此를職業ᄒᆞ야公衆에對ᄒᆞ야行ᄒᆞᄂᆞᆫ者ㅣ니一定ᄒᆞᆫ職業을行치아니ᄒᆞ고單獨히某種營業을ᄒᆞ며又ᄂᆞᆫ營利로써目的을아니ᄒᆞ거나又ᄂᆞᆫ他人의게使用되야此를補助홈에止ᄒᆞ고獨立의業을行치아니ᄒᆞ거나又ᄂᆞᆫ家用勞務에從事ᄒᆞᄂᆞᆫ類로서汎然히公의交通에介立ᄒᆞ야其業務를行치아니ᄒᆞᄂᆞᆫ等의行爲ᄂᆞᆫ營業이아니라其通常法令에在ᄒᆞ야營業이라稱홈은天然物産出에關係ᄒᆞᆫ業務(農鑛業)及高等ᄒᆞᆫ學術技藝를要ᄒᆞᄂᆞᆫ職業을除ᄒᆞᆫ外에工業、商業及普通의勞務를指稱홈이니今에此普通意義를說明ᄒᆞ노라

營業은各人의自由에屬ᄒᆞᆫ바오또社會經濟의公益이됨으로此를保護홈은行政의要務오또安寧秩序를爲ᄒᆞ야此를制限홈은警察의職司ㅣ라所謂營業法이라홈은法律로써營業의自由와警察權限의限界를明畫ᄒᆞ야法律規定을不依ᄒᆞ고ᄂᆞᆫ警察權으로써營業을制限홈을不許ᄒᆞᄂᆞ니於是乎法律上營業의自由가有ᄒᆞᆫ바ㅣ니라

II. 상공업

제10관 영업

영업이라고 함은 영리를 목적으로 독자적인 업무를 공중에 행하는 것이다. 일정한 업무를 행하지 않고 일회적으로 어떠한 영업을 하거나 영리를 목적으로 하지 않거나 다른 사람에게 사용되어 보조하는 것에 그치고 독자적인 업무를 행하지 않거나 가사노무에 종사와 같은 것으로서 별달리 공적인 관계에 들어가서 업무를 행하지 않는 등의 행위는 영업이 아니다. 통상법령에서 영업이라고 함은 천연물의 산출과 관계되는 업무(농광업) 및 고등의 학술·기예가 필요한 직업을 제외한 공업, 상업 및 통상적인 노무를 지칭하는 것이다. 지금부터 통상적인 의미를 설명하겠다.

영업은 개인의 자유에 속하고 사회경제의 공익으로서 이를 보호하는 것은 행정의 중요한 업무이고, 안녕·질서를 위하여 이를 제한하는 것은 경찰의 직무이다. 이른바 영업법이라고 함은 법률로써 영업의 자유와 경찰 권한의 한계를 명확하게 획정하는 것이므로, 법률의 규정에 의하지 않고는 경찰권으로 영업의 제한을 허용하지 않는다. 여기에 법률상 영업의 자유가 있는 것이다.

我國及日本의現行制度ᄂᆞᆫ一般히營業自由에對ᄒᆞᆫ法律或勅令의通則이姑無ᄒᆞᆫ故로行政官廳은安寧을持保ᄒᆞᄂᆞᆫ普通의警察權限을依ᄒᆞ야法律의執行이아니오獨立ᄒᆞ야營業規則을定ᄒᆞᄂᆞᆫ餘地가有ᄒᆞᆫ즉一般職業에對ᄒᆞ야ᄂᆞᆫ行政官廳의職權으로써自由로制限ᄒᆞᆷ을可得ᄒᆞᄂᆞ니아즉一般營業에對ᄒᆞ야法律上營業의自由가有ᄒᆞ다唱道ᄒᆞᆷ을不得ᄒᆞᆯ지니라

法의適當ᄒᆞᆫ職業을營行ᄒᆞᆷ은各人의自由에放任ᄒᆞ고特許를不要ᄒᆞᆷ으로通則을삼ᄂᆞ니라

公益이나又ᄂᆞᆫ警保를爲ᄒᆞ야行政官廳의特許를要ᄒᆞᆯ者ᄂᆞᆫ特定ᄒᆞᆫ法律勅令으로써此를特定ᄒᆞᆷ으로通則을삼아行政官廳職權에由ᄒᆞᆫ營業規則으로써某種을一般히禁止ᄒᆞ고請願을依ᄒᆞ야特許ᄒᆞᄂᆞᆫ制限을設ᄒᆞᆷ은單히安寧秩序를持保ᄒᆞᆯ目的으로브터從出ᄒᆞᆫ例外니라

營業者의資格과營業의處所와設備及方法에關ᄒᆞ야制限을設ᄒᆞᆷ은法律勅令以外에行政官廳警察職權의行使를삼아亦是此를行ᄒᆞᆷ을可得ᄒᆞᄂᆞ니地方行政官廳이發ᄒᆞᆫ營業監督規則이곳此類ㅣ라營業監督規則을依ᄒᆞ야營業의許否를定

우리나라 및 일본의 현행제도는 일반적인 영업의 자유에 대한 법률 또는 칙령의 통칙이 아직은 없으므로, 행정관청은 안녕을 유지하는 통상의 경찰권한에 의하여 법률의 집행이 아니라 독자적으로 영업규칙을 정할 수 있다. 즉, 일반직업에 대해서는 행정관청의 권한으로 자유롭게 제한할 수 있다. 따라서 아직 일반영업에 대하여 법률상 영업의 자유가 있다고 주장할 수 없다.

법이 적당한 직업을 영위하는 것을 개인의 자유에 맡기고 특허가 필요하지 않다는 것을 원칙으로 한다.

공익이나 경찰보안을 위하여 행정관청의 특허를 요하는 것은 특정한 법률·칙령으로 이를 특별히 정하는 것을 원칙으로 하므로, 행정관청의 권한에 의한 영업규칙으로 어떤 것을 일반적으로 금지하고 청원에 의하여 특허하는 제한을 설정하는 것은 오로지 안녕·질서를 유지할 목적으로부터 나오는 예외이다.

영업자의 자격과 영업의 장소와 설비 및 방법에 관하여 제한을 설정하는 것은 법률·칙령 이외에도 행정관청이 경찰권한을 행사하여 행할 수 있다. 지방행정관청이 발령하는 영업감독규칙이 이와 같은 것이다. 영업감독규칙에 의하여 영업의 허부를 정

ᄒᆞ며또禁止或停止ᄒᆞᆷ도亦是此에準ᄒᆞᄂᆞ니要컨대現今立法이完備치못ᄒᆞᆫ所以로써營業政은專히地方行政職權에屬ᄒᆞ야各地方이其制不一ᄒᆞᆫ故로此를統說ᄒᆞ기不能ᄒᆞ고다만其權限을示ᄒᆞᆷ에止ᄒᆞᆯᄲᅮᆫ이로다

免許營業이라ᄒᆞᆷ은一般히禁止ᄒᆞ고特別ᄒᆞᆫ請願을依ᄒᆞ야免許ᄒᆞᄂᆞᆫ者ㅣ니此를許否ᄒᆞᄂᆞᆫ理由ᄂᆞᆫ公益或警察目的에在存ᄒᆞ며認可營業이라ᄒᆞᆷ은行政官廳에셔某種營業이安寧秩序를害치아니코警察規則에準由ᄒᆞᆯ事를認可ᄒᆞᄂᆞᆫ者ㅣ라其營業을行ᄒᆞᆷ은法令範圍內에셔一般히自由로ᄒᆞᄂᆞᆫ바오特別히免許를不要ᄒᆞᆯ지나然이나其營業의開始及方法은警察規則에特定ᄒᆞᆫ바에適合치아니ᄒᆞᆯ진대危害가有ᄒᆞᆫ境遇에ᄂᆞᆫ行政官廳은其認可를請ᄒᆞᆯ事로要件을삼음을可得ᄒᆞᆯ지며呈報營業은此를開始ᄒᆞᆷ은自由ㅣ나行政官廳에呈報ᄒᆞᆷ을必要ᄒᆞᄂᆞ니呈報ᄂᆞᆫ一般의監督과밋課稅等을爲ᄒᆞ야必要ᄒᆞᆫ境遇가甚多ᄒᆞ며自由營業은呈報及認可를不要ᄒᆞ고此를開始ᄒᆞᆷ을可得ᄒᆞᄂᆞ니라

行政權의干涉은營業其物에對ᄒᆞᆷ에止ᄒᆞᆯᄲᅮᆫ아니라營業者의資格及營業處所、設備及作業方法에關ᄒᆞ야一定ᄒᆞᆫ規則을設ᄒᆞ고此를依ᄒᆞ야許否를判定ᄒᆞᄂᆞ니

하고 금지 또는 정지도 이에 준한다. 요컨대, 아직은 입법이 완비되어 있지 않기 때문에 영업정책은 전적으로 지방행정의 권한에 속하여 각 지방의 제도가 일치하지 않으므로, 이를 모두 설명할 수 없고 그 권한을 제시하는 것에만 그치겠다.

면허영업이라고 함은 일반적으로 금지하고 특별한 청원에 의하여 면허를 부여하는 것인데, 이를 심사하는 이유는 공익 또는 경찰목적에 있다. 인가영업이라고 함은 행정관청이 어떤 영업에 대하여 안녕·질서를 해하지 않고 경찰규칙이 지켜질 것이라고 인가하는 것으로서, 그 영업을 하는 것은 법령의 범위 내에서 일반적으로 자유이고 특별히 면허가 필요하지 않다. 그러나 영업의 개시 및 방법이 경찰규칙에서 특별히 정한 것에 적합하지 않는다면 위해가 있을 경우에 행정관청은 인가의 신청을 요건으로 삼을 수 있다. 신고영업은 이를 개시하는 것은 자유이지만 행정관청에 대한 신고가 필요하다. 신고는 일반적인 감독과 과세 등을 위하여 필요한 경우가 매우 많다. 자유영업은 신고 및 인가를 요하지 않고 이를 개시할 수 있다.

행정권의 개입은 영업 그 자체에 대한 것일 뿐만 아니라 영업자의 자격 및 영업장소, 설비 및 작업방법에 관하여 일정한 규칙을 정하고 이에 따라 허부를 판정한다.

專히災害의豫防、衛生、靜謐、風俗等理由를因ᄒᆞᆷ이오또一定ᄒᆞᆫ營業場을有ᄒᆞᆫ者와屋外에在ᄒᆞᆫ雜業及市場營業에關ᄒᆞ야各其監督ᄒᆞᄂᆞᆫ規則을相異케ᄒᆞᄂᆞ니라

特種營業에對ᄒᆞ야法律勅令으로써其規則을定ᄒᆞᆫ者에對ᄒᆞ야ᄂᆞᆫ行政官廳은其法令을依ᄒᆞ야此를執行ᄒᆞᄂᆞᆫ外에獨立ᄒᆞ야此를制限ᄒᆞᆷ을不得ᄒᆞᄂᆞᆫ故로此境遇에至ᄒᆞ야ᄂᆞᆫ營業의自由와行政權의自由ᄂᆞᆫ其範圍가明確ᄒᆞᆷ이라此類의特種營業은更히特定解說ᄒᆞᆷ과如ᄒᆞ나然이나行政法令과밋勅令으로此의規程을特設ᄒᆞᆫ者ᄂᆞᆫ無他ㅣ라收稅를爲ᄒᆞ거나或은治安警察을依ᄒᆞ야某種類의營業에對ᄒᆞ야並히規定ᄒᆞᆷ에止ᄒᆞᆯ뿐이라故로營業其物의規則이아니오차라리稅則及警察規則이라云ᄒᆞᆯ지니營業其物의規則은專히地方規則에委任ᄒᆞᆫ精神인故로玆에特別法令에對ᄒᆞᆫ說明을省略ᄒᆞ노라

第十一欵 營業組合

古昔에在ᄒᆞ야列邦營業組合의慣例ᄂᆞᆫ專히同業者를制限ᄒᆞ야써自由競爭을防止ᄒᆞ고其利益을專一케ᄒᆞᆫ바ㅣ니盖前來의慣例ᄂᆞᆫ營業의自由를認치아니코特

오로지 재해의 예방, 위생, 평온, 풍속 등을 이유로 하는 것이고, 일정한 영업장을 가진 사람과 옥외에 있는 잡업 및 시장영업에 관하여 각각의 감독규칙을 다르게 한다.

특종영업에 관하여 법률·칙령으로 규칙을 정한 것에 대하여 행정관청은 그 법령에 따라 집행하는 것 외에 독자적으로 이를 제한할 수 없으므로, 이 경우에는 영업의 자유와 행정권의 자유의 범위가 명확하다. 따라서 이러한 특종영업은 특별히 해설한 것과 같으나, 행정법령과 칙령으로 이러한 규정을 특별히 정한 것은 없고, 세금을 걷기 위하거나 치안경찰에 따라 어떤 종류의 영업에 대하여 아울러 규정한 것뿐이다. 그러므로 영업 그 자체의 규칙이 아니라 차라리 세칙 및 경찰규칙이라고 할 수 있다. 영업 그 자체의 규칙은 전적으로 지방규칙에 위임하고 있으므로, 여기에서 특별법령에 대한 설명을 생략하겠다.

제11관 영업조합

오랜 옛날에 우리나라 영업조합의 관례는 오로지 동업자를 제한하여 자유경쟁을 방지하고 이익을 독점한 것에 있었다. 대략 전래의 관례는 영업의 자유를 인정하지 않고 특히特許를要ᄒᆞ며官府ᄂᆞᆫ營業組合으로브터多額의免許料를徵收ᄒᆞ야써唯一의財源을삼고其組合은多額의稅金을貢納ᄒᆞ야其營業의專權을得有ᄒᆞ얏스며官府의免許를不得ᄒᆞ고營業을濫行ᄒᆞᆷ을禁止ᄒᆞᆫ政令은組合의私益을爲ᄒᆞᆷ과同一ᄒᆞᆫ結果를呈出ᄒᆞᆫ바ㅣ니此이곳古昔列邦各都會處에盛行ᄒᆞ던慣習이나我國의前來商業上慣例에ᄂᆞᆫ此等의制限은無ᄒᆞᄃᆡ由來의國風을因ᄒᆞ야士農은爲本이오商工은末技라ᄒᆞᄂᆞᆫ觀念으로써自然히營業의自由가束縛되야如何ᄒᆞᆫ營業은如何ᄒᆞᆫ下流社會團体組合에歸屬ᄒᆞᆫ바ㅣ됨으로써此에對ᄒᆞ야ᄂᆞᆫ或免許料를徵收ᄒᆞ더니挽近經濟思想의發達과生存競爭의切迫ᄒᆞᆷ을因ᄒᆞ야自然히營業의自由를認ᄒᆞᆫ바ㅣ되니於是乎營業組合의性質이一變進步ᄒᆞᆷ에至ᄒᆞ니라

警察監督과又ᄂᆞᆫ同業者의共同利益을爲ᄒᆞ야同一ᄒᆞᆫ地區에在ᄒᆞᆫ者ᄂᆞᆫ組合을設ᄒᆞ고반다시其組合에叅入케ᄒᆞᄂᆞᆫ制度를定ᄒᆞᆷ도有ᄒᆞ나組合은營業을開始ᄒᆞᄂᆞᆫ者의入會ᄒᆞᆷ을拒絶키不得ᄒᆞᄂᆞ니組合員이아니면營業을行ᄒᆞᆷ을不得ᄒᆞᆫ다云ᄒᆞᄂᆞᆫ外形은前來慣習과相似ᄒᆞ나其主旨ᄂᆞᆫ全然不同ᄒᆞᆷ을瞭知ᄒᆞᆯ지니라

營業組合이란者ᄂᆞᆫ一定ᄒᆞᆫ地域에在ᄒᆞᆫ同業者가共同의利益을圖ᄒᆞ거나又ᄂᆞᆫ營

별히 특허를 필요로 하였으며, 관청은 영업조합으로부터 다액의 면허료를 징수하여 유일한 재원으로 삼고, 그 조합은 다액의 세금을 공납하여 영업의 전권을 얻으며, 관청의 면허 없이 영업을 남행하는 것을 금지하는 정령은 조합의 사익을 위한 것과 동일한 결과를 가져왔다. 이것이 옛날에 여러 나라의 도시에서 성행하던 관습이지만, 우리나라의 전래 상업상 관례에는 이러한 제한은 없었다. 그렇지만 전해오는 국풍으로 인하여 사농을 근본으로 하고 상공은 변변치 못한 재주라는 관념에 의하여 자연스럽게 영업의 자유가 속박되어, 어떤 영업은 어떠한 하류사회의 단체조합에 귀속하게 됨으로써, 이에 대해서는 면허료를 징수하기도 하였다. 그러다가 근래 경제사상의 발달과 생존경쟁의 절박함으로 인하여 자연스럽게 영업의 자유를 인정하여, 이에 따라 영업조합의 성질이 완전히 진보하기에 이르렀다.

경찰감독과 동업자의 공동이익을 위하여 동일한 지역에 있는 사람은 조합을 설립하고 반드시 그 조합에 참가하게 하는 제도를 정하는 것도 있으나, 조합은 영업을 개시하는 사람의 입회를 거절할 수 없다. 조합원이 아니면 영업을 할 수 없다는 외형은 전래의 관습과 같지만, 주된 의미는 전혀 같지 않다는 것을 알아야 한다.

영업조합이라는 것은 일정한 지역에 있는 동업자가 공동의 이익을 도모하거나 영

業上의團束홈을爲ᄒᆞ야此로써目的을삼ᄂᆞᆫ者ㅣ니其目的이即行政의主旨營業의福利를增進ᄒᆞ야其弊害를矯正ᄒᆞᄂᆞᆫ目的과符合홈으로써其設立及監督의準則을定ᄒᆞ야公의義務를삼아其目的을達홈을勉勵ᄒᆞᄂᆞᆫ故로營業組合은所謂公의組合体된性質을保有ᄒᆞᄂᆞ니라

組合의設立은其地區를定ᄒᆞ고其地區內同業者四分의三以上의同意로써規約을定ᄒᆞ야管轄廳의認可를受홈을要ᄒᆞᆯ지며組合의設立이有ᄒᆞᆫ地區內에組合員과同業을營行ᄒᆞᄂᆞᆫ者ᄂᆞᆫ其組合에加入홈을要ᄒᆞᆯ지니組合員된資格은法則의結果오各人의任意를不依ᄒᆞᆫ바ㅣ며又組合에셔ᄂᆞᆫ此를拒絶홈을不得ᄒᆞᄂᆞ니라

行政廳에셔組合設立을認可홈은其設立의目物、規約及維持의方法이農商工部大臣의命令ᄒᆞᆫ同業組合準則을依ᄒᆞ야行政의目的에違反치아니홈을審査홈이라蓋同一地區에셔同一ᄒᆞᆫ營業에關ᄒᆞ야二個以上의組合을設홈은法則에主旨가아니며또規約이法則에揭載ᄒᆞᆫ要件을欠缺ᄒᆞᆯ時와밋組合을維持ᄒᆞ야公의義務를遂行ᄒᆞ기不能ᄒᆞᆫ事情이有홈으로認ᄒᆞᆯ時ᄂᆞᆫ此를認可치아니ᄒᆞᄂᆞ니라

組合의目的을法則으로써定ᄒᆞᄂᆞᆫ故로其目的以外의事를行홈을不得ᄒᆞᄂᆞ니營

업상 단속을 목적으로 하는 것이다. 따라서 그 목적이 바로 행정의 주된 취지인 영업의 복리를 증진하여 폐해를 교정하는 목적과 부합한다. 이로써 설립 및 감독의 준칙을 정하여 공적인 의무로 삼아 그 목적의 달성을 상려하는 것이므로, 영업조합은 이른바 공공조합체라는 성질을 가진다.

조합의 설립은 지구를 정하고 그 지구 내 동업자 4분의 3 이상의 동의로 규약을 정하여 관할청의 인가를 받아야 하고, 조합의 설립이 있는 지구 내에 조합원과 동업을 영위하는 사람은 그 조합에 가입하여야 한다. 따라서 조합원이라는 자격은 법규의 결과이고 개인의 임의에 의하지 않는 것이며, 조합은 이를 거절할 수 없다.

행정청의 조합설립에 대한 인가는 설립의 목적물, 규약 및 유지방법이 농상공부대신이 명령한 동업조합준칙에 따라 행정의 목적에 위반되지 않는지를 심사하는 것이다. 대개 동일지구에서 동일한 영업에 관하여 2개 이상의 조합을 설립하는 것은 법규의 주된 취지가 아니고, 규약이 법규에서 제시한 요건이 흠결된 때와 조합을 유지하여 공적인 의무를 수행할 수 없는 사정이 있다고 인정되는 때에는 인가하지 않는다.

조합의 목적을 법규로 정하므로, 그 목적 이외의 것을 행할 수 없다. 영

業組合은營利組合이아니오公의組合인故로營利事業을行홈을不得ᄒᆞᄂᆞ니라

組合의組織은規約으로써定ᄒᆞ며規約은行政廳의認可를要홀지오또組合業務의成績과밋會計ᄂᆞᆫ行政廳에報告케ᄒᆞ야此를監視ᄒᆞ고組合員의互相關係ᄂᆞᆫ私權問題에屬ᄒᆞ야規約及一般組合의私法으로定홈이니라

我國現行制度에在ᄒᆞ야ᄂᆞᆫ營業組合에關ᄒᆞᆫ規程이姑且未備ᄒᆞᆫ故로其効用을行政上의法則을삼아玆에詳說ᄒᆞ기不能ᄒᆞ나盖此制度를利用ᄒᆞ야農工商業의發達을務圖ᄒᆞ며또營業警察을執行ᄒᆞᄂᆞᆫ補助機關을삼아極히行政上重要ᄒᆞᆫ者ㅣ됨은諸國經歷에在ᄒᆞ야도明白ᄒᆞᆫ事實이라故로將來에各種農工商業行政의改良은반다시此制度를各種目的에利用홀者ㅣ多有홀지니라

第十二欵 工業

生產物에加工ᄒᆞ야人生需用에供給홈을工業이라稱ᄒᆞᄂᆞ니工業을保護奬勵ᄒᆞ야其發達홈을務圖ᄒᆞ며또此에關ᄒᆞᆫ危害를防止ᄒᆞ야秩序를持保홈은經濟行政의一大要旨라行政은一般히工業을保護ᄒᆞ며特種工業에關ᄒᆞ야特種의保護를與ᄒᆞᄂᆞ니所謂營業法의實質은工業全般을保護홈에關ᄒᆞᆫ者ㅣ甚多ᄒᆞ며또此에

업조합은 영리조합이 아니라 공공조합이므로 영리사업을 할 수 없다.

조합의 조직은 규약으로 정하고, 규약은 행정청의 인가가 필요하며, 조합업무의 성적과 회계는 행정청에 보고하여 감시하게 하고, 조합원의 상호관계는 사권의 문제에 속하여 규약 및 일반조합의 사법으로 정한다.

우리나라 현행제도에는 영업조합에 관한 규정이 아직 미미하므로, 그 효과를 행정상의 법규로서 여기에서 상세히 설명할 수 없으나, 대략 이 제도를 이용하여 농공상업의 발달을 도모하며 영업경찰을 집행하는 보조기관으로서 행정상 매우 중요하다는 것은 모든 나라의 경험에 의하더라도 명백한 사실이다. 그러므로, 장래에 각종 농공상업 행정을 개선하여 반드시 이 제도를 각종 목적에 이용하게 될 것이 많게 될 것이다.

제12관 공업

생산물을 가공하여 인간생활의 수요에 공급하는 것을 공업이라고 한다. 공업을 보호·장려하여 그 발달을 도모하고 이에 관한 위해를 방지하여 질서를 유지하는 것은 경제행정의 큰 취지의 하나이다. 행정은 일반적으로 공업을 보호하고 특정한 공업에 관하여 특별한 보호를 한다. 이른바 영업법의 실질은 공업전반의 보호에 관한 것이 매우 많고, 이에

加ᄒᆞ야行政은工業에關ᄒᆞᆫ組合을設立케ᄒᆞ고ᄯᅩ工業의學校와工作物의陳列場과밋博覽會의類ᄅᆞᆯ開設ᄒᆞ야工業의進步ᄅᆞᆯ計畫ᄒᆞᆷ이甚히必要ᄒᆞᆷ으로써此ᄅᆞᆯ設備ᄒᆞᆷ에孜孜不怠호대다만此等의設備ᄂᆞᆫ法令範圍에在ᄒᆞ야個人의自由ᄅᆞᆯ制限ᄒᆞᆷ에直接의干涉이업시施行ᄒᆞᄂᆞᆫ者인故로特히行政法理의解說을不要ᄒᆞᆯ지니라

外國이工業을競爭ᄒᆞᆷ에對ᄒᆞ야特히內國의工業을保護ᄒᆞᆯ政策으로써輸出入에對ᄒᆞ야直接或間接으로此의目的을得達ᄒᆞᆯ制限을設ᄒᆞ며又ᄂᆞᆫ補助ᄅᆞᆯ與ᄒᆞᆷ도有ᄒᆞ고ᄯᅩ產物의品質을公披檢定ᄒᆞ야其正確ᄒᆞᆷ을保證ᄒᆞᄂᆞᆫ制度가有ᄒᆞ야其工業에關ᄒᆞᆫ發明者의權利及商標ᄅᆞᆯ保護ᄒᆞᄂᆞᆫ制度ᄂᆞᆫ公益을爲ᄒᆞᆷ이오私人專有의利益을確保ᄒᆞᆷ과同時에工業의進步ᄅᆞᆯ催促ᄒᆞᄂᆞᆫ方法이라此制度ᄂᆞᆫ特히工業行政上에必要ᄒᆞᆯ뿐아니라亦是一般工業自由에關涉ᄒᆞᆷ인故로特히法令으로써此ᄅᆞᆯ規定ᄒᆞᄂᆞ니라

第十三欵　特許意匠及商標

工業에關ᄒᆞᆫ發明을獨專利用ᄒᆞᄂᆞᆫ特權을附與ᄒᆞᆷ을特許라稱ᄒᆞᄂᆞ니特許ᄅᆞᆯ依ᄒᆞ

더하여 행정은 공업에 관한 조합을 설립하게 하고 공업학교와 공작물의 진열장 및 박람회 등을 개설하여 공업의 진흥을 도모하는 것이 매우 필요하므로, 이를 설치하는 것에 부지런하고 게을리하지 말아야 한다. 다만 이러한 설비는 법령의 범위 안에서 개인의 자유 제한에 대한 직접적인 개입 없이 시행하는 것이므로, 특별히 행정법리의 해설이 필요하지 않다.

외국과 공업을 경쟁함에 있어서 특히 내국의 공업을 보호하는 정책으로써 수출입에 대하여 직접 또는 간접적으로 위와 같은 목적을 달성하기 위한 제한을 설정하고 보조를 주는 것도 있고, 공산물의 품질을 공적으로 검정하여 그 정확함을 보증하는 제도도 있으며, 공업에 관한 발명자의 권리 및 상표를 보호하는 제도는 공익을 위하면서 사인의 배타적인 이익을 확보함과 동시에 공업의 진보를 촉구하는 방법이다. 따라서 이 제도는 특별히 공업행정에 필요할 뿐만 아니라 일반적인 공업의 자유에 개입하는 것이므로, 특별히 법령으로 규정한다.

제13관 특허·의장 및 상표

공업에 관한 발명을 독점적으로 이용하는 특권을 부여하는 것을 특허라고 한다. 특허에 의하야得ᄒᆞᆫ專有權의性質을規定ᄒᆞᆷ은私法範圍에屬ᄒᆞᆷ인즉玆에說明ᄒᆞᆯ바ㅣ아니나特權을認許ᄒᆞᆷ은行政處分에屬ᄒᆞᄂᆞᆫ故로玆에其槪要ᄅᆞᆯ示ᄒᆞ노라

特權은發明者의私利ᄅᆞᆯ爲ᄒᆞ야其專權을認ᄒᆞᆷ으로써主旨ᄅᆞᆯ삼을ᄲᅮᆫ아니라其專權을保護ᄒᆞᆷ을因ᄒᆞ야有益ᄒᆞᆫ發明을誘導ᄒᆞᆷ으로써工業의進步ᄅᆞᆯ計畫코저ᄒᆞᄂᆞᆫ公益上의理由로브터從出ᄒᆞᆷ이오單히私權을保護ᄒᆞᆷ에만只止ᄒᆞᆯᄲᅮᆫ아닌故로此ᄅᆞᆯ公益行政의一部ᄅᆞᆯ삼은所以니라

特許ᄂᆞᆫ新規로써有益ᄒᆞᆫ工術、機械、製造品及合成物을發明ᄒᆞᆷ에對ᄒᆞ야請額을依ᄒᆞ야此ᄅᆞᆯ許與ᄒᆞᄂᆞᆫ바ㅣ니特許ᄅᆞᆯ受ᄒᆞᆷ에ᄂᆞᆫ左의要件을具備ᄒᆞᆷ을要ᄒᆞᄂᆞ니라

(一)發明될事　發明이라ᄒᆞᆷ은아즉未知ᄒᆞᆫ物을創造ᄒᆞ거나又ᄂᆞᆫ新設備ᄅᆞᆯ依ᄒᆞ야物의아즉未知ᄒᆞᆫ用法을附與ᄒᆞ거나又ᄂᆞᆫ物을아즉未知ᄒᆞᆫ方法으로製造ᄒᆞᄂᆞᆫ等의境遇ᄅᆞᆯ指稱ᄒᆞᆷ이로대다만飮食物、嗜好物、醫藥과幷其合成物에對ᄒᆞ야ᄂᆞᆫ特許ᄅᆞᆯ不與ᄒᆞᄂᆞ니라

(二)發明의新規될事、特許請願以前에公衆에採用된者ᄂᆞᆫ特許ᄅᆞᆯ不與호대다만試驗을因ᄒᆞ야公衆에採知된바ㅣ二年以內에在ᄒᆞᆫ者ᄂᆞᆫ此限에不在ᄒᆞ니라

여 얻은 전유권의 성질을 규정하는 것은 사법의 범위에 속하므로 여기에서 설명할 것이 아니지만, 특권을 허가하는 것은 행정처분에 속하므로 여기에서 그 개요를 제시하겠다.

특허는* 발명자의 사익을 위하여 전유권을 인정하는 것이 주된 취지일 뿐만 아니라 전권의 보호에 의하여 유익한 발명을 유도함으로써 공업의 진흥을 도모하고자 하는 공익상의 이유로부터 나오는 것이고, 단순히 사권을 보호하는 것에만 그치지 않으므로, 이를 공익행정의 일부로 삼는 이유이다.

특허는 신규로 유익한 공술, 기계, 제조품 및 합성물의 발명에 관한 신청을 허여하는 것이다. 특허의 부여에는 아래의 요건을 구비하는 것이 필요하다.

(1) 발명일 것. 발명이라고 함은 아직 알려지지 않은 물건을 창조하거나 새로운 설비에 따라 물건에 아직 알려지지 않은 용법을 부여하거나 물건을 아직 알려지지 않은 방법으로 제조하는 등의 경우를 지칭한다. 다만 음식물, 기호물, 의약과 같은 합성물에 대해서는 특허를 주지 않는다.

(2) 발명이 신규일 것. 특허청원 이전에 공중에서 채택된 것은 특허를 주지 않는다. 다만 시험에 의하여 공중에 알려진 것이 2년 내이면 그렇지 않다.

* 역자 주: 원문상의 특권은 특허의 오기로 보인다.

(三)發明의有益ᄒᆞᆫ事、有益치아니ᄒᆞ거나又는營利의業을삼아行使ᄒᆞ기不能ᄒᆞᆫ性質의物이된時는特許를不與ᄒᆞᄂᆞ니라

公益을爲ᄒᆞ야普及ᄒᆞᆷ을要ᄒᆞ는物이나又는軍事上必要ᄒᆞᆫ物이나或은秘密을要ᄒᆞ는物로認ᄒᆞᆫ發明은行政廳에셔其特許를制限ᄒᆞ거나或은特許를不與ᄒᆞ며又는旣與ᄒᆞᆫ特許를制限ᄒᆞ며或은此를繳消ᄒᆞᆷ을得호대다만此境遇에는行政官廳에셔相當ᄒᆞᆷ으로認ᄒᆞ는報酬를發明者又는特許証主의게給與ᄒᆞᄂᆞ니라

特許는五年、十年、十五年의三種에分ᄒᆞ야其期限을預定ᄒᆞ고此를與호대또特許는左의境遇에對ᄒᆞ야其効力을失ᄒᆞᄂᆞ니라

一、特許証主가相當ᄒᆞᆫ事故가업시特許를得ᄒᆞᆫ日로브터三年以內에其發明ᄒᆞᆫ實施公行치아니ᄒᆞ거나又는三年間其實施公行을中止ᄒᆞᆫ時

二、特許證主가其特許品을外國으로브터輸入販賣ᄒᆞ거나又는自己의特權을可히侵害ᄒᆞᆯ物品을外國으로브터輸入販賣ᄒᆞᆷ을知得ᄒᆞ고도默許ᄒᆞᆫ時

工業上物品에可히應用ᄒᆞᆯ形狀、模樣或은彩色에關係된規則의意匠을按出ᄒᆞᆫ者는行政官廳에申請ᄒᆞ야其意匠의登錄을受ᄒᆞ고此를專用ᄒᆞᆷ을得호대다만風

(3) 발명이 유익할 것. 유익하지 않거나 영리영업으로 행사할 수 없는 성질의 물건인 경우에는 특허를 주지 않는다.

공익을 위하여 보급을 필요로 하는 물건이거나 군사상 필요한 물건이거나 비밀을 필요로 하는 물건으로 인정되는 발명은 행정청이 특허를 제한하거나 특허를 주지 않고 이미 부여한 특허를 제한하며 이를 취소할 수 있다. 다만 이 경우에는 행정관청이 상당하다고 인정하는 보수를 발명자 또는 특허증주에게 지급한다.

특허는 5년, 10년, 15년의 3종으로 나누어 기한을 미리 정하여 부여한다. 그렇지만 특허는 아래의 경우에 대해서는 효력을 잃는다.

① 특허권자가 상당한 사고 없이 특허를 얻은 날로부터 3년 이내에 발명한 것을 실시·공행하지 않거나 3년간 실시·공행을 중지한 때

② 특허권자가 특허품을 외국으로부터 수입·판매하거나 자기의 특허를 침해할 수 있는 물품을 외국으로부터 수입·판매한 것을 알고도 묵인한 때

공업상 물품에 응용할 수 있는 형상, 모양 또는 색채에 관계된 규칙의 의장을 안출한 사람은 행정관청에 신청하여 그 의장의 등록을 받고 이를 전용할 수 있다. 다만 풍

三、其商標를使用ᄒᆞ는商品의數量、産地、品質等에關ᄒᆞ야不實ᄒᆞᆫ事項을附記ᄒᆞᆫ時

四、磨滅或은缺損ᄒᆞᆫ商標를使用ᄒᆞᆫ時

第十四欵 版權

文書圖畫를出版ᄒᆞ야其利益을專有ᄒᆞ는權을版權이라稱ᄒᆞᄂᆞ니版權의實質은私에게ᄒᆞ야此를規定ᄒᆞᆷ은私法範圍에在ᄒᆞ나然이나版權은當然히成立ᄒᆞᆷ이아니오特히行政官聽에셔此를認許ᄒᆞᆷ을依ᄒᆞ야生ᄒᆞᆷ이며또版權을認ᄒᆞᆷ은私權을保護ᄒᆞᆯ뿐으로써其目的을삼음은아니오私權의特別保護를依ᄒᆞ야文化의發達을誘導ᄒᆞ며또此를制限ᄒᆞ야著作의利益을普及케ᄒᆞ고져ᄒᆞ는公益上의目的을有ᄒᆞᆷ이라故로版權을認許ᄒᆞ는行政行爲의槪要를示ᄒᆞᆷ이오其私權의性質과밋行用은玆에論辦ᄒᆞᆯ바ㅣ아니니라

出版法을依ᄒᆞ야文書圖畫를出版ᄒᆞ는者와밋出版法又는新聞紙法을依ᄒᆞ야雜誌를發行ᄒᆞ는者는行政官廳에申請ᄒᆞ야版權의保護를受ᄒᆞᆷ을得ᄒᆞᄂᆞ니新聞紙는版權을認許치아니호대다만新聞紙에二號以上을關涉ᄒᆞ야記載ᄒᆞᆫ論說記事

③ 그 상표를 사용하는 상품의 수량, 산지, 품질 등에 관하여 부실한 사항을 부기한 때
④ 마멸 또는 결손된 상표를 사용한 때

제14관 판권

문서·도화를 출판하여 그 이익을 전유하는 권리를 판권이라 한다. 판권의 실질을 사적으로 규정하는 것은 사법의 범위에 있다. 그러나 판권은 당연히 성립하는 것이 아니라 특별히 행정관청의 허가에 의하여 발생하며, 판권을 인정하는 것은 사권의 보호만을 목적으로 하는 것이 아니라 사권의 특별보호에 의하여 문화의 발달을 유도하고 이를 제한하여 저작의 이익을 보급하게 하고자 하는 공익상의 목적을 가지는 것이다. 여기에서는 판권을 허가하는 행정행위의 개략적인 내용을 세시하고 사권의 성질과 효력은 언급하지 않겠다.

출판법에 따라 문서·도화를 출판하는 것과 출판법 또는 신문지법에 따라 잡지를 발행하는 것은 행정관청에 신청하여 판권의 보호를 받을 수 있다. 신문지는 판권을 인정하지 않는다. 다만 신문지에 2호 이상 개입하여 기재한 논설기사

又ᄂᆞᆫ小說과밋一號以上에關涉치아니ᄒᆞᆯ지라도特히一欄을設ᄒᆞ고轄載ᄒᆞᆷ을禁ᄒᆞᆫ旨意ᄅᆞᆯ明記ᄒᆞᆫ者ᄂᆞᆫ二年以內에其編輯者의承諾이無ᄒᆞ고ᄂᆞᆫ此ᄅᆞᆯ出版ᄒᆞᆷ을不得ᄒᆞᄂᆞ니라

版權保護의年限은著作者의終身에五年을加ᄒᆞᆫ者로ᄒᆞᄂᆞ니萬一版權을登錄ᄒᆞᆫ月日로브터死亡ᄒᆞᆫ月日ᄭᆞ지計算ᄒᆞ야此에五年을加호대尙且三十五年에未及ᄒᆞᆯ時ᄂᆞᆫ版權登錄의月日로브터三十五年으로ᄒᆞ며數人의合著에關係된者의版權年限은最終에死亡ᄒᆞᆫ者ᄅᆞᆯ依ᄒᆞ야計算ᄒᆞ며ᄯᅩ官廳或은團体의名義로ᄡᅥ出版ᄒᆞᄂᆞᆫ者와밋著作者가死亡ᄒᆞᆫ後에出版ᄒᆞᄂᆞᆫ者ᄂᆞᆫ版權을登錄ᄒᆞᆫ月日로브터計算ᄒᆞ야三十五年으로ᄒᆞᄂᆞ니以上에定ᄒᆞᆫ版權年限을經過ᄒᆞᆯ지라도版權所關者의申請을依ᄒᆞ야行政官廳에셔必要ᄒᆞᆷ으로認ᄒᆞᆯ時ᄂᆞᆫ尙且十年間其版權保護의期限을延給ᄒᆞᆷ도有ᄒᆞᄂᆞ니라

版權을登錄ᄒᆞᆫ文書圖畫에ᄂᆞᆫ其保護年限中에版權所有四字ᄅᆞᆯ記載ᄒᆞᆯ지니此ᄅᆞᆯ記載치아니ᄒᆞᆫ者ᄂᆞᆫ登錄의效力을失ᄒᆞ며僞版ᄒᆞᆫ者ᄂᆞᆫ私權을侵害ᄒᆞᄂᆞᆫ者로認ᄒᆞ야損害賠償의責이有ᄒᆞᆯᄲᅮᆫ아니라版權法을違反ᄒᆞᆫ者로認ᄒᆞ야處罰ᄒᆞᄂᆞ니即此

또는 소설과 1호 이상에 개입하지 않았을지라도 특히 하나의 란을 설정하여 전재를 금지한다는 뜻을 명기한 것은 2년 내에 그 편집자의 승낙이 없으면 이를 출판할 수 없다.

판권 보호의 연한은 저작자의 종신에 5년을 더한 것으로 한다. 만일 판권을 등록한 월일로부터 사망한 월일까지 계산하여 5년을 더하였지만 35년에 이르지 않은 때에는 판권등록의 월일로부터 35년으로 하고, 수인의 공저와 관계된 판권의 연한은 마지막에 사망한 사람을 기준으로 계산하며, 관청 또는 단체 명의로 출판한 것과 저작자가 사망한 후에 출판한 것은 판권을 등록한 월일로부터 계산하여 35년으로 한다. 이상에서 정한 판권 연한을 경과하더라도 판권관계자의 신청에 의하여 행정관청에서 필요하다고 인정하는 때에는 10년간 판권 보호의 기한을 연장할 수도 있다.

판권을 등록한 문서·도화는 그 보호 연한 중에 판권소유의 4자를 기재하여야 하는데, 이를 기재하지 않은 것은 등록의 효력을 잃고 위판한 것으로 인정하여 손해배상의 책임이 있을 뿐만 아니라 판권법을 위반한 사람으로 인정하여 처벌한다. 즉, 이렇게

ㅣ版權의保護ᄂᆞᆫ行政의目的된公益에關ᄒᆞᆫ所以니라

演劇、博奕、樂譜等은出版法과밋版權法을依ᄒᆞ야出版ᄒᆞᄂᆞ니其版權과밋興行權을並有ᄒᆞᆷ을得호대다만興行權을得有코져ᄒᆞᆯ時ᄂᆞᆫ其演劇譜又ᄂᆞᆫ樂譜에興行權所有의旨意를記載ᄒᆞᆯ지니라

光線과藥品의作用을因ᄒᆞ야物象의眞形을寫ᄒᆞᆷ을寫眞이라稱ᄒᆞᄂᆞ니寫眞을發行ᄒᆞ야其利益을專有ᄒᆞᆷ은版權에準ᄒᆞ야此를保護호ᄃᆡ寫眞版權의保護年限은登錄ᄒᆞᆫ日로브터大槪十年으로定ᄒᆞᆷ이通例니라

第十五款　商業

商業은專히有價物의運轉을依ᄒᆞ야社會의需用에充當ᄒᆞᆯ事로目的ᄒᆞᄂᆞᆫ營業이라商事ᄂᆞᆫ私權의行用이라故로特히商法典에在ᄒᆞ야此에關ᄒᆞᆫ法則을規定ᄒᆞ고行政은商業을保護奬勵ᄒᆞ야此에關ᄒᆞᆫ秩序를持保ᄒᆞᆷ에必要ᄒᆞᆫ設備를ᄒᆞ며또團束의規定을制定ᄒᆞᆷ도有ᄒᆞ니此類의行政은直接으로私人의自由를制限지아니ᄒᆞ고公益의目的을得達ᄒᆞᆯ境遇가甚多ᄒᆞ며又其團束은一般의秩序警察方式으로行ᄒᆞᆷ도類多ᄒᆞᆫ故로其行政目的의重要ᄒᆞᆷ을不拘ᄒᆞ고特히法理를詳論ᄒᆞᄂᆞᆫ者

판권을 보호하는 것은 행정의 목적이 되는 공익에 관한 것이기 때문이다.

연극, 기보,* 악보 등은 출판법과 판권법에 따라 출판하므로, 판권과 흥행권을 함께 가질 수 있다. 다만 흥행권을 가지고자 하는 경우에는 그 연극 또는 악보에 흥행권 소유의 뜻을 기재하여야 한다.

광선과 약품의 작용으로 인하여 물체의 형태를 옮기는 것을 사진이라고 한다. 사진을 발행하여 이익을 전유하는 것은 판권에 준하여 보호하되, 사진판권의 보호 연한은 등록을 한 날로부터 대략 10년으로 정하는 것이 통례이다.

제15관 상업

상업은 오로지 유가물의 운수에 의하여 사회의 수요에 충당하는 것을 목적으로 하는 영업이다. 상사는 사권의 대상이므로 특별히 상법전에서 이에 관한 규칙을 규정하고, 행정은 상업을 보호·장려하여 이에 관한 질서를 유지하는 것에 필요한 설비를 하고 단속 규정을 제정할 수도 있다. 이렇게 행정은 직접적으로 사인의 자유를 제한하지 않고 공익 목적을 달성하여야 할 경우가 매우 많으며 단속은 일반적인 질서경찰방식으로 행하는 것도 많으므로, 그 행정 목적이 중요함에도 불구하고 특별히 법리를 상론하여야 할 것

* 역자 주: 원문상의 '박(博)'은 쌍륙(雙六), '혁(奕)'은 바둑을 말한다.

ㅣ鮮有ᄒᆞ니라

現行列邦의商法典은其立法의主旨가商事에關ᄒᆞᆫ私權關係ᄅᆞᆯ規定ᄒᆞᆷ에在ᄒᆞ나然이나商事에關ᄒᆞᆫ公益의規定도其法에編纂된바ㅣ亦多ᄒᆞ니法을公私에分界ᄒᆞᆯ學理에關ᄒᆞ야ᄂᆞᆫ此法典의一部ᄂᆞᆫ商事行政法을삼아玆에說明ᄒᆞᆯ主旨로認定ᄒᆞᆷ도可ᄒᆞ나然이나實際의便宜와慣行을依ᄒᆞ야此ᄅᆞᆯ幷히商法을삼아持別히研究ᄒᆞᄂᆞᆫ故로玆에省略ᄒᆞ노니商事行政法은特히商法典의研究ᄅᆞᆯ依ᄒᆞ야其全般을瞭知ᄒᆞᆷ을要ᄒᆞᆯ지니라

商事ᄂᆞᆫ國際通商과國內商事로大別ᄒᆞᆷ을得ᄒᆞᄂᆞ니國際通商은國法을依ᄒᆞ야行政權으로써規律ᄒᆞ나然이나其基礎ᄂᆞᆫ國際通商條約을依ᄒᆞ야定ᄒᆞᄂᆞᆫ故로國際通商에關ᄒᆞ야ᄂᆞᆫ特히國際條約을依ᄒᆞ야此ᄅᆞᆯ審明ᄒᆞᆷ을要ᄒᆞᆯ지며行政權은專히條約規程의執行을完全히ᄒᆞ야其範圍內에셔本國利益을進取ᄒᆞᆷ을勉勵ᄒᆞᆷ이라然而此에ᄂᆞᆫ締盟各國에對ᄒᆞᆫ通商條約의規程을列揭ᄒᆞ야此ᄅᆞᆯ詳說ᄒᆞ기不能ᄒᆞᆫ바ㅣ니此亦國際法研究에屬ᄒᆞᆯ者ㅣ니라

商事行政에關ᄒᆞᆫ法規ᄂᆞᆫ商法典과通商條約에揭ᄒᆞᆫ外에ᄂᆞᆫ商事ᄅᆞᆯ補助ᄒᆞᆷ을爲ᄒᆞ

은 별로 없다.

현재 여러 나라의 상법전은 입법의 주된 취지가 상사에 관한 사권관계를 규정하는 것에 있다. 그러나 상사에 관한 공익의 규정도 그 법에 편찬된 것도 많은데, 법을 공사로 나누는 학리에 따르면, 이 법전의 일부는 상사행정법으로서 여기에서 설명하여야 할 주된 내용으로 인정할 수도 있다. 그러나 실제의 편의와 관행에 따라 이를 모두 상법으로 삼아 특별히 연구하는 것이므로 여기에서는 생략하겠다. 따라서 상사행정법은 특별히 상법전의 연구에 의하여 그 전반을 이해하는 것이 필요할 것이다.

상사는 국제통상과 국내상사로 나눌 수 있다. 국제통상은 국법에 의하여 행정권으로 규율하나, 그 기초는 국제통상조약에 의하여 정해지는 것이므로, 국제통상에 관해서는 특히 국제조약에 의하여 살피는 것이 필요하고, 행정권은 오로지 조약규정의 집행을 완수하여 그 범위 내에서 본국의 이익을 증진하는 것을 장려한다. 그렇지만 여기에서는 각 체약국에 대한 통상조약의 규정을 열거하여 이를 상세히 설명할 수 없으니, 이 또한 국제법연구에 속한다.

상사행정에 관한 법규는 상법전과 통상조약에 기재된 것 외에는 상사를 보조하기 위하야交通及信用에關ᄒᆞᆫ設備又ᄂᆞᆫ保護奬勵ᄒᆞᆷ을爲ᄒᆞ야商事에特別ᄒᆞᆫ機關을設立ᄒᆞᄂᆞᆫ類오其經濟上의効用이巨大ᄒᆞᆷ을不拘ᄒᆞ고法規ᄅᆞᆯ삼아行政權과個人自由의關係의準則됨에在ᄒᆞ야特히解設ᄒᆞᆷ을必要ᄒᆞᆯ事項은不多ᄒᆞ니라

第十六欵 貨幣及度量衡

貨幣ᄂᆞᆫ物價의標準과交易의媒介된効用을作ᄒᆞᄂᆞᆫ者ㅣ라此經濟上의實用은반다시法定通貨가아닐지라도其目的을達ᄒᆞᆷ을可得ᄒᆞᄂᆞᆫ故로經濟上에普通으로通貨라稱ᄒᆞᆯ時ᄂᆞᆫ所謂法定通貨外에尙且此와同一ᄒᆞᆫ實用을作ᄒᆞᄂᆞᆫ者ᄅᆞᆯ幷稱ᄒᆞᆷ도有ᄒᆞ니法定通貨란者ᄂᆞᆫ金錢으로目的을삼ᄂᆞᆫ債務의辦償을삼아提供될時ᄂᆞᆫ此ᄅᆞᆯ拒絶ᄒᆞᆷ을不得ᄒᆞᄂᆞᆫ强制通用의性質을有ᄒᆞᆫ者ㅣ라故로貨幣ᄂᆞᆫ法定의通貨됨으로ᄡᅥ强制通用의効力이有ᄒᆞᆫ者ㅣ니라

貨幣制度ᄅᆞᆯ定ᄒᆞ야貨幣ᄅᆞᆯ鑄造ᄒᆞᆷ은國家專權에屬ᄒᆞ고此ᄅᆞᆯ一私人의게不許ᄒᆞᄂᆞ니銀行이法律을依ᄒᆞ야紙幣ᄅᆞᆯ發行ᄒᆞᄂᆞᆫ等事ᄂᆞᆫ經濟上通貨ᄅᆞᆯ發行ᄒᆞᆷ과相似ᄒᆞ나然이나所謂紙幣ᄂᆞᆫ貨幣가아니오法定通貨도아님으로所謂不換强行紙幣ᄂᆞᆫ貨幣라도現行制度에ᄂᆞᆫ此ᄅᆞᆯ發行치아니ᄒᆞ며또一私人의請求ᄅᆞᆯ依ᄒᆞ야地金

여 교통 및 신용에 관한 설비 또는 보호·장려를 위하여 상사에 대한 특별한 기관을 설립하는 것들이고, 경제상의 효용이 매우 큼에도 불구하고 법규로써 행정권과 개인의 자유와의 관계를 규율한다는 점에 대해서는 특별히 해설이 필요한 사항은 많지 않다.

제16관 화폐 및 도량형

화폐는 물가의 표준과 교역의 매개라는 효용을 만든다. 이러한 경제상의 효용은 반드시 법정통화가 아닐지라도 목적을 달성할 수 있으므로, 경제상에서 통상 통화라고 할 때에는 이른바 법정통화 외에도 이와 동일한 효용을 만드는 것을 모두 지칭할 수도 있다. 법정통화라고 함은 금전을 목적으로 하는 채무의 변상으로 제공되는 경우에 이를 거절할 수 없는 강제통용의 성질을 가진다. 그러므로 화폐는 법정통화가 됨으로써 강제통용의 효력을 가진다.

화폐제도를 세정하여 화폐를 수조하는 것은 국가의 전권에 속하고 이를 일개 사인에게 허용할 수 없다. 은행이 법률에 따라 지폐를 발행하는 것 등은 경제상의 통화를 발행하는 것과 유사하다. 그러나 이른바 지폐는 화폐가 아니고 법정통화도 아니므로, 이른바 불환강행지폐* 는 화폐라고 하더라도 현행제도 하에서는 이를 발행하지 않고, 일개 사인의 청구에 의하여 황금

* 역자 주: 정화(금·은 등의 본위화폐)와의 태환이 보증되어 있지 않은 지폐를 말한다. 금본위제 시대에 은행권은 태환권이었다. 불환지폐는 태환지폐와 반대되는 개념으로 오늘날 대부분의 나라에서는 금화의 유통을 금지하고 금본위제도를 실시하지 않기 때문에 대부분의 지폐는 불환지폐다.

을鑄造ᄒᆞ야貨幣ᄅᆞᆯ삼ᄂᆞᆫ制度도有ᄒᆞ나然이나一私人自己가此ᄅᆞᆯ鑄造ᄒᆞᆷ을禁止ᄒᆞᆷ은尙矣勿論이니라

本位貨幣ᄂᆞᆫ强制通用에制限이無ᄒᆞ고(即一圜以上各種貨幣)補助貨ᄂᆞᆫ强制通用에制限이有ᄒᆞ니(即一圜以下各種銀銅貨)補助銀貨ᄂᆞᆫ十圜ᄭᆞ지며補助銅貨ᄂᆞᆫ一圜ᄭᆞ지强制通用의效力이有ᄒᆞ니라

大凡貨幣ᄅᆞᆯ鎔解ᄒᆞ거나又ᄂᆞᆫ其形体ᄅᆞᆯ毁傷ᄒᆞᄂᆞᆫ等의所爲와其他總히流用의用을缺乏케ᄒᆞᄂᆞᆫ所爲ᄂᆞᆫ此ᄅᆞᆯ禁ᄒᆞ고貨幣ᄅᆞᆯ僞造ᄒᆞᄂᆞᆫ罪ᄂᆞᆫ刑法에罰則이有ᄒᆞ니라

度量衡은交通上必要ᄒᆞᆫ標準이니公益을爲ᄒᆞ야此ᄅᆞᆯ一定ᄒᆞᄂᆞᆫ必要ᄂᆞᆫ貨幣와同一ᄒᆞᆫ바ㅣ니國家ᄂᆞᆫ度量衡의制ᄅᆞᆯ一定ᄒᆞ야其原器ᄅᆞᆯ備置ᄒᆞ고總히度量衡器ᄅᆞᆯ檢定ᄒᆞᄂᆞᆫ標準을삼ᄂᆞ니라

度量衡器ᄂᆞᆫ行政官廳의免許ᄅᆞᆯ受치아니코ᄂᆞᆫ此ᄅᆞᆯ製作又ᄂᆞᆫ修覆ᄒᆞ거나販賣ᄒᆞᆷ을不得ᄒᆞᄂᆞ니此ᄅᆞᆯ製作又ᄂᆞᆫ修覆ᄒᆞ거나且或輸入販賣ᄒᆞ거나又ᄂᆞᆫ營業目的에使用ᄒᆞᄂᆞᆫ者ᄂᆞᆫ其檢定을豫受ᄒᆞᆯ지며行政廳은何時던지私人의製作、修覆、販賣又或使用ᄒᆞᄂᆞᆫ度量衡器ᄅᆞᆯ臨檢ᄒᆞᆷ을可得ᄒᆞᄂᆞ니라

을 주조하여 화폐로 삼는 제도도 있다. 그러나 일개 사인이 이를 주조하는 것을 금지하는 것은 더 말할 나위가 없다.

본위화폐는 강제통용에 제한이 없고(즉, 1환 이상 각종 화폐), 보조화폐는 강제통용에 제한이 있는데(즉, 1환 이하 각종 은동화), 보조은화는 10환까지이고 보조동화는 1환까지 강제통용의 효력이 있다.

무릇 화폐를 용해하거나 형체를 훼손하는 등의 행위와 그밖에 모든 유용한 쓰임을 없애는 행위는 금지하고, 화폐를 위조하는 죄는 형법에 벌칙이 있다.

도량형은 거래에 필요한 표준이다. 공익을 위하여 이를 일률적으로 정할 필요가 있다는 점은 화폐의 경우와 같다. 국가는 도량형의 제도를 통일하여 그 원기를 비치하고 모든 도량형기를 검정하는 표준으로 한다.

도량형기는 행정관청의 면허를 받지 않고 제작 또는 수리하거나 판매하는 것을 허용하지 않는다. 이를 제작 또는 수리하거나 수입·판매하거나 영업목적에 사용하는 사람은 검정을 미리 받아야 하고 행정청은 언제든지 사인의 제작, 수리, 판매 또는 사용하는 도량형기를 검사할 수 있다.

度量衡法에其定義를示ᄒᆞᆷ은法定의度量衡을指定ᄒᆞᆫ者오他의度量衡의標準을使用ᄒᆞᆷ을禁止ᄒᆞᆷ은아님으로法律行爲의當事者가同一ᄒᆞᆫ名稱下에서他의慣行의意義를有케ᄒᆞᆫ意思가明確ᄒᆞᆯ時는其意思를依ᄒᆞᆷ이可ᄒᆞᆯ지니라 (今年發布農商工部度量衡制度及度量衡檢定部官制叅考)

第十七欵　市場及興成所

營業上의興成은各其自己의店鋪에在ᄒᆞᆫ거나又或店鋪를不定ᄒᆞ고家々戶戶의門前에就ᄒᆞ야此를行ᄒᆞ는行商의類와其他多數營業者가一定ᄒᆞᆫ處所에定期集合ᄒᆞ야各人互相間과밋公衆에對ᄒᆞ야興成ᄒᆞᆷ도亦是慣行ᄒᆞ는바ㅣ라此를即市場及興成所라稱ᄒᆞᄂᆞ니市場은多數의營業者가一定ᄒᆞᆫ處所에會合ᄒᆞ야貨物을提供ᄒᆞ야此를公衆의게賣買ᄒᆞ고또營業者互相間에賣買ᄒᆞ는者오興成所라稱ᄒᆞᆷ은現品을現場에提供ᄒᆞ야賣買ᄒᆞᆷ이오專히時勢價格에就ᄒᆞ야興成ᄒᆞ며또一般公衆에對ᄒᆞ야公開ᄒᆞ지아니코其營業者互相間에興成ᄒᆞ는者를指稱ᄒᆞᆷ이니市場이라汎稱ᄒᆞᆷ은此二種을總稱ᄒᆞᆷ일ᄲᅮᆫ아니라其性質도亦同ᄒᆞᆷ이니라然이나慣行又는法令規定에在ᄒᆞ야特히市場과興成所를區別ᄒᆞᆷ이有ᄒᆞ니라

도량형법에서 정의하는 것은 법정의 도량형을 지정하는 것이지 다른 도량형의 표준을 사용하는 것을 금지하는 것은 아니므로, 법률행위의 당사자가 동일한 명칭 아래에서 다른 관행의 의미를 가지게 할 의사가 명확한 때에는 그 의사에 따를 수 있다(올해 공포된 농상공부 도량형제도 및 도량형 검정부 관제 참조).

제17관 시장 및 거래소

영업상 거래*는 각각 자기의 점포에서 하거나 점포를 정하지 않고 가가호호의 문전에서 행하는 행상 등과 그밖에 다수의 영업자가 일정한 장소에서 정기적으로 모여 사람들 사이에서 또는 공중에 대하여 거래하는 것도 관례에 따라 행해진다. 이를 시장 및 거래소라고 한다. 시장은 다수의 영업자가 일정한 장소에 모여 화물을 제공하고 공중에게 매매하거나 영업자 상호 간에 매매하는 것이고, 거래소라고 함은 현품을 현장에서 제공하여 매매하고 오로지 시세가격으로 거래하며 일반공중에게 공개하지 않고 영업자 상호 간에 거래하는 것을 지칭한다. 일반적으로 시장이라고 하는 것은 위 두 가지를 총칭할 뿐만 아니라 성질도 같은 것이다. 그러나 관행 또는 법령의 규정에 따라 특별히 시장과 거래소를 구별하는 것도 있다.

* 역자 주: 원문에서의 '흥성(興成)'이라 함은 물건을 파는 사람과 사는 사람의 중간에서 매매가 성립되도록 주선하는 일을 말한다. 이하에서는 거래라고 변역하기로 한다.

市場에對ᄒᆞ야ᄂᆞᆫ法律及勅令으로써一般히行政의準則을示明치아니ᄒᆞᄂᆞ니慣行을因ᄒᆞ야此ᄅᆞᆯ開ᄒᆞᆷ은自由ㅣ라其安寧秩序警察의目的에在ᄒᆞ야ᄂᆞᆫ行政廳의警察權限으로써其團束規則을設定ᄒᆞᆷ을可得ᄒᆞᄂᆞ니現今我國慣行制度에在ᄒᆞ야ᄂᆞᆫ專히此ᄅᆞᆯ地方警察職權에委任ᄒᆞᆫ故로其制不一ᄒᆞ니此ᄅᆞᆯ總括說明ᄒᆞ기不能ᄒᆞᆫ바ㅣ니라

興成所ᄂᆞᆫ一定ᄒᆞᆫ法律이有ᄒᆞ니此ᄅᆞᆯ不依코ᄂᆞᆫ開設ᄒᆞᆷ을不得ᄒᆞᆯ지며其組織及規約細則은興成所에關ᄒᆞᆫ法令에定欵을設ᄒᆞ야行政官廳의認可ᄅᆞᆯ得ᄒᆞ야此ᄅᆞᆯ定ᄒᆞ고法律은興成所의組織과會員과興成과밋監督에關ᄒᆞᆫ一般의規定을明白히ᄒᆞᄂᆞ니라

興成所의設立은免許ᄅᆞᆯ要ᄒᆞᄂᆞ니興成所ᄂᆞᆫ賣買興成이繁盛ᄒᆞᆫ地에서一定ᄒᆞᆫ地區ᄅᆞᆯ限ᄒᆞ야許ᄒᆞᄂᆞᆫ者오同一地區에서同種物件에關ᄒᆞᆫ數個의興成所ᄅᆞᆯ設立ᄒᆞᆷ을不許ᄒᆞᄂᆞ니免許의年限은大槪十年으로定ᄒᆞᄂᆞ니라

興成所의組織은土地及商業의情况과可히賣買興成ᄒᆞᆯ物件의種類ᄅᆞᆯ依ᄒᆞ야會員組織又ᄂᆞᆫ股本會社組織으로ᄒᆞᆷ을可得ᄒᆞᄂᆞ니會員組織의興成所에在ᄒᆞ야ᄂᆞᆫ

시장에 대해서는 법률 및 칙령으로 일반적으로 행정의 준칙을 명시하지 않으므로, 관행에 따라 개설하는 것은 자유이다. 다만 안녕·질서라는 경찰목적에서 행정청의 경찰권한으로 단속규칙을 설정할 수는 있다. 현재 우리나라 관행제도에서는 이를 전적으로 지방경찰의 권한으로 위임하고 있으므로, 그 제도가 일치하지 않으니 이를 총괄하여 설명할 수 없다.

거래소는 일정한 법률이 있다. 이에 의하지 않고는 개설할 수 없고, 조직 및 규약세칙은 거래소에 관한 법령에 따라 정관을 제정하여 행정관청의 인가를 얻어 정하고, 법률은 거래소의 조직과 회원 및 감독에 관한 일반적인 규정을 명백하게 한다.

거래소의 설립에는 면허가 필요하다. 거래소는 매매·거래가 번성한 곳에 일정한 지역을 한정하여 허용하고, 동일한 지역에 동종의 물건에 관한 수개의 거래소를 설립하는 것은 허용되지 않는다. 면허의 연한은 대부분 10년으로 정한다.

거래소의 조직은 토지 및 상업의 정황과 매매·거래하여야 할 물건의 종류에 따라 회원조직 또는 주식*회사조직으로 할 수 있다. 회원조직의 거래소에서는

* 역자 주: 원문에서의 '고본(股本)'은 예전에 여러 사람이 공동 투자로 사업을 할 경우에 투자자들이 각각 내던 자본금 또는 그 투자사실을 증명해 주는 문서를 말한다. 이하에서는 주식으로 번역하기로 한다.

其興成所의仲商人及會員에만限ᄒᆞ야興成ᄒᆞᆷ을得ᄒᆞ며股本會社興成所에在ᄒᆞ야ᄂᆞᆫ其興成所의仲商人게만限ᄒᆞ야興成ᄒᆞᆷ을得ᄒᆞᄂᆞ니라

興成所의會員、股本主及仲買人됨에ᄂᆞᆫ法律上에一定ᄒᆞᆫ制限이有ᄒᆞ니라

會員됨에ᄂᆞᆫ一個年以上其興成所營業部類에屬ᄒᆞᄂᆞᆫ商業에從事ᄒᆞᆫ商人됨을要ᄒᆞ대定欵의規定을依ᄒᆞ야此를認許ᄒᆞ며仲商人됨에ᄂᆞᆫ二個年以上其興成所營業部類에屬ᄒᆞᄂᆞᆫ商業에從事ᄒᆞᆫ年齡二十五歲以上의商人으로셔行政官廳의免許를受ᄒᆞᆷ을要ᄒᆞᄂᆞ니一種商業에關ᄒᆞ야其資格이有ᄒᆞᆫ者ᄂᆞᆫ土地及商業의情況을依ᄒᆞ야二種以上의物件을興成ᄒᆞᄂᆞᆫ興成의仲商人된免許를受ᄒᆞᆷ을可得ᄒᆞᄂᆞ니라

本國臣民이아니면興成所의會員、股本主又ᄂᆞᆫ仲商人됨을不得ᄒᆞ며其他婦女、未成年者、公權剝奪及停止或中止者、破産ᄒᆞᆫ者와밋一定ᄒᆞᆫ刑罰에處ᄒᆞᆫ者等은會員、或仲商人될事를不許ᄒᆞᄂᆞᆫ法律의規定이有ᄒᆞ니라(日本興成所法第十一條參考)

興成所의會員은自己의計算으로써ᄒᆞᄂᆞᆫ外에ᄂᆞᆫ興成所에셔賣買興成ᄒᆞᆷ을不得

그 거래소의 중개인 및 회원에게만 한정하여 거래할 수 있고, 주식회사거래소에서는 그 거래소의 중개인에게만 한정하여 거래할 수 있다.

거래소의 회원, 주주 및 중개인이 되는 것에는 법률에 일정한 제한이 있다.

회원이 되는 것에는 1개년 이상 그 거래소 영업부류에 속한 상업에 종사한 상인일 것을 요건으로 하되, 정관의 규정에 따라 이를 허가하고, 중개인이 되는 것에는 2개년 이상 그 거래소 영업부류에 속한 상업에 종사한 연령 25세 이상의 상인으로서 행정관청의 면허를 받는 것이 필요하다. 한 종류의 상업에 관하여 자격이 있는 사람은 토지 및 상업의 정황에 따라 두 종류 이상의 물건을 거래하는 거래의 중개인으로서 면허를 받을 수 있다.

본국신민이 아니면 거래소의 회원, 주주 및 중개인이 될 수 없고, 그 밖의 부녀, 미성년자, 공권박탈 및 정지 또는 중지자, 파산자와 일정한 형벌에 처한 자 등은 회원 또는 중개인이 될 수 없다는 법률의 규정이 있다(일본 흥성소법 제11조 참조).

거래소의 회원은 자기의 계산으로 하는 것 외에 거래소에서 매매·거래할 수 없

ᄒᆞ며仲商人은自己의計算으로써ᄒᆞᆷ과他人의計算으로써ᄒᆞᆷ을不問ᄒᆞ고興成所에對ᄒᆞ야其賣買興成上一切의責에任ᄒᆞ며其他興成所의賣買興成에關ᄒᆞᆫ規定은實質上商法範圍에屬ᄒᆞᆷ이니玆에는說明을畧ᄒᆞ노라

興成所는農商工部大臣이此를監督ᄒᆞ대興成所의行爲가法令에違反ᄒᆞ거나公益을害ᄒᆞ거나秩序에妨害가有ᄒᆞᆷ으로認ᄒᆞᆯ時는左에處分을行ᄒᆞᆷ을得ᄒᆞᄂᆞ니라

一、興成所의解散又停止

二、興成所一部의停止或禁止

三、役員의解職又는會員及仲商人의營業停止或除名

且或必要ᄒᆞᆷ으로認ᄒᆞᆯ時는興成所及會員、仲商人의業務帳簿等을臨時檢查ᄒᆞᆷ도有ᄒᆞ며興成所의定款改正ᄒᆞᆷ을命ᄒᆞᆷ도有ᄒᆞ며決議及處分을繳消ᄒᆞᆷ도有ᄒᆞ며興成所任意의解散을許否ᄒᆞ는權도有ᄒᆞ니라

第十八欵　銀行

銀行은信用을媒介ᄒᆞ며資本의流通을計畫ᄒᆞᆷ으로目的을삼는業務ㅣ니商業의一般規定을依ᄒᆞ야營業을삼아可히得行ᄒᆞᆯ바ㅣ라然이나金融의制度는公益上

고, 중개인은 자기의 계산으로 하는 것과 타인의 계산으로 하는 것을 불문하고 거래소에 대하여 그 매매·거래에 관한 일체의 책임을 지며, 그밖에 거래소의 매매·거래에 관한 규정은 실질적으로 상법의 범위에 속하므로, 여기에서는 설명을 생략한다.

거래소는 농상공부대신이 감독하되, 거래소의 행위가 법령에 위반되거나 공익을 해하거나 질서에 방해가 된다고 인정할 때에는 아래의 처분을 행할 수 있다.

① 거래소의 해산 또는 정지
② 거래소 일부의 정지 또는 금지
③ 임원의 해직 또는 회원 및 중개인의 영업정지 또는 제명

또한 필요하다고 인정할 경우에는 거래소 및 회원, 중개인의 업무장부 등을 임시로 검사할 수 있고 거래소의 정관 개정을 명할 수 있으며 결의 및 처분을 취소할 수도 있고 거래소 임의의 해산을 허부하는 권한도 있다.

제18관 은행

은행은 신용을 매개하고 자본의 유통을 도모하는 것을 목적으로 하는 업이다. 상업의 일반규정에 의한 영업으로 행할 수 있다. 그러나 금융제도는 공익

에關係ᄒᆞᆫ바ㅣ甚多ᄒᆞ며또此를濫用ᄒᆞᆷ은安寧秩序를妨害ᄒᆞᆯ虞慮도亦多ᄒᆞᆫ故로普通商法以外에持別法令으로此를規定ᄒᆞᆫ바ㅣ有ᄒᆞ니今에其行政目的에關ᄒᆞᆫ點의槪要를摘示ᄒᆞ노라

國家ᄂᆞᆫ法律로써銀行을設立ᄒᆞᄂᆞᆫ境遇도有ᄒᆞ며또一般의準則을示ᄒᆞ야私의銀行을設立ᄒᆞᆷ을認可ᄒᆞᄂᆞᆫ境遇도有ᄒᆞ니法律로써設立ᄒᆞᄂᆞᆫ者ᄂᆞᆫ一般金融制度上에公益과政府財政의便宜ᄒᆞᆫ理由로브터從出ᄒᆞᆷ이니例如我國에在ᄒᆞ야設立中에現在ᄒᆞᆫ一般準則을依ᄒᆞᆫ私立銀行을除ᄒᆞᆫ外에國庫銀行、漢城公立銀行、農工銀行等은特別法令으로써此를設立ᄒᆞ야特別規定으로써施行ᄒᆞᄂᆞᆫ者ㅣ나然이나時代의情況을因ᄒᆞ야其完全ᄒᆞᆷ을保証키ᄂᆞᆫ아즉不能ᄒᆞᆯ지니라

大抵此에關ᄒᆞ야ᄂᆞᆫ日本의現行制度가幾乎完全ᄒᆞᆷ에至ᄒᆞ얏다稱ᄒᆞᆯ지라故로以下에其槪略을陳述ᄒᆞ노니僉君은叅考ᄒᆞᆷ을爲望ᄒᆞ노라

所謂日本銀行、橫濱正金銀行、國立銀行及日本勸業銀行、農工銀行、興業銀行은特別法律로써設立ᄒᆞ야特別規定을依ᄒᆞᄂᆞᆫ者ㅣ니日本銀行은股本商事會社ㅣ라商事會社를삼은日本銀行條例에在ᄒᆞᆫ特例ᄂᆞᆫ商法의特別法인故로玆에說

과 관련되는 것이 매우 많고 이를 남용하면 안녕·질서를 방해할 염려도 많으므로, 통상적인 상법 이외에 특별법령으로 규정하는 것이 있다. 여기에서 그러한 행정 목적에 관한 개요를 적시하겠다.

국가는 법률로 은행을 설립하는 경우도 있고 일반적인 준칙을 제시하여 사적인 은행을 설립하는 것을 인가하는 경우도 있다. 법률로 설립하는 것은 일반적인 금융제도상 공익과 정부재정의 편의적인 이유에서 유래한 것이다. 예를 들면 우리나라에서 일반준칙에 의한 사립은행을 제외하고 현재 설립 중에 있는 국고은행, 한성공립은행, 농공은행 등은 특별법령으로 설립하여 특별규정으로 시행하는 것이다. 그러나 시대상황에 따라 그 완성을 아직 보증할 수는 없다.

대체로 여기에 관해서는 일본의 현행제도가 거의 완성되기에 이르렀다고 할 수 있으므로, 아래에서는 그것을 개략적으로 서술할 것이니 여러분들은 참고하기 바란다.

이른바 일본은행, 요코하마정금은행,* 국립은행 및 일본권업은행, 농공은행, 홍업은행은 특별법률로 설립하여 특별규정에 따른다. 일본은행은 주식상사회사이다. 상사회사로서 일본은행조례에 있는 특례는 상법의 특별법이므로, 여기에서 설

* 역자 주: 요코하마정금은행(横濱正金銀行)은 1880년에 설립되어 국립은행조례를 준수하는 은행으로서 아직 외국환시스템이 확립되지 않았던 당시 일본의 무역상 불이익을 경감하도록 현금으로 무역의 결제를 할 수 있게 하는 것을 주요 업무로 하였다. 무역·금융·외환에 특화된 은행으로서, 카나가와현 요코하마시 중구에 본점을 두었다. 패전 후인 1946년에 연합군 총사령부의 지령으로 해체·청산되고 외국환은행으로서의 역할은 새로 설립된 도쿄은행(현재의 미츠비시 UFJ 은행)이 물려받게 되었다.

明홈을不要ᄒᆞ고但其特權及制限에對ᄒᆞ야公益所關의重大ᄒᆞᆫ要點만示코져ᄒᆞ노라

日本銀行의股本主되고져ᄒᆞ는者는大藏大臣(卽度支大臣)의許可를要홀지며其股本券은日本臣民以外에此를讓與홈을不得ᄒᆞ며其重要ᄒᆞᆫ役員은政府에서此를任命ᄒᆞ고又其業務는大藏大臣의直接監督을受ᄒᆞᄂᆞ니日本銀行은政府에셔更定ᄒᆞᆫ制限을依ᄒᆞ야兌換銀行券을發行ᄒᆞ는特權을有ᄒᆞᆫ대兌換券은何時던지此를提供ᄒᆞ는者의게其券面額의貨幣를支撥ᄒᆞ는者ㅣ니期限이無ᄒᆞ고또利子가無ᄒᆞᆫ有價證券으로셔經濟上通貨의發行과同一ᄒᆞᆫ效用이有ᄒᆞᆫ故로此特權은公益에關ᄒᆞᆫ바ㅣ至大至重홈으로一般히禁止ᄒᆞ는바ㅣ며또日本銀行은國庫金을保管홈을命ᄒᆞᆫ時는此를管掌홀法律上의義務가有ᄒᆞ니라

銀行이라홈은公開ᄒᆞᆫ店舖에서營業을삼아證券의加計와替換事業과諸任置及貸給等律를幷行ᄒᆞ는者를指稱홈이라銀行營業은一般히商法의規定을依ᄒᆞ는外에特別히銀行條例를依準홀事를要ᄒᆞᄂᆞ니其行政에關ᄒᆞᆫ規定은此를設立홈에大藏大臣의認可를要홀지며又其監督下에係屬홀지니라

명하지 않고, 그 특권 및 제한에 대하여 공익과 관련된 중대한 요점만 제시하고자 한다.

일본은행의 주주가 되고자 하는 사람은 대장대신(즉, 도지대신)의 허가가 필요하고, 그 주권은 일본 시민 외에 양여할 수 없으며, 중요한 임원은 정부에서 임명하고, 그 업무는 대장대신의 직접적인 감독을 받는다. 일본은행은 정부에서 정한 제한에 따라 태환은행권을 발행하는 특권을 가지되, 태환권은 언제든지 이를 제공한 사람에게 권면액의 화폐를 지불하는 것인데, 기한이 없고 이자가 없는 유가증권으로서 경제적으로 통화의 발행과 같은 효용이 있으므로, 이러한 특권은 공익에 관한 것으로서 지극히 중대하여 일반적으로 금지하는 것이고, 또한 일본은행은 국고금의 보관을 명받은 때에는 이를 관장할 법률상 의무가 있다.

은행이라고 함은 공개된 점포에서 영업으로서 증권의 가계*와 환전사업, 모든 임치 및 대여 등과 같은 사무를 병행하는 것을 말한다. 은행영업은 일반적으로 상법의 규정에 의한 것 외에도 특별히 은행조례를 지켜야 한다. 그 행정에 관한 규정에 의하면, 설립에는 대장대신의 인가가 필요하고 그 감독하에 있다.

* 역자 주: '가계(加計)'는 통화의 액면과 시가가 다를 때에 그 차액을 보태어 셈하는 것을 말한다.

複利方法으로써公衆을爲ᄒᆞ야任金의事業을營行ᄒᆞᄂᆞᆫ者를貯蓄銀行이라稱ᄒᆞᄂᆞ니特히公益에關ᄒᆞᆫ故로特別條例를設ᄒᆞ야此를制限ᄒᆞᄂᆞ니라貯蓄銀行은資本金二萬圓以上으로써又ᄂᆞᆫ股本會社됨을要ᄒᆞ며其設立及定欵은大藏大臣의認可를要ᄒᆞ고又其監督을受ᄒᆞᆯ지며貯蓄銀行은貯蓄任金撥還의擔保를삼아任金總額의四分一以上의金額을供托所에任置ᄒᆞᆷ을要ᄒᆞ고又其管理役員의民法上及刑法上의責任을特重케ᄒᆞᄂᆞᆫ等事도悉皆公益을保護ᄒᆞ기爲ᄒᆞᄂᆞᆫ特別規程이니라(日本法令中日本銀行條例、兌換銀行劵條例、銀行條例、銀行條例施行細則、貯蓄銀行條例、貯蓄銀行條例施行細則叅考)

第十九欵 商業會議所

商業會議所ᄂᆞᆫ商業者의合議團体니地方商工業의一般利益을營圖ᄒᆞ며또商工業에關ᄒᆞ야ᄂᆞᆫ官廳에對ᄒᆞ야其意見을報告ᄒᆞ야經濟行政을補助ᄒᆞᄂᆞᆫ機關이니라商業會議所의設立은邑、市、面、村의區域을依ᄒᆞ야其地方의商業者로셔法律을依ᄒᆞ야會員될事를可得ᄒᆞᆯ資格이有ᄒᆞᆫ者의發起請願을依ᄒᆞ야農商工部大臣의認可가有ᄒᆞᆷ을要ᄒᆞᄂᆞ니라其設立ᄒᆞᆫ바ㅣ有ᄒᆞᆯ時ᄂᆞᆫ其地方內의商業者ᄂᆞᆫ法

복리방법으로 공중을 위하여 예금사업을 영위하는 것을 저축은행이라고 한다. 특히 공익에 관한 것이므로 특별조례를 만들어 이를 제한한다. 저축은행은 자본금 20,000환 이상으로써 주식회사일 것을 요하고, 설립 및 정관은 대장대신의 인가가 필요하고 감독을 받아야 하며, 저축은행은 저축예금의 반환을 담보하기 위하여 예금총액의 4분의 1 이상의 금액을 공탁소에 임치하는 것이 필요하고, 관리 임원의 민법상 및 형법상의 책임을 특별히 무겁게 하는 것 등도 모두 공익을 보호하기 위한 특별규정이다(일본법령 중 일본은행조례, 태환은행권조례, 은행조례, 은행조례 시행세칙, 저축은행조례, 저축은행조례 시행세칙 참조).

제19관 상업회의소

상업회의소는 상업인의 회의단체이다. 시방상공업의 일반적인 이익을 도모하고, 상공업에 관하여 관청에 의견을 제시하여 경제행정을 보조하는 기관이다. 상업회의소의 설립은 읍, 시, 면, 촌의 구역에 따라 그 지방 내의 상업인으로서 법률에 따라 회원이 될 수 있는 자격이 있는 사람의 발기·청원에 의하여, 농상공부대신이 인가하여야 한다. 그와 같이 설립한 경우에는 그 지방 내의 상업인은 법

律規定을依ᄒᆞ야會員을公選ᄒᆞᄃᆡ會員의數ᄂᆞᆫ十五人以上五十人以下ㅣ며任期ᄂᆞᆫ四個年으로定ᄒᆞ야無俸給으로法律上擔負를삼아就職ᄒᆞᄂᆞᆫ者ㅣ니疾病、老衰者나又或營業上其地에常任ᄒᆞ기不能ᄒᆞᆫ境遇外에ᄂᆞᆫ會議所의議決을不經ᄒᆞ고其就職ᄒᆞᆷ을謝辭ᄒᆞ거나又ᄂᆞᆫ辭職ᄒᆞᆷ을不得ᄒᆞᄂᆞ니此規定에違反ᄒᆞᄂᆞᆫ者ᄂᆞᆫ會議所의議決로써二百圜以下의過怠金을課ᄒᆞ기可得ᄒᆞᆯ지니라

商業會議所ᄂᆞᆫ法人의資格으로財產을有ᄒᆞᆷ을得ᄒᆞ고又其經費의豫筭은農商工部大臣의認可를要ᄒᆞ며其經費ᄂᆞᆫ會員의選擧權을有ᄒᆞᆫ者의게賦課徵收ᄒᆞᄃᆡ其方法도亦是農商工部大臣의認可를要ᄒᆞᄂᆞ니經費를不納ᄒᆞᄂᆞᆫ者ᄂᆞᆫ四個年以上八個年以下의會員選擧權及被選權을停止ᄒᆞ고尙且二百圜以下過料에處ᄒᆞᄂᆞ니라

商業會議所의權限은法律로써定ᄒᆞᄂᆞᆫ지라故로其以外의權限이無ᄒᆞ며또營利의業務를行ᄒᆞ기不能ᄒᆞᆷ은尙矣勿論이니商業會議所條例에ᄂᆞᆫ大概左의事項을揭載ᄒᆞᄂᆞ니라

一、商業의發達을營圖ᄒᆞ며或其衰退ᄒᆞᆷ을防杜ᄒᆞᆷ에必要ᄒᆞᆫ方策을議定ᄒᆞᆯ事

률의 규정에 의하여 회원을 공선하되 회원의 수는 15인 이상 50인 이하이고, 임기는 4개년으로 정하여 무보수로 법률상 의무로서 부임하는 것이다. 질병, 노쇠자나 또는 영업상 그밖에 상주할 수 없는 경우 외에는 회의소의 의결을 거치지 않고 부임을 사양하거나 사직할 수 없다. 이러한 규정에 위반하는 사람은 회의소의 의결로 200환 이하의 과태금을 부과할 수 있다.

상업회의소는 법인의 자격으로 재산을 가질 수 있고 경비의 예산은 농상공부대신의 인가가 필요하고, 경비는 회원의 선거권을 가진 사람에게 부과·징수하되, 그 방법도 농상공부대신의 인가가 필요하다. 경비를 납부하지 않은 사람은 4개년 이상 8개년 이하의 회원선거권 및 피선거권을 정지하고, 200환 이하의 과료에 처한다.

상업회의소의 권한은 법률로 정하는 것이므로, 그 이외의 권한이 없고 영리업무를 행할 수 없다는 것은 더 말할 나위가 없다. 상업회의소조례에는 대략 아래의 사항을 열거하고 있다.

① 상업의 발달을 도모하고 쇠퇴를 방지하는 것에 필요한 방책을 의결하는 것

二、商業에關흔法律命令과其他諸條規의制定、改正、廢止及其施行方法에關흐야其意見을提陳흐며또흔商業上利害關係에關흔意見을行政廳이나其他에對흐야表示흘事

三、商業의實況과밋統計를行政官廳이나其他에報告흘事

四、商業에關흔事項에對흐야行政官廳이諮詢흠에應答흘事

五、法律命令과其他諸般條規或은行政廳의委任을依흐야其地方의公設營業所、仲商人組合及商業에關흔諸營造物을管理흘事

六、仲商人의資格員數及規費를審査흘事

七、關係人의請求를依흐야其地方商業에關흔紛爭을仲裁흘事

商業會議所는其權限을行흐기爲흐야其議決로써事務規程을定흐야農商工部大臣의認可를受흐야此를施行흐며農商工部大臣은直接으로商業會議所를監督흐느니會議所가其權限을犯흐거나又는商業上有害흔行爲가有흠으로認흘時는會議를停止흐고役員或會員의改選을命흠을可得흐느니라（日本商業會議所條例、商業會議所條例施行規則參考）

② 상업에 관한 법률·명령과 그밖에 모든 조규의 제정, 개정, 폐지 및 그 시행방법에 관한 의견을 개진하고 상업상 이해관계에 관한 의견을 행정청이나 그 밖의 기관에 표시하는 것

③ 상업의 현황과 통계를 행정관청이나 그 밖의 기관에 보고하는 것

④ 상업에 관한 사항에 대하여 행정관청의 자문에 응답하는 것

⑤ 법률·명령과 그 밖의 제반 조규 또는 행정청의 위임에 의하여 그 지방의 공설영업소, 중상인조합 및 상업에 관한 영조물들을 관리하는 것

⑥ 중상인의 자격·원수 및 규비를 심사하는 것

⑦ 관계인의 청구에 의하여 그 지방의 상업에 관한 분쟁을 중재하는 것

상업회의소는 그 권한을 행사하기 위하여 의결로 사무규정을 제정하여 농상공부대신의 인가를 받아 시행하고, 농상공부대신은 직접적으로 상업회의소를 감독한다. 회의소가 권한을 넘거나 상업상 유해한 행위를 하였다고 인정하는 때에는 회의를 정지하고 임원 또는 회원의 개선을 명할 수 있다(일본 상업회의소조례, 상업회의소조례 시행규칙 참조).

三　交通

第二十欵　道路

道路를公道와私道로區分ᄒᆞᆷ은內共의用에供ᄒᆞᆷ과私用에供ᄒᆞᄂᆞᆫ設備의目的에基因ᄒᆞᆷ이오其土地所有權이國家又ᄂᆞᆫ地方團体에在ᄒᆞᆷ과一私人의게在ᄒᆞᆫ與否에基因ᄒᆞᆷ은아니니私道를設ᄒᆞᆷ은土地所有權行使에屬ᄒᆞ고一般警察規則에違越치아니ᄒᆞᆯ限度ᄭᆞ지ᄂᆞᆫ行政의干涉을容許치아니ᄒᆞᆷ이니라

公共道路ᄂᆞᆫ公用의營造物이니此와伴行ᄒᆞᄂᆞᆫ法則을從ᄒᆞᄂᆞᆫ者ㅣ라公共道路의基址된土地의所有權이何人의게在ᄒᆞᆫ던지其使用은公用營造物을삼아行政의規則을依ᄒᆞ야一般히自由에係ᄒᆞᆫ바오各人은私權을삼아其土地에對ᄒᆞ야通行權을有ᄒᆞᆷ은아니며唯其土地가公道되야法律上通行의自由가有ᄒᆞᆷ을稱ᄒᆞᆷ이오또公道의基址가私有地된時ᄂᆞᆫ其所有者가公道된性質에違反ᄒᆞᆫ使用處分을行ᄒᆞ기不得ᄒᆞᄂᆞ니此ㅣ私有地가公用營造物을爲ᄒᆞ야制限되ᄂᆞᆫ境遇의一例라公道ᄂᆞᆫ其土地가官有、公有又ᄂᆞᆫ私有地됨을不問ᄒᆞ고此를賣買讓與ᄒᆞ기不得ᄒᆞ리라ᄒᆞᄂᆞᆫ絶對的의原則은無호대다만公用營造物된資格을有ᄒᆞᆫ其間에ᄂᆞᆫ公用

III. 교통

제20관 도로

도로를 공도와 사도로 구분하는 것은 공용에 제공하는 것과 사용에 제공하는 것과 같은 설치 목적에서 기인하고, 토지소유권이 국가 또는 지방단체에 있는지 사인에게 있는지 여부와 관계없다. 사도를 설치하는 것은 토지소유권의 행사에 속하고 일반경찰규칙에 위반하지 않은 한도까지는 행정이 개입할 수 없다.

공용도로는 공공영조물이므로, 이에 관한 법규에 따른다. 공공도로의 터가 되는 토지의 소유권이 누구에게 있는지와 관계없이 그 사용은 공공영조물로서 행정규칙에 따라 일반적인 자유와 관련되고, 개인은 사권으로 그 토지에 대한 통행권을 가지는 것이 아니며, 단지 그 토지가 공도이기 때문에 법률상 통행의 자유가 있다고 하는 것이고, 공도의 터가 사유지인 경우에도 소유자가 공도라는 성질에 위반하는 사용·처분을 할 수 없다. 이는 사유지가 공공영조물을 위하여 제한되는 경우의 일례다. 공도는 그 토지가 관유, 공유 또는 사유지와 관계없이 매매·양여할 수 없다는 절대적 원칙은 없다. 다만 공공영조물로서의 자격을 가지는 기간 동안에는 공용

에妨害되ᄂᆞᆫ處分을行ᄒᆞ기不得ᄒᆞᆯ지니라

公共道路ᄅᆞᆯ設備及維持ᄒᆞ기爲ᄒᆞ야所有權을徵收ᄒᆞ거나又或制限ᄒᆞᆷ은一般히公用營造物에關ᄒᆞᆫ方法規程을依ᄒᆞᄂᆞ니公道의開設이나又或改良ᄒᆞ기爲ᄒᆞ야私有地ᄅᆞᆯ徵收ᄒᆞ며又其維持ᄒᆞ기爲ᄒᆞ야鄰地로브터材料ᄅᆞᆯ採取ᄒᆞᄂᆞᆫ類ㅣ니라道路에關ᄒᆞᆫ現行의法制ᄂᆞᆫ甚히完備치못ᄒᆞᆫ故로其各地方의前來慣行을依據ᄒᆞᆯ外에此ᄅᆞᆯ概括ᄒᆞ야說明ᄒᆞ기不得ᄒᆞᆯ지니盖公道ᄂᆞᆫ御路、道郡路、面村路로分類ᄒᆞ고此區別을依ᄒᆞ야其維持費用의擔負所歸도亦異ᄒᆞᆷ인즉公道維持費用의擔負ᄅᆞᆯ定ᄒᆞᆷ은行政上至重至要ᄒᆞᆷ에屬ᄒᆞ야法律로ᄡᅥ此ᄅᆞᆯ明白히ᄒᆞᆷ은最急ᄒᆞᆫ緊務ㅣ니라

公道의保護와及其使用에關ᄒᆞ야ᄂᆞᆫ道路警察이有ᄒᆞ니通行의安全과便宜ᄅᆞᆯ持保ᄒᆞ며또道路ᄅᆞᆯ毁損ᄒᆞᄂᆞᆫ等事ᄅᆞᆯ防止ᄒᆞ기爲ᄒᆞ야警察規則을設ᄒᆞᆷ은行政權에存在ᄒᆞᆫ事ᄅᆞᆯ業已陳述ᄒᆞᆫ바어니와現行列國의制度에在ᄒᆞ야ᄂᆞᆫ刑法典에此條項이揭載ᄒᆞᆫ外에此ᄅᆞᆯ地方行政廳에委任ᄒᆞ고아즉公共道路에對ᄒᆞᆫ一般의法律로此ᄅᆞᆯ規定ᄒᆞᆫ者ㅣ無ᄒᆞ며我國에在ᄒᆞ야도公共道路에對ᄒᆞᆫ一般法則이姑無ᄒᆞ고

에 방해되는 처분을 할 수 없다.

공공도로의 설치 및 유지를 위하여 소유권을 수용하거나 제한하는 것은 일반적으로 공공영조물에 관한 방법규정에 의한다. 공도의 개설이나 개량을 위하여 사유지를 수용하고, 유지를 위하여 인접지로부터 재료를 채취하는 것 등이다.

도로에 관한 현행 법제는 완전하지 못하므로, 각각의 지방에서 전래하는 관행에 따르는 것 외에는 개괄하여 설명할 수 없다. 대략 공도는 어로, 도·군로, 면·촌로로 분류하고, 그 구별에 따라 유지비용의 부담이 달리 귀속된다. 따라서 공도 유지비용의 부담을 정하는 것은 행정상 매우 중요하므로, 법률로 이를 명백히 정하는 것은 가장 급한 업무이다.

공도의 보호와 사용에 관해서는 도로경찰이 있는데, 통행의 안전과 편의를 유지하고 도로의 훼손 등을 방지하기 위한 경찰규칙의 제정이 행정권에 속한다는 것은 이미 서술하였고, 현재 다른 나라의 제도에서는 형법전에 조항이 규정된 것을 제외하고는 지방행정청에 위임하고 공공도로에 대한 일반적인 법률에서 이를 규정한 것은 아직 없으며, 우리나라에서도 공공도로에 대한 일반적인 법규가 전혀 없고

各其方行政廳에委任ᄒᆞ야此ᄅᆞᆯ管理維持케ᄒᆞᄂᆞ니라

第二十一款　鐵道

鐵道ᄅᆞᆯ官設又私設로區分ᄒᆞᆷ은鐵道ᄅᆞᆯ所有ᄒᆞ야此ᄅᆞᆯ運轉ᄒᆞᄂᆞᆫ主体ᄅᆞᆯ區別ᄒᆞᆷ이오其公共交通의設備된資格에在ᄒᆞ야ᄂᆞᆫ相異ᄒᆞᆫ바ㅣ無ᄒᆞ니鐵道ᄂᆞᆫ國家諸般目的에對ᄒᆞ야極히重要ᄒᆞᆫ設備인고로政府에셔此ᄅᆞᆯ敷設ᄒᆞ야運轉ᄒᆞᆷ으로써本則을삼으며此ᄅᆞᆯ私設ᄒᆞᆷ을不許ᄒᆞ고其必要ᄒᆞᆫ境遇에ᄂᆞᆫ特히免許ᄒᆞᆷ을得ᄒᆞᆷ이니라政府에셔鐵道ᄅᆞᆯ敷設ᄒᆞᆯ時ᄂᆞᆫ公用營造物에關ᄒᆞᆫ一般方法을依ᄒᆞ며此ᄅᆞᆯ私設ᄒᆞᆯ時ᄂᆞᆫ免許ᄅᆞᆯ必受ᄒᆞ야私設鐵道에關ᄒᆞᆫ法律을依ᄒᆞ야此ᄅᆞᆯ施行ᄒᆞᆷ을要ᄒᆞᄂᆞ니라政府에셔ᄂᆞᆫ鐵道敷設法을頒布ᄒᆞ고必要ᄒᆞᆫ鐵道線路ᄅᆞᆯ豫定ᄒᆞ야此ᄅᆞᆯ漸次敷設코져ᄒᆞᄂᆞ니此豫定線路에在ᄒᆞ야ᄂᆞᆫ私設鐵道ᄅᆞᆯ不許ᄒᆞᆷ으로本則을삼으며或必要ᄒᆞᆫ時ᄂᆞᆫ請願을依ᄒᆞ야國會의協賛을經ᄒᆞᆫ後此ᄅᆞᆯ許可ᄒᆞᄂᆞ니라

私設鐵道ᄂᆞᆫ公의交通機關을삼아人과物件을運送ᄒᆞᆷ으로써營業을삼음을自的으로敷設코져ᄒᆞᆯ時ᄂᆞᆫ政府의免許ᄅᆞᆯ要ᄒᆞᄂᆞ니私設鐵道ᄂᆞᆫ股本會社組織을不依ᄒᆞ면此ᄅᆞᆯ不許ᄒᆞᄂᆞᆫ故로私設鐵道條例ᄂᆞᆫ鐵道會社의設立과鐵道의敷設을並ᄒᆞ야

각각의 지방행정청에 위임하여 관리·유지하게 하고 있다.

제21관 철도

철도를 관설과 사설로 구분하는 것은 철도를 소유하여 운전하는 주체를 구별하는 것이고, 공공교통의 설비라는 자격은 다르지 않다. 철도는 국가의 모든 목적 중에서 극히 중요한 설비이므로, 정부에서 부설하여 운영하는 것을 원칙으로 하여 사설을 허용하지 않지만, 필요한 경우에는 특별히 면허를 부여할 수 있다. 정부에서 철도를 부설할 때에는 공공영조물에 관한 일반적인 방법에 의하고, 사설을 할 때에는 면허를 반드시 받아 사설철도에 관한 법률에 따라 시행하여야 한다. 정부에서는 철도부설법을 공포하고 필요한 철도노선을 예정하여 점진적으로 부설하려고 하고 있다. 이러한 예정노선에서는 사설철도를 허용하지 않는 것을 원칙으로 하고, 혹시 필요한 때에는 청원에 의하여 국회의 협찬을 거친 후 허가한다.

사설철도는 공적인 교통기관으로서 이를 사람과 물건의 운송영업을 목적으로 부설하고자 하는 때에는 정부의 면허가 필요하다. 사설철도는 주식회사의 조직에 의하지 않으면 허용하지 않으므로, 사설철도조례에는 철도회사의 설립과 철도의 부설이 함께

規定ᄒᆞᆷ이나然이나玆에ᄂᆞᆫ鐵道로交通機關을삼은規定만說明ᄒᆞ노라

鐵道ᄂᆞᆫ公共의게供用ᄒᆞᄂᆞᆫ營造物된性質이有ᄒᆞᆫ故로免許를受ᄒᆞᆫ設立者ᄂᆞᆫ土地公用徵收의方法을依ᄒᆞ야敷設ᄒᆞᆷ을可得ᄒᆞᄂᆞ니其免許ᄂᆞᆫ爲先假免許狀을下給ᄒᆞ고諸般工事의方法과밋會社의定欵을定ᄒᆞ야更히本免許狀을請求케ᄒᆞᄃᆡ假免許狀을受ᄒᆞᆫ時ᄂᆞᆫ他人所有土地에叅入ᄒᆞ야此를測量ᄒᆞᆷ을可得ᄒᆞ며또本免許狀을得ᄒᆞᆫ時ᄂᆞᆫ必要ᄒᆞᆫ境遇에ᄂᆞᆫ土地의公用徵收를施行ᄒᆞ기可得ᄒᆞᆯ지나本免許狀을下給ᄒᆞᆫ日로브터三個月以內에鐵道敷設工事에着手치아니ᄒᆞ거나又或豫定ᄒᆞᆫ期間에竣工치아니ᄒᆞᆯ時ᄂᆞᆫ政府에셔ᄂᆞᆫ免許를繳消ᄒᆞ거나又ᄂᆞᆫ旣設鐵道를公賣에付ᄒᆞ야其買受人으로ᄒᆞ야곰此를竣工케ᄒᆞᆷ을得ᄒᆞ며또政府ᄂᆞᆫ免許狀下給ᄒᆞᆫ日로브터滿二十五年後에ᄂᆞᆫ(特히營業期限을定ᄒᆞᆫ者ᄂᆞᆫ其滿期後)其鐵道를買入ᄒᆞᆯ權이有ᄒᆞᄃᆡ其境遇에ᄂᆞᆫ前五年間에其會社의殿本券價格을平均히筭定ᄒᆞ야其買入의價格을定ᄒᆞᄂᆞ니라

鐵道營業施行에關ᄒᆞ야ᄂᆞᆫ其運轉의安全과及其交通의公益을爲ᄒᆞ야特別ᄒᆞᆫ制限이有ᄒᆞᄂᆞ니鐵道規則과밋鐵道警察이卽此ㅣ니라私設鐵道에對ᄒᆞ야ᄂᆞᆫ必要

규정되어 있지만, 여기에서는 철도를 교통기관으로 하는 규정만 설명하겠다.

철도는 공공에 공용하는 영조물로서의 성질을 가지므로, 면허를 받은 설립자는 토지의 공용수용방법에 따라 부설할 수 있다. 면허는 우선 가면허장을 내려주고 제반 공사의 방법과 회사의 정관을 정하여 다시 본면허장을 청구하게 하되, 가면허장을 받은 경우에는 타인 소유의 토지에 들어가서 측량할 수 있고, 본면허장을 받은 경우에 필요한 때에는 토지의 공용수용을 시행할 수 있다. 그러나 본면허장을 내려준 날로부터 3개월 이내에 철도부설 공사에 착수하지 않거나 예정한 기간 내에 준공하지 않은 때에는 정부는 면허를 취소하거나 이미 부설한 철도를 공매에 부쳐 매수인으로 하여금 준공하게 할 수 있다. 또한 정부는 면허장을 내려준 날로부터 만 25년 후에는(특별히 영업기한을 정한 것은 그 만기 후) 그 철도를 매입할 권리가 있다. 그 경우에는 전 5년간에 그 회사의 주식가격을 평균하여 매입가격을 정한다.

철도영업의 시행에 관해서는 운전의 안전과 교통의 공익을 위하여 특별한 제한이 있다. 철도규칙과 철도경찰이 그것이다. 사설철도에 대해서는 필요

ᄒᆞᆫ監督及制限을特加ᄒᆞᄂᆞ니私設鐵道의敷設工事ᄂᆞᆫ行政官廳이此ᄅᆞᆯ監督ᄒᆞ대危險ᄒᆞᆯ處慮가有ᄒᆞᆫ者ᄂᆞᆫ其改築修理ᄒᆞᆷ을命ᄒᆞ며工事ᄅᆞᆯ竣了ᄒᆞᆫ時ᄂᆞᆫ行政官廳의監査ᄅᆞᆯ經ᄒᆞ야開業免許狀을不受ᄒᆞ고ᄂᆞᆫ旅客及貨物의運轉營業을開始ᄒᆞᆷ을不得ᄒᆞᆯ지며旅客及貨物의運賃額과運輸規程及汽車發着時間度數ᄂᆞᆫ行政官廳의認可ᄅᆞᆯ要ᄒᆞᆯ지오運轉契約은私權行爲로셔鐵道會社와依賴人의自由合意ᄅᆞᆯ依ᄒᆞ야定ᄒᆞᆷ이나然이나鐵道ᄂᆞᆫ公益에關ᄒᆞᆫ交通機關이오ᄯᅩ專有業의實質이有ᄒᆞᆫ故로各人各別의條件을合意協定ᄒᆞᆷ은不許ᄒᆞ고公平히公衆에對ᄒᆞᄂᆞᆫ契約의條款을一定ᄒᆞ야行政官廳은此ᄅᆞᆯ審査認可ᄒᆞ며ᄯᅩ公示ᄒᆞ야施行케ᄒᆞᆷ을要ᄒᆞᄂᆞ니라交通의安全ᄒᆞᆷ을持保ᄒᆞᄂᆞᆫ鐵道警察의規程은官設鐵道에對ᄒᆞ야定ᄒᆞᆫ者ᄅᆞᆯ私設鐵道에도適用ᄒᆞ며鐵道略則과鐵道犯罪罰則은鐵道交通安寧秩序에關ᄒᆞᆫ特別法律이오其他一般히行政上警察의目的을爲ᄒᆞ야一般交通을制限ᄒᆞᄂᆞᆫ權限은鐵道에도可及ᄒᆞᆷ은論을不俟ᄒᆞᆯ지니라

鉄道ᄅᆞᆯ私設ᄒᆞᆷ을認許ᄒᆞᆷ은其性質이公用營造物이된所以라故로其効用을全一케ᄒᆞ기爲ᄒᆞ야私設鉄道의維持運轉을監督ᄒᆞ며ᄯᅩ公用을爲ᄒᆞ야法律上一定ᄒᆞᆫ

한 감독 및 제한을 특별히 부가한다. 사설철도의 부설공사는 행정관청이 감독하되, 위험할 우려가 있는 것은 개축·수리를 명하고, 공사를 완료한 경우에는 행정관청의 감사를 거쳐 개업면허장을 받지 않고는 여객 및 화물의 운송영업을 개시할 수 없으며, 여객 및 화물의 운임과 운송규정 및 기차발착 시간과 횟수에 관해서는 행정관청의 인가가 필요하다. 운송계약은 사권행위로서 철도회사와 의뢰인의 자유로운 합의에 따라 정해지는 것이지만, 철도가 공익에 관한 교통기관이고 실질이 독점영업이므로, 개인 사이에 개개의 조항을 합의·협정하는 것을 불허하고, 공중에 대한 계약의 조건을 공평하게 정하게 하며, 행정관청이 이를 심사·인가하고 공시하여 시행하게 하여야 한다. 교통의 안전을 유지하는 철도경찰의 규정은 관설철도에 대한 것을 사설철도에도 적용하고, 철도세칙과 철도범죄벌칙은 철도교통의 안녕·질서에 관한 특별법률이며, 그밖에도 일반적으로 행정상 경찰 목적을 위하여 일반교통을 제한하는 권한은 철도에도 미친다는 점은 더 논의할 필요가 없다.

철도의 사설을 허가하는 것은 성질이 공공영조물이기 때문에 그 효용을 동일하게 하기 위하여 사설철도의 유지·운전을 감독한다. 또한 공용을 위하여 법률상 일정한

擔負를命ᄒᆞᄂᆞ니郵便物의遞送及軍事上의使用이其主要된境遇ㅣ니라鐵道會社ᄂᆞᆫ戰時或事變을際ᄒᆞ야一般徵發에可應ᄒᆞᄂᆞᆫ外에平時에在ᄒᆞ야도軍隊를運送ᄒᆞᆯ義務가有ᄒᆞ며또公用으로軍人、軍馬及軍用品을運送ᄒᆞᆯ時ᄂᆞᆫ普通運賃의半額으로써此를履行케ᄒᆞᆷ을要ᄒᆞᆯ지며且或軍用을爲ᄒᆞ야政府의費用으로車輛의改修와新裝置ᄒᆞᆷ을命ᄒᆞ거나又或乘載用器具의製造를命ᄒᆞᆫ時ᄂᆞᆫ其會社에서此를拒絶ᄒᆞᆷ을不得ᄒᆞᄂᆞ니라

行政官廳에在ᄒᆞ야ᄂᆞᆫ鐵道會社에對ᄒᆞ야其業務의施行과營業의情況과定款及役員等에關ᄒᆞᆫ私設鐵道條例의特別規定을依ᄒᆞ야此를監督ᄒᆞ며本免許狀을不受ᄒᆞ고社名으로써股本券을募集ᄒᆞ거나또鐵道工事에着手ᄒᆞᆫ時ᄂᆞᆫ其假免許狀을無効로認ᄒᆞ며開業免許狀을不受ᄒᆞ고營業을開始ᄒᆞ거나又ᄂᆞᆫ監督官廳이命ᄒᆞᄂᆞᆫ改築修理를行치아니ᄒᆞ고營業ᄒᆞᆯ時ᄂᆞᆫ其營業의收入金을乾沒ᄒᆞ며鐵道運輸開業後會社에서鉄道條例及會社定款을違反ᄒᆞ거나又ᄂᆞᆫ鐵道의正當ᄒᆞᆫ使用을妨害ᄒᆞᆯ時ᄂᆞᆫ役員의改選을命ᄒᆞ며又ᄂᆞᆫ會社計筭에在ᄒᆞ야政府가運輸業을自行ᄒᆞᆷ도得ᄒᆞᄂᆞ니라

부담을 명할 수 있는데, 우편물의 우송과 군사상 사용이 그 주요한 경우이다. 철도회사는 전시 또는 사변이 있는 때 일반징발에 응하여야 하는 것 외에도, 평시에 군대를 운송할 의무가 있고, 공용으로 군인, 군마 및 군용품을 운송할 때에는 보통운임의 반액으로 이를 이행하여야 하며, 군용을 위하여 정부의 비용으로 차량의 개수와 새로운 장치를 명하거나 승차용 기구의 제조를 명한 때에는 그 회사는 이를 거절할 수 없다.

행정관청은 철도회사에 대하여 업무시행과 영업상황, 정관 및 임원 등에 관한 사설철도조례의 특별규정에 따라 감독하고, 본면허장을 받지 않은 채 회사 이름으로 주식을 모집하거나 철도공사에 착수하는 때에는 가면허장을 무효화하고, 개업면허장을 받지 않은 채 영업을 개시하거나 감독관청이 명하는 개축·수리를 행하지 않고 영업을 하는 때에는 영업의 수입금을 몰수하며, 철도운수 개업 후 회사가 철도조례 및 회사정관을 위반하거나 철도의 정당한 사용을 방해하는 때에는 임원의 개선을 명하거나 회사의 계산으로 정부가 운수업을 스스로 행할 수 있다.

以上에陳述ᄒᆞᆫ바ᄂᆞᆫ蒸氣力을用ᄒᆞ야車輛을運轉ᄒᆞᄂᆞᆫ鐵道에關ᄒᆞᆫ規定이나蒸氣力을用치아니ᄒᆞ고軌道에對ᄒᆞ야公共의交通機關을삼아此를敷設코져ᄒᆞᄂᆞᆫ者ᄂᆞᆫ內部大臣의特許를要ᄒᆞᆯ지니特許ᄒᆞᆷ을得ᄒᆞᆫ者ᄂᆞᆫ公共道路에軌道를敷設ᄒᆞᆷ을得ᄒᆞ며又其目的을爲ᄒᆞ야道路의幅圓을擴張ᄒᆞ거나或은更正ᄒᆞ거나且或軌道를新設ᄒᆞᆯ必要가有ᄒᆞᆯ時ᄂᆞᆫ土地收用法을依ᄒᆞᆷ을可得ᄒᆞᆯ지니라

第二十二欵　郵便電信及電話

公共의通信으로目的을삼ᄂᆞᆫ業務ᄂᆞᆫ其實質이반다시國權의行使될바ㅣ아니며私의營業을삼아行ᄒᆞᆷ을可得ᄒᆞᆯ者ㅣ라然이나政府가公益上의目的을爲ᄒᆞ야此로政府의專業을삼고私業을삼아此를營行ᄒᆞᆷ을禁ᄒᆞᆯ時ᄂᆞᆫ其設備ᄂᆞᆫ公共의營造物된用을作ᄒᆞ며其行政과個人自由의關係ᄂᆞᆫ行政法의解說을要ᄒᆞᄂᆞ니라

政府가郵便、電信、電話等으로專業을삼아營行ᄒᆞᆷ이單히財政上의收入으로써目的ᄒᆞᆷ에在ᄒᆞᆯ時ᄂᆞᆫ其事業은政府私權上의目的이오營業者가一私人은아니로대國庫ㅣ라指稱ᄒᆞᄂᆞᆫ外에特別히公法上의關係를生치아니ᄒᆞᄂᆞ니此로써政府의專業을삼을지라도一私人의特許專業과法理를相異케ᄒᆞᆷ이尙無ᄒᆞ나萬一政

이상에서 서술한 것은 증기력을 이용하여 차륜을 운전하는 철도에 관한 규정이지만, 증기력을 이용하지 않고 궤도를 공공교통기관으로서 이를 부설하기 위해서는 내부대신의 특허가 필요하다. 특허를 받은 사람은 공공도로에 궤도를 부설할 수 있고 그 목적을 위하여 도로의 폭을 확장하거나 고치거나 궤도를 신설할 필요가 있을 때에는 토지수용법에 의할 수 있다.

제22관 우편·전신 및 전화

공공의 통신을 목적으로 하는 업무는 그 실질이 반드시 국권의 행사는 아니고 사적인 영업으로 행할 수 있는 것이다. 그러나 정부가 공익상의 목적을 위하여 이를 독점하고 사적인 영업을 금지한 경우에는 그 설비는 공공영조물로서의 용도를 가지게 되는데, 그 행정과 개인의 사유와의 관계에 대해서는 행정법의 해설이 필요하다.

정부가 우편, 전신, 전화 등을 독점하여 영업하는 것이 단지 재정상 수입을 목적으로 하는 경우 그 사업은 정부가 가지는 사권의 대상이고, 영업자가 일개 사인은 아니지만 국고라고 부르는 것 외에 특별히 공법적인 관계가 발생하지는 않는다. 따라서 정부가 독점하더라도 사인의 특허전업과 법리가 다르지도 않다. 그러나 만일 정

府의目的이營利에不在ᄒᆞ고國家와밋公衆交通에在ᄒᆞᆫ公益을保全ᄒᆞᆷ에在ᄒᆞᆯ時ᄂᆞᆫ其設備가公用營造物된性質을保有ᄒᆞ니라

政府에서公共의通信을爲ᄒᆞ야設備ᄒᆞ야써公衆의게供用ᄒᆞᄂᆞᆫ形式에在ᄒᆞ야ᄂᆞᆫ國家와私人의私法上關係와公法上關係ᄅᆞᆯ區別ᄒᆞᆷ을要ᄒᆞᆯ지니公衆의게對ᄒᆞ야通信의業을營行ᄒᆞᆷ은依賴人이提請ᄒᆞᆷ을依ᄒᆞ야契約ᄒᆞᆷ으로其契約은私權行爲오國家의命令權으로써通信을拒否ᄒᆞᄂᆞᆫ權力行爲ᄂᆞᆫ아니니라然이나一般히此ᄅᆞᆯ使用케ᄒᆞᆷ으로써目的을삼으며ᄯᅩ實際上特定ᄒᆞᆫ提請에對ᄒᆞ야特別ᄒᆞᆫ條項을相約ᄒᆞᄂᆞᆫ煩累等事에應行ᄒᆞ기不能ᄒᆞᆫ故로一般히其條項을規定ᄒᆞ야郵便、電信或電話規則을公布ᄒᆞ고其規程을不依ᄒᆞᆯ時ᄂᆞᆫ其依賴ᄒᆞᆷ을不應ᄒᆞ며其規程을依ᄒᆞᄂᆞᆫ者ᄂᆞᆫ반다시其依賴ᄒᆞᆷ에可히酬應ᄒᆞᆯ事ᄅᆞᆯ一定ᄒᆞᆫ바ㅣ니所謂郵便、電信規則等의實質은約欵의準則이오公法上의法規ᄂᆞᆫ아닌즉私法의特別規程을삼아茲에此ᄅᆞᆯ詳說ᄒᆞᆷ을不要ᄒᆞᆯ지오다만公法上關係에在ᄒᆞᆫ原則을示ᄒᆞᆷ에止ᄒᆞᆯᄲᅮᆫ이니라

郵便、電信及電話로營業을삼아此ᄅᆞᆯ私行ᄒᆞᆷ을禁止ᄒᆞᆷ은一般히通信의業을禁

부의 목적이 영리에 있지 않고 국가와 공중교통에 있는 공익을 보전하는 것에 있을 때에는 그 설비가 공공영조물로서의 성질을 가진다.

정부가 공공통신을 설치하여 공중에게 공용하는 형식에 대해서는 국가와 사인 사이의 사법상 관계와 공법상 관계를 구별하여야 할 것이다. 공중에 대한 통신영업은 의뢰인의 신청에 의하여 계약하므로, 그 계약은 사권행위이지 국가의 명령권으로 통신을 거부하는 권력행위가 아니다. 그러나 일반적으로 이를 사용하게 하는 것을 목적으로 하고 실제로 특정한 신청에 대하여 특별한 조항을 반복하여 약속하는 것과 같은 사무에 응할 수 없어서, 일반적인 조항을 정하여 우편, 전신 또는 전화에 관한 규칙을 공포하고, 그 규정에 따르지 않을 때에는 그 의뢰에 응하지 않으며, 그 규정에 따르는 사람에게는 그 의뢰에 반드시 응하도록 정하는 것이다. 이른바 우편, 전신규칙 등의 실질은 약관의 규정이고 공법상 법규가 아니라 사법의 특별규정이므로, 여기에서 상세하게 설명할 필요가 없다. 다만 공법적인 관계에 있는 원칙을 제시하는 것에 그치겠다.

우편, 전신 및 전화의 사적인 영업을 금지하는 것은 일반적으로 통신업을 금

止홈이아니라政府의專業을삼아特別法令으로定훈郵便、電信、電話의範圍及方法으로써此를行홈을不許홈이니라

郵便、電信、電話눈何人이던지其條例를依훌時눈自由로使用홈을可得ᄒᆞ며行政廳은一般公平훈條例로此에應훌義務가有호대其行政廳과依賴人間의關係눈特別의條例로써規定훈條件을依ᄒᆞ눈者로서私權問題에屬ᄒᆞᄂᆞ니라

郵便、電信、電話의設備눈公用營造物을삼아此에伴侶훈法規를依ᄒᆞ야其保護를受ᄒᆞ눈外에또此等營造物에關훈警察規則이有ᄒᆞᄂᆞ니郵便物其他通信의安全秘密及交通機關의設備를防害毀損ᄒᆞ눈等事에關ᄒᆞ야눈警察規則으로써此를保護ᄒᆞᄂᆞ니라

第二十三欵　水路

水路눈內水外海의區別이有ᄒᆞᄂᆞ니內水눈國境의一部分으로서河川江湖눈自然의水面이오溝渠池澤은人工을依ᄒᆞ야開鑿훈水面이라舟筏이通行홈을可得훌者눈公水路로看做홈으로通則을삼ᄂᆞ니沿岸의土地를所有훈者눈此를使用훌權은有훌지라도公水路된性質에違反ᄒᆞ야此를妨害훌바使用을行홈을不得훌

지하는 것이 아니라 정부의 독점영업으로서 특별법령으로 정한 우편, 전신, 전화의 범위 및 방법으로 행하는 것을 허용하지 않는 것이다.

우편, 전신, 전화는 누구든지 그 조례에 의하는 경우에는 자유롭게 사용할 수 있고, 행정청은 조례에 따라 일반적으로 공평하게 응할 의무가 있는데, 행정청과 의뢰인 사이의 관계는 특별한 조례로 정한 조건에 따르는 사법적인 문제에 속한다.

우편, 전신, 전화의 설비는 공공영조물로서 이에 관련된 법규에 따라 보호를 받는 것 외에도 이와 같은 영조물에 관한 경찰규칙이 있다. 우편물 그밖에 통신의 안전·비밀 및 교통기관의 설치를 방해·훼손하는 행위 등에 대해서는 경찰규칙으로 이를 보호한다.

제23관 수로

수로는 내수와 외해로 구별된다. 내수는 국경의 일부분으로서 하천·강호는 자연의 수면이고 구거·연못은 인공에 의하여 개착*된 수면이다. 배와 뗏목이 통행할 수 있는 것은 공수로로 간주하는 것이 원칙이다. 연안의 토지를 소유한 사람은 이를 사용할 수 있는 권리가 있을지라도 공수로로서의 성질에 반하여 방해하는 사용을 할

* 역자 주: 산을 뚫거나 땅 밑을 파서 길이나 운하 등을 내는 것을 말한다.

지며또沿岸地ᄂᆞᆫ公水面을使用ᄒᆞ기爲ᄒᆞ야制限을受ᄒᆞᆷ도或有ᄒᆞᆫ지라內水面으로써公의通路를삼은關係에對ᄒᆞ야ᄂᆞᆫ一般의法律을制定ᄒᆞᆫ바ㅣ姑無호대河川에對ᄒᆞ야ᄂᆞᆫ特別히河川法을制定ᄒᆞᆫ바ㅣ有ᄒᆞ니其管理、使用及費用의事를規定ᄒᆞ고其他ᄂᆞᆫ公의營造物의一般法理에基因ᄒᆞ야地方警察의規則으로써正當ᄒᆞᆫ公의使用을保全ᄒᆞᄂᆞᆫ者오溝渠運河等의公의交通에供用ᄒᆞ기爲ᄒᆞ야此를開鑿ᄒᆞᆷ은行政廳의許可를要ᄒᆞᆯ지며또ᄒᆞᆫ公益을爲ᄒᆞ야土地를收用ᄒᆞᆷ도可得ᄒᆞᆯ지니라

外海ᄂᆞᆫ國에不入ᄒᆞᄂᆞᆫ故로一國의行政法으로써其通路된使用에制限을加ᄒᆞ기不得ᄒᆞ나然이나內海及沿海에ᄂᆞᆫ國權이延及ᄒᆞᄂᆞᆫ바인즉其通行에自由ᄂᆞᆫ其國法의自由를依ᄒᆞᆯ지며沿海及內海에通行ᄒᆞᆷ은自由에係ᄒᆞᆫ바ㅣ나然이나外國船舶은條約에一定ᄒᆞᆫ港灣外에ᄂᆞᆫ自由出入ᄒᆞᆷ을不許ᄒᆞ며또軍港은軍用을爲ᄒᆞ야特히其水面을使用ᄒᆞᆷ에制限이有ᄒᆞ니其規則은海軍大臣이此를定ᄒᆞ며商港은港灣警察規則範圍內에서自由使用ᄒᆞᆷ을可得ᄒᆞᄂᆞ니라

航海의安全을保護ᄒᆞ며또航海의事業을奬勵ᄒᆞᆷ은行政의要務ㅣ라法令으로써

수 없고, 연안지는 공수면의 사용을 위하여 제한 받을 수도 있다. 내수면을 공적인 통로로 삼는 관계에 대한 일반적인 법률을 제정한 것이 전혀 없지만, 하천에 대해서는 특별히 하천법을 제정하였는데, 그 관리, 사용 및 비용과 같은 사항을 규정하고 있고, 그밖에는 공공영조물의 일반적인 법리에 기인하여 지방경찰의 규칙으로 정당한 공적 사용을 보장하며, 구거·운하 등의 공적 교통에 공용하기 위하여 개착하는 것은 행정청의 허가가 필요하고, 공익을 위하여 토지를 수용할 수 있다.

외해는 국가에 속하지 않으므로 일국의 행정법으로 통로로서의 사용에 제한을 가할 수 없지만, 내해 및 연해에는 국권이 미치는 것이어서 통행의 자유는 국법의 자유에 따라야 하고, 연해 및 내해의 통행은 자유와 관계가 있지만, 외국선박은 조약에서 정한 항만 외에는 자유롭게 출입할 수 없고, 군항은 군용을 위하여 특별히 그 수면의 사용에 제한이 있다. 그 규칙은 해군대신이 정하고 무역항은 항만경찰규칙의 범위 내에서 자유롭게 사용을 할 수 있다.

항해의 안전을 보호하고 항해의 사업을 장려하는 것은 행정의 중요한 업무이다. 법령으로

此를定홈이詳確혼바ㅣ나然이나其設備의性質은直接으로行政權과公衆自由의範圍를定ᄒᆞ는法規는아니오航海의安全홈을計劃ᄒᆞ기爲ᄒᆞ야必要혼營造物의設備及海員에對ᄒᆞ는訓示或은事實的補助行爲에屬ᄒᆞᄂᆞ니例如航路標識을設置ᄒᆞ며海上衝突豫防法을制定ᄒᆞ야(航海技術에關홈인故로玆에其規定을不揭홈)船舶及造船業을保維奬勵홈과如혼者ㅣ니라

外國通航에關ᄒᆞ야는制限이特有ᄒᆞ니此는稅關法에規定혼바ㅣ라盖其制限은關稅를處理홈에專在홈으로外國通航을奬勵ᄒᆞ는法律의精神과抵觸됨은아니니外國通航船은法令으로特許혼境遇外에(輸出入港)外國貿易에公開혼商港이아니면出入홈을不許ᄒᆞ고또船舶管轄ᄒᆞ는稅關長의認可를不得ᄒᆞ면外國에航行홈을不得ᄒᆞᄂᆞ니稅關長은其積載物을檢査홀權이有혼類의制限이오其他諸般船舶出入에關ᄒᆞ야其地港則에服從홀事는論을不俟홀바ㅣ니라

航路를遠洋、近海、沿海、平水의四種으로分類홈은船舶의種類를依ᄒᆞ야其航行ᄒᆞ기可得홀水路를制限ᄒᆞ는必要上으로從出홈이오自由航路됨에在ᄒᆞ야其性質을相異케혼바는無호대但其船舶의種類와構造等을依ᄒᆞ야航海의安全홈

이를 정하는 것이 확실하지만, 그 설비의 성질은 직접적으로 행정권과 공중의 자유의 범위를 정하는 법규가 아니라 항해의 안전을 도모하기 위하여 필요한 영조물의 설비 및 선원에 대한 훈시 또는 사실적 보조행위에 속한다. 예를 들면, 항로표지를 설치하고 해상충돌예방법을 제정하여(항해기술에 관한 것이므로 그 규정을 열거하지 않음) 선박 및 조선업의 보호·장려와 같은 것이다.

외국통항에 관해서는 특별한 제한이 있는데, 이는 세관법에서 규정하고 있다. 대략 그 제한은 관세의 처리에 전속하므로, 외국통항을 장려하는 법률의 정신과 저촉되는 것은 아니다. 외국통항선은 법령으로 특허를 받은 경우 외에 (수출입항) 외국무역에 공개한 무역항이 아니면 출입이 허용되지 않고 선박을 관할하는 세관장의 인가를 받지 않으면 외국에 항행할 수 없다. 세관장이 적재물을 검사할 수 있는 권한이 있는 등의 제한이 있고, 그밖에 모든 선박의 출입에 관하여 항해규칙에 복종하여야 한다는 것은 말할 나위가 없다.

항로를 원양, 근해, 연해, 평수*의 4종류로 분류하는 것은 선박의 종류에 따라 항행할 수 있는 수로를 제한할 필요에서 나오는 것이고, 자유항로로서의 성질을 다르게 하는 것은 없는데, 선박의 종류와 구조 등에 따라 항해의 안전

* 역자 주: 호수, 항만, 만의 수면을 말한다.

을爲ᄒᆞ야其使用ᄒᆞ기可得홀處所를制限홈이니其制限은船舶檢査를依ᄒᆞ야此를定홈이오通航自由의制限은아님으로寧히船舶搆造의制限이라謂홀지니라

第二十四欵　河川

河川은公共의水路를삼으며또水利의經營을삼음에重大ᄒᆞᆫ關係가有ᄒᆞᆫ故로法律은其管理使用及維持의方法을規定ᄒᆞᄂᆞ니主務大臣은河川公共利益에重大ᄒᆞᆫ關係가有ᄒᆞᆫ者를認定ᄒᆞ면地方行政廳은亦其河川의支流가派川된者를認定ᄒᆞ야其指定ᄒᆞᆫ者ᄂᆞᆫ河川法을依ᄒᆞ야此를經紀홈이可ᄒᆞ니라

河川의管理ᄂᆞᆫ該地方行政廳의權限이오此를維持홈은其團体의擔負가됨으로써通則을삼ᄂᆞ니其利害關係가道郡에關涉ᄒᆞ거나又其工事의重大ᄒᆞᆫ者ᄂᆞᆫ主務大臣이此를管理ᄒᆞ거나又其工事의利益을特受ᄒᆞᄂᆞᆫ公共團体行政廳에命ᄒᆞ야施行케홈도得ᄒᆞ며又或地方行政廳은命令의定ᄒᆞᆫ바를從ᄒᆞ야其管內의下級行政廳으로ᄒᆞ야곰河川에關ᄒᆞᆫ工事를施行케ᄒᆞ며又ᄂᆞᆫ此를維持케홈도可得ᄒᆞᄂᆞ니라

河川에在ᄒᆞᆫ舟筏의通行及流水ᄂᆞᆫ一般히自由에係ᄒᆞᆫ바오此에對ᄒᆞᆫ警察의制限

을 위하여 사용할 수 있는 장소를 제한할 수는 있다. 그 제한은 선박검사에 따라 정해지고 통항의 자유의 제한은 아니므로, 오히려 선박구조의 제한이라고 할 수 있다.

제24관 하천

하천은 공공의 수로 및 수리의 경영에 중대한 관계가 있으므로, 법률은 그 관리·사용 및 유지의 방법을 규정하고 있다. 주무대신이 하천을 공공이익에 중대한 관계가 있다고 인정한 다음 지방행정청이 그 하천의 지류를 지천* 으로서 인정하여 지정한 것은 하천법에 의하여 이를 관리할 수 있다.

하천의 관리는 해당 지방행정청의 권한이고 이를 유지하는 것은 그 단체가 부담하는 것을 원칙으로 한다. 이해관계가 도·군에 관계되어 있거나 그 공사가 중대한 것은 주무대신이 관리하거나 공사의 이익을 특별히 받는 공공단체의 행정청에게 명하여 시행하게 할 수도 있고, 지방행정청은 명령이 정하는 바에 따라 그 관내의 하급행정청으로 하여금 하천에 관한 공사를 시행하게 할 수 있으며 이를 유지하게 할 수 있다.

하천에 있는 배와 뗏목의 통행 및 유수는 일반적으로 자유와 관계가 있는 것이고, 이에 대한 경찰의 제한

* 역자 주: 본문상의 '파천(派川)'은 하나의 흐름을 유지하는 하천이 두 개 이상의 흐름으로 구분될 때, 크기가 작은 하천을 말한다. 여기에서는 지천이라고 번역하기로 한다.

은行政廳命令權에委任ᄒᆞ고總히河川基址와或流水를占用ᄒᆞ거나又는河川의保全及水利水害에直接關係를可及ᄒᆞᆯ工作物의新築、改築或除却及其他의設는地方行政廳의許可를要ᄒᆞᄂᆞ니地方行政廳은河川의公共에用을完全케ᄒᆞ기爲ᄒᆞ거나又或水利水害의經紀를爲ᄒᆞ야는其許可ᄒᆞᆫ바를繳消或停止ᄒᆞ거나且或變更ᄒᆞᆷ도得ᄒᆞ며農工用과或家用을爲ᄒᆞ야流水를使用ᄒᆞᆷ은地方警察及營造物性質에抵觸치아니ᄒᆞᆯ限度內에在ᄒᆞ야自由에係ᄒᆞᆫ바ㅣ로대다만行政廳에셔河川의使用或占用을許可ᄒᆞᆯ時는此에對ᄒᆞ야使用料及占用料를徵收ᄒᆞᆷ을得ᄒᆞ며또私人或公共團体에셔舟筏의便利를營圖ᄒᆞ기爲ᄒᆞ야工事를施行ᄒᆞᆫ時는舟筏의通航料를徵收ᄒᆞᆯ事를許可ᄒᆞᆷ도有ᄒᆞ나但其年限은許可ᄒᆞᆫ時로브터三十個年을超過ᄒᆞ기不得ᄒᆞᆯ지니라

河川에關ᄒᆞᆫ費用은該道郡의擔負를삼음으로써通則을삼ᄂᆞ니地方行政廳은其下級公共團体로ᄒᆞ야곰河川에關ᄒᆞᆫ費用의一部를擔負케ᄒᆞᆷ을得ᄒᆞ며其公共團体는亦是河川에關ᄒᆞᆫ費用에對ᄒᆞ야利害關係의厚薄으로써標準을삼아其區域內에셔不均一히賦課ᄒᆞᆷ을可得ᄒᆞᄂᆞ니라

은 행정청의 명령권에 위임하고, 하천의 터 또는 유수를 점용하거나 하천의 보전 및 수리·수해에 직접적인 영향을 미칠 수 있는 공작물의 신축, 개축 또는 제거 및 그 밖의 설치는 지방행정청의 허가가 필요하다. 지방행정청은 하천의 공공이용의 완수를 위하여 또는 수리·수해의 관리를 위하여 허가를 취소 또는 정지하거나 변경할 수 있다. 농공용과 가정용을 위한 유수의 사용은 지방경찰 및 영조물의 성질에 저촉하지 않는 한도 내에서 자유와 관련이 있는데 행정청이 하천의 사용 또는 점용을 허가할 때에는 이에 대한 사용료 및 점용료를 징수할 수 있고, 사인 또는 공공단체가 배와 뗏목의 편리를 도모하기 위하여 공사를 시행한 때에는 배와 뗏목의 통항료를 징수할 수 있다는 것을 허가할 수 있지만, 그 기한은 허가한 때로부터 30개년을 넘을 수 없다.

하천에 관한 비용은 해당 도·군이 부담하는 것을 원칙으로 한다. 지방행정청은 하급공공단체로 하여금 하천에 관한 비용의 일부를 부담하게 할 수 있고, 그 공공단체도 하천에 관한 비용에 대하여 이해관계의 정도를 기준으로 그 구역 내에서 균일하지 않게 부과할 수 있다.

主務大臣이直接으로河川의管理나或其維持修繕을行ᄒᆞᆯ境遇에ᄂᆞᆫ其費用의全部或一部ᄅᆞᆯ國庫에셔擔負ᄒᆞᆷ도或有ᄒᆞ며또河川을改良ᄒᆞᆯ工事에要ᄒᆞᄂᆞᆫ豫筭費用이其道郡內의地租額十分의一을超過ᄒᆞᆯ時ᄂᆞᆫ其超過의三分二以內ᄅᆞᆯ國庫에셔補助ᄒᆞᆷ을得호대다만地租額을超過ᄒᆞᆫ部分에對ᄒᆞ야ᄂᆞᆫ其超過의四分의三以內ᄅᆞᆯ補助ᄒᆞᆷ도可得ᄒᆞᄂᆞ니라

河川에關ᄒᆞᆫ工事가他道郡이나或他道郡內의公共團体에셔其利益을另受ᄒᆞ거나又其工事가他道郡內에住民이使用ᄒᆞᆯ必要ᄅᆞᆯ因ᄒᆞ야生ᄒᆞᆫ時ᄂᆞᆫ其道郡이나且其道郡內의公共團体로ᄒᆞ야곰其費用의一部ᄅᆞᆯ擔負케ᄒᆞᆷ도得ᄒᆞ며또河川에工作物을設施ᄒᆞ거나及其流水ᄅᆞᆯ使用ᄒᆞᄂᆞᆫ者의게對ᄒᆞ야其設備或使用에關ᄒᆞᆫ費用의擔負ᄅᆞᆯ特命ᄒᆞᆷ을可得ᄒᆞᄂᆞ니라

河川에關ᄒᆞᆫ行政은主務大臣이此ᄅᆞᆯ監督호대河川法에定ᄒᆞᆫ法律上의義務擔負ᄅᆞᆯ履行치아니ᄒᆞᄂᆞᆫ者에對ᄒᆞ야ᄂᆞᆫ一定ᄒᆞᆫ期限을示ᄒᆞ야履行치아니ᄒᆞᆯ境遇에處斷ᄒᆞᆯ過料「千圜以內」ᄅᆞᆯ定ᄒᆞ야此ᄅᆞᆯ豫告强制ᄒᆞ며又ᄂᆞᆫ行政廳에셔此ᄅᆞᆯ自代執行ᄒᆞ거나或第三者로ᄒᆞ여곰此ᄅᆞᆯ執行케ᄒᆞᆷ을可得호대河川法을依ᄒᆞ야行ᄒᆞᆫ行

주무대신이 직접 하천의 관리 또는 유지·수선을 한 경우에는 비용의 전부 또는 일부를 국고가 부담할 수도 있고, 하천의 개량공사에 필요한 예산비용이 그 도·군 내 토지세액의 10분의 1을 초과할 때에는 초과액의 3분의 2 내에서 국고에서 보조할 수 있지만, 토지세액을 초과한 부분에 대해서는 초과액의 4분의 3 내에서 보조할 수도 있다.

하천에 관한 공사가 다른 도·군이나 다른 도·군 내의 공공단체가 이익을 나누어 받거나 그 공사가 다른 도·군 내에의 주민이 사용하기 위한 필요에서 기인한 때에는 그 도·군이나 또는 그 도·군 내의 공공단체로 하여금 비용의 일부를 부담하게 할 수 있고, 하천에 공작물을 설치하거나 유수를 사용하는 사람에게 설치 또는 사용에 관한 비용의 부담을 특별히 명할 수 있다.

하천에 관한 행정은 주무대신이 감독하는데, 하천법에서 정한 법률상의 의무의 부담을 이행하지 않는 사람에 대해서는 일정한 기한 내에 이행하지 않을 경우에 처단할 과료(1,000환 이내)를 정하여 예고·강제하고, 행정청이 자기집행하거나 제3자로 하여금 집행하게 할 수 있는데, 하천법에 따라 행한 행

政處分에對ᄒᆞ야私人이나或公共團体ᄂᆞᆫ訴願及行政訴訟을提起ᄒᆞᆷ을可得ᄒᆞᄂᆞ니라

第二十五欵　船舶及船員海員

大凡船舶은船籍航港을定ᄒᆞ고其地邑、市、面、村事務廳이나或은浦口事務廳船籍에編入ᄒᆞᄂᆞ니大韓船舶은總히大韓國旗ᄅᆞᆯ揭揚ᄒᆞᆷ을要ᄒᆞ며또大韓船舶이아니면此ᄅᆞᆯ揭揚ᄒᆞᆷ을不許ᄒᆞ고登簿噸數十五噸이나或은百五十石以上의船舶은通信主管廳에船籍證書ᄅᆞᆯ交付ᄒᆞᆷ을申請ᄒᆞᄂᆞ니船籍證書ᄂᆞᆫ船舶의番號、信號、符字、船名、船主及船舶構造에關ᄒᆞᆫ事項을詳細紀載ᄒᆞᆫ公의證明書ㅣ라故로船籍證書ᄂᆞᆫ恒常備置ᄒᆞ고船長이此ᄅᆞᆯ監守호대何時던지職權이有ᄒᆞᆫ者의請求ᄅᆞᆯ應ᄒᆞ야此ᄅᆞᆯ其檢閱ᄒᆞᆷ에可供ᄒᆞᆯ지며船籍에紀載ᄒᆞᆫ事項에變更이有ᄒᆞᆯ時ᄂᆞᆫ其訂正ᄒᆞᆷ도請ᄒᆞ며又ᄂᆞᆫ船籍證書ᄅᆞᆯ換給ᄒᆞᆷ도要求ᄒᆞᄂᆞ니라

船舶의積量을測度ᄒᆞᆷ에ᄂᆞᆫ其特定ᄒᆞᆫ規則을依ᄒᆞᄂᆞ니積量測度ᄂᆞᆫ總히曲尺（我木尺과同ᄒᆞᆷ）을用호대西洋形式船舶의積量은百立方尺을一噸이라ᄒᆞ며東洋形式船舶의積量은（即日本船舶）十立方尺을一石이라稱ᄒᆞ야西洋形式船舶에

정처분에 대하여 사인이나 공공단체는 소원 및 행정소송을 제기할 수 있다.

제25관 선박 및 선원·해원

무릇 선박은 선적·선항을 정하고 읍, 시, 면, 촌의 사무청이나 포구사무청의 선적에 편입한다. 대한선박은 모두 대한국기를 게양하여야 하고, 대한선박이 아니면 이를 게양하는 것이 허용되지 않으며, 등록톤수 15톤 혹은 150석* 이상의 선박은 통신 주관청에 선적증서의 교부를 신청한다. 선적증서는 선박의 번호, 신호, 부호, 선명, 선주 및 선박구조에 관한 사항을 상세히 기재한 공적 증명서이다. 그러므로 선적증서는 항상 비치하고 선장이 보관하면서 언제든지 권한이 있는 사람의 청구에 따라 검열에 제공하여야 하고, 선적에 기재한 사항에 변경이 있는 때에는 정정을 신청하고 선적증서의 환급을 요구할 수 있다.

선박의 적재량을 측정하는 것에는 특정한 규칙에 따른다. 적재량의 측정은 모두 곱자(우리의 나무자와 같음)를 이용하는데, 서양형식의 선박에 대한 적재량은 백단위 척도를 1톤이라고 하고, 동양형식의 선박에 대한 적재량은(즉, 일본선박) 십단위 척도를 1석이라고 한다. 서양형식의 선박에

* 역자 주: 무게의 단위이다.

在ᄒᆞ야ᄂᆞᆫ總積量으로總噸數를삼아其總噸數로브터乘組員의常用室及機關室의噸數를除ᄒᆞᆫ者로登簿噸數를삼ᄂᆞ니船舶은總히公의積量測度를受ᄒᆞᆷ을要ᄒᆞᄂᆞ니라

船舶은各其國家에서設置ᄒᆞᆫ船舶司檢所檢査를受ᄒᆞ고檢査證書를保有ᄒᆞᆷ을要ᄒᆞᄃᆡ다만海軍艦船艇과밋登簿噸數十五噸未滿或積石數百五十石未滿의風帆船等은檢査를不要ᄒᆞᄂᆞ니라檢査의目的은航海의安全ᄒᆞᆷ을爲ᄒᆞ야船舶이航海ᄒᆞᆷ에可適ᄒᆞᆫ與否를審査ᄒᆞ며또船舶이航行ᄒᆞ기可得ᄒᆞᆯ處所를限定ᄒᆞᆷ이니滊船은遠洋航船과近海航船과沿海航船과平水航船의四種으로定ᄒᆞ고風帆船은遠洋航船과近海航船의二種으로定ᄒᆞᄂᆞ니盖船舶은檢査를因ᄒᆞ야其航行期間을定ᄒᆞᄃᆡ滊船은三個月以上一個年以內며風帆船은六個月以上三個年以內니航行期間이滿了ᄒᆞᆫ時나且或航行期間以內라도特히檢査ᄒᆞᆯ必要가有ᄒᆞᆫ時ᄂᆞᆫ更히此를行ᄒᆞᆯ지오船舶檢査證書에ᄂᆞᆫ航路定限과旅客定員과滊壓制限과밋航行期間을定ᄒᆞ야此를記載ᄒᆞ고檢査官吏ᄂᆞᆫ何時던지船舶에臨視ᄒᆞ야特이檢査ᄒᆞᆯ必要가有ᄒᆞᆯ時ᄂᆞᆫ其航行ᄒᆞᆷ을停止ᄒᆞ기可得ᄒᆞ며또船舶檢査에對ᄒᆞ야不服ᄒᆞᄂᆞᆫ者

있어서는 총적재량을 총톤수로 하고 그 총톤수로부터 승조원의 상용실 및 기관실의 톤수를 제외한 것을 등록톤수로 한다. 선박은 모두 공적으로 적재량의 측정을 받아야 한다.

선박은 각각의 국가에서 설치한 선박사검소의 검사를 받고 검사증서를 가지고 있어야 한다. 다만 해군함선정과 등록톤수 15톤 미만 또는 적재석수 150석 미만의 범선 등은 검사를 받지 않아도 된다. 검사의 목적은 항해의 안전을 위하여 선박이 항해에 적합한지 여부를 심사하고 선박이 항행할 수 있는 장소를 제한하는 것이다. 기선은 원양항선과 근해항선, 연해항선 및 평수항선의 4종으로 정하고, 범선은 원양범선과 근해범선의 2종으로 정한다. 대략 선박은 검사결과에 따라 항행기간을 정하는데, 기선은 3개월 이상 1개년 이내이고, 범선은 6개월 이상 2개년 이내이다. 항행기간이 만료된 경우나 항행기간 내라도 특별히 검사할 필요가 있는 때에는 다시 이를 행하여야 하고, 선박검사증서에는 항로제한과 여객정원 및 기압제한과 항행기간을 정하여 기재하며, 검사관리는 언제든지 선박에 임검하여 특별히 검사할 필요가 있는 때에는 항행을 정지하게 할 수 있고, 선박검사에 대하여 불복하는 사람

ᄂᆞᆫ主務官廳(通信院或農商工部)의再檢查를受홈을申請홈도可得ᄒᆞᄂᆞ니라

船舶에ᄂᆞᆫ法律의規定을依ᄒᆞ야一定ᄒᆞᆫ船舶職員을乘組케홈을要ᄒᆞᄂᆞ니船舶職員이라홈은船長、運轉士、及機關士를指稱홈이니試驗을經ᄒᆞ거나又ᄂᆞᆫ履歷을由ᄒᆞ야海技에堪能홈으로認ᄒᆞᄂᆞᆫ者의게海技免許狀을交付ᄒᆞᄃᆡ海技免許狀을不有ᄒᆞᄂᆞᆫ船舶職員될事를不得ᄒᆞ며海員免許狀을受有ᄒᆞᆫ者가其職務를行홈에至ᄒᆞ야左記事項에該當ᄒᆞᆯ時ᄂᆞᆫ海員審判所의裁決로ᄡᅥ懲戒를可加ᄒᆞᆯ지니라

一、正當ᄒᆞᆫ理由가無ᄒᆞ고其船舶을放棄ᄒᆞᆫ時

二、過失懈怠又ᄂᆞᆫ不當ᄒᆞᆫ所爲를因ᄒᆞ야自他의船舶을不問ᄒᆞ고此에損害를加ᄒᆞ거나或은此를沉沒케ᄒᆞᆫ時

三、過失懈怠를因ᄒᆞ거나又ᄂᆞᆫ不當ᄒᆞᆫ所爲를因ᄒᆞ야人을殺傷ᄒᆞᆫ時

四、海難에罹ᄒᆞ야其船舶又ᄂᆞᆫ船客乘組員의救助方法을不盡ᄒᆞᆫ時

五、海難에罹ᄒᆞᆫ船舶이有ᄒᆞᆫ事를認ᄒᆞ고도正當ᄒᆞᆫ理由가업시其船舶이나또船客乘組員을救助ᄒᆞᆯ方法을不盡ᄒᆞᆫ時

六、職務上의義務를違背ᄒᆞ거나又ᄂᆞᆫ職務를懈怠히ᄒᆞᆫ時

은 주무관청(통신원 또는 농상공부)의 재검사를 신청할 수 있다.

선박에는 법률의 규정에 따라 일정한 선박직원을 승조하게 하여야 한다. 선박직원이라 함은 선장, 운전사 및 기관사를 가리킨다. 시험을 거치거나 이력에 의하여 선원이 갖추어야 할 기술에 능력이 있다고 인정하는 사람에게 해기면허장을 교부하는데, 해기면허장을 가지지 않고는 선박직원이 될 수 없고, 해원면허증을 가지고 있는 사람이 직무를 행함에 있어서 아래의 사항에 해당하는 때에는 해원심판소의 재결로 징계할 수 있다.

① 정당한 이유 없이 선박을 방기한 때
② 과실·태만 또는 부당한 행위로 인하여 자타의 선박을 불문하고 손해를 가하거나 침몰하게 한 때
③ 과실·태만으로 인하거나 부당한 행위로 인하여 사람을 살상한 때
④ 해난을 당하여 선박 또는 선객·승조원의 구조하는 방법을 다하지 않은 때
⑤ 해난을 당한 선박이 있는 것을 알고도 정당한 이유 없이 그 선박이나 선객·승조원을 구조하는 방법을 다하지 않은 때
⑥ 직무상의 의무를 위배하거나 직무를 해태한 때

七、亂醉粗暴와其他失行이有ᄒᆞᆫ時

懲戒ᄂᆞᆫ(一)免許狀行使의禁止(二)免許狀行使의停止(三)譴責의三種으로定ᄒᆞ며海員審判所ᄂᆞᆫ地方審判所와밋高等審判所의二種으로分ᄒᆞ야地方海員審判所ᄂᆞᆫ船舶檢査所에置ᄒᆞ고高等海員審判所ᄂᆞᆫ通信主管廳에置ᄒᆞᄂᆞ니其組織及審判節次ᄂᆞᆫ海員懲戒法에此ᄅᆞᆯ定ᄒᆞ니라

海員의雇傭은私法上의契約으로서私法의規程을依ᄒᆞᆷ이나然이나西洋模制船에關ᄒᆞ야ᄂᆞᆫ規程을特設ᄒᆞᄂᆞ니其海員의雇傭은公益上行政廳의公認을要ᄒᆞ며其雇傭及期限에關ᄒᆞ야公益上의制限이有ᄒᆞ나然이나其規定은實質上公法에可屬ᄒᆞᆯ지라도商法典의規定과對照ᄒᆞ야解說ᄒᆞᆷ이便宜ᄒᆞᆫ故로玆에詳說치아니ᄒᆞ노라解雇ᄂᆞᆫ期間이滿了ᄒᆞᆷ을不拘ᄒᆞ고此ᄅᆞᆯ雇入ᄒᆞ던地에서行ᄒᆞᆷ을要호대不得已ᄒᆞᆫ境遇에ᄂᆞᆫ雇人地外와契約期限을不拘ᄒᆞ고解雇ᄒᆞᆷ을可得ᄒᆞ나然이나其原因이海員의過失에係ᄒᆞᆫ境遇外에ᄂᆞᆫ雇入地로歸還케ᄒᆞᄂᆞᆫ費用은雇主가擔負ᄒᆞᆷ을要ᄒᆞ고船內의規律을犯ᄒᆞᆫ重大過失이有ᄒᆞᆫ等의境遇에ᄂᆞᆫ何時던지解雇ᄒᆞᆷ을可得ᄒᆞ며또被雇者ᄂᆞᆫ虐待ᄅᆞᆯ受ᄒᆞ거나或飮食物及給料의正當ᄒᆞᆫ支給을未受

⑦ 술에 취하여 폭력을 휘두르거나 그밖에 바르지 못한 행동이 있는 때

징계는 (1) 면허장 행사의 금지, (2) 면허장 행사의 정지, (3) 견책의 3종이 있다. 해원심판소는 지방심판소와 고등심판소의 2종으로 나누어 지방해원심판소는 선박검사소에 설치하고 고등해원심판소는 통신주관청에 설치하는데, 조직 및 심판절차는 해원징계법에서 정한다.

해원의 고용은 사법상 계약으로서 사법의 규정에 의하는 것이지만, 서양식 선박에 관해서는 특별한 규정이 있다. 그 해원의 고용은 공익상 행정청의 공인을 요하고 고용 및 기한에 관하여 공익상의 제한이 있지만, 그 규정이 실질적으로 공법에 속할지라도 상법전의 규정과 대조하여 해설하는 것이 편리하므로, 여기에서는 상세히 설명하지 않는다. 해고는 기간의 만료 여부와 관계없이 고용하였던 곳에서 행해져야 한다. 다만 부득이한 경우에는 고용지 바깥인지 여부와 계약기간이 만료되었는지 여부와 관계없이 해고할 수 있으나, 그 원인이 해원의 과실과 관련된 경우 외에는 고용된 곳으로 귀환하는 비용을 고용주가 부담하여야 하고, 선내의 규율을 위반한 중대한 과실이 있다는 등의 경우에는 언제든지 해고할 수 있다. 피용자는 학대를 받거나 음식물 및 급료의 정당한 지급을 받지 못

홀時ᄂᆞᆫ何時던지其契約을解ᄒᆞ며ᄯᅩᄒᆞᆫ其雇入地에還到ᄒᆞᆯ費用을請求ᄒᆞᆷ을可得ᄒᆞᄂᆞ니此類의規程은當事者間에利益을保護ᄒᆞᆯᄲᅮᆫ아니라亦是公의秩序와利益에關係가深重ᄒᆞᆫ所以니라

第六節　敎化

第一款　敎育

敎育에關ᄒᆞ야國家ᄂᆞᆫ學校ᄅᆞᆯ設備ᄒᆞ고普通小學敎育을强行ᄒᆞ야此ᄅᆞᆯ受케ᄒᆞ며高等敎育은此ᄅᆞᆯ保護奬勵ᄒᆞᄂᆞ니敎育行政法은學校로ᄡᅥ公의營造物을삼아設立、維持及使用의方法을定ᄒᆞ고ᄯᅩ敎育의本旨ᄅᆞᆯ明白히ᄒᆞ야其程度ᄅᆞᆯ示ᄒᆞᆷ이니라

我國에在ᄒᆞᆫ敎育의本旨ᄂᆞᆫ勅令第一百三十六號와光武八年五月二十三日勅語와밋光武十年八月二十七日勅令第四十號로明示ᄒᆞ심으로敎育行政은此勅令勅語ᄅᆞᆯ奉遵ᄒᆞ야此ᄅᆞᆯ完全케ᄒᆞᆷ을勉勵ᄒᆞᆯ지니敎育의自由ᄂᆞᆫ一般히認許ᄒᆞᆷ이나然이나此敎育의大本되ᄂᆞᆫ聖旨에不合ᄒᆞᆫ者ᄂᆞᆫ此ᄅᆞᆯ可히禁壓ᄒᆞᆯ지니라

道德敎育과國民敎育의基礎及各人生活의必要ᄒᆞᆫ普通知識과技術能藝ᄅᆞᆯ敬授

할 때에는 언제든지 계약을 해제하고 고용된 곳으로 돌아갈 비용을 청구할 수 있다. 이러한 규정을 둔 것은 당사자의 이익을 보호할 뿐만 아니라 공공질서와 이익 사이에도 관계가 깊기 때문이다.

제6절 교화

제1관 교육

교육에 관하여 국가는 학교를 설치하고 보통소학교육을 강제로 받게 하며, 고등교육은 보호·장려한다. 교육행정법은 학교를 공공영조물로 삼아 설립·유지 및 사용의 방법을 정하고 교육의 본지를 명백하게 하여 그 정도를 제시한다.

우리나라에서 교육의 본지는 칙령 제136호와 광무 8년 5월 23일 칙어 및 광무 10년 8월 27일 칙령 제40호에 명시되어 있으므로, 교육행정은 위 칙령과 칙어를 받들어 완수하게 하는 것을 장려하여야 한다. 교육의 자유는 일반적으로 인정되는 것이지만, 위와 같은 교육의 근본이 되는 취지에 합치하지 않는 것은 금지되어야 한다.

도덕교육과 국민교육의 기초 및 개인생활에 필요한 보통지식과 기술과 예능을 전수

ᄒᆞ며國民의身体發達과밋精神的發達을計劃ᄒᆞᆷ은國家社會公益에其關係가至大ᄒᆞᆫ故로國家ᄂᆞᆫ强制敎育의主義를採用ᄒᆞᆷ이라强制敎育의主義를實行코져ᄒᆞᆯ진대全國에學校를設ᄒᆞ고就學의便利를與ᄒᆞᆷ을要ᄒᆞᆯ지니是故로公의營造物을삼아學校를維持ᄒᆞᆷ이며又其强制敎育의實行은公費로써此를不授ᄒᆞ면其目的을能達ᄒᆞ기不得ᄒᆞᄂᆞᆫ故로學校의費用은公共團体의擔負를삼음이오敎育의方針과程度를一致케ᄒᆞ기爲ᄒᆞ야또ᄒᆞᆫ敎育實質에關ᄒᆞᆫ行政命令을發ᄒᆞ며또此를監督ᄒᆞᄂᆞ니라然이나我國에在ᄒᆞ야ᄂᆞᆫ所謂强制敎育의法令과義務敎育의責任에關ᄒᆞᆫ制度와全國內에學校의設備가아직不完ᄒᆞᆫ故로玆에詳說키不能ᄒᆞ고다만敎育의大旨를指示ᄒᆞᆷ에止ᄒᆞ노라

高等敎育에關ᄒᆞ야ᄂᆞᆫ强制就學의制度를不取ᄒᆞ나然이나公의營造物을ᄉᆞᆷ아各種의學校를設備ᄒᆞᆷ으로써文化의發達ᄒᆞᆷ을勸導ᄒᆞᄃᆡ國庫或은公共團体의擔負로셔費用을支辨ᄒᆞᆷ으로通則을삼ᄂᆞ니라

學校를私設ᄒᆞ고學術技藝를敎授ᄒᆞᆷ은自由오國家가學校를公設ᄒᆞ고强制로敎育을受케ᄒᆞᆷ은敎育을普及케ᄒᆞᆯ目的이오國家의專業을삼음은아닌故로敎育의

하고 국민의 신체발달과 정신적 발달을 도모하는 것은 국가사회의 공익과 관계가 매우 크므로, 국가는 강제교육의 원칙을 채택한 것이다. 강제교육의 원칙을 실행하기 위하여 전국에 학교를 설치하고 취학을 편리하게 하여야 한다. 그러므로 공공영조물로서 학교를 유지하고 강제교육의 실행을 공비로 하지 않으면 목적을 달성할 수 없으므로, 학교의 비용은 공공단체의 부담으로 하고 교육의 방침과 정도를 통일하기 위하여 교육의 실질에 관한 행정명령을 발하며 이를 감독한다. 그러나 우리나라에서는 강제교육의 법령과 의무교육의 책임에 관한 제도 및 전국적으로 학교의 설치가 아직 완수되지 못하였으므로, 여기에서 상세히 설명할 수 없고 교육의 대의를 제시하는 것에 그친다.

고등교육에 관해서는 강제취학의 제도를 채택하지 않으나, 공공영조물로서 각종 학교를 설치하여 문화의 발달을 유도하되, 국고 또는 공공단체의 부담으로 비용을 지출하는 것을 원칙으로 한다.

학교를 사적으로 설치하고 학술·기예를 교수하는 것은 자유이고, 국가가 학교를 공설하고 강제로 교육을 받게 하는 것은 교육을 보급하게 할 목적이지 국가의 전업으로 삼는 것은 아니므로, 교육의

本旨를無違코公의秩序를無害홀範圍內에셔教育을授ᄒᆞ거나또此를受ᄒᆞᄂᆞᆫ自由를容認홈이니라

學術技藝를保護奬勵ᄒᆞ며社會文化의啓發을企圖ᄒᆞᄂᆞᆫ方法은大概各人의自由를强制限定치아니코施行홈인故로直接으로行政法理問題에不入ᄒᆞ며又其方法設備ᄂᆞᆫ此를豫先列擧ᄒᆞ기不可ᄒᆞ니다만法令으로써設備ᄒᆞᄂᆞᆫ普通學校와밋高等學校ᄂᆞᆫ特其顯著ᄒᆞᆫ者로셔教育行政의主眼된設備인故로其大綱을揭ᄒᆞ야其効用을明瞭케ᄒᆞ노라

第二款　普通教育

普通學校ᄂᆞᆫ兒童身体發達에留意ᄒᆞ야道德教育及國民教育을施ᄒᆞ며日常生活에必要ᄒᆞᆫ普通知識과技藝를教授홈으로써本旨를삼ᄂᆞ니道德教育은人倫의常道를明白케홈이며國民教育은國民된責任을訓示홈이며智能教育은各人生活의費用을教授ᄒᆞ야써忠直賢良ᄒᆞᆫ臣民과孝悌愛敬ᄒᆞᆫ家族과有用信實ᄒᆞᆫ社會의公民을養成코져홈이니라(光武十年八月二十七日勅令第四十四號叅考)

兒童滿八歲로브터滿十四歲에至ᄒᆞ기ᄭᆞ지六個年間을學齡이라ᄒᆞ야此學齡兒

본지를 위반하지 않고 공공질서에 해가 없는 범위 내에서 교육하거나 받는 자유는 허용된다.

학술·기예를 보호·장려하고 사회문화의 계발을 도모하는 방법은 대부분 개인의 자유를 강제로 한정하지 않고 시행하는 것이므로, 직접적으로 행정법리의 문제에 들어가지 않고 방법과 설비를 미리 열거할 수 없다. 다만 법령으로 설치하는 보통학교와 고등학교는 특히 현저한 것으로 교육행정의 주된 설비이므로, 대강을 제시하여 그 효용을 명료하게 하겠다.

제2관 보통교육

보통학교는 아동의 신체 발달에 유의하여 도덕교육 및 국민교육을 시행하고 일상생활에 필요한 보통지식과 기예를 가르치는 것을 본지로 한다. 도덕교육은 인륜의 상도를 명백하게 하는 것이고, 국민교육은 국민으로서의 책임을 훈시하는 것이며, 지능교육은 개인생활의 비용을 가르침으로써, 충직하고 어진 신민, 효도하고 공경하는 가족과 쓸모 있고 신실한 사회의 공민을 양성하고자 하는 것이다(광무 10년 8월 27일 칙령 제44호 참조).

아동이 만 8세부터 만 14세까지 6개년간을 학령이라고 하고, 학령아

童을可히保護ᄒᆞᆯ責任이有ᄒᆞᆫ者는其學齡兒童으로ᄒᆞ야곰尋常普通의敎科를修了치아니ᄒᆞᆫ其間에는就學케ᄒᆞᆯ義務가有호대다만貧困疾病과其他不得已ᄒᆞᆫ事故를因ᄒᆞ야就學케ᄒᆞ기不能ᄒᆞᆯ時는邑、市、面、村長의게修學의寬限又는免除ᄒᆞᆷ을申請ᄒᆞᆷ을要ᄒᆞᆯ지며又其家庭이나其他의公認ᄒᆞᆫ普通學校以外에在ᄒᆞ야尋常普通의敎科를履修코져ᄒᆞᆯ時는邑、市、面、村長의許可를得ᄒᆞᆷ을要ᄒᆞᆯ지니라

普通學校는此를尋常普通學校及高等普通學校로分ᄒᆞᆷ이라尋常普通學校의敎科目은修身、讀書、作文、算術、體操ㅣ니卽强制敎育의科目이오其修業年限은三年乃至四個年으로定ᄒᆞ고高等普通學校의敎科目은修身、讀書、作文、算術、本國地誌、本國歷史、外國地誌、理科、圖畵、唱歌、體操等이니地方의情況을依ᄒᆞ야該地方觀察使의許可를得ᄒᆞᆫ後에尋常及高等의敎科目을加減ᄒᆞ며또補習科를置ᄒᆞ고又或高等普通學校에農工商科로專修科를삼아設置ᄒᆞᆷ도得ᄒᆞ며또徒弟學校及實業補習學校는普通學校를삼아設立ᄒᆞᆷ을可得ᄒᆞ나然이나現今我國의敎育制度는舊慣의制度로브터新式更張ᄒᆞ는時代에跨在ᄒᆞᆫ故로强制의義務敎育制度를確然定立ᄒᆞᆫ法規가姑且未備ᄒᆞᆷ으로써此에詳說키不能ᄒᆞ고但其

동을 보호하여야 할 책임이 있는 사람은 그 학령아동이 통상적인 보통교과를 수료하지 않았으면 취학하게 할 의무가 있다. 다만 빈곤과 질병 그밖에 부득이한 사정으로 인하여 취학하게 할 수 없는 때에는 읍, 시, 면, 촌장에게 수학의 유예 또는 면제를 신청하여야 하고, 가정이나 그밖에 공인된 보통학교 이외에서 통상적인 보통교과를 이수하고자 할 때에는 읍, 시, 면, 촌장의 허가를 받아야 한다.

보통학교는 이를 수상보통학교 및 고등보통학교로 나눈다. 수상보통학교의 교과목은 수신, 독서, 작문, 산술, 체조로서, 강제교육의 과목에 해당하고 수업연한은 3년 내지 4개년으로 한다. 고등보통학교의 교과목은 수신, 독서, 작문, 산술, 본국지지, 본국역사, 외국지지, 이과, 도화, 창가, 체조 등이다. 지방의 형편에 따라 해당 지방 관찰사의 허가를 받은 후 수상 및 고등 교과목을 조정할 수 있고, 보습과를 설치하거나 고등보통학교에 농공상과를 전수과로 설치할 수도 있으며, 도제학교 및 실업보습학교는 보통학교로서 설립할 수 있다. 오늘날 우리나라의 교육제도는 구습의 제도로부터 신식으로 개혁하는 시대로 넘어가고 있으므로, 강제의 의무교육제도를 확연하게 정립한 법규가 아직은 미비하여 여기에서 상세히 설명할 수 없고, 그

大旨만畧陳ᄒᆞ노니諸彦은現行文明列邦의教育制度를十分參考ᄒᆞᆷ을望ᄒᆞ노라

普通教則의大綱은學部大臣이此를定ᄒᆞ며其大綱에基因ᄒᆞᆫ教則은各道觀察使가此를定ᄒᆞ야學部大臣의許可를經ᄒᆞᆫ後에施行ᄒᆞ며普通學校의教科用圖書는學部大臣이檢定ᄒᆞᆫ者를依ᄒᆞ야各道에置ᄒᆞᆫ普通圖書審査委員이審査ᄒᆞ야各該道觀察使의許可를受ᄒᆞᆫ者에만限ᄒᆞ며普通學校教員은普通學校教員의許狀을必受ᄒᆞᆯ지니其教員許狀은檢定을依ᄒᆞᆫ合格者의게附與ᄒᆞᄂᆞ니教員이其職務를不盡ᄒᆞ거나或其職務上에可히遵奉ᄒᆞᆯ指令을違背ᄒᆞ거나又或体面을汚辱ᄒᆞᄂᆞᆫ行爲가有ᄒᆞᆫ時ᄂᆞᆫ其業務를停止ᄒᆞ거나又ᄂᆞᆫ許狀을褫奪ᄒᆞᆷ도有ᄒᆞᄂᆞ니라

普通學校를設立維持ᄒᆞᆷ은邑、市、面、村의義務ㅣ니各邑、市、面、村은其區域內의學齡兒童으로ᄒᆞ여곰可히就學케ᄒᆞᆷ에適合ᄒᆞᆫ尋常普通學校를設置ᄒᆞ고其費用을擔負ᄒᆞᄂᆞ니數面村이共同ᄒᆞ야教育事務를行ᄒᆞᆷ이必要ᄒᆞᆷ으로認ᄒᆞᆯ時ᄂᆞᆫ面村學校組合을創設ᄒᆞᆷ을可得ᄒᆞ며邑、市、面、村及面、村組合은普通教育事務를爲ᄒᆞ야此를數區로分ᄒᆞ고一區或數區로ᄒᆞ야곰各專使用케ᄒᆞᄂᆞᆫ普通學校에關ᄒᆞ야ᄂᆞᆫ其區域內에居住ᄒᆞ거나或滯在ᄒᆞ거나又或土地家屋을所有ᄒᆞ거나又或

대의만 간략히 서술하겠다. 따라서 여러분들은 현재 문명국가의 교육제도를 충분히 참고하기를 바란다.

보통교칙의 대강은 학부대신이 정하고 그 대강에 기인한 교칙은 각 도의 관찰사가 정하여 학부대신의 허가를 거친 후에 시행하고, 보통학교의 교과용 도서는 학부대신의 검정에 따라 각 도에 설치된 보통도서심사위원이 심사하여 각 해당 도의 관찰사의 허가를 받은 것만 한정하고, 보통학교의 교원은 보통학교의 교원자격증을 반드시 받아야 한다. 그 교원자격증은 검정에서 합격한 사람에게 부여한다. 교원이 직무를 다하지 않거나 직무상 마땅히 준수하여야 할 지령을 위배하거나 체면을 손상하는 행위가 있는 때에는 업무를 정지하거나 자격을 박탈할 수도 있다.

보통학교를 설립·유지하는 것은 읍, 시, 면, 촌의 의무이다. 각 읍, 시, 면, 촌은 구역 내의 학령아동의 취학에 적합한 수상보통학교를 설치하고 비용을 부담한다. 수 개의 면·촌이 공동으로 교육사무를 행하는 것이 필요하다고 인정하는 때에는 면촌학교조합을 창설할 수 있고, 읍, 시, 면, 촌 및 면·촌조합은 보통교육사무를 위하여 수 개의 구역으로 나누고 한 개의 구역 또는 수 개의 구역에서 각각 전용하는 보통학교에 관해서는 그 구역 내에 거주하거나 체재하거나 토지·가옥을 소유하거나

店舖를定ᄒᆞ고營業ᄒᆞᄂᆞᆫ者가其設立ᄒᆞᆷ을擔負케호대다만其區의所有財產이有ᄒᆞᆯ時ᄂᆞᆫ爲先其收入으로써其費用에充當케ᄒᆞ며各級의地方團体와밋面、村學校組合이나又或邑、市、面、村內及面、村學校組合內의地區에서ᄂᆞᆫ其收入、寄附金及學校에對ᄒᆞᄂᆞᆫ規費等으로써學校基本財產을設ᄒᆞᆷ을得ᄒᆞ고其財團은監督官廳의許可를經由치아니코ᄂᆞᆫ此를廢止或處分ᄒᆞ거나又其收入으로써教育에關ᄒᆞᆫ目的以外에使用ᄒᆞᆯ事를不得ᄒᆞ고可히普通學校에就學ᄒᆞᆯ兒童을保護ᄒᆞᆯ責任이有ᄒᆞᆫ者로브터授業科를徵收호대다만貧窮ᄒᆞᆫ者에對ᄒᆞ야ᄂᆞᆫ此를免除ᄒᆞᄂᆞ니라其授業科ᄂᆞᆫ邑、市、面、村收入에屬ᄒᆞ야學校基本財產을삼음을可得ᄒᆞᆯ지나其邑、市、面、村內에私立尋常普通學校가有ᄒᆞᆯ時ᄂᆞᆫ公立普通學校를設備ᄒᆞᆷ을姑停ᄒᆞ고其私立普通學校로써此에代用케ᄒᆞᆷ도可得ᄒᆞᆯ지니라（光武十年八月二十七日勅令第四十號學部直轄學校及公立學校官制同年同月日勅令第四十四號普通學校令同年九月一日學部令第二十三號普通學校令施行規則叅考）我國前來敎育令에關ᄒᆞ야ᄂᆞᆫ開國五百四年七月十九日勅令第百四十五號小學校令第二條에少學校를分ᄒᆞ야官立小學校公立小學校及私立小學校의三

점포를 정하고 영업하는 사람에게 설립을 부담하게 한다. 다만 그 구역의 소유재산이 있는 때에는 우선 그 수입으로 비용에 충당하게 하고, 각급 지방단체와 면·촌학교조합 내의 지구에서는 수입, 기부금 및 학교에 대한 규비 등으로 학교의 기본재산을 마련할 수 있으며, 그 재단은 감독관청의 허가를 경유하지 않고는 이를 폐지 또는 처분하거나 그 수입을 교육에 관한 목적 이외에 사용할 수 없고, 보통학교에 취학하여야 할 아동을 보호할 책임 있는 사람으로부터 수업료를 징수하되, 빈궁한 사람에 대해서는 이를 면제한다. 수업료는 읍, 시, 면, 촌의 수입에 속하여 학교의 기본재산으로 삼을 수 있다. 그러나 읍, 시, 면, 촌 내에 사립수상보통학교가 있는 때에는 공립보통학교의 설치를 잠시 미루고 사립보통학교를 대용하게 할 수도 있을 것이다(광무 10년 8월 27일 칙령 제40호 학부직할학교 및 공립학교 관제, 같은 날 칙령 제44호 보통학교령, 같은 해 9월 1일 학부령 제23호 보통학교령 시행규칙 참조). 우리나라의 종래 교육령에 관해서는 개국 504년 7월 19일 칙령 제145호 소학교령 제2조에서 소학교를 나누어 관립소학교와 공립소학교 및 사립소학교의 3

種으로ᄒᆞ고同第六條에小學校를分ᄒᆞ야尋常、高等二科로ᄒᆞ며同第十六條에兒童의滿七歲로滿十五歲ᄭᆞ지八個年으로學齡을定ᄒᆞᆫ바ㅣ有ᄒᆞ나光武十年八月二十七日勅令第四十四號普通學校令을頒布ᄒᆞ야前來의小學校에名稱을普通學校라改稱ᄒᆞ고其他中學校ᄂᆞᆫ高等學校라改稱ᄒᆞᆫ故로以上에普通學校라ᄒᆞᆷ은即小學校를指稱ᄒᆞᆷ이오以下에高等學校라稱ᄒᆞᆷ은即中學校를云ᄒᆞᆷ이니라

第三款　高等敎育

高等敎育은普通敎育外에尙且有用ᄒᆞᆫ學識智能을發達케ᄒᆞᆷ으로ᄡᅥ目的ᄒᆞᆷ이니高等敎育은此를强制ᄒᆞ야施行치아니ᄒᆞ고行政은專히敎育에關ᄒᆞᆫ公의營造物을設立ᄒᆞ야此를利用케ᄒᆞᄂᆞᆫ便宜를計圖ᄒᆞ며ᄯᅩ私의敎育所를保護ᄒᆞᄂᆞᆫ等奬勵을方法을依ᄒᆞᄂᆞᆫ者ㅣ라敎育營造物은即學校、圖書館、博物館의類가가장重要ᄒᆞ며其各種公의學校에關ᄒᆞ야ᄂᆞᆫ勅令으로ᄡᅥ其目的及設立을特定ᄒᆞᄂᆞ니今에其大要만揭陳ᄒᆞᆷ이오高等敎育에關ᄒᆞᆫ設備를私行ᄒᆞᆷ은秩序를妨害치아니ᄒᆞᆯ限度以內에서自由에放任ᄒᆞ고行政權이此를專有ᄒᆞᄂᆞᆫ精神은아니니라

高等學校ᄂᆞᆫ普通敎育을受ᄒᆞᆫ者의게尙且高等ᄒᆞᆫ普通敎育을敎授ᄒᆞ야實業이나

종으로 하고, 같은 영 제6조에서 소학교를 나누어 수상, 고등 2과로 하며, 같은 영 제16조에서 아동이 만 7세로부터 만 15세까지 8개년으로 학령을 정하였으나, 광무 10년 8월 27일 칙령 제44호 보통학교령을 공포하여 종래 소학교를 보통학교라고 개칭하고 그 밖의 중학교는 고등학교라고 개칭하였으므로, 이상에서 보통학교라고 하는 것은 소학교를 지칭하는 것이고 이하에서 고등학교라고 부르는 것은 중학교를 말하는 것이다.

제3관 고등교육

고등교육은 보통교육에서 나아가 유용한 학식·지능을 발달하게 하는 것을 목적으로 한다. 고등교육은 강제로 시행하지 않고, 행정은 단지 교육에 관한 공공영조물을 설립하여 이용하게 하는 편의를 도모하며, 사적인 교육수를 보호하는 등의 장려방법을 취한다. 교육영조물로서는 학교, 도서관, 박물관 등이 가장 중요하고 각종 공적인 학교에 관해서는 칙령으로 목적 및 설립을 특별히 정한다. 여기에서는 대강만 서술할 것이고 고등교육에 관한 설치를 사적으로 행하는 것은 질서를 방해하지 않는 한도 내에서 자유에 맡기고 행정권이 이를 전유하는 취지는 아니다.

고등학교는 보통교육을 받은 사람에게 나아가 고등한 보통교육을 가르쳐서 실업이나

又或專門高等學校에入ᄒᆞᆯ準備ᄅᆞᆯ삼음으로目的ᄒᆞᆷ이니尋常高等學校ᄂᆞᆫ各府道에서此ᄅᆞᆯ設置維持ᄒᆞ며其學科及敎育程度ᄂᆞᆫ學部大臣이此ᄅᆞᆯ定ᄒᆞ고其敎科書ᄂᆞᆫ學部大臣의檢定을要ᄒᆞ며其敎員은許狀을有ᄒᆞᆫ者로任用ᄒᆞᆷ이라其外에專門高等學校ᄂᆞᆫ專門學科ᄅᆞᆯ設ᄒᆞ고專門의學術技藝ᄅᆞᆯ敎授ᄒᆞ거나又或敎育의最高等機關된專門大學校에入ᄒᆞᆯ豫備ᄅᆞᆯ爲ᄒᆞᆷ이니此ᄅᆞᆯ配置ᄒᆞᆷ에適合히全國을區分ᄒᆞ야設置維指ᄒᆞ대國庫의費用으로써此ᄅᆞᆯ維指ᄒᆞᆷ이通則이나其設置區域內府道에서其費用을擔負ᄒᆞᆷ도有ᄒᆞᆯ지니敎則及敎員에對ᄒᆞᆫ學部大臣의職權은外他高等學校와同一ᄒᆞ니라

師範學校ᄂᆞᆫ敎員됨에可合ᄒᆞᆫ者ᄅᆞᆯ養成ᄒᆞᆷ으로目的ᄒᆞᆷ이니此ᄅᆞᆯ高等及尋常二種으로分ᄒᆞ야高等師範學校ᄂᆞᆫ國庫의費用으로써中央首府에設置ᄒᆞ며尋常師範學校ᄂᆞᆫ各府道에서其費用으로써設備ᄒᆞ고其敎則은學部大臣이此ᄅᆞᆯ定ᄒᆞᄂᆞ니高等師範學校ᄂᆞᆫ尋常師範學校의敎員을養成ᄒᆞ며尋常師範學校ᄂᆞᆫ普通學校敎員을養成ᄒᆞᆷ으로써目的ᄒᆞᆫ者ㅣ니라

專門大學校ᄂᆞᆫ國家須要에應ᄒᆞᄂᆞᆫ學術技藝ᄅᆞᆯ敎授ᄒᆞ며及其深蘊ᄒᆞᆫ旨ᄅᆞᆯ攻究ᄒᆞᆷ

전문고등학교에 들어갈 수 있게 준비하는 것을 목적으로 한다. 수상고등학교는 각 부·도에서 설치·유지하고 학과 및 교육의 정도는 학부대신이 정하며 교과목에는 학부대신의 검정이 필요하고 그 교원은 자격증을 가진 사람으로 임용한다. 그밖에 전문고등학교는 전문학과를 마련하고 전문적인 학술·기예를 가르치거나 교육의 최고등기관인 전문대학교에 들어갈 것을 예비하기 위한 것이다. 이것을 적합하게 배치하기 위하여 전국을 나누어 설치·유지하되, 국고의 비용으로 유지하는 것이 원칙이나 설치 구역 내 부·도에서 비용을 부담할 수도 있다. 그밖에 교칙 및 교원에 대한 학부대신의 권한은 고등학교에서와 동일하다.

사범학교는 교원이 되기에 적당한 사람을 양성하는 것을 목적으로 한다. 이를 고등 및 수상의 2종으로 나누어, 고등사범학교는 국고의 비용으로 중앙수부에 설치하고, 수상사범학교는 각 부·도에서 그 비용으로 설치하며, 교칙은 학부대신이 정한다. 고등사범학교는 수상사범학교의 교원을 양성하고 수상사범학교는 보통학교의 교원을 양성하는 것을 목적으로 한다.

전문대학교는 국가의 필요에 따른 학술·기예를 가르치고 심오한 뜻을 연구하는 것으로써目的ᄒᆞᆷ이니專門大學校ᄂᆞᆫ太學과밋各科大學으로써搆成ᄒᆞ야太學에서ᄂᆞᆫ學術技藝의蘊奧ᄒᆞᆷ을攻究ᄒᆞ며各分科大學에서ᄂᆞᆫ大概法學、理學、文學、醫學、工學、農學의六科로分ᄒᆞ야學術技藝의理論及應用을敎授ᄒᆞᄂᆞ니各分科大學에必要ᄒᆞᆫ講座를設置ᄒᆞ고敎授로ᄒᆞ여곰此를擔任케호대講座의種類ᄂᆞᆫ勅令으로써此를定ᄒᆞ고專門大學校ᄂᆞᆫ最高等의學校를삼아國庫의費用으로써此를維持ᄒᆞᄂᆞ니라

特種의專門學術技藝를爲ᄒᆞ야特種의學校를設備ᄒᆞᆷ은各其須要에應ᄒᆞᄂᆞᆫ者인즉今에此를列擧치아니ᄒᆞ나例如陸海軍에在ᄒᆞᆫ諸種의學校나又或農工商及交通航海等의發達을爲ᄒᆞ야各種의敎育所를設備ᄒᆞᄂᆞᆫ種類ㅣ라要컨대敎育營造物의設備ᄂᆞᆫ其性質上各人自由의範圍를制限치아니코其目的을達ᄒᆞᆷ으로써通則을合ᄂᆞᆫ故로特別히法律의規定을不要ᄒᆞ고公衆에對ᄒᆞᄂᆞᆫ使用方法은其營造物規則으로此를定ᄒᆞᄂᆞᆫ바ㅣ니라

然而現今我國敎育制度에在ᄒᆞ야ᄂᆞᆫ其基礎의大方針이아직確立치못ᄒᆞᆫ故로敎育行政의一定ᄒᆞᆫ規程을依ᄒᆞ야此를解說키未能ᄒᆞ나占昔先王의典章을依ᄒᆞ야

을 목적으로 한다. 전문대학교는 태학과 각 분과대학으로 구성하여, 태학에서는 학술·기예의 심오함을 연구하고, 각 분과대학에서는 대략 법학, 이학, 문학, 의학, 공학, 농학의 6과로 나누어 학술·기예의 이론 및 응용을 가르친다. 각 분과대학에서 필요한 강좌를 설치하고 교수에게 담임하게 하되, 강좌의 종류는 칙령으로 정하고 전문대학교를 최고등학교로 삼아 국고의 비용으로 유지한다.

특종의 전문학술기예를 위하여 특종의 학교를 설치하는 것은 각각의 필요에 따른 것이어서, 여기에서 열거하지 않는다. 예를 들면, 육해군에서의 각종 학교나 농공상 및 교통·항해 등의 발달을 위하여 각종 교육소를 설치하는 것 등이 있다. 요컨대, 교육영조물의 설치는 성질상 개인의 자유의 범위를 제한하지 않고 목적을 달성하는 것을 원칙으로 하므로 특별히 법률의 규정을 요하지 않고, 공중의 사용방법은 영조물규칙으로 정한다.

그렇지만 오늘날 우리나라의 교육제도에는 기초의 대방침이 아직 확립되어 있지 않으므로, 교육행정을 정한 규정에 따라 해설할 수 없지만, 옛날 선대의 제도를 헤아려서

教化行政을歷史的으로玩索홀지대全國內各其村落에小學을設備케ᄒᆞ야써此를各其地方自治事業에附屬케ᄒᆞ고其費用은其區域團体의擔負로삼아人生八歲에至ᄒᆞᆫ兒童은亦是强制義務의形式으로此에並入케ᄒᆞ야体育及智育을受ᄒᆞ다가十五六歲에至ᄒᆞ야一郡마다一個庠序學校(即中學)를設ᄒᆞ고官業及地方自治의共同事業을삼아此에入케ᄒᆞ야高等敎育을受케ᄒᆞ며尙且帝都에ᄂᆞᆫ敎育上最高等機關된太學을設備ᄒᆞ고各地方庠序의卒業人中聰俊의子弟로ᄒᆞ여곰此에入케ᄒᆞ야學問의深蘊ᄒᆞᆫ旨를攻究得業ᄒᆞᆫ者로써國家要務에任用ᄒᆞᆯ人材를養成ᄒᆞ니此制度가元來制定ᄒᆞᆫ精神인즉不完ᄒᆞᆫ者ᄂᆞᆫ아니로대年久頹弛ᄒᆞ야此를其實地에務行치아니코形式上存立홈에只止홈과또時代의變遷과人文의發達을因ᄒᆞ야時宜에不協홈으로써衰頹不振홈에至ᄒᆞ얏더니光武初年以來로브터大勢를參酌ᄒᆞ야國民의敎化制度를稍々更張ᄒᆞ고現今開明列國의制度를參酌採用ᄒᆞ나오히려不完의憾이不無ᄒᆞᆫ故로玆에其大綱만論述ᄒᆞ노니諸彦은現行各國의制度와前來의制度를互相對照ᄒᆞ야研究홈을要ᄒᆞ노라

我國現行學校制度

교육행정을 역사적으로 검토한다면, 전국의 촌락들에 소학을 설치하게 하여 각각의 지방자치사업으로 부속하게 하고, 비용은 그 구역단체의 부담으로 하여, 태어나서 8세에 이른 아동은 강제의무의 형식으로 여기에 들어가게 하여 체육 및 지육을 받다가, 15, 6세에 이르러 하나의 군마다 하나의 상서학교*(즉, 중학)를 설치하고 관업 및 지방자치의 공동사업으로 여기에 들어가게 하여 고등교육을 받게 하며, 나아가 서울에는 교육상 최고등기관인 태학을 설치하고 각 지방상서의 졸업생 중 총명하고 뛰어난 자제를 여기에 들어가게 하여 학문의 심오한 뜻을 연구하게 하여, 학업을 마친 사람을 국가의 필요한 업무에 임용할 인재로 양성하는 것이다. 이러한 제도의 원래 제정된 취지가 불완전한 것은 아니지만, 오래되고 낡아서 실제로 실행하지 않고 형식적으로 존립하는 것에 불과하고, 시대의 변천과 인문의 발달에 따라 시의에 맞지 않아 쇠태하고 부진하기에 이르러서, 광무 초년 이후부터 대세를 참작하여 국민의 교화제도를 점차적으로 개혁하고 오늘날의 문명국가 제도를 참작하여 채택하였지만 오히려 불완전한 감이 없지 않으므로, 여기에서 그 대강만 논술한다. 여러분들은 현재 각국의 제도와 전래의 제도를 상호 대조하여 연구하여야 한다.

〈우리나라의 현행 학교제도〉

* 역자 주: 향교를 주나라에서는 상(庠), 은나라에서는 서(序)라고 부른 데서 나온 말이다.

一、普通學校(官公私立)國民初等敎育機關
二、高等學校(官公私立)高等學術技藝敎授機關
三、師範學校(官公立)敎員養成機關
四、專門學校(官公私立)各因目的設立學理蘊奧硏究及學術技藝敎授機關

外國現行學校制度

一、小學校(尋常及高等官公私立)
二、中學校(官公私立)
三、師範學校(官公立)
四、高等學校(官立)
五、徒弟學校(官公私立)各因目的設立機關例如農工商語學及其他
六、大學校(官公私立)
七、大學院(官立)

第四欵 宗敎

信敎의自由는前來慣例上에此롤禁止ᄒᆞ더니國際交通을開ᄒᆞᆫ近代에至ᄒᆞ야는

① 보통학교(관공사립): 국민초등교육기관
② 고등학교(관공사립): 고등학술기예교수기관
③ 사범학교(관공립): 교원양성기관
④ 전문학교(관공사립): 각각의 목적으로 설립된 학리심화연구 및 학술기예교수기관

〈외국의 현행 학교제도〉
① 소학교(수상 및 고등 관공사립)
② 중학교(관공사립)
③ 사범학교(관공립)
④ 고등학교(관립)
⑤ 도제학교(관공사립) 각각의 목적으로 설립된 기관 예를 들면 농공상어학 및 기타
⑥ 대학교(관공사립)
⑦ 대학원(관립)

제4관 종교

신교의 자유는 전래의 관례에서는 금지하고 있었는데, 국제통상을 연 근대에 이르러

臣民은安寧秩序를妨害치아니코또臣民된義務를背反치아니홀限度以內에서信敎의自由를保有케호대心中의信仰歸依홈은此를法律로써不問홀뿐아니라其外形에表影ᄒᆞᄂᆞᆫ禮拜도亦是安寧秩序를妨害치아니코臣民된義務를背反치아니홀限度以內에在ᄒᆞ야自由에放任ᄒᆞᄂᆞ니其國法이此를默許ᄒᆞᆫ精神인즉信敎의自由를主唱ᄒᆞ야國家의秩序及臣民의義務를背反ᄒᆞᄂᆞᆫ者를可히禁制홀主義니라

宗敎에關ᄒᆞ야ᄂᆞᆫ法令이아즉未備ᄒᆞ고宗敎의規制도亦是不一ᄒᆞᆫ故로行政慣例에在ᄒᆞ야ᄂᆞᆫ此를禁制치아니ᄒᆞ고다만秩序警察을依ᄒᆞ야其禮拜를保護호대此를因ᄒᆞ야生ᄒᆞᄂᆞᆫ危害를防止ᄒᆞᄂᆞ니라

社寺ᄂᆞᆫ公의禮拜所를삼아此를保護ᄒᆞ며또此를犯ᄒᆞ거나或不敬ᄒᆞᆫ所爲를加ᄒᆞᄂᆞᆫ者ᄂᆞᆫ處罰ᄒᆞ며神佛各派의敎規、宗制及神職、僧侶、敎師身分에關ᄒᆞ야ᄂᆞᆫ內部大臣이監督權을行ᄒᆞᄂᆞ니라

信敎上의組合은慣行을依ᄒᆞ야此를認호대一般結社自由範圍內에서此를聽許호대神佛各派以外에ᄂᆞᆫ行政規則으로써此를規律치아니ᄒᆞᄂᆞ니라（專據日本

신민은 안녕·질서를 방해하지 않고 신민으로서의 의무를 저버리지 않는 한도 내에서 신교의 자유가 있다. 그런데 심중의 신앙에 귀속하는 것은 법률로 문제삼지 않을 뿐만 아니라 외형으로 표창하는 예배도 안녕·질서를 방해하지 않고 신민으로서의 의무를 저버리지 않는 한도 내에서 자유에 맡긴다. 따라서 국법은 이를 묵인하는 것을 원칙으로 한다. 즉, 신교의 자유를 주장하여 국가질서 및 신민의 의무를 위반하는 것만 금지하는 원리다.

종교에 관해서는 법령이 아직 미비하고 종교의 규제도 통일되지 않았으므로 행정관례는 이를 금지하지 않고 있지만, 질서경찰에 의하여 예배를 보호하면서 이로 인하여 생기는 위해를 방지한다.

사원은 공공 예배소로서 보호하고 이를 범하거나 불경한 행위를 가하는 사람은 처벌하며, 신불각파의 교규, 종제 및 신직, 승려, 교사 신분에 관해서는 내부대신이 감독권을 행사한다.

신교상의 조합은 관행에 따라 이를 인정하고, 일반 결사의 자유의 범위 내에서 허가하되, 신불각파 이외에는 행정규칙으로 규율하지 않는다(전거 일본

法規）

第五章　司法

第一節　司法

司法權은法律을依ᄒᆞ야裁判所가此를行ᄒᆞᄂᆞ니司法의職司ᄂᆞᆫ民事、刑事를審判ᄒᆞᆷ으로써其主要를삼으나然이나裁判所의權限은法律의規定을依ᄒᆞ야可決ᄒᆞᆯ者오司法의範圍ᄂᆞᆫ成法을依ᄒᆞ야可히說明ᄒᆞᆯ지며一定ᄒᆞᆫ主義를揭示ᄒᆞ야其特質을示明ᄒᆞ기難ᄒᆞ니라

司法이라ᄒᆞᆷ은通常裁判所權限에可屬ᄒᆞᆯ事項의汎稱이니司法의特質은私權侵害에對ᄒᆞ야此를保護ᄒᆞᆷ에在ᄒᆞ다唱道ᄒᆞᄂᆞᆫ說이通行ᄒᆞ나此說은甚히狹隘ᄒᆞᆫ지라刑事의裁判과밋普通裁判所權限에屬ᄒᆞᄂᆞᆫ公法上의事件은公의秩序를目的ᄒᆞᄂᆞᆫ故로行政은公益과秩序로目的을삼으며司法은私權을保護ᄒᆞᆷ이라唱道ᄒᆞᄂᆞᆫ解義ᄂᆞᆫ正確치아니ᄒᆞ니即行政과司法을其性質上異種의物이라論解ᄒᆞᆷ은舊說의誤見이니盖司法의特質은其目的에不在ᄒᆞ고其形式에存在ᄒᆞ니라

司法權은君主의名義로法律을依ᄒᆞ야此를行ᄒᆞᆷ이라裁判所가大權에對揚ᄒᆞᄂᆞᆫ

법규).

제5장 사법

제1절 사법

사법권은 법률에 의하여 재판소가 행사한다. 사법의 직무는 민사, 형사를 심판하는 것을 주요 업무로 하지만, 재판소의 권한은 법률의 규정에 의하여 결정되는 것이고, 사법의 범위는 성문법률에 따라 설명되어야 할 것이며, 정해진 원리를 제시하여 특질을 명시하기가 곤란하다.

사법이라 함은 통상재판소의 권한에 속하는 사항을 넓게 부르는 것이다. 사법의 특질은 사권의 침해에 대한 보호에 있다고 주장하는 설이 통용되지만, 이 견해는 매우 좁은 것이다. 형사재판과 보통재판소의 권한에 속하는 공법상의 사건은 공공질서를 목적으로 한다. 따라서, 행정은 공익과 질서를 목적으로 하고, 사법은 사권을 보호하는 것이라고 주장하는 해석은 정확하지 않다. 즉, 행정과 사법을 성질상 다른 것이라는 해설은 구설의 잘못된 견해이다. 대략 사법의 특질은 목적에 있지 않고 형식에 있는 것이다.

사법권은 군주의 명의로 법률에 따라 행사하는 것이다. 재판소가 대권을 받들어 백성에게 그 뜻을 전하는

關係ᄂᆞᆫ行政廳이大權에對揚ᄒᆞᄂᆞᆫ關係와相異ᄒᆞ니此ㅣ其一의特質이오裁判官은獨立의法律解釋으로判決을行ᄒᆞ고上級官府의訓示를不受ᄒᆞᄂᆞ니此ㅣ其二의特質이오裁判은法律에定ᄒᆞᆫ訴訟節次를不踐코ᄂᆞᆫ此를擅行ᄒᆞᆷ을不得ᄒᆞᄂᆞ니此ㅣ其三의特質이니其普通의範圍ᄂᆞᆫ民事及刑事의爭訟을裁斷ᄒᆞᆷ에在ᄒᆞ니라

民事ᄂᆞᆫ私權의爭訟을審判ᄒᆞᆷ이며刑事ᄂᆞᆫ公의秩序를毀損ᄒᆞᄂᆞᆫ者의行爲를處罰ᄒᆞᆷ이오其法律은또行政의爭議審判을通常裁判所權限에歸屬ᄒᆞᆷ도有ᄒᆞ고또裁判所ᄂᆞᆫ非訟事件이라稱ᄒᆞ야權利爭訟의裁判이아닌私權을保證ᄒᆞᄂᆞᆫ行爲로其職務의範圍를삼ᄂᆞ니所謂司法의範圍ᄂᆞᆫ一定ᄒᆞᆫ主義로써遵律키不能ᄒᆞ니一々히法律의規定을依ᄒᆞ야此를論ᄒᆞᆷ이可ᄒᆞᆯ지니라

裁判所ᄂᆞᆫ司法權을行使ᄒᆞᄂᆞᆫ外에司法行政事務라稱ᄒᆞ야司法權의行使를補助ᄒᆞᄂᆞᆫ各種의行政事務를行ᄒᆞᆷ도有ᄒᆞ니所謂司法行政事務ᄂᆞᆫ法部大臣主管에屬ᄒᆞ고司法裁判權範圍外에在ᄒᆞ니一般行政의通則으로써此를論ᄒᆞᆷ을可得ᄒᆞᆯ지니라

第二節　裁判所

관계는 행정청이 대권을 받들어 백성에게 그 뜻을 전하는 관계와 서로 다르다. 이것이 첫 번째 특질이다. 재판관은 독립적인 법률해석으로 판결을 행하고, 상급관청의 훈시를 받지 않는다. 이것이 두 번째 특질이다. 재판은 법률에서 정한 소송절차를 밟지 않고는 단행할 수 없다. 이것이 세 번째 특질이다. 통상 그 범위는 민사 및 형사의 쟁송을 재판하는 것에 있다. 민사는 사권의 쟁송을 심판하는 것이고 형사는 공공질서를 훼손하는 사람의 행위를 처벌하는 것이다. 법률은 또한 행정의 쟁의심판을 통상재판소의 권한에 귀속시키는 것도 있고, 재판소는 비송사건이라는 권리쟁송의 재판이 아닌 사권을 보증하는 행위를 직무의 범위로 삼는다. 이른바 사법의 범위는 정해진 원리로 규율할 수 없으니 일일이 법률의 규정에 따라 논하여야 할 것이다.

재판소가 사법권의 행사 외에도 사법행정사무라고 하는 사법권의 행사를 보조하는 각종 행정사무를 행하기도 한다. 이른바 사법행정사무는 법부대신의 주관에 속하고 사법재판권의 범위 밖에 있는데, 일반행정의 통칙으로 논할 수 있다.

제2절 재판소

裁判所의搆成、權限及裁判節次ᄂᆞᆫ法律로써此ᄅᆞᆯ定ᄒᆞᄂᆞ니我國現行通常司法裁判所ᄂᆞᆫ各府道裁判所와平理院及特別法院의三種으로定ᄒᆞ고裁判의設立、廢止及管轄區ᄂᆞᆫ勅令으로써此ᄅᆞᆯ定ᄒᆞ나然이나前來의慣行制度ᄅᆞᆯ參考ᄒᆞ건대行政과司法의機關이明確히各立分掌치아니ᄒᆞᆫ바ㅣ或有ᄒᆞ야慣習上或便宜上으로行政部에서司法의權을兼行ᄒᆞᆷ도有ᄒᆞ며且或司法部에서行政事務ᄅᆞᆯ並行ᄒᆞᆷ도不無ᄒᆞ더니時勢의變遷과官業分掌의必要ᄅᆞᆯ感覺ᄒᆞ야最近十有餘年以來로行政과司法의限界ᄅᆞᆯ分立케ᄒᆞᆷ에用意周到ᄒᆞ나아즉諸般의制度가完美ᄒᆞᆷ에未至ᄒᆞᆫ故로司法行政의事務ᄅᆞᆯ講論ᄒᆞᄂᆞᆫ席에至ᄒᆞ야困且有憾ᄒᆞᆷ은吾儕의同情일ᄲᅮᆫ아니라萬一此ᄅᆞᆯ强引ᄒᆞ야解說ᄒᆞᆯ진대現代에適合完全ᄒᆞᆫ法制ᄅᆞᆯ講究ᄒᆞᄂᆞᆫ諸彥腦髓上에도로혀眩惑ᄒᆞᆷ을致ᄒᆞᆯ虞慮가不淺ᄒᆞᆫ故로玆에不得已ᄒᆞ야專히外國의制度ᄅᆞᆯ引證論述ᄒᆞ노니折衷參考ᄒᆞᆷ을竊要ᄒᆞ노라

現行日本의通常司法裁判所ᄂᆞᆫ區裁判所、地方裁判所、控訴院及大審院의四種으로定ᄒᆞᆫ바ㅣ니區裁判所의裁判權은單獨判事가此ᄅᆞᆯ行ᄒᆞ며區裁判所의權限은事件이輕易ᄒᆞᆫ民事及刑事의裁判과밋非訟事件의掌理니彼裁判所搆成法第

재판소의 구성, 권한 및 재판절차는 법률로 정한다. 우리나라의 현행 통상사법재판소는 각각의 부도재판소와 평리원 및 특별법원의 3종으로 정하고, 재판의 설립, 폐지 및 관할구역은 칙령으로 정한다. 그러나 전래의 관행제도를 참고하건대, 행정과 사법의 기관이 명확하게 각각 분립하여 관장하지 않는 것이 간혹 있어서 관습상 혹은 편의상 행정부에서 사법의 권한을 겸유하기도 하고 사법부에서 행정사무를 병행하는 것도 없지 않았는데, 시대의 변천과 사무분장의 필요를 인식하여 최근 10여 년 이래 행정과 사법의 한계를 분립하는 것을 세심하게 준비하고 있지만 아직 모든 제도가 완성되지 않았으므로, 사법행정의 사무를 강론하는 자리에서 곤란함을 느끼는 것은 우리들의 같은 마음일 뿐만 아니라 만일 이를 억지로 끌어들여 해설한다면, 현대에 적합하고 완전한 법제를 강구하는 여러분의 머리를 도리어 혼란스럽게 할 우려가 없지 않으므로, 부득이 외국의 제도만 인용하여 논술하겠으니 절충하여 참고할 것을 요한다.

현행 일본의 통상사법재판소는 구재판소, 지방재판소, 항소원 및 대심원의 4종으로 정하고 있다. 구재판소의 재판권은 단독판사가 행하고 구재판소의 권한은 사건이 가벼운 민사 및 형사의 재판과 비송사건의 처리이다. 이는 일본 재판소구성법 제

十四條十五條十六條에此를列記홈이라即民事訴訟에在ᄒᆞ야ᄂᆞᆫ百圓에超過치아니ᄒᆞᄂᆞᆫ金額이나又ᄂᆞᆫ價格이百圓에超過치아니ᄒᆞᄂᆞᆫ物에關ᄒᆞᆫ請求及其價格을不拘ᄒᆞ고輕易ᄒᆞᆫ者로서迅速홈을要ᄒᆞᄂᆞᆫ事件의類며刑事에在ᄒᆞ야ᄂᆞᆫ違警罪와밋本刑五十圓以下의罰金을附加ᄒᆞ거나或은附加치아니ᄒᆞᄂᆞᆫ二個月以下의禁錮나又ᄂᆞᆫ單히百圓以下의罰金에該當ᄒᆞᆫ輕罪의類며非訟事件에在ᄒᆞ야ᄂᆞᆫ各種의登記及後見人或은管財人監督의類오其權限은裁判所搆成法의列記와其他法律規程에定ᄒᆞᆫ바ㅣ有ᄒᆞ니此를玆에悉擧치아니ᄒᆞ노라

地方裁判所ᄂᆞᆫ第一審의合議裁判所ㅣ라地方裁判所에民事部及刑事部를設ᄒᆞ고審判事項을分掌ᄒᆞᄂᆞ니地方裁判所의裁判權은民事訴訟에在ᄒᆞ야ᄂᆞᆫ第一審을삼아區裁判所의權限과又ᄂᆞᆫ控訴院權限에屬ᄒᆞᆯ者를除ᄒᆞᆫ其他의請求며第二審을삼아區裁判所判決에對ᄒᆞᆫ控訴及區裁判所決定과其命令에對ᄒᆞ야法律에定ᄒᆞᆫ抗告를管轄홈이오刑事訴訟에在ᄒᆞ야ᄂᆞᆫ第一審을삼아區裁判所의權限과밋大審院特別權限에不屬ᄒᆞᄂᆞᆫ刑事訴訟이며第二審을삼아區裁判所判決에對ᄒᆞᆫ控訴와밋區裁判所의決定及命令에對ᄒᆞ야法律에定ᄒᆞᆫ抗告를管轄홈이오地

14조, 제15조, 제16조에서 열기하고 있다. 즉, 민사소송에 대해서는 100환을 초과하지 않는 금액이나 가격이 100환을 초과하지 않는 물건에 관한 청구 및 가격과 관계없이 쉽고 가벼운 것으로 신속을 요하는 사건 등이고, 형사에 대해서는 위경죄*와 본형에 50환 이하의 벌금을 부가하거나 부가하지 않는 2개월 이하의 금고나 단지 100환 이하의 벌금에 해당하는 경죄 등이며, 비송사건에 대해서는 각종 등기 및 후견인 또는 관재인의 감독 등이고, 그 권한은 재판소구성법에 열거되어 있는 것과 그 밖의 법률규정에서 정해진 것이 있다. 여기에서 이를 모두 열거하지는 않겠다.

지방재판소는 제1심의 합의재판소이다. 지방재판소에 민사부 및 형사부를 설치하고 심판사항을 분장한다. 지방재판소의 재판권은 민사소송에 대해서는 제1심으로서 구재판소의 권한과 항소원의 권한에 속하는 것을 제외한 그 밖의 청구이고, 제2심으로서 구재판소의 판결에 대한 항소 및 구재판소의 결정과 그 명령에 대하여 법률에서 정한 항고를 관할하고, 형사소송에 대해서는 제1심으로서 구재판소의 권한과 대심원의 특별권한에 속하지 않는 형사소송이고, 제2심으로서 구재판소의 판결에 대한 항소와 구재판소의 결정 및 명령에 대하여 법률에서 정한 항고를 관할하고, 지

* 역자 주: 범죄를 죄의 경중에 따라 분류할 때 죄의 질이 가장 가벼운 범죄를 말한다. 현행법상 경범죄 처벌법에 규정된 행위와 같은 것이다.

方裁判所ᄂᆞᆫ破産事件에關ᄒᆞᆫ一般의裁判權을有ᄒᆞ며又ᄂᆞᆫ非訟事件에關ᄒᆞᆫ區裁判所의決定及命令에對ᄒᆞᆫ法律에定ᄒᆞᆫ抗告에對ᄒᆞ야裁判權이有ᄒᆞ니라

控訴院은第二審의合議裁判所ㅣ라民事部及刑事部ᄅᆞᆯ設ᄒᆞ고審判事件을分掌ᄒᆞᄂᆞ니其裁判權은地方裁判所第一審判決에對ᄒᆞᆫ控訴와區裁判所判決에對ᄒᆞᆫ控訴에對ᄒᆞ야行ᄒᆞᆫ地方裁判所判決에對ᄒᆞ야上告及地方裁判所의決定及其命令에對ᄒᆞ야法律에定ᄒᆞᆫ抗告ᄅᆞᆯ管轄ᄒᆞᄂᆞ니라

大審院은最高等裁判所ㅣ니合議制ᄅᆞᆯ依ᄒᆞ야裁判權을行ᄒᆞᆷ이라民事及刑事部ᄅᆞᆯ設ᄒᆞ고大審院의裁判權은終審을삼아控訴院判決에對ᄒᆞᆫ上告와밋控訴院의決定及其命令에對ᄒᆞ야法律에定ᄒᆞᆫ抗告며第一審으로셔ᄯᅩᄒᆞᆫ終審을삼은刑法第二編第一章及第二章에揭載ᄒᆞᆫ重罪와밋皇族의犯罪로셔禁錮或重刑에更可處理ᄒᆞᆯ者의豫審及裁判을管轄ᄒᆞᄂᆞ니라

各裁判所에檢事局을附置ᄒᆞᄂᆞ니檢事ᄂᆞᆫ刑事에關ᄒᆞᆫ公訴ᄅᆞᆯ提起ᄒᆞ며及其處理上必要ᄒᆞᆫ節次ᄅᆞᆯ行ᄒᆞ며法律의正當ᄒᆞᆫ適用을請求ᄒᆞ며及其判決의適當히執行ᄒᆞᄂᆞᆫ與否ᄅᆞᆯ監視ᄒᆞ며其他民事에在ᄒᆞ야도其意見을陳述ᄒᆞᆷ이必要ᄒᆞᆷ으로認ᄒᆞᆫ

방재판소는 파산사건에 관한 일반적인 재판권을 가지고 비송사건에 관한 구재판소의 결정 및 명령에 대하여 법률에서 정한 항고에 대한 재판권을 가진다.

항소원은 제2심의 합의재판소이다. 민사부 및 형사부를 설치하고 심판사건을 분장한다. 그 재판권은 지방재판소의 제1심 판결에 대한 항소와 구재판소 판결의 항소로써 행한 지방재판소의 판결에 대한 상고 및 지방재판소의 결정 및 명령에 대하여 법률에서 정한 항고를 관할한다.

대심원은 최고재판소인데, 합의제에 의하여 재판권을 행사한다. 민사 및 형사부를 설치하고, 대심원의 재판권은 종심으로서 항소원의 판결에 대한 상고와 항소원의 결정 및 명령에 대하여 법률에서 정한 항고이고, 제1심이자 종심으로서 형법 제2편 제1장 및 제2장에 기재되어 있는 중죄와 황족의 범죄로서 금고 혹은 중형으로 처리하여야 할 사람에 대한 예심 및 재판을 관할한다.

각 재판소에 검사국을 부설한다. 검사는 형사에 관한 공소를 제기하고 그 처리에 필요한 절차를 행하며 법률의 정당한 적용을 청구하고 판결을 적절하게 집행하는지 여부를 감시하며 그밖에 민사에 대해서도 의견의 진술이 필요하다고 인정하는

時ᄂᆞᆫ通知ᄒᆞᆷ을要求ᄒᆞ기可得ᄒᆞᆯ지며또裁判所에屬ᄒᆞ거나且或此에關ᄒᆞᆫ司法及行政事件에對ᄒᆞ야公益의代表者ㅣ되야法律上其職權에屬ᄒᆞᄂᆞᆫ監督事務ᄅᆞᆯ行ᄒᆞᄂᆞ니라

檢事ᄂᆞᆫ裁判所에對ᄒᆞ야其事務ᄅᆞᆯ獨立自行ᄒᆞᄂᆞᆫ者오判事裁判事務에ᄂᆞᆫ干涉ᄒᆞᆷ을不得ᄒᆞᄂᆞ니檢事ᄂᆞᆫ其事務ᄅᆞᆯ行ᄒᆞᆷ에就ᄒᆞ야上級官廳命令에可히服從ᄒᆞᆯ事ᄂᆞᆫ其他行政官과同一無異ᄒᆞ니라

各裁判所에裁判所書記와밋執達吏ᄅᆞᆯ置ᄒᆞ니書記ᄂᆞᆫ上官의命令을從ᄒᆞ야書類記錄等事ᄅᆞᆯ掌호대裁判廷을開ᄒᆞᆫ時ᄂᆞᆫ此에叅席ᄒᆞ야裁判長命令下에셔法定의職務ᄅᆞᆯ行ᄒᆞ며執達吏ᄂᆞᆫ裁判所에셔發ᄒᆞᄂᆞᆫ文書의送達等事ᄅᆞᆯ掌ᄒᆞᆷ으로써職責을삼ᄂᆞ니라

第三節 辯護士及公證人

辯護士ᄂᆞᆫ訴訟審判廷에셔當事者의利益을代表ᄒᆞ야此ᄅᆞᆯ辯護ᄒᆞᆷ으로써職分을삼ᄂᆞᆫ者ㅣ니當事者의委任을受ᄒᆞ거나又ᄂᆞᆫ裁判所의命令을從ᄒᆞ야法律에定ᄒᆞᆫ職務ᄅᆞᆯ行ᄒᆞᆷ이라辯護士의職司ᄂᆞᆫ司法裁判制度의一部ᄅᆞᆯ作ᄒᆞᆫ者ㅣ나然이나此

때에는 통지를 요구할 수 있다. 또한 재판소가 관할하는 사법 및 행정사건에 대하여 공익의 대표자로서 법률상 권한에 속하는 감독사무를 행한다.

검사는 재판소에 대하여 사무를 독립적으로 행하는 사람이고 판사의 재판사무에는 간섭할 수 없다. 검사는 사무를 행함에 있어서 상급관청의 명령에 복종하여야 하는 것은 다른 행정관과 동일하고 다르지 않다.

각 재판소에 재판소의 서기와 집달리를 둔다. 서기는 상관의 명령을 따라 서류기록 등을 관장하되, 재판정을 여는 때에는 거기에 참석하여 재판장의 명령 하에서 법정의 직무를 행하고, 집달리는 재판소에서 발하는 문서의 송달 등의 관장을 직책으로 삼는다.

제3절 변호사 및 공증인

변호사는 소송심판정에서 당사자의 이익을 대표하여 변호하는 것을 직분으로 삼는 사람이다. 당사자의 위임을 받거나 재판소의 명령에 따라 법률에서 정한 직무를 행한다. 변호사의 직무는 사법재판제도의 일부를 이루는 사람이다. 그러나 이를

로國家의官府를삼음은아니오私의業務를삼아營行ᄒᆞᄂᆞ니其司法制의一部를삼음은公益上莫大ᄒᆞᆫ關係가有ᄒᆞᆫ故로法律로써辯護士의資格과職務와及其監督ᄒᆞᆯ規定ᄒᆞᆫ所以니라

我國에서도時代의變遷과社會의開進을觀察ᄒᆞ야今年에비로소法部大臣管下에設置ᄒᆞᆫ法律起草委員會를一新更張ᄒᆞ고前來로브터司法職務에服勤ᄒᆞ던鍊達ᄒᆞᆫ諸家와밋多年海外留學의命을承ᄒᆞ야現行文明列邦의司法制度를實地探究ᄒᆞ던洪在祺李冕宇張燾劉文煥石鎭衡諸法學大家等으로ᄒᆞ여곰法律起草委員을命ᄒᆞ고國民의生命財産을確保確證ᄒᆞᄂᆞᆫ國家司法의制度를一新更張케ᄒᆞᄂᆞᆫ任에充當케ᄒᆞᆫ지라於是乎諸彦은國民生命財産의安固確保ᄒᆞᆷ을遠慮ᄒᆞ야辯護士規則及辯護士試驗規則을制定ᄒᆞ야上奏裁可의恩命을蒙ᄒᆞ야頒布ᄒᆞᆷ에乃至ᄒᆞ니(但其規則及頒布月日은本年勅令案及法部令案을叅考ᄒᆞᆷ을爲要)惟我同胞의生命財産이國法上에保證됨을辯論庇護ᄒᆞᄂᆞᆫ責에自任ᄒᆞ야法力이實地活用物됨을惹起ᄒᆞᆷ은實로以上僉君의愛人愛法ᄒᆞᄂᆞᆫ熱誠으로브터嚆矢된바오且今日同窓諸君中에도將次此責을自任ᄒᆞᆯ者ㅣ多有ᄒᆞᆷ을期待ᄒᆞᆯ뿐아니라此ᄂᆞᆫ

국가의 관청으로 삼는 것은 아니고 사적인 업무로 영위하는 것이다. 사법제도의 일부로 삼는다는 것은 공익과 관계가 매우 크다는 것을 의미하는데, 그것이 법률로 변호사의 자격과 직무 및 그 감독을 규정하게 된 이유이다.

우리나라에서도 시대의 변천과 사회의 발전을 관찰하여 올해에 비로소 법부대신 관할 하에 설치한 법률기초위원회를 새롭게 개혁하고, 전래부터 사법직무에 근무하던 숙달된 여러 대가와 수년간 해외 유학의 명을 받아 현행 문명국가들의 사법제도를 현지에서 탐구하던 홍재기, 이만우, 장도, 유문환, 석진형 등 법학의 대가들을 법률기초위원으로 임명하고 국민의 생명·재산을 확실히 보장하는 국가의 사법제도를 새롭게 혁신하게 하는 임무를 담당하게 하였다. 이제 그들이 국민의 생명·재산의 안정적인 확보를 염려하여 변호사규칙 및 변호사시험규칙을 제정하여 임금께 올려서 재가의 은혜로운 명령을 입어 공포하기에 이르렀다(다만 그 규칙 및 공포 월일은 올해 칙령안 및 법부령안의 참고가 필요함). 생각건대, 우리 동포의 생명·재산의 국법상 보장을 변론·비호하는 책임을 스스로 지고 법의 효력이 실제로 활용되도록 한 것은 실로 위와 같은 여러분들의 애인애법하는 열성에서 비롯된 것이고, 오늘날 동창 여러분들 중에서도 장차 이러한 책임을 담당하는 사람이 많이 있음을 기대할 뿐만 아니라 이것이

차라리吾儕의自然의義務로思量ᄒᆞᆷ이오此制度ᄅᆞᆯ實地에試用ᄒᆞᆷ에至ᄒᆞᆷ은本年秋晋州觀察道裁判所公判廷에在ᄒᆞ야廣利社民事案件에對ᄒᆞ야洪李兩家가率先ᄒᆞᆫ바ㅣ됨이니同胞ᄅᆞᆯ代表ᄒᆞ야兩君의게欽歎致謝ᄒᆞᆷ에不堪ᄒᆞ노라

大凡現今列邦의制度ᄂᆞᆫ辯護士될資格은本國臣民으로써民法上에能力이有ᄒᆞᆫ男子가法部大臣이定ᄒᆞᆫ辯護士試驗規則을依ᄒᆞ야其試驗에及第된者ᄅᆞᆯ要ᄒᆞᄂᆞ니但我國에在ᄒᆞ야ᄂᆞᆫ此外에判檢事된資格을有ᄒᆞᆫ者와밋辯護士試驗委員의職을經ᄒᆞᆫ者와其他法律의學識이有ᄒᆞᆫ者에關ᄒᆞ야ᄂᆞᆫ試驗을不要ᄒᆞᄂᆞᆫ特別慣例가有ᄒᆞᄂᆞ니라

各地方裁判所에辯護士名簿ᄅᆞᆯ備置ᄒᆞ고此에登錄ᄒᆞᆷ을受ᄒᆞᆫ者ᄂᆞᆫ辯護士의職을行ᄒᆞ기得ᄒᆞ대辯護士ᄂᆞᆫ登錄後三年을不經코ᄂᆞᆫ最高終審의法院에서其職務ᄅᆞᆯ行ᄒᆞᆷ을不得ᄒᆞ며또正當ᄒᆞᆫ理由ᄅᆞᆯ證明치아니코ᄂᆞᆫ裁判所가命ᄒᆞᆫ바其職務ᄅᆞᆯ辭ᄒᆞᆷ을不得ᄒᆞᆷ이로대現今我國은方在實施의初인故로此等의規程을一律ᄒᆞ야據論키不能ᄒᆞ니學者의叅考折衷ᄒᆞᆷ을爲望ᄒᆞ노라

辯護士ᄂᆞᆫ係爭權利ᄅᆞᆯ買受ᄒᆞ기不得ᄒᆞ며또左揭諸訴訟事件에關ᄒᆞ야ᄂᆞᆫ其職務

차라리 우리들의 당연한 의무라고 생각한다. 이 제도가 실제로 시범적으로 운용된 것은 올해 가을 진주관찰도 재판소 공판정에서 광리사 민사사건에 대하여 홍씨와 이씨 두 사람이 앞장 선 것이다. 동포를 대표하여 두 사람에게 깊은 고마움을 감당할 수 없다.

무릇 오늘날 여러 나라의 제도는 변호사가 될 자격을 본국의 신민으로서 민법상 능력이 있는 남자가 법부대신이 정한 변호사시험규칙에 따라 시험에 합격한 사람으로 정하고 있다. 다만 우리나라에서는 그 밖에도 판검사가 되는 자격을 가진 사람과 변호사시험위원의 직을 거친 사람 및 그 밖에 법학에 학식이 있는 사람에 관해서는 시험을 요하지 않는 특별한 관례가 있다.

각 지방재판소에 변호사 명부를 비치하고 이에 등록된 사람은 변호사의 직을 행할 수 있다. 그렇지만 변호사는 등록 후 3년을 경과하지 않고는 최고종심의 법원에서 직무를 행할 수 없고, 정당한 이유를 증명하지 않고는 재판소가 명한 직무를 사임할 수 없다. 그런데, 현재 우리나라에서는 이제 막 실시하기 시작하였으므로, 위와 같은 규정들을 일률적으로 거론할 수 없으니 여러분들이 참고하여 절충하기 바란다.

변호사는 계쟁권리를 매수할 수 없고, 다음에 기재한 소송사건들에 관해서는 직무

롤行키不得ᄒᆞᄂᆞ니라

一、對手者의協議롤受ᄒᆞ고此롤贊助ᄒᆞ거나又ᄂᆞᆫ委任을受ᄒᆞᆫ事件

二、判檢事奉職中에受理ᄒᆞ던事件

三、仲裁節次롤依ᄒᆞ야仲裁人이되며居間ᄒᆞ던事件

辯護士ᄂᆞᆫ其所屬地方裁判所마다辯護士會롤設立ᄒᆞ고所屬地方裁判所首班檢事의監督을受ᄒᆞᄂᆞ니辯護士ᄂᆞᆫ辯護士會에加入치아니ᄒᆞ면其職務롤行키不得ᄒᆞ며辯護士會ᄂᆞᆫ其職業의規律을方正히ᄒᆞ고公同의利益을完全케ᄒᆞ기爲ᄒᆞ야設立ᄒᆞᆫ者ㅣ니會則을定ᄒᆞ야法部大臣의認可롤受ᄒᆞᆫ後에此롤施行ᄒᆞ며辯護士會의會議가法律勅令과밋辯護士會則에違反ᄒᆞᆯ時ᄂᆞᆫ法部大臣은其議決을無效케ᄒᆞ거나或은其議事롤停止ᄒᆞ며辯護士로서辯護士法이나又或辯護士會則에違背ᄒᆞᆫ所爲가有ᄒᆞᆫ時ᄂᆞᆫ首班檢事ᄂᆞᆫ會長의申告롤依ᄒᆞ거나又或職權으로써檢事長의게懲戒追訴롤請求ᄒᆞ기可得호대辯護士의게對ᄒᆞᄂᆞᆫ懲戒事件에關ᄒᆞ야ᄂᆞᆫ其管轄上級裁判所에서裁判ᄒᆞᄂᆞ니其懲戒罰은第一譴責、第二百圜以下의過料、第三一年以下의停職、第四除名이니라

를 행할 수 없다.

① 상대방의 협의를 받고 찬조하거나 위임을 받은 사건

② 판검사로 봉직하던 중에 수리하였던 사건

③ 중재절차에 의하여 중재인으로서 중재하였던 사건

변호사는 소속 지방재판소마다 변호사회를 설립하고 소속 지방재판소의 수석검사의 감독을 받는다. 변호사는 변호사회에 가입하지 않으면 직무를 행할 수 없고, 변호사회는 직업의 규율을 바르게 하고 공동의 이익을 완수하기 위하여 설립한다. 회칙을 정하여 법부대신의 인가를 받은 후에 이를 시행하고, 변호사회의 회의가 법률·칙령과 변호사회칙에 위반된 때에는 법부대신은 그 의결을 무효로 하거나 그 의사를 정지하며, 변호사로서 변호사법이나 변호사회칙을 위반한 행위가 있는 때에는 수석검사가 회장의 신고에 의하거나 직권으로 검사장에게 징계소추를 청구할 수 있는데, 변호사에게 대한 징계사건에 관해서는 관할 상급재판소에서 재판한다. 징계벌은 첫째, 견책, 둘째 백환 이하의 과료, 셋째 1년 이하의 정직, 넷째 제명이다.

公證人은人民의囑托을應ᄒᆞ야民事에關ᄒᆞᆫ公正證書를作ᄒᆞᆷ으로써職務를삼ᄂᆞ니公證人은辯護士와如히司法制度의機關된者로서司法機關監督下에서非訟事件을管掌ᄒᆞᄂᆞ니라

公證人이調製ᄒᆞᆫ公正證書ᄂᆞᆫ完全ᄒᆞᆫ證據로서其正本을依ᄒᆞ야裁判所命令을得ᄒᆞᆫ後에執行力이有ᄒᆞᆫ者ㅣ라公證人은理由업시人民의囑托을拒絕ᄒᆞᆷ을不得ᄒᆞᄂᆞ니萬一此를拒絕ᄒᆞᆯ時ᄂᆞᆫ囑托人은其理由를記載ᄒᆞ야出付ᄒᆞᆷ을請求ᄒᆞ기可得ᄒᆞ며또公證人의職務執行上에關ᄒᆞ야不服ᄒᆞᄂᆞᆫ者ᄂᆞᆫ裁判所에抗告ᄒᆞᆷ을得ᄒᆞ고

公證人은原本과밋其他書類의本書ᄂᆞᆫ其事務所에保存ᄒᆞ야外他官吏의公證을受ᄒᆞ기爲ᄒᆞᄂᆞᆫ外에裁判所의命令을依치아니코ᄂᆞᆫ其事務所以外에提出ᄒᆞ기不得ᄒᆞ며또裁判所의命令을依ᄒᆞᆫ外에ᄂᆞᆫ其關係以外人의게書類의謄本을越付치못ᄒᆞᆯ지오又其主管ᄒᆞ던事件을漏洩치못ᄒᆞᆯ지니라

公證人된者ᄂᆞᆫ年齡滿二十五歲以上으로서定式의試驗을經ᄒᆞ야身上保證金을、裁判所에納ᄒᆞ고且成年二名以上의品行保證人이有ᄒᆞᆷ을要호대다만判事檢事辯護士의職에在ᄒᆞ던者와밋法律의學識이有ᄒᆞᆫ者ᄂᆞᆫ試驗을不要ᄒᆞᄂᆞᆫ特例가有

공증인은 인민의 촉탁에 따라 민사에 관한 공정증서의 작성을 직무로 한다. 공증인은 변호사와 같이 사법제도의 기관이 되는 사람으로서 사법기관의 감독하에서 비송사건을 관장한다.

공증인이 제조한 공정증서는 완전한 증거로서 그 정본에 의하여 재판소의 명령을 받은 후에는 집행력이 있다. 공증인은 이유 없이 인민의 촉탁을 거절할 수 없다. 만일 이를 거절할 때에는 촉탁인은 이유를 기재하여 교부하여 달라고 청구할 수 있고, 공증인의 직무집행에 관하여 불복하는 사람은 재판소에 항고할 수 있으며, 공증인은 원본과 그 밖에 서류의 본서를 사무소에서 보존하여야 한다. 그 밖에도 관리의 공증을 받기 위한 것을 제외하고 재판소의 명령에 의하지 않고는 사무소 이외에 제출할 수 없고, 재판소의 명령에 의한 것 외에는 관계인 이외의 사람에게 서류의 등본을 넘겨주지 못하며, 주관하던 사건을 누설하지 못한다.

공증인이 되는 사람은 연령이 만 25세 이상으로서 정식으로 시험을 거쳐 신상보증금을 재판소에 납부하여야 하고, 성년 2명 이상의 품행보증인이 필요하다. 다만 판사·검사·변호사의 직에 있었던 사람과 법률의 학식이 있는 사람은 시험을 필요로 하지 않는 특례가 있

ᄒᆞ니公證人은最下級裁判所의管轄地로써掌內區를삼아其區內에事務所를設ᄒᆞ고其職務를行ᄒᆞ며保證人은法部大臣의게隸屬ᄒᆞ야管轄地方裁判所에서此를監督ᄒᆞ며公證人規則을依ᄒᆞ야懲戒處分을行ᄒᆞᄂᆞ니라

第四節　爭訟事件及非訟事件

法律을依ᄒᆞ야裁判所獨立의職權으로行ᄒᆞᄂᆞᆫ事件을總稱ᄒᆞ야司法이라ᄒᆞᄂᆞ니通常裁判所의司法事件은爭訟事件과밋非訟事件으로區分홈이라所謂爭訟事件은民事及刑事의爭訟을裁判ᄒᆞᄂᆞᆫ者ㅣ니通常裁判權의主要된者ㅣ니라

爭訟의裁斷은法律에定ᄒᆞᆫ一定形式을依準홈을要ᄒᆞᄂᆞ니大凡官府의公務를處理홈에ᄂᆞᆫ一定ᄒᆞᆫ規程을依홈이通則이나然이나裁判所가其權限을行홈에在ᄒᆞ야ᄂᆞᆫ其形式을法律로써定ᄒᆞ고命令及上官의訓令으로써此를定홈을不許ᄒᆞᄂᆞ니此를訴訟이라稱ᄒᆞ야訴訟法에違反ᄒᆞᆫ裁判은其效力이無ᄒᆞ며또係爭事件의當事者가權利를삼아其裁判節次上에參與홈으로써訴訟法의本旨를삼음이니即此ㅣ通常行政廳의事務規定과其性質이相異ᄒᆞᆫ所以니라

爭訟事件은法의爭議라然이나반다시原告被告가兩兩相對ᄒᆞ야反對의意見을

다. 공증인은 최하급재판소의 관할지를 관할구역으로 하고 그 구역 내에서 사무소를 설치하고 직무를 행하고, 공증인을 법부대신에게 예속시켜 관할지방재판소에서 감독하며, 공증인규칙에 의하여 징계처분을 행한다.

제4절 쟁송사건 및 비송사건

법률에 의하여 재판소가 독립적인 권한으로 행하는 사건을 총칭하여 사법이라고 한다. 통상재판소의 사법사건은 쟁송사건과 비송사건으로 구분한다. 이른바 쟁송사건은 민사 및 형사의 쟁송을 재판하는 것인데, 통상재판권의 주요사항이다.

쟁송의 판단은 법률에서 정한 일정한 형식에 따라야 한다. 무릇 관청이 공무를 처리할 때에는 일정한 규정에 따르는 것이 원칙이다. 그러나 재판소가 권한을 행사할 때에는 그 형식을 법률로 정하고 명령 및 상관의 훈령으로 정할 수 없다. 이를 소송이라고 하여 소송법에 위반한 재판은 효력이 없고, 계쟁사건의 당사자가 권리로 재판절차에 참여하는 것을 소송법의 본지로 삼는다. 이는 통상행정청의 사무규정과 그 성질이 다르기 때문이다.

쟁송사건은 법적인 쟁의이다. 그러나 반드시 원고와 피고가 양쪽으로 맞서서 반대의견을

主持ᄒᆞᄂᆞᆫ事實이有ᄒᆞᆫ境遇만指稱ᄒᆞᆷ은아님으로其事件에對ᄒᆞᆫ法의解釋適用에在ᄒᆞ야爭議事件을삼키可得ᄒᆞᆯ性質이有ᄒᆞᆫ者로서其本質을從ᄒᆞ야定ᄒᆞᆫ格式을踐履ᄒᆞ야此ᄅᆞᆯ判決ᄒᆞ기可得ᄒᆞᆯ者ᄅᆞᆯ云ᄒᆞᆷ이니라

爭訟事件은民事及刑事의二種으로分ᄒᆞ니爭訟事件된形式에在ᄒᆞ야ᄂᆞᆫ同一ᄒᆞ대其爭訟의實質인즉相異ᄒᆞᆫ故로各其性質을從ᄒᆞ야裁判節次ᄅᆞᆯ定ᄒᆞᄂᆞ니卽民事訴訟法과밋刑事訴訟法이是니라

民事ᄂᆞᆫ私法上의爭訟이라私法의性質은其法則을依ᄒᆞ야直時權利及義務가發生ᄒᆞᆷ에在ᄒᆞ며私法은個人互相關係ᄅᆞᆯ規定ᄒᆞᆷ에在ᄒᆞ야各人의私權과義務의範圍ᄅᆞᆯ確定ᄒᆞᄂᆞᆫ故로民事裁判은私法의法則을依ᄒᆞ야爭端을判斷ᄒᆞᆷ과同時에權利義務ᄅᆞᆯ裁斷ᄒᆞᆷ이니法則의適用과權利의判斷이其性質上의一致되ᄂᆞᆫ事로써民事裁判의性質을삼음이니라

私權은其實体或은行使ᄒᆞᆷ을拋棄ᄒᆞ기得ᄒᆞ며私權은此ᄅᆞᆯ主唱ᄒᆞ지아니ᄒᆞ면裁判所ᄂᆞᆫ此ᄅᆞᆯ保護ᄒᆞ지아니ᄒᆞ며또此ᄅᆞᆯ主唱ᄒᆞᄂᆞᆫ限度에在ᄒᆞ야此ᄅᆞᆯ裁斷ᄒᆞᄂᆞᆫ原則이有ᄒᆞᆫ所以니卽此ㅣ民事訴訟의本領으로서其審判節次ᄂᆞᆫ大槪此原則의主

주장하는 경우만 지칭하는 것은 아니어서, 사건에 대한 법적인 해석과 적용에서 쟁의사건으로 삼을 수 있는 성질이 있는 것으로서 그 본질에 따라 정한 형식을 밟아서 판결할 수 있는 것을 말한다.

쟁송사건은 민사 및 형사의 2종으로 나눈다. 쟁송사건이라는 형식에서는 동일하지만 쟁송의 실질은 서로 다르므로, 각각의 성질에 따라 재판절차를 정한다. 즉, 민사소송법과 형사소송법이 그것이다.

민사는 사법상의 쟁송이다. 사법의 성질은 법규에 의하여 즉시 권리 및 의무가 발생하고, 사법은 개인 상호간의 관계를 규정함에 있어서 개인의 사권과 의무의 범위를 확정하는 것이므로, 민사재판은 사법원리에 따라 쟁송의 단서를 판단함과 동시에 권리·의무를 재단하는 것이다. 법규의 적용과 권리의 판단이 성질상 일치하는 것이 민사재판의 성질이다.

사권은 그 실체 또는 행사를 포기할 수 있고, 사권은 주장하지 않으면 재판소는 보호하지 않는데, 주장하는 범위 내에서 재단하는 것을 원칙으로 하기 때문이다. 즉, 이는 민사소송의 본령으로 심판절차는 대략 이 원칙의 주된

旨를從ᄒᆞᄂᆞᆫ規定이니라

刑事ᄂᆞᆫ刑法上의爭訟이라刑法은公法에屬ᄒᆞ야公의秩序를維持ᄒᆞ며權利義務의準則이아니오裁判所ᄂᆞᆫ刑罰法의規定을解釋ᄒᆞ야適用호대其法則을適用홈에就ᄒᆞ야當事者로ᄒᆞ여곰參與케ᄒᆞ고其意見을聽홈을要ᄒᆞᄂᆞᆫ故로刑事許訟의原則은民事訴訟과不同ᄒᆞᆫ바ㅣ니裁判官은職權을依ᄒᆞ야事實을訊問ᄒᆞ며獨立의意見으로써法則의適用을決定ᄒᆞ며또刑事裁判은單히法則의適用을平正히홈에在ᄒᆞ고權利義務를裁定홈은아니니라

民事及刑事의訴訟法은特別의法律을삼아制定된訴訟審判의規定이라其性質인즉行政에可屬ᄒᆞᆯ지나然이나講習의便宜를從ᄒᆞ야訴訟法은民法刑法과共히特別專門學科를삼은慣例를依ᄒᆞ야玆에此를陳述치아니ᄒᆞ노라

非訟事件은裁判所가其獨立의職權으로써主管ᄒᆞᄂᆞᆫ事件의總稱이니司法獨立權限에屬홈과法의爭訟의裁斷이아닌標準을依ᄒᆞ야此를普通行政處分과밋民事刑事의爭訟事件과可히區別ᄒᆞᆯ外에其事項에就ᄒᆞ야此를概括ᄒᆞ야一貫主義로써其範圍를指定ᄒᆞ기困難ᄒᆞ니非訟事件의主張된目的은裁判所가權利關係

취지에 따르는 규정이다.

형사는 형법상 쟁송이다. 형법은 공법에 속하여 공공질서를 유지하는 것이고 권리·의무의 준칙이 아니다. 재판소는 형벌법의 규정을 해석하여 적용하되, 그 법칙을 적용함에 있어서 당사자를 참여하게 하고 의견을 듣는 것이 필요하므로, 형사소송의 원칙은 민사소송과 같지 않다. 재판관은 직권으로 사실을 심문하고 독자적인 의견으로 법칙의 적용을 결정하며, 형사재판은 오로지 법규의 적용을 공평하고 올바르게 하는 것에 있고, 권리·의무를 판정하는 것이 아니다.

민사 및 형사의 소송법은 특별한 법률로서 제정된 소송심판의 규정이다. 그 성질은 행정에 속할 수 있으나, 강습의 편의에 따라 소송법은 민법·형법과 함께 특별전문학과로서 관행에 따라 여기에서는 이를 서술하지 않겠다.

비송사건은 재판소가 독자적인 권한으로 주관하는 사건의 총칭이다. 사법부의 독자적인 권한에 속한다는 점과 법적 쟁송의 재판이 아니라는 표지에 따라 이를 통상의 행정처분 및 민사·형사의 쟁송사건과 구별하여야 한다는 점 외에는 그 사항을 개괄하고 일관하여 범위를 지정하기 곤란하다. 비송사건의 주장이 되는 목적은 재판소가 권리관계의成立、變更及消滅ᄒᆞᆷ에干涉ᄒᆞ야權利ᄅᆞᆯ確認ᄒᆞ야其侵犯ᄒᆞᆷ을豫防ᄒᆞᆷ에在ᄒᆞ나然이나行政處分을삼아서도私權을確保ᄒᆞ며其侵害ᄒᆞᆷ을豫防ᄒᆞᆷ으로써目的을삼ᄂᆞᆫ者ㅣ亦多ᄒᆞ니事實上에其事件이非訟事件에可屬ᄒᆞᆯ者인가行政處分에可屬ᄒᆞᆯ者인가ᄒᆞᆷ은專히便宜ᄅᆞᆯ依ᄒᆞᆫ成法의問題인즉此ᄅᆞᆯ槪括說明ᄒᆞᆷ은不可ᄒᆞ니例如不動産及船舶에關ᄒᆞᆫ權利關係의登錄及後見人과或은管財人監督에關ᄒᆞᆫ事項等類ᄂᆞᆫ司法獨立의權限으로裁判所가此ᄅᆞᆯ行ᄒᆞᄂᆞᆫ故로非訟事件된者로서其實質은行政官廳이戶籍身分에關ᄒᆞᆫ事件을登錄保證ᄒᆞᄂᆞᆫ類와無異ᄒᆞ니다만此로行政處分을삼을時ᄂᆞᆫ行政監督權을依ᄒᆞ야此에關ᄒᆞᆫ法律의解釋을定ᄒᆞ며또行政의節次ᄅᆞᆯ依ᄒᆞ야此ᄅᆞᆯ決定ᄒᆞᄂᆞᆫ差別이有ᄒᆞᆯ뿐인故로所謂非訟事件은此로行政處分을삼아內政의一款으로解說ᄒᆞᆷ도或其實質의要領을得ᄒᆞᆷ과如ᄒᆞ대다만其形式上의理由와普通의慣例ᄅᆞᆯ依ᄒᆞ야此로司法權行使의一款을삼아爭訟事件과共히特別의講習에委任ᄒᆞᆷ이니라

第五節 司法行政事務

司法行政事務라ᄒᆞᆷ은法部大臣職司에屬ᄒᆞᄂᆞᆫ行政事務로서司法權行事의補助

의 성립, 변경 및 소멸에 개입하여 권리를 확인하고 그 침범을 예방하는 것에 있다. 그러나 행정처분으로도 사권을 확보하고 침해를 예방하는 것을 목적으로 하는 것도 많다. 사실상 그 사건이 비송사건에 속하여야 할 것인지 행정처분에 속하여야 할 것인지는 오로지 편의에 따라 법령에서 정할 문제이어서, 이를 개괄적으로 설명할 수 없다. 예를 들면, 부동산 및 선박에 관한 권리관계의 등록 및 후견인 또는 관재인의 감독에 관한 사항 등은 사법의 독자적인 권한으로 재판소가 행하므로 비송사건이 되는 것으로서, 실질은 행정관청이 호적신분에 관한 사건을 등록·보증하는 것과 다르지 않다. 다만 이를 행정처분으로 삼을 때에는 행정감독권에 의하여 이에 관한 법률의 해석을 정하며, 행정절차에 의하여 이를 결정한다는 차이가 있을 뿐이므로, 이른바 비송사건은 행정처분으로서 내정의 하나로 해설하는 것으로도 실질적인 요령을 얻을 수 있다. 다만 형식상 이유와 통상의 관례에 따라 이를 사법권의 행사의 하나로서 쟁송사건과 함께 특별한 강습에 맡기는 것이다.

제5절 사법행정사무

사법행정사무라고 함은 법부대신의 직무에 속하는 행정사무로서 사법권의 행사를 보조를作ᄒᆞᄂᆞᆫ者를汎稱ᄒᆞᆷ이라法部大臣은各裁判所及檢事局을監督ᄒᆞ며檢察事務를指揮ᄒᆞ며恩赦及復權에關ᄒᆞᄂᆞᆫ事項과其他諸般行政事務를管理ᄒᆞ고法部大臣은其司法行政의職務를行ᄒᆞᆷ에就ᄒᆞ야ᄂᆞᆫ法律을依ᄒᆞ야各裁判所長及首班檢事로ᄒᆞ야곰其行政機關을삼아此를施行ᄒᆞᄂᆞ니此境遇에在ᄒᆞ야ᄂᆞᆫ判事及檢事ᄂᆞᆫ行政의官府가되야其職務를行使ᄒᆞᆷ에就ᄒᆞ야ᄂᆞᆫ法部大臣의監督訓令下에在ᄒᆞ며又其互相間의各級行政官廳監督權의普通原則을依ᄒᆞ야其職務를行ᄒᆞᄂᆞᆫ者인즉獨立ᄒᆞ야司法權을行ᄒᆞᄂᆞᆫ境遇와其地位가相異ᄒᆞ니라

司法行政事務ᄂᆞᆫ司法權行使를補助ᄒᆞᄂᆞᆫ事務ㅣ니此ㅣ其事務의性質을明白케ᄒᆞᆷ이라總히司法權의行使를補助ᄒᆞᄂᆞᆫ事務ᄂᆞᆫ반다시司法行政事務ㅣ라指稱ᄒᆞᆷ은아니며官制를依ᄒᆞ야法部大臣主管에屬ᄒᆞᄂᆞᆫ事項에만限ᄒᆞᆷ이니此ㅣ其範圍를一層更明케ᄒᆞᆷ이됨으로此二者의標準을依ᄒᆞ야法律이司法機關에委任ᄒᆞᄂᆞᆫ行政事務의本領을可解ᄒᆞᆯ지니라

司法行政事務의範圍ᄂᆞᆫ檢事가刑事訴訟法上에在ᄒᆞᆫ檢事職務外에身分及職務의監督과밋刑의執行等類로主要를삼ᄂᆞᆫ者ㅣ니法部大臣은裁判所의設備及管

하는 모든 것을 말한다. 법부대신은 각 재판소 및 검사국을 감독하고 검찰사무를 지휘하며 은사 및 복권에 관한 사항과 그밖에 모든 행정사무를 관리하고, 법부대신은 사법행정의 직무를 행함에 있어서 법률에 따라 각 재판소장 및 수석검사를 행정기관으로 삼아 시행한다. 이 경우에 판사 및 검사는 행정의 관청으로서 직무를 행할 때에는 법부대신의 감독·훈령 아래에 있고 그 상호 간 각급 행정관청 감독권의 일반원칙에 따라 직무를 행한다. 따라서 독립적으로 사법권을 행사하는 경우와 그 지위가 다르다.

사법행정사무는 사법권의 행사를 보조하는 사무이다. 이로써 그 사무의 성질이 명확하게 된다. 사법권의 행사를 보조하는 모든 사무는 반드시 사법행정사무라고 지칭하는 것이 아니고 관제에 따라 법부대신의 주관에 속한 사항에만 한정한다. 이로써 그 범위가 한층 더 명확하게 되므로, 이 두 개의 표준에 따라 법률이 사법기관에 위임하는 행정사무의 본령을 해석하여야 할 것이다.

사법행정사무의 범위는 검사의 형사소송법에 있는 직무 외에도 신분 및 직무의 감독과 형의 집행 등을 주된 내용으로 한다. 법부대신은 재판소의 설치 및 관

轄區域等에就ᄒᆞ야法律에定ᄒᆞᆫ바ᄅᆞᆯ依ᄒᆞ야其施行ᄒᆞᆷ을主管ᄒᆞ며裁判所와밋此에付屬ᄒᆞᆫ司法制度ᄅᆞᆯ維持監視ᄒᆞ고檢察事務에就ᄒᆞ야ᄂᆞᆫ檢事ᄅᆞᆯ指揮ᄒᆞ며恩赦及復權에關ᄒᆞᆫ事項에就ᄒᆞ야ᄂᆞᆫ大權의行使ᄅᆞᆯ輔弼執行ᄒᆞ며其行政上의地位及職權의性質에就ᄒᆞ야ᄂᆞᆫ一般行政의主務大臣과相異ᄒᆞᆫ바ㅣ無ᄒᆞ야總히司法制度에關ᄒᆞᆫ法律命令을施行ᄒᆞᆷ에擔任케ᄒᆞ고其主管事務에對ᄒᆞ야ᄂᆞᆫ官制及法律을依ᄒᆞ야命令을發ᄒᆞᄂᆞᆫ權이有ᄒᆞ니라

行政法大意(完)

할구역 등에 대하여 법률에서 정한 바에 따라 시행하는 것을 주관하고, 재판소와 여기에 부속하는 사법제도를 유지·감시하며, 검찰사무에 대해서는 검사를 지휘하고, 사면 및 복권에 관한 사항에 대해서는 대권의 행사를 보필·집행하며, 행정상의 지위 및 직권의 성질에 대해서는 일반행정의 주무대신과 다르지 않아서 모든 사법제도에 관한 법률·명령의 시행을 담당하고, 주관사무에 대해서는 관제 및 법률에 따라 명령을 발할 권한이 있다.

옮긴이 후기

'행정법대의'는 장헌식이 강술하고 신해영이 교열한 것으로만 기재되어 있고, 그 어디에도 언제 출판되었는지 기재되어 있지는 않지만 출판연도가 1907년일 것이라고 추정된다. 김효전 교수가 저술한《법관양성소와 근대한국》, 소명출판(2014), 603쪽에서는 이 책의 출판연도를 1907년으로 기재하고 있기도 하거니와, 이 책은 뒤에서 보는 것처럼 장헌식이 보성전문학교에서 강의한 것을 책으로 엮은 것인데, 이 책 138쪽에서는 "올해"를 1906년인 광무 10년으로 기재하고 있는 것으로 보아 그 강의 내용이 다음 해에 이 책으로 출간되었다면 1907년이 되기 때문이다.

장헌식은 1869년 9월 21일 경기도 용인 출생으로 1895년 3월에 관비유학생으로 선발되어 1896년에 경응의숙(慶應義塾) 보통과, 1897년에 고등과를 졸업하고, 1898

년에 동경제국대학(東京帝國大學) 법과대학에 입학하여 1902년 졸업하고 같은 대학 대학원에 진학하여 행정법을 전공하였으나 1903년 3월에 학부의 훈령으로 중퇴하고 귀국하였다. 귀국 후에는 1904년 8월에 궁내부 어공원(御供院) 주사를 거쳐 같은 해 10월에 궁내부 제실제도정리국 비서, 1905년 12월에 학부 참서관 겸 외국어학교 교장, 1907년 3월에 학부 편집국장 겸 관립 한성사범학교 교장을 지냈다. 1907년 7월 한성부윤에 임명되었으며, 같은 해 11월 자위단원호회(自衛團援護會)의 회장, 1909년 11월에 관민추도회 설행위원 등을 맡았다. 한일강제병합 후에는 전라남도지사를 비롯한 조선총독부의 주요 관직을 두루 거치고 해방 직전인 1945년 5월 이왕직(李王職) 장관에 임명되기에 이른다. 이러한 친일 행각으로 인하여 해방 후 1949년 2월에 반민특위에 체포되었으나 같은 해 4월에 병보석으로 석방되었고, 한국동란 중인 1950년 8월 20일 북한군에 의하여 피살되었다(한국민족문화대백과 참조, 아울러 친일 행각에 관해서는 친일인명사전을 참조할 것). 어쨌든 장헌식은 관비유학생으로서 동경제국대학 법학과에 입학한 유일한 사람인 것으로 보아 수재였던 것으로 추측되고, 1908년 3월 15일에 창립한 법학협회의 초대 회장으로 선출된 것으로 보아 당시의 법률가들로부터 실력과 인품을 인정받았던 것으로 생각된다(최종고, 《한국의 법학자 개정판》, 서울대학교 출판부(2007), 47쪽 참조).

신해영은 관비유학생으로 경응의숙에서 경제학을 전공한 후 1898년에 중추원 의관(議官)으로 임명된 후 1904년에 탁지부 참사관을 거쳐 1905년에 학부 편집국장을 맡았는데, 그때 이용익으로부터 위임받아 보성전문학교를 설립하고 같은 해 5월에 보성전문학교가 개교하면서 초대 교장에 취임하였다(한국민족문화대백과 참조).

장헌식은 외국어학교 교장 및 학부 편집국장으로 있으면서 보성전문학교에서 행정법과 상행위법을 강의하였는데, 이 책에는 장헌식을 저자가 아니라 강술자로 기재하고 신해영을 교열자로 표기한 것으로 보아, 장헌식이 강의한 내용을 받아서 신해영이 교장으로 재직하고 있던 보성전문학교에서 교재로 출판한 것이라고 추측된다. 한편, 장헌식의 아들 장서환의 전언에 의하면, 장헌식은 동경제국대학에서 공부하면서 기록한 강의노트 3, 40권을 과목별로 제본하여 보관하고 있었다고 하는데, '행정법대의'는 그 강의노트가 토대가 된 것이라고 추측할 수 있다(최종고, 위의 책, 50쪽 참조). 그렇다면 이 책은 장헌식이 동경제국대학 법과대학과 대학원에서 수학할 때 배웠던 교수의 영향을 받았다는 뜻이 된다. 당시 동경제국대학의 행정법 교수로는 천황기관설을 주장한 이치키 기토쿠로(一木喜德郎)와 그 제자 미노베 다쓰키치(美濃部達吉)가재직하고 있었다. 이치키 교수는 동경제국대학을 졸업하고 1890년에 독일에 유학하여 행정법을 전공하고 1894년에 귀국하여 제국대학 법과대학 교수가 되었다. 미노베 교수는 1894년에 동경제국대학 법과대학에 입학하여 1899년에 독일, 프랑스, 영국에 유학하고, 1900년에 동경제국대학 법과대학 조교수로 임용되어 비교법제사 강좌를 담당하고 1908년에 이치키 교수가 대학에서 퇴직하자 행정법 제1강좌를 이어 받았다. 위와 같은 경위에 비추어보면, 장헌식은 아마도 미노베 교수보다는 이치키 교수로부터 행정법을 배웠을 가능성이 매우 크다.

이치키 교수가 독일에서 공부하던 시절은 오토 마이어(Otto Mayer)가 1895년과 1896년에 저술한 독일행정법 제1권과 제2권이 출간되기 전이었다. 그러한 영향인지는 몰라도 이 책에서는 행정법총론에 해당하는 분량이 매우 적게 할애되어 있다. 오늘날의 일반적인 서술체계상 행정법총론에 해당하는 것으로는 행정행위, 공법상의 인격과 권리, 행정소원과 행정소송 등이고 그 내용도 개념을 설명하는 정도에 그친다. 이 책에서는 행정행위를 국권이 인민에 대한 행위라고 정의하면서도 직접적인 효과가 행정의 내부에 미치는 것(감독과 훈령)과 외부에 대한 국법상의 관계를 발생시키는 것(규칙과 처분)으로 분류한다. 감독과 훈령도 간접적으로 인민의 권리와 의무에 영향을 미친다는 논리로 행정행위의 개념에 포함시키고, 행정규칙은 오늘날의 행정규칙이 아니라 법규명령을 의미하는 것으로 파악된다. 즉, 오늘날의 관념에 의하면 행정행위의 개념을 광의로 파악하고 거기에다가 행정의 내부행위도 포함시키고 있는 것이다. 한편, 오늘날의 행정법각론에 해당하는 행정조직과 외무, 군사, 재정, 내정 등의 행정영역을 세분하여 개념과 간단한 원리 및 실정 법령과 관련 일본 법령을 설명하고 있다. 특이한 점은 제5장에서 사법에 관한 설명을 하고 있는데, 당시 일본의 행정재판소는 사법부가 아니라 행정부에 소속되어 있었고 행정재판이 사법작용이 아니라 행정기능으로 취급되었던 점에 영향을 받아, 권력분립이 불분명한 시대적 상황을 반영한 것으로 추측된다.

이 책의 번역은 고려대학교 법학전문대학원 명순구 교수가 원장으로 재직하던 때에 '보성전문학교 교과서번역사업'을 주도하면서 행정법 분야의 작업을 제안하였고, 우리말의 번역이 뭐 어렵겠냐는 가벼운 마음으로 동의한 것에서 시작되었다. 번역 작업을 시작하자마자 생각보다 쉬운 일이 아니라는 후회를 바로 하게 되었고, 원문에 가까운 직역을 할 것인지 오늘날의 용어와 표현에 가깝게 할 것인지를 선택하여야 하였다. 결국은 후자에 중점을 두고 기술하였는데, 그 이유는 이 책이 원문과 번역문이

교차로 편집되기 때문이다. 따라서 이 책의 번역에서 옮긴이의 주관이 다소 과하게 담겨 있다고 생각한다면 바로 원문을 참조하기를 바란다.

이렇게 귀중한 사료를 번역할 수 있도록 기회를 준 명순구 교수께 깊이 감사드리고, 아울러 이 책을 편집하고 출간하는 데 노고를 아끼지 않은 이무희 선생님을 비롯한 고려대학교출판문화원 관계자분들께 고마운 마음을 전한다.

2020년 4월

옮긴이 하명호

행정법대의

초판 발행 1쇄 2020년 6월 22일

강술 장헌식
교열 신해영
옮긴이 하명호
www.kupress.com
kupress@korea.ac.kr
(02841) 서울특별시 성북구 안암로 145
Tel 02-3290-4230, 4232
Fax 02-923-6311
찍은곳 한국컴퓨터인쇄정보

ISBN 979-11-90205-31-3 93340

값 42,000원